Systemadministration mit Windows Server 2022
und Windows 11 in 35 Tagen
Teil 1 - Grundlagen
Tag 1-15

Nicole Laue/Thomas Steinberger

Systemadministration mit Windows Server 2022 und Windows 11 in 35 Tagen
Teil 1 - Grundlagen
Tag 1-15

Verlag Nicole Laue

Bibliografische Information der Deutschen Bibliothek:
Die Deutsche Bibliothek verzeichnet diese Publikation in der Deutschen Nationalbibliografie; detaillierte bibliografische Daten sind im Internet über http://dnb.ddb.de abrufbar.

Herstellung: BOD, Books on Demand, Norderstedt
Titelfoto: iStock.com/alvarez
Hintergrundbild: iStock.com/marigold_88
ISBN: 978-3-947938-11-7

Inhaltsverzeichnis

Für wen ist dieses Buch?

Dieses Buch ist der erste Teil einer Reihe von drei Büchern, in denen Sie durch alle relevanten Themengebiete der Serveradministration mit Windows Server 2022 und Windows 11 als Client geführt werden.

Diese Reihe führt Sie in insgesamt 35 Schulungstagen durch dieses komplexe Thema.

Sie sollten grundlegende Kenntnisse über Clients und Server haben und schon mal mit Windows-Systemen gearbeitet haben.

Das Buch ist für zwei Personengruppen gleichermaßen geeignet:

- Privatleute, die sich die Kenntnisse im Selbststudium aneignen möchten
- Schulungsunternehmen, die eine Schulungsunterlage benötigen

In Zusammenarbeit mit der GFN GmbH wurde die Reihe für die Ausbildung zum Fachinformatiker Systemintegration (FISI) konzipiert und wird dort als Schulungsunterlage eingesetzt.

Ein Schulungsbuch kann nur gut sein, wenn das Erlernte sofort in praktischen Übungen ausprobiert werden kann.

Aus diesem Grund finden Sie in jedem Kapitel viele Übungen.

Sowohl die Lösungen für diese Übungen als auch die PowerPoint Präsentationen für den Unterricht stehen auf der Homepage des Verlags http://www.laue-net.de zum Download bereit.

Übungsumgebung

Die Hardwarevoraussetzungen für eine Übungsumgebung sind nicht besonders hoch. Sie können jeden Computer dafür benutzen, der folgende Mindestvoraussetzungen erfüllt:

- 32 GB Arbeitsspeicher
- 1 - 2 TB freien Festplattenspeicher

Für die Übungen installieren Sie eine Virtualisierungssoftware, die Übungen sind auf Hyper-V ausgelegt.

Ansonsten benötigen Sie lediglich DVDs oder ISO-Dateien mit Windows Server 2022 und Windows 11.

Im Idealfall haben Sie eine Hostmaschine, auf der Windows Server 2022 installiert ist. Innerhalb dieser Maschine wird im Laufe des Kurses Hyper-V aktiviert und es werden einige virtuelle Maschinen eingerichtet.

Sollten Sie keinen zusätzlichen Server zur Verfügung haben, können Sie auch einen Windows Client benutzen, auf dem Hyper-V aktiviert wird.

Bei dieser Lösung können Sie allerdings einige Übungen des ersten Tages nicht ausführen, da hierfür eine Hostmaschine mit Windows Server 2022 als Betriebssystem benötigt wird.

Auch das Einrichten von Hyper-V ist bei einem Client-System etwas anders, als im Buch beschrieben.

Falls Sie diesen Weg gehen wollen, steht auf der Homepage unseres Verlags eine Anleitung für die Aktivierung von Hyper-V auf einem Client zur Verfügung.

Einige Übungen müssen Sie in dieser Konstellation dennoch an Ihre Gegebenheiten anpassen, aber das sollte kein großes Problem darstellen.

Software

Für die Übungen benötigen Sie folgende Evaluierungskopien:

- Windows Server 2022
- Windows 11

Die meisten dieser Evaluierungskopien können Sie bei Microsoft erhalten: Natürlich können Sie auch Vollversionen verwenden, die dann nicht aktiviert werden müssen.

Für manche Übungen wird weitere Software benötigt, die dafür benötigten Infos erhalten Sie im Laufe des Kurses.

Wie benutze ich dieses Buch?

Dieser Kurs ist für eine Gesamtdauer von 35 Tagen ausgelegt.

Sie müssen sich nicht akribisch daran halten, an manchen Tagen geht es schneller, und Sie sind früher fertig, an manchen Tagen aber ist der Stoff für Sie nicht so einfach und Sie brauchen länger.

Das ist kein Problem!

Die Einteilung in Arbeitstage ist nur ein Anhaltspunkt, Sie sollten sich nach Ihren Bedürfnissen richten, damit Sie zum bestmöglichen Ergebnis kommen.

Für jeden Tag gibt es einige Übungen.

Diese Übungen sind von großer Bedeutung, Sie wiederholen damit die gelernte Theorie und trainieren Ihre Fähigkeiten.

Laden Sie sich für alle Übungen die Lösungen herunter, damit Sie überprüfen können, ob Sie alle richtig gemacht haben.

Sie kommen bei einer Übung nicht weiter?

Das ist auch kein Problem, denn die Lösungen sind als Schritt-für-Schritt Anleitung geschrieben, damit Sie jederzeit wieder den Anschluss finden.

Die Übungsumgebung ist so aufgebaut, dass Sie für jeden neuen Lerntag mit einer zuvor gesicherten Konfiguration arbeiten können.

Das ist wichtig, falls Sie einen bestimmten Lerntag noch einmal wiederholen möchten, Sie müssen dafür nur die Übungsumgebung auf einen bestimmten Stand zurücksetzen.

Wir wünschen Ihnen viel Erfolg auf Ihrem Weg zur Systemadministration!

Danksagung

An dieser Stelle möchte ich mich bei den vielen hilfreichen Freunden und Mitarbeitern bedanken, die erst ermöglicht haben, dass dieses Buch entstehen kann.

Ich bedanke mich bei folgenden Helfern:

Karin Feichtinger und meinem Mann Christian.

Sie waren mir als Betaleser eine große Hilfe und haben freiwillig ihre Freizeit geopfert. Mit ihrem großen Fachwissen waren sie ein wichtiger Bestandteil der Entstehung dieses Buches.

Besonderer Dank gilt den Mitarbeitern und Trainern der GFN GmbH, mit denen wir in enger Zusammenarbeit die Themen dieses Buchs abgestimmt haben.

1 Tag 1 - Grundlagen Client und Serveradministration

Hallo, liebe wissbegierige Leser, willkommen zu unserem Kurs „Systemadministration mit Windows Server 2022 und Windows 11 in 35 Tagen".

Sie haben einen Windows Server 2022 vor sich.

Das ist die Basis unseres Kurses, wir werden uns anhand dieses Servers durch alle Themengebiete der Serveradministration bewegen und auch alle Übungen werden an diesem Computer vorgenommen.

Das Szenario für den ganzen Kurs ist folgendes:

Sie sind angehender Systemadministrator in der Firma „Meistertrainer", einer Firma die deutschlandweit über mehrere Geschäftsstellen hinweg arbeitet.

Sie werden nun von erfahrenen Kollegen Schritt für Schritt in Ihren zukünftigen Aufgabenbereich eingeführt, indem Sie von Anfang an in die Praxis eingebunden werden.

Genauso werden wir es auch in diesem Kurs halten:

Wir lernen, das Netzwerk einer Firma zu administrieren, indem wir Schritt für Schritt praxisbezogen ein Thema nach dem anderen hinzunehmen, so dass zum Schluss alle wesentlichen administrativen Aufgaben bewältigt werden können.

1.1 Unterschied Client-Server

Beginnen sollten wir, indem wir uns überlegen, warum es unterschiedliche Arten von Computern gibt, nämlich Clients und Server.

1.1.1 Was ist ein Server?

Ein Server ist ein Computer, der, im Gegensatz zu einem Client, immer läuft und permanent verfügbar ist.

Dadurch erklärt sich auch schon, dass er andere, belastbarere Hardware benötigt als ein Client, der ja immer nur für ein paar Stunden gestartet wird.

Server sind sowohl im Internet zu finden, als auch im internen Netzwerk einer Firma.

Das Wort „Server“ stammt von dem englischen Wort „(to) serve“, was übersetzt „jemanden bedienen“ heißt.

Ein Server ist also ein Computer, der andere Computer „bedient“.

Im Prinzip bedeutet dies, dass er Anfragen von den anderen empfängt, und diese versucht zu erfüllen oder zumindest an die richtigen Stellen weiterzuleiten.

Dadurch ergibt sich ein zweiter Unterschied bei der Hardwareausstattung:

Sie muss nicht nur für den Dauerbetrieb geeignet sein, sondern auch sehr leistungsfähig, da ein Server nicht nur die Anfrage eines einzelnen Clients beantworten, sondern die Anfragen vieler Rechner gleichzeitig verarbeiten muss.

Durch die vielen verschiedenen Aufgaben, die so ein Server erfüllen muss, gibt es auch viele verschiede Arten von Servern.

Hier einige Beispiele:

- Web-Server

  Diese Art von Server ist oft im Internet zu finden, auf ihnen werden Webseiten gehostet.

  Es kann sie aber auch im internen Firmennetzwerk geben.

- Datei-Server

  Dies sind Server, auf denen Daten zentral gespeichert werden.

- Druck-Server

  Druckserver dienen dazu, Druckaufträge an die entsprechenden Druckgeräte auszugeben.

- Verzeichnisdienst-Server

  Dies sind Server, auf denen unter anderem die

Anmeldeinformationen der Mitarbeiter gespeichert sind. Microsoft bietet hier das Active Directory an.

- Datenbank-Server

  Dies sind Server, auf denen eine Datenbank ausgeführt wird, z.B. SQL-Server.

- E-Mail-Server

  Ein Beispiel für einen E-Mail-Server ist ein Exchange-Server.

Wenn auf firmeninternen Servern große Programme arbeiten, auf die von den Clients zugegriffen wird, wie bei einem SQL-Server oder auch einem Exchange-Server, werden diese Server auch „Backoffice-Server" genannt.

Wir beschäftigen uns in diesem Kurs mit Microsoft Windows Server 2022, der alle genannten Funktionen unterstützt.

1.1.2 Was ist ein Client?

Die Antwort auf diese Frage ist jetzt einfach:

Ein Client wird vom Server „bedient". Er ist also der Computer, der die Anfragen an den Server stellt.

Das Wort Client kommt auch aus dem Englischen und bedeutet „Kunde".

Der aktuelle Client von Microsoft ist momentan Windows 11.

1.2 Die Versionen von Windows Server 2022

Windows Server 2022 gibt es in folgenden Versionen:

- Essentials
- Standard
- Datacenter
- Datacenter Azure Edition

Die Datacenter Azure Edition ist eine spezielle Lizenz zum Betrieb einer virtuellen Maschine (VM) auf Azure IaaS oder auf einem Azure Stack HCI Cluster.

Die anderen drei Editionen unterscheiden sich in einigen Merkmalen:

	Essentials	Standard	Datacenter
Lizenzen	1x physisch oder 1x virtuell	1x physisch und 2x virtuell	1x physisch und unbegrenzt virtuell
Zugriff	Keine CALs erforderlich, 25 Benutzer oder 50 Geräte	CALs erforderlich	CALs erforderlich
CPU	1	10 Kerne	unlimitiert

Was sind CALs

Sie sehen, für den Zugriff auf einen Windows Server werden sogenannte CALs benötigt, Client Access Lizenzen.

Sie können sowohl Geräte-CALs wählen, als auch Benutzer-CALs.

Die Frage ist: Wann wählen Sie welche Art von CALs?

Geräte-CALs

In diesem Fall benötigt jedes Gerät, das auf einen Server zugreift, eine Lizenz, egal, wie viele verschiedene Personen an diesem Client arbeiten.

Das beste Beispiel hierfür ist der Schichtbetrieb, in dem nacheinander mehrere Personen an ein- und demselben Rechner arbeiten.

ACHTUNG!

Eine Geräte-CAL ist dem Computerkonto zugewiesen.

Einsatzgebiet: Ein Gerät mit mehreren Benutzern.

Wenn ein Benutzer mit mehreren Geräten auf den Server zugreifen möchte, benötigt er für jedes Gerät eine eigene Geräte-CAL.

Benutzer-CALs

Wenn Sie sich dagegen für Benutzer-CALs entscheiden, erhält das Benutzerkonto und nicht das Computerkonto die CAL:

Mit einer Benutzer-CAL kann ein Benutzer von beliebig vielen Geräten aus eine Verbindung zum lizenzierten Server herstellen.

ACHTUNG!

Eine Benutzer-CAL ist dem Benutzerkonto zugewiesen.

Einsatzgebiet: Ein Benutzer mit mehreren Geräten.

Die Lizenzen müssen für jeden Server im Unternehmen berechnet werden, es ist also schon eine Herausforderung, die richtige Art und die richtige Anzahl der CALs zu ermitteln.

Hardwareanforderungen

Um Windows Server 2022 installieren zu können, müssen Sie folgende Hardwareanforderungen erfüllen:

Komponente	Mindestanforderung
Prozessor	1.4 GHz
Arbeitsspeicher	512 MB
Freier Platz auf Festplatte	32 GB
Grafikkarte	Super VGA
Netzwerkkarte	Ethernet 1/GBit/s

Bitte beachten Sie, dass Windows Server 2022 nur in der 64-Bit Version vorliegt, also die Hardware dafür ausgelegt sein muss!

Außerdem sollten Sie immer bedenken, dass dies die absoluten Mindestanforderungen sind, und Sie das System deutlich beschleunigen können, wenn Sie diese Anforderungen übertreffen.

Übung 1.2.

Beantworten Sie die folgenden Fragen:

- Was ist der Unterschied zwischen einem Client und einem Server?
- Welche Versionen gibt es von Windows Server 2022 und was sind die Unterschiede?

- Recherchieren Sie im Internet nach den aktuellen Preisen für einen Windows Server 2022 und dessen CALs
- Entscheiden Sie, welche Versionen und wie viele CALs Sie kaufen würden, wenn folgende Anforderungen erfüllt werden müssen:
    - Server im Unternehmen: 15, davon 10 als virtuelle Maschinen
    - Clients: 1000, ein Personalaufbau bis zu 1200 Personen ist möglich
    - Alle Personen arbeiten gleichzeitig mit jeweils einem eigenen Computer und haben noch ein Firmen-Notebook und ein Firmenhandy, mit dem sie ebenfalls Zugriff haben sollen
- Gehen Sie als Vereinfachung davon aus, dass alle Personen auf jeweils 5 Server zugreifen

1.3 Erste Schritte mit einem Server

So, nun zurück zu unserem ersten Server.

Für die Konfiguration eines Servers gibt es verschiedene Möglichkeiten.

1.3.1 Server-Manager

Nach der Installation ist ein Server noch völlig unkonfiguriert, Sie müssen alle Konfigurationsschritte selber vornehmen.

Diese erste Konfiguration können Sie sehr einfach im Server-Manager vornehmen.

Oft wird der Server-Manager beim Systemstart automatisch geöffnet, aber Sie können ihn auch manuell öffnen, falls Sie das möchten.

Dafür klicken Sie auf den Startbutton und der Auswahl „Server-Manager“.

Direkt nach der Installation können Sie auf der linken Seite erkennen

- Dashboard
- Lokaler Server
- Alle Server
- Datei- und Speicherdienste konfigurieren

Das Dashboard zeigt einige wichtige Einstellungen an, mit denen wir uns in Folge noch beschäftigen.

Um die ersten Konfigurationseinstellungen vorzunehmen, klicken Sie auf „Diesen lokalen Server konfigurieren" oder Sie wählen auf der linken Seite „Lokaler Server".

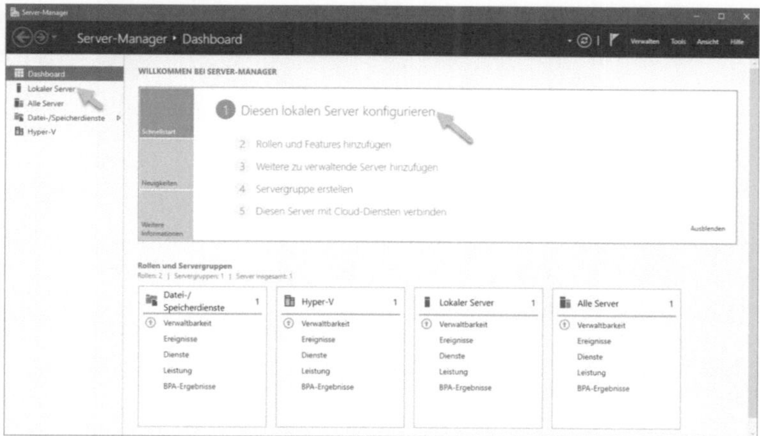

Abbildung 1.1: Den lokalen Server konfigurieren

Nun erhalten Sie eine Übersicht, mit welchen Einstellungen der Server momentan konfiguriert ist.

TIPP:

Sie können die Namensänderung gleichzeitig mit einem Domänenbeitritt durchführen, dann sparen Sie sich einen Neustart.

Diese Einstellungen können Sie genauer betrachten und anpassen.

Beispielsweise können Sie den Computernamen ändern.

Bei der Installation erhält der Computer einen zufälligen Namen, den sich in den meisten Fällen keiner merken kann.

Deswegen ist es sinnvoll, einen aussagekräftigen Namen zu wählen. Nach dieser Konfigurationsaktion ist ein Neustart zwingend!

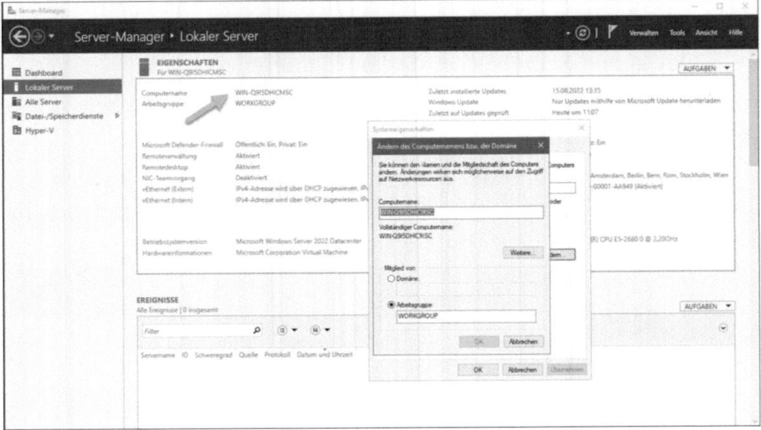

Abbildung 1.2: Computername ändern

Über die PowerShell werden wir uns später noch genauer unterhalten, aber ich möchte Ihnen die entsprechenden Befehle nicht vorenthalten.

Der PowerShell-Befehl dafür lautet:

RENAME-COMPUTER -NEWNAME $NAME -FORCE

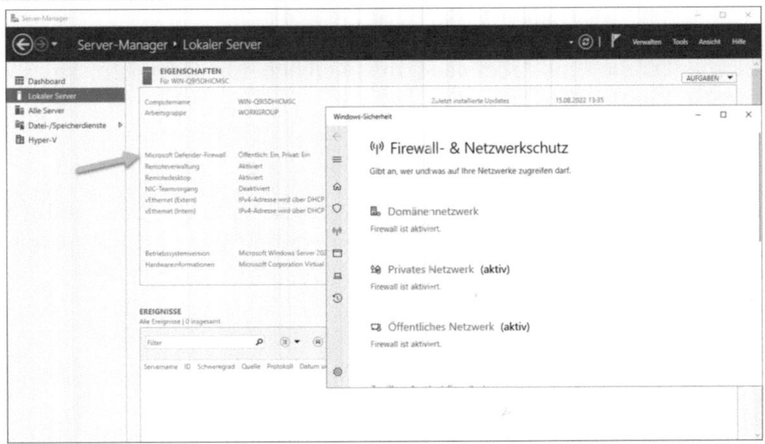

Abbildung 1.3: Firewalleinstellungen

Weiter geht es mit den wichtigsten Einstellungen. Sie können die Windows-Firewall konfigurieren.

Auch können Sie hier die Remoteeinstellungen ändern, sowohl von Remoteverwaltung als auch von Remotedesktop.

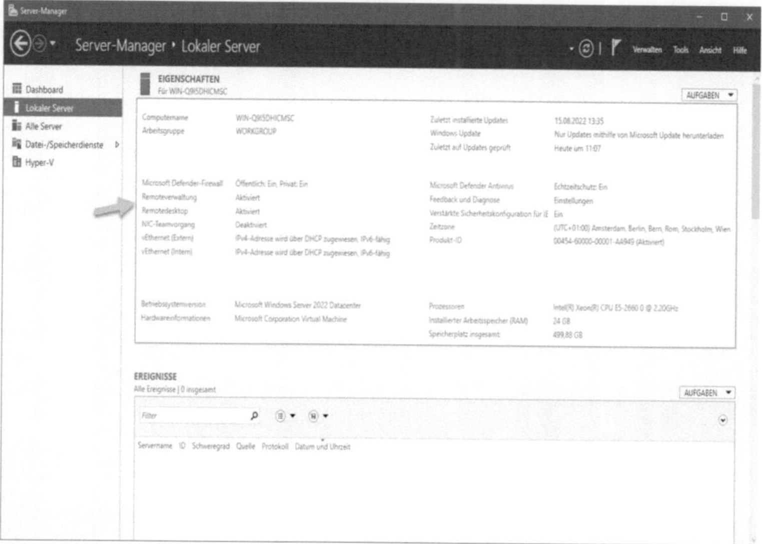

Abbildung 1.4: Remoteeinstellungen

Eine interessante Möglichkeit ist das „NIC-Teaming".

Damit lassen sich physische Netzwerkadapter zu „Teams" zusammenfassen.

Erst seit Windows Server 2012 wird diese Funktion von Microsoft offiziell unterstützt!

Allerdings gibt es einige Einschränkungen, die beachtet werden müssen:

- Es lassen sich nur Netzwerkkarten mit gleicher Bandbreite zusammenfassen (z.B zwei Karten für 1 Gigabit)
- Wenn Receive Side Scaling (RSS) benötigt wird, müssen dies auch beide Netzwerkkarten unterstützen

Zum Einrichten klicken Sie auf „NIC-Teamvorgang".

In dieser Konsole können Sie die Adapter zusammenfassen.

Mit der PowerShell erstellen Sie ein NIC-Teaming mit:

New-NetLbfoTeam

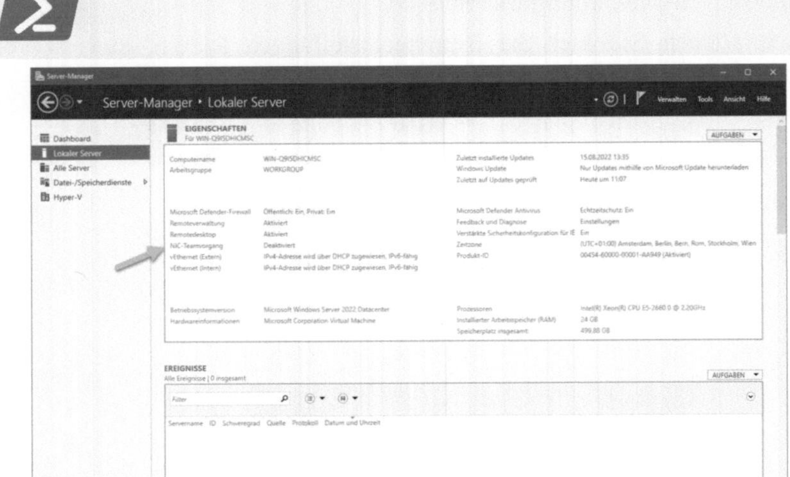

Abbildung 1.5: NIC-Teaming einrichten

Eine weitere Grundkonfiguration ist das Einstellen der IP-Adressierung.

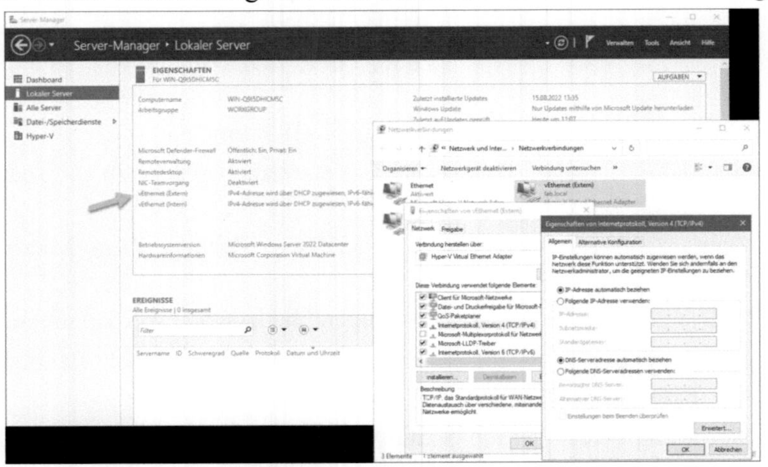

Abbildung 1.6: IP-Adressierung

Hier können Sie die IP-Adresseinstellungen vornehmen.

Auf der rechten Seite des Server-Managers haben Sie noch die Möglichkeit, sicherheitsrelevante Einstellungen vorzunehmen, wie

- Updateeinstellungen
- Windows Defender Einstellungen
- Einstellungen über die Sicherheitsstufe des Internet-Explorers

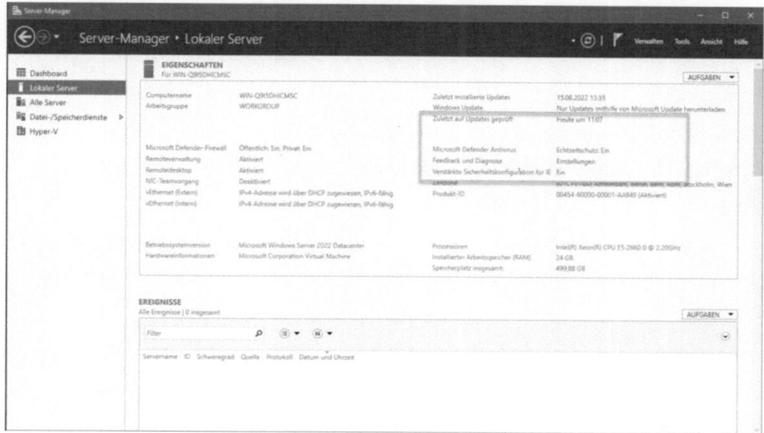

Abbildung 1.7: Sicherheitseinstellungen

Sie sehen die Hostmaschine mit Windows Server 2022.

Diese Maschine sollen Sie nun für den Einsatz in diesem Kurs konfigurieren.

Übung 1.3.1

- Nehmen Sie bitte an dieser Maschine keine Änderungen vor!
- Betrachten Sie die Stelle, an der der Name des Computers geändert werden kann
- Welche Einstellungen können hier noch geändert werden?
- Überprüfen Sie, für welche Einstellungen die Firewall konfiguriert ist
- Überprüfen Sie die Updateeinstellungen
- Überprüfen Sie den Defender-Schutz
- Überprüfen Sie, ob die verstärkten Sicherheitseinstellungen für den IE aktiviert sind

1.3.2 Rollen und Features

Wie bereits erwähnt, ist ein neu aufgesetzter Server völlig unkonfiguriert.

Auch, wenn Sie nun bereits wissen, wie Sie die Grundkonfiguration vornehmen, hat doch der Server bisher keine „Funktion“, es ist also noch nicht definiert, für welchen Zweck er später eingesetzt werden soll.

Hier kommen die sogenannten „Rollen und Features“ ins Spiel.

Beides sind Zusatzfunktionen, die der Server verwalten kann. Sie unterscheiden sich lediglich in der Gewichtung.

Rollen

Dies sind die bedeutenden Funktionen, die wichtigeren, wie beispielsweise Active Directory oder auch diverse Netzwerkdienste.

Features

Dies sind die kleineren Funktionen, die auch nicht ganz so bedeutend für die Server Infrastruktur sind, wie die Gruppenrichtlinienverwaltung oder das Sicherungsprogramm.

Installieren können Sie Rollen und Features, indem Sie auf „Rollen und Features hinzufügen“ klicken.

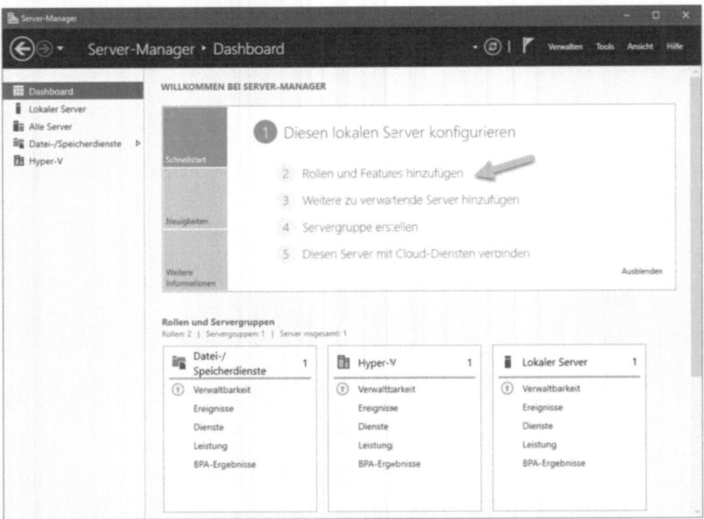

Abbildung 1.8: Rollen und Features hinzufügen

Zunächst sehen Sie einen Bildschirm mit allgemeinen Hinweisen, den Sie für die Zukunft ausblenden können.

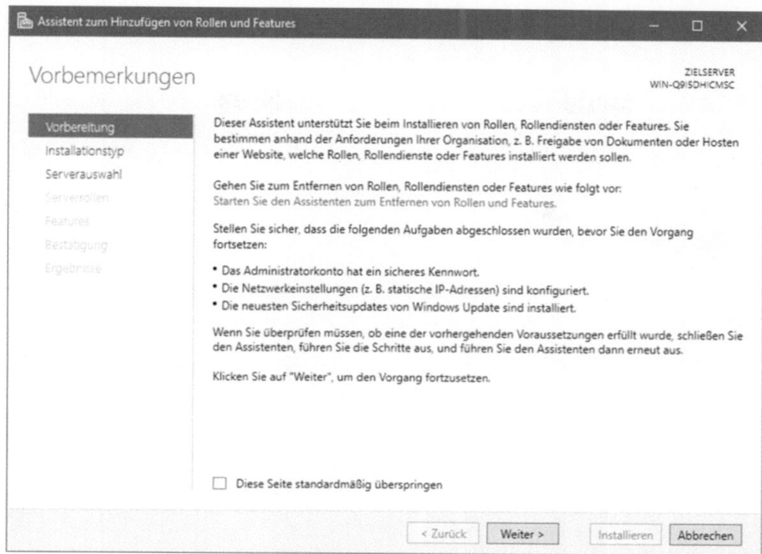

Abbildung 1.9: Hinweise

Dann wählen Sie aus, was Sie installieren wollen.
Hier ist „Rollenbasierte oder featurebasierte Installation“ richtig.

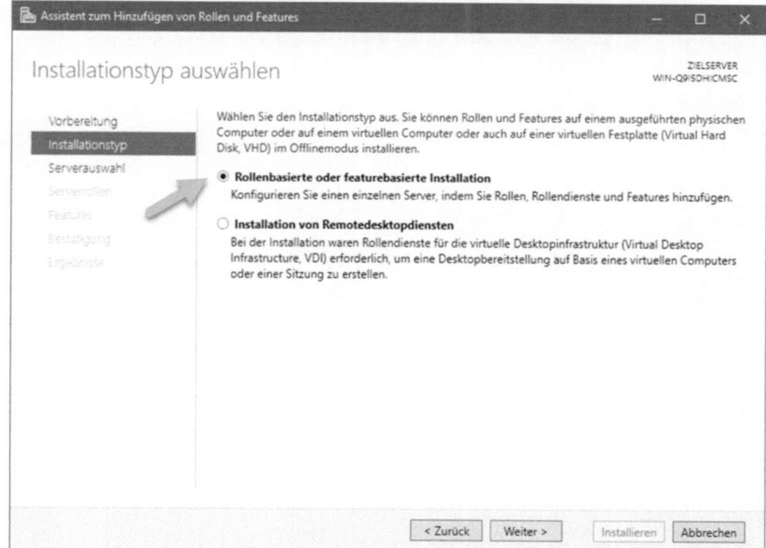

Abbildung 1.10: Installationstyp

Die „Installation von Remotedesktopdiensten“ würde den Server zu einem Terminalserver konfigurieren.

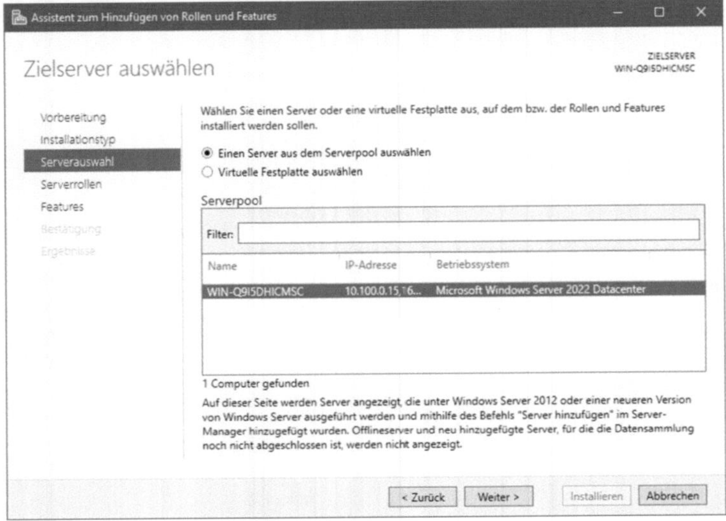

Abbildung 1.11: Serverauswahl

Nun wählen Sie den Server aus, auf dem Sie die Rolle oder das Feature installieren möchten.

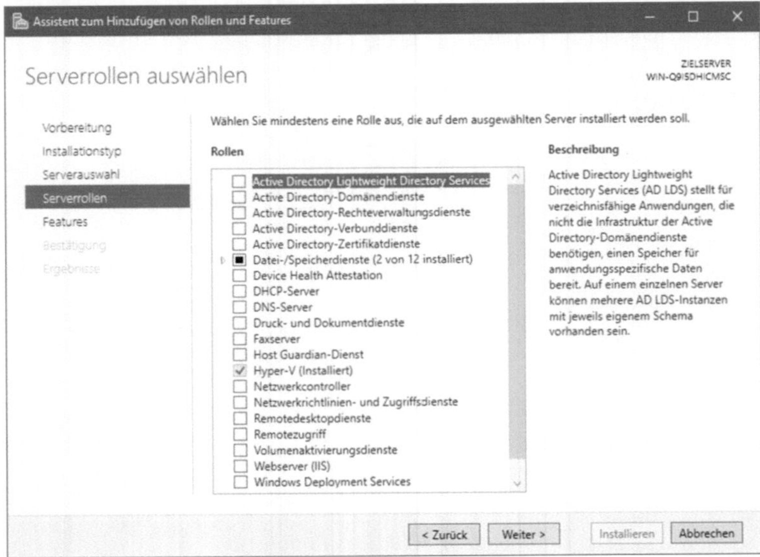

Abbildung 1.12: Serverrollen

Wenn Sie mehrere Server verwalten, können Sie hier auch einen anderen Server auswählen, es muss nicht immer der lokale Server sein.

Der nächste Bildschirm ist die Auswahl der Rollen.

Dies sind, wie gesagt, die größeren und bedeutenderen Funktionen.

Eine Rolle ist beispielsweise „Hyper-V“, mit dieser Rolle werden wir uns sehr bald genauer beschäftigen.

Danach können Sie die Features auswählen.

Mit der PowerShell ist es der Befehl

Add-WindowsFeature name -restart

Um zu sehen, ob eine bestimmte Rolle oder ein bestimmtes Feature installiert ist, benutzen Sie das Cmdlet:

Get-WindowsOptionalFeature

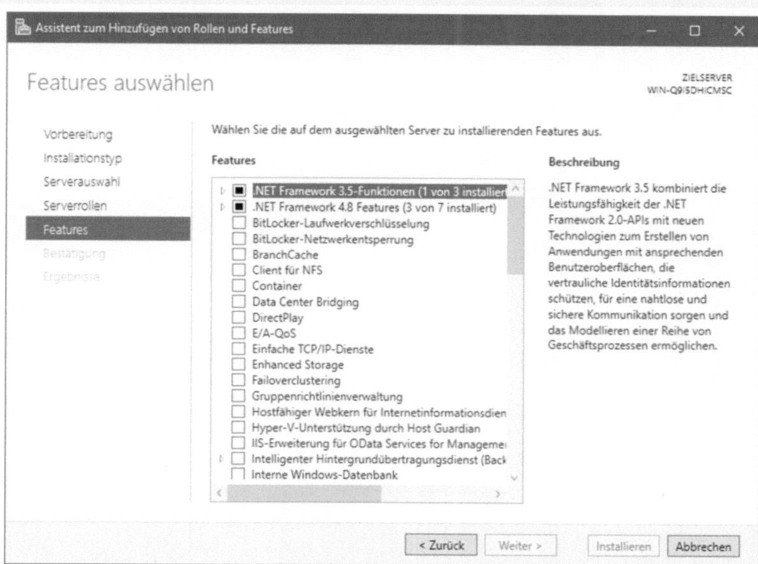

Abbildung 1.13: Features

Nach der Auswahl einer Rolle oder eines Features wird diese Funktion installiert und eventuell wird ein Neustart gefordert.

Rollen oder Features entfernen

Wie Sie eben gesehen haben, ist dies nur ein Assistent zum Installieren von Rollen und Features.

Entfernen können wir sie mit diesem Assistenten nicht!

Deswegen gibt es hierfür einen eigenen Menüpunkt:

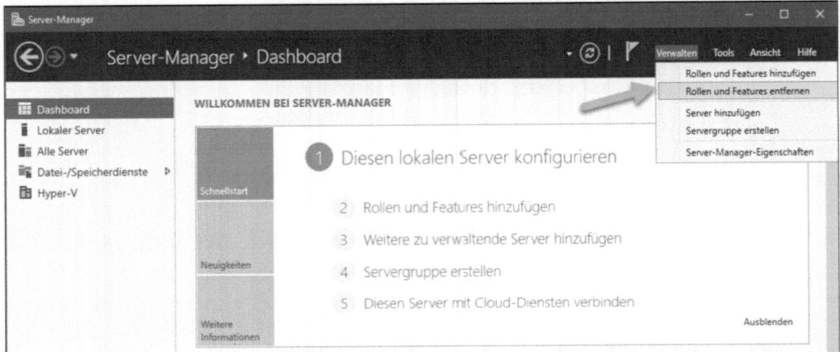

Abbildung 1.14: Rollen und Features entfernen

Hier sehen Sie, dass nur die installierten Rollen und Features nicht ausgegraut sind, und damit können wir sie entfernen.

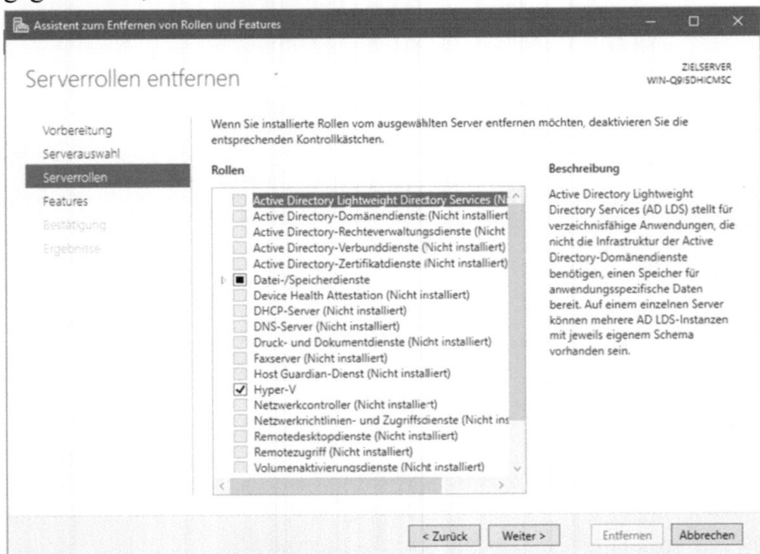

Abbildung 1.15: Rollen entfernen

Mit der PowerShell ist es der Befehl

REMOVE-WINDOWSFEATURE NAME -RESTART

Rollen inklusive Dateien entfernen

Hat man den Namen der gewünschten Rolle oder des betreffenden Features ermittelt, dann kann man es mit dem Befehl

Uninstall-WindowsFeature -name Server-Gui-Shell -remove

komplett vom Server löschen.

Übung 1.3.2

- Öffnen Sie die Rolle „Datei- und Speicherdienste"
- Erweitern Sie „Datei- und iSCSI-Dienste"
- Installieren Sie die Rolle
  - Datendeduplikation
- Installieren Sie zusätzlich das Feature „Internetdruckclient"
- Entfernen Sie die eben installierten Rollen und Features wieder
- Bestätigen Sie alle Abfragen, wenn beim Entfernen einer Rolle auch dazugehörige Features entfernt werden sollen

1.3.3 Das Windows Admin Center

Eine weitere Möglichkeit, einen Server zu verwalten, ist das Windows Admin Center.

Es wurde 2017 entwickelt, damals unter dem Codenamen „Projekt Honolulu".

Das Windows Admin Center bietet Ihnen die Möglichkeit, einen Windows Server über einen Webbrowser zu administrieren.

Dies kann von der Maschine selber aus oder natürlich auch aus der Ferne, beispielsweise von einem Client aus geschehen.

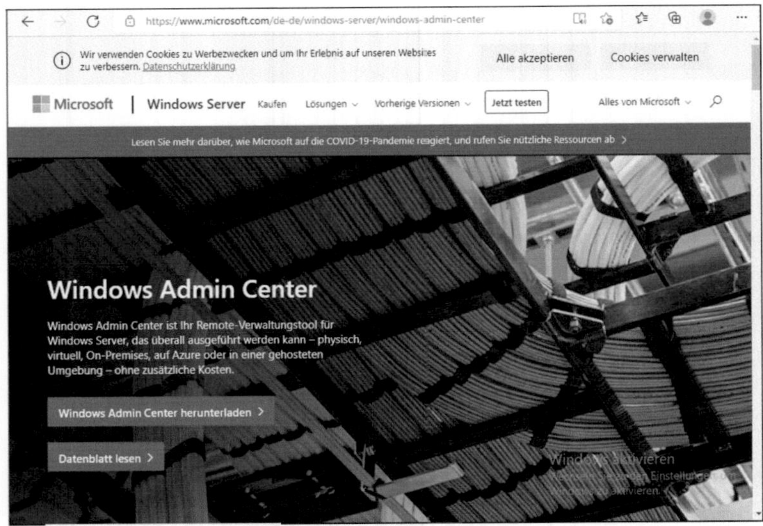

Abbildung 1.16: Admin-Center

Dadurch haben Sie eine große administrative Flexibilität, und können auch Server in der Cloud administrieren.

Der erste Schritt ist es, das Admin Center von der Microsoft–Website herunterzuladen.

Danach starten Sie die Installation auf dem Server.

Sie können wählen, in welchem Umfang Sie Diagnosedaten an Microsoft senden möchten und ob Sie das Windows Update auch für das Admin-Center benutzen möchten.

Nun wird es interessant.

Sie können das Windows-Admin Center auf einem Client installieren, um Server administrativ verwalten zu können.

Damit haben Sie diese Verwaltungsoberfläche nur für Sie selber eingerichtet, und nur Sie können damit Server verwalten.

Sie können das Admin Center aber auch auf einem Server installieren, so wie wir es hier vornehmen.

Es wird auf dem Server eine webbasierte Oberfläche zur Verfügung gestellt, auf die mehrere Administratoren zugreifen können.

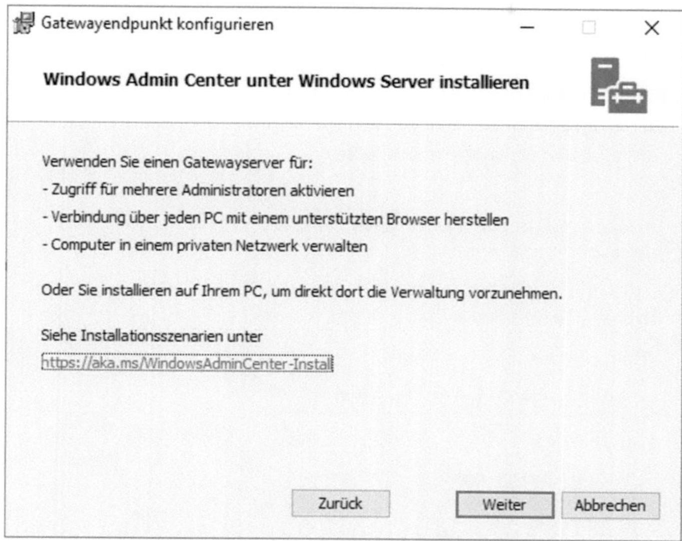

Abbildung 1.17: Gatewayserver

In diesem Fall installieren Sie das Admin Center als Gatewayserver.

Dies wird Ihnen in dieser Meldung mitgeteilt, und auch, dass Sie die Möglichkeit haben, die Installation auf einem Client auszuführen.

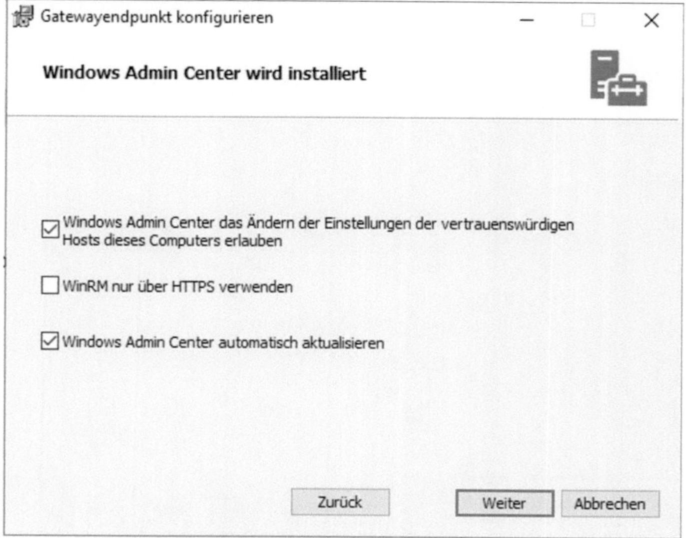

Abbildung 1.18: Gateway-Konfiguration

Sie müssen dem Server noch erlauben, dass er auf die Rechner zugreifen darf, mit denen er Kontakt aufnimmt.

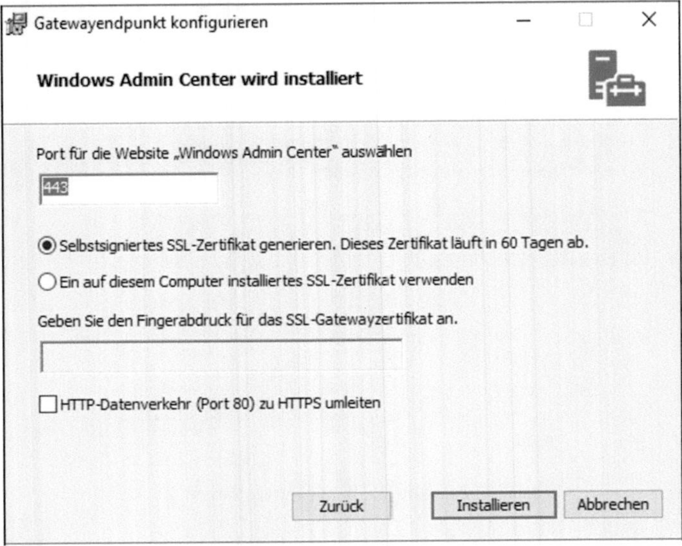

Abbildung 1.19: Ports und Zertifikat

Das ist für den administrativen Zugriff nötig.

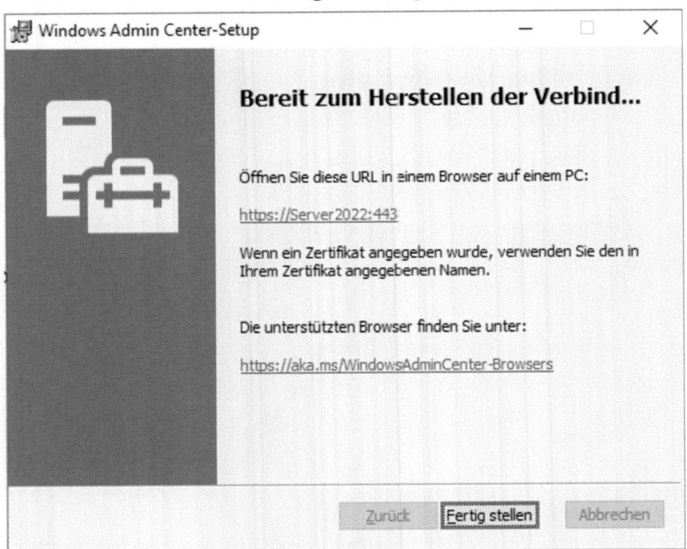

Abbildung 1.20: URL

WinRM über https ist eine Sicherheitsfunktion, dafür wird aber ein entsprechendes Zertifikat benötigt.

HTTPS wird immer über Port 443 angesprochen, der auch schon vorausgewählt ist.

Wenn Sie keine eigene Zertifikatstelle betreiben oder kein öffentliches Zertifikat verwenden, können Sie auch ein selbstsigniertes Zertifikat benutzen, das für unsere Übungszwecke völlig ausreichend ist, nicht aber für eine produktive Umgebung.

Nach der Beendigung der Installation erhalten Sie folgenden Hinweis:

Die URL, mit der Sie das Admin Center öffnen können, ist

https://NameDesServers:Portnummer

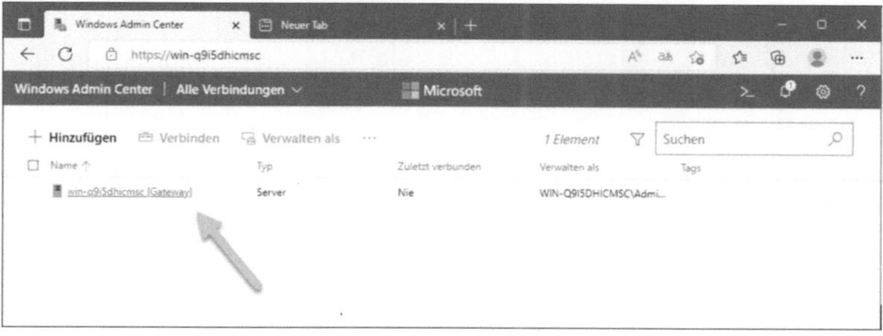

Abbildung 1.21: Admin Center

Mit dieser URL können Sie von jedem Rechner aus auf den Server zugreifen, allerdings kann es sein, dass Sie bei selbstsignierten Zertifikaten Fehlermeldungen erhalten.

Übung 1.3.3

- Laden Sie das Windows Admin Center herunter
- Installieren Sie es auf dem Host als Gateway
- Belassen Sie bei der Installation die Standardeinstellungen, betrachten Sie aber alle möglichen Einstellungen genau
- Benutzen Sie ein selbstsigniertes Zertifikat
- Stellen Sie eine Verbindung zum Admin Center her

- o Betrachten Sie die administrativen Möglichkeiten, die Ihnen im Admin-Center zur Verfügung stehen
- o Betrachten Sie „Dienste“ und die Möglichkeiten
- o Beurteilen Sie, ob Sie eine Arbeit mit dem Admin Center in Betracht ziehen

1.4 Windows 11 als Client

Momentan haben wir noch keinen Client installiert, das machen wir erst später in diesem Kurs.

Aber trotzdem möchte ich Ihnen schon einen Überblick über den aktuellen Client von Microsoft geben, Windows 11.

Prozessor	1 Gigahertz (GHz) oder schneller mit 2 oder mehr Kernen
RAM	4 GB
Festplatte	64 GB
Firmware	UEFI, aktiviert für sicheren Start
TPM	TPM Version 2.0
Grafikkarte	Kompatibel mit DirectX 12 oder höher mit WDDM 2.0-Treiber

Windows 11 hat deutlich höhere Anforderungen an die Hardware, als Windows 10 hatte.

Die wichtigsten Änderungen zum Vorgänger Windows 10 ist, dass Sie mindestens 2 Prozessorkerne benötigen, und dass TPM 2.0 eine zwingende Voraussetzung ist.

Auch für eine Installation in virtuellen Maschinen muss auf diese Änderungen eingegangen werden.

Die Home-Edition von Windows 11 setzt ein Microsoft Konto voraus. Generell wird eine Anmeldung mit einem Microsoft-Konto bei Windows 11 bevorzugt, Sie können sich allerdings in den Versionen, in denen ein Domänenbeitritt möglich ist, auch mit einem lokalen oder Domänenkonto anmelden.

1.4.1 Unterschiede zu Windows 10

Genau genommen ist Windows 11 lediglich ein Windows 10 mit einem großen Servicepack, aber Microsoft hat sich dazu entschlossen, es als neues Betriebssystem zu nummerieren.

Die gute Nachricht für Sie ist, wenn Sie Windows 10 kennen, kennen Sie auch Windows 11.

Windows 11 ist eine Weiterentwicklung mit einigen neuen Funktionen, zum Beispiel Features wie Azure Virtual Desktop und Windows 365.

Windows 365

Windows 365 ist ein neuer Microsoft-Dienst, der Windows aus der Cloud auf den lokalen Computer streamt.

Das klingt sehr interessant, denn dadurch kann Ihr persönliches Windows mit allen Ihren Programmen, Daten und Konfigurationseinstellungen in der Cloud liegen und Sie können darauf zugreifen, egal, wo Sie sich befinden.

Diese neue Funktion steht momentan allerdings nur für Unternehmen zur Verfügung und ist auch noch sehr teuer, die Preise sind momentan zwischen 30,00 und 60,00 Euro im Monat pro Benutzer angesiedelt.

Azure Virtual Desktop

Azure Virtual Desktop hieß zuvor Windows Virtual Desktop. Hierbei können Sie mehrere lokale Windows Instanzen in einer Active Directory Domäne speichern und auf diese Desktops zugreifen.

Hierbei ist es egal, ob das Active Directory lokal oder in der Cloud liegt.

Windows 11 hat auch ein etwas anderes Aussehen, die Funktionen sind aber sehr gut auffindbar, wenn man mit Windows 10 gearbeitet hat.

Abbildung 1.22: Windows 11

Wir werden im Laufe dieses Kurses Windows 11 installieren und kennenlernen, genauso wie Windows Server 2022.

2 Grundlagen PowerShell und Hilfe zur Selbsthilfe

2.1 Windows PowerShell

Bevor wir in die Grundlagen der PowerShell einsteigen, lassen Sie uns einen Blick auf die Entwicklung werfen.

Die PowerShell wurde entwickelt, um Administratoren eine Möglichkeit zu geben, die Befehlszeile auch für komplexere Anforderungen zu nutzen und mehrere Befehle miteinander verknüpfen zu können.

Programmierer dagegen sollten die Oberfläche nutzen können, um Skripte erstellen zu können.

Das Ziel der PowerShell war also, eine Skriptsprache zu entwickeln, mit der die Windows-Verwaltung komplett automatisiert werden konnte.

Sie könnten jetzt die Frage stellen, warum ein neues System entwickelt werden sollte, wo es doch die Befehlszeile gibt, warum also eine andere Lösung?

Der Grund ist, dass die Befehlszeile ein Relikt aus alten Zeiten ist.

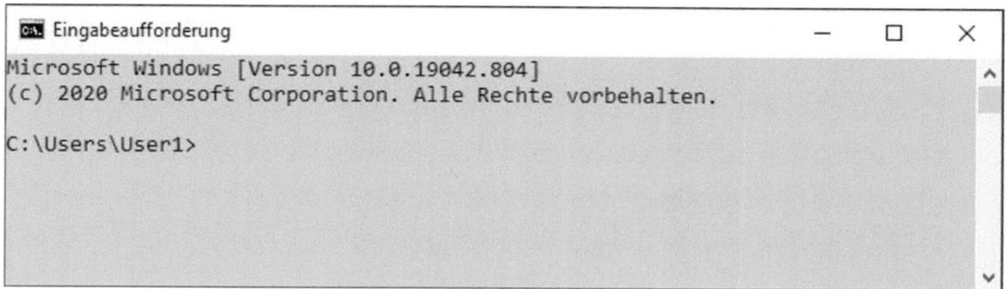

Abbildung 2.1: Befehlszeile

Sie ist schon seit den MS-DOS Zeiten an Bord jedes Betriebssystems und erlaubt nur einen eingeschränkten Satz an Befehlen.

Mit ihrer Hilfe können Sie zwar Standardbefehle ausführen und sie besitzt sogar eine einfache Skriptsprache zum Automatisieren dieser

Befehle, aber mit der Befehlszeile können Sie bei Weitem nicht alle benötigten Anforderungen ausführen, die durch die Weiterentwicklung des Betriebssystems entstanden sind.

Ein weiteres Problem der Befehlszeile ist, dass sie immer bei Bedarf einige weitere Befehle erhalten hat, und deswegen in der Bedienung nicht konsistent ist.

Microsoft hat den Bedarf einer einheitlichen Plattform, mit der auch komplexe Verwaltungsaufgaben automatisiert werden können, im Jahr 2002 erkannt und das „Monad-Projekt“ in Angriff genommen.

2.1.1 Monad-Projekt

Um ein Projekt beginnen zu können, musste erst einmal das Problem genau definiert werden.

Hierbei wurde der Ansatz gewählt, dass es einerseits in Windows bereits Verwaltungstools gibt, die oft in einer GUI zu finden sind, und natürlich auch die eben bereits erwähnte Befehlszeile mit ihren bekannten Einschränkungen. Diese Tools sind oft sehr einfach und dadurch für eine alltägliche Administration geeignet, bieten aber keine ausreichenden Möglichkeiten für komplexere Verwaltungsaufgaben.

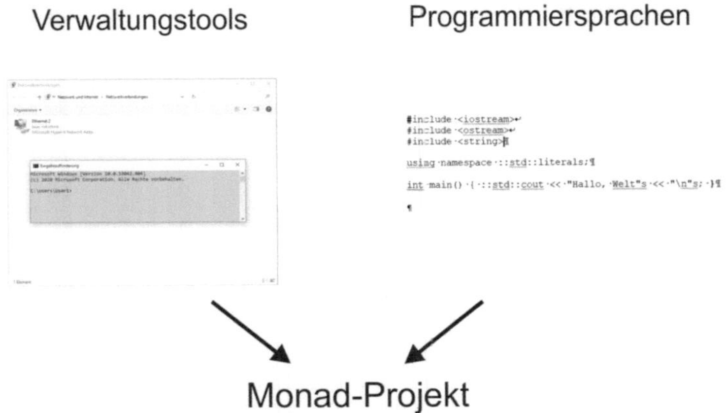

Abbildung 2.2: Monad-Projekt

Auf der anderen Seite gab es im Programmiererbereich eine Vielzahl von Programmiersprachen, mit deren Hilfe Anwendungen erstellt werden können, wenn man diese Sprachen beherrscht.

Mithilfe dieser Programmiersprachen ist es natürlich auch immer schon möglich gewesen, Verwaltungstasks zu automatisieren. Dies erforderte aber hochspezialisierte Fachleute.

Genau der Mittelweg zwischen diesen beiden Extremen war das Ziel des Monad-Projekts.

Es wurden weitere wichtige Punkte festgelegt, darunter auch

- Keine unstrukturierten Texte in Ein- und Ausgabe, sondern definierte Objekte, wie sie auch in Programmiersprachen benutzt werden
- Dadurch Schaffung eines plattformunabhängigen Standards
- Ausführung auch auf Remotecomputern möglich
- Grafische Oberfläche möglich

Sie sehen, das Projekt war recht anspruchsvoll und das Ergebnis begleitet uns bis heute. Es ist die Windows PowerShell.

2.1.2 .NET-Framework

Was ist nun dieses .NET-Framework, auf dem die PowerShell basiert?

Die offizielle Definition von Microsoft ist „.NET-Framework ist eine verwaltete Ausführungsumgebung für Windows, die eine Vielzahl von Diensten für die darin ausgeführten Apps bereitstellt."

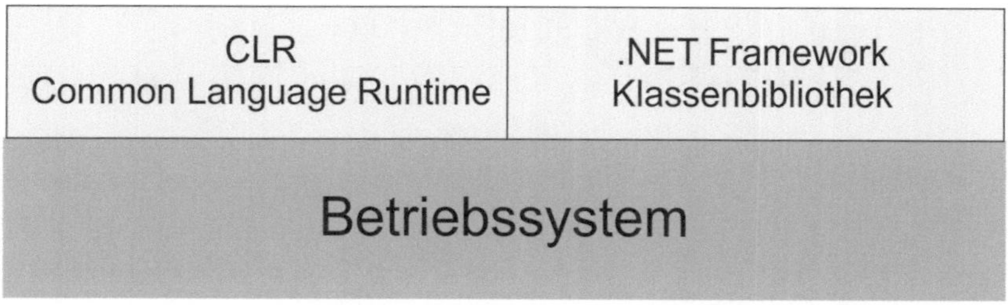

Abbildung 2.3: .NET Framework

Ok, aber was bedeutet das?

Das .NET-Framework ist eine Software, die mittlerweile automatisch mit dem Windows-Betriebssystem ausgeliefert wird.

Diese Software besteht aus zwei Teilen:

- CLR (Common Language Runtime)
- .NET-Framework-Klassenbibliothek

CLR (Common Language Runtime)

Beginnen wir mit der CLR (Common Language Runtime).

Dieser Teil ist sehr einfach zu verstehen, das ist eine Art Schnittstelle zwischen einem Programm, einer App und dem Betriebssystem, die die Ausführung der Anwendung ermöglicht.

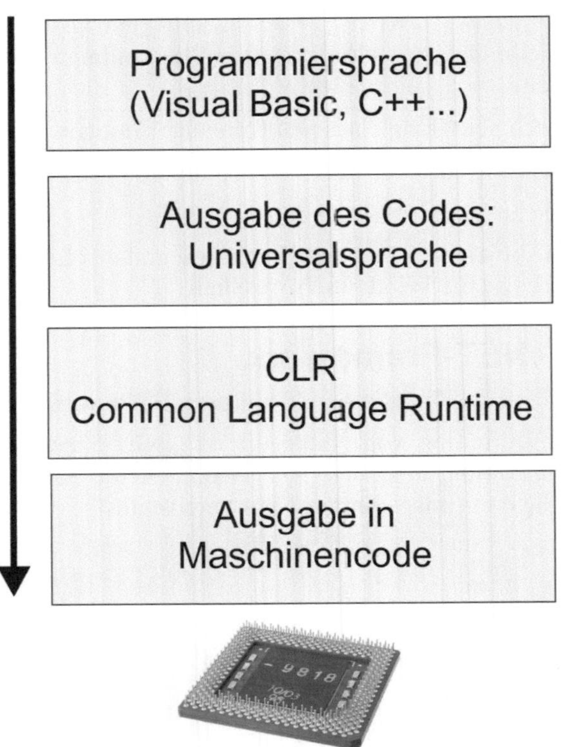

Abbildung 2.4: Ausführung eines Programms

Programme sind im Prinzip Anweisungen zur Ausführung bestimmter Befehle auf dem Computer.

Wenn Sie nun ein Programm installieren, das mit einer Programmiersprache erstellt ist, die auf .NET basiert, wird bei der Installation des Programms das .NET Framework unter Umständen automatisch mit installiert, sollte es auf dem Computer noch nicht vorhanden sein.

Die Common Language Runtime ermöglicht nun die Ausführung des

Programms.

Der Vorteil an dieser Lösung ist, dass Sie nur eine Laufzeitumgebung benötigen, damit Sie mehrere Programme ausführen können.

Manchmal ist die Ausführung der Programme aber von einer bestimmten Version des .NET Frameworks abhängig.

Das ist kein Problem, denn es können mehrere Versionen von .NET-Framework gleichzeitig auf einem Computer vorhanden sein.

Dies bedeutet, dass Sie ältere Versionen nicht deinstallieren müssen, um eine höhere Version zu installieren.

Das Ausführen eines Programms funktioniert also vereinfacht dargestellt folgendermaßen:

- Das Programm wird in einer Programmiersprache erstellt, wie Visual Basic, C++ oder anderen.
- Die Ausgabe des Codes erfolgt in einer Universalsprache, die von mehreren Laufzeitumgebungen verstanden wird.
- Auf dem Rechner wird diese Ausgabe im CLR in Maschinencode übersetzt und ausgeführt.

.NET-Framework-Klassenbibliothek

Der zweite Teil des .NET-Framework ist die Klassenbibliothek.

Dies ist der eigentlich für uns interessante Teil des .NET, denn hier finden wir Sammlungen von verschiedenen Befehlen, auf die bei der Programmierung -oder beim Erstellen von PowerShell Skripts-zugegriffen werden kann. Das ist sehr praktisch, da hier nicht immer das Rad neu erfunden werden muss.

.NET stellt Ihnen Funktionen und Methoden bereit, die für die verschiedensten Zwecke geeignet sind.

Sie finden in einer Klassenbibliothek eine große Auswahl an Codes, beispielsweise für Schaltflächen, grafische Benutzeroberflächen, bestimmte Zugriffe auf Daten und vieles mehr.

Der Zugriff auf die .NET-Klassen kann folgendermaßen vereinfacht dargestellt werden:

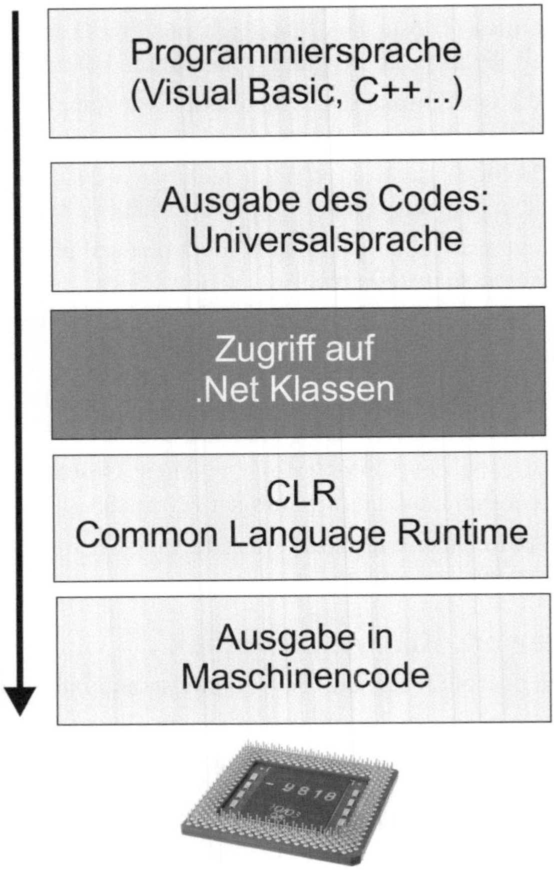

Programmiersprache (Visual Basic, C++...)

Ausgabe des Codes: Universalsprache

Zugriff auf .Net Klassen

CLR Common Language Runtime

Ausgabe in Maschinencode

Abbildung 2.5: .NET Klassen

.NET-Framework für PowerShell

Jetzt wird auch klar, warum die PowerShell untrennbar mit dem .NET-Framework verbunden ist.

Sie benutzt die Klassenbibliotheken, um auf vorgefertigte Codes zugreifen zu können und uns damit die Arbeit zu erleichtern.

Mittlerweile ist das .NET-Framework nicht mehr nur für Windows-Systeme verfügbar, sondern auch für Linux und MacOS. Damit haben wir auch die Möglichkeit, auf diesen Systemen die PowerShell zu benutzen.

Das Ziel, die .NET Versionen zusammenzuführen, können wir auch an den Versionsnummern erkennen.

Microsoft hat das .NET-Framework 1.0 im Jahr 2002 herausgebracht. Dieses wurde kontinuierlich verbessert. Lief aber ausschließlich in einer Windows-Umgebung.

2019 erschien .NET-Framework 4.8, das letzte Framework, das rein für Windows entwickelt wurde.

Im Jahr 2014 begann Microsoft mit der Entwicklung des sogenannten „.NET Core“, das plattformübergreifend sein sollte.

.Net Core 3.1 erschien 2019, etwa zeitgleich mit .NET-Framework 4.8.

Alle Versionen danach waren nicht mehr an bestimmte Plattformen gebunden, sondern laufen unter Windows, Linux und MacOS.

Als äußerliches Zeichen für den Richtungswechsel heißen die neuen Versionen nur noch .Net, ohne die Zusätze „Framework“ oder „Core“.

2.1.3 Die Windows PowerShell Konsole

In allen aktuellen Windows Versionen ist die PowerShell bereits vorinstalliert als integraler Bestandteil des Betriebssystems.

Start der Konsole

Das Starten der PowerShell-Konsole ist sehr einfach.

Sie wählen

- Start
- Windows PowerShell

Hier sehen Sie vier Auswahlmöglichkeiten für die Windows PowerShell.

Bleiben wir zunächst bei den beiden oberen.

- Windows PowerShell
- Windows PowerShell (x86)

Der zweite Eintrag ist eigentlich nur noch aus Abwärtskompatibilitätsgründen vorhanden. Er ist für 32-Bit Computer gedacht, die es nur noch selten gibt, oder für die Verwendung eines sehr alten 32-Bit Moduls.

Das wird so gut wie nie der Fall sein, deswegen können Sie die Einträge mit (x86) komplett ignorieren.

Also starten wir den 64-Bit Modus der Windows PowerShell.

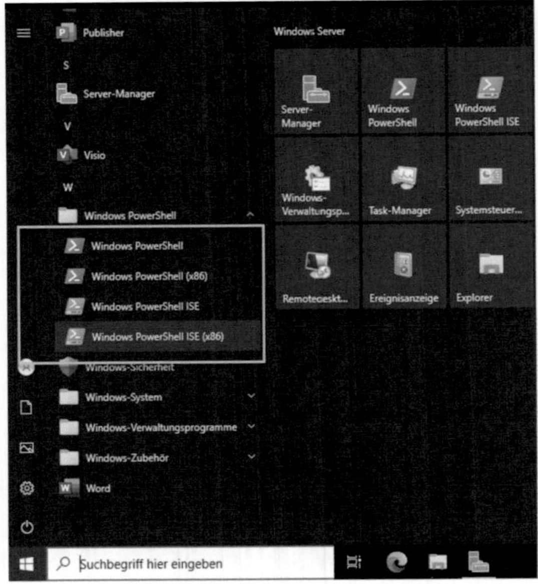

Abbildung 2.6: Windows PowerShell

Wir sehen ein Fenster, das uns an die Eingabeaufforderung erinnert.

Abbildung 2.7: Konsole

Bitte beachten Sie den angezeigten Pfad, Sie befinden sich im Profilverzeichnis des momentan angemeldeten Benutzers.

Aber zurück zur Konsole.

Wenn sie schon einer Eingabeaufforderung ähnelt, dann können wir auch bestimmt Informationen mit einem Befehl anzeigen, oder?

Richtig!

Wenn wir beispielsweise wissen möchten, welche Version der PowerShell installiert ist, geben wir den Befehl

$PSVERSIONTABLE

ein.

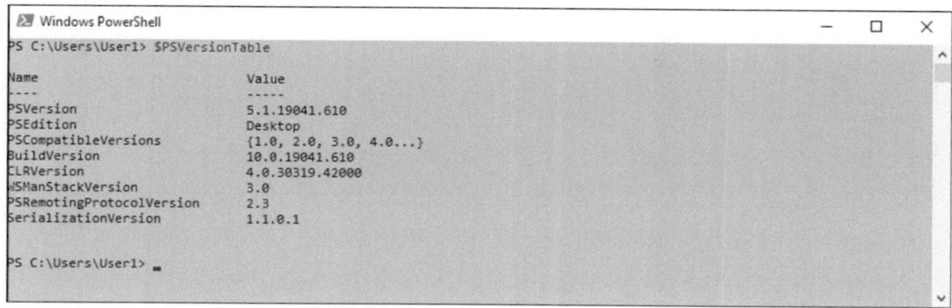

Abbildung 2.8: Anzeigen der Version

Sie erhalten eine gut strukturierte Ausgabe, die in zwei Spalten dargestellt wird.

In der ersten Spalte sehen Sie den Namen der Information, in der zweiten Spalte den jeweiligen Wert.

Die Version ist Windows PowerShell 5.1. Die Zahlen danach geben den aktuellen Servicepackstand wieder.

Wir befinden uns auf einem Desktopsystem, in diesem Fall Windows Server 2022.

Auch die Abwärtskompatibilität zu den früheren Versionen wird angezeigt, genauso, wie einige andere Informationen.

Muss ich diesen Befehl auswendig wissen?

Jein.

PowerShell bietet eine einfache Autoausfüllfunktion, die Ihnen helfen kann, den richtigen Befehl zu finden. Dafür drücken Sie die Tab-Taste in der Konsole.

Leider sollten Sie dafür zumindest eine ungefähre Ahnung haben, was Sie eigentlich suchen, denn alle verfügbaren Befehle werden Ihnen in alphabetischer Reihenfolge angezeigt. Sie können zwar mit erneutem Druck auf die Tab-Taste zum nächsten Befehl wechseln, aber die Auswahl ist riesig.

Wenn Sie beispielsweise den Befehl

```
$PSVersionTable
```

suchen, und Sie geben nur $ ein, erhalten Sie alle Befehle, die mit $ anfangen.

Erst wenn Sie

```
$PSV
```

eingeben, wird Ihnen die richtige Zeichenfolge angezeigt.

Probieren Sie das ruhig aus, damit Sie ein Gefühl erhalten.

Natürlich können Sie Windows PowerShell auch als Administrator starten.

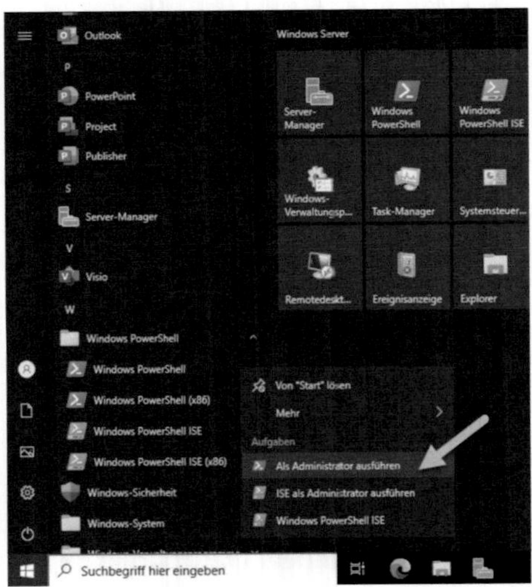

Abbildung 2.9: Als Administrator ausführen

Das ist immer dann nötig, wenn Sie systemnahe Tasks ausführen möchten, also bei der sinnvollen Systemverwaltung beinahe immer.

Windows PowerShell ISE

Es gibt noch eine zweite Möglichkeit, die PowerShell Konsole zu starten.

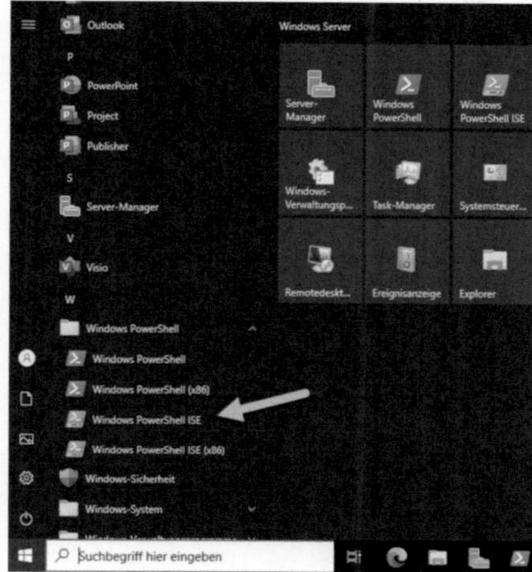

Abbildung 2.10: ISE

Wählen Sie dafür „Windows PowerShell ISE".

ISE steht für „Integrated Scripting Environment". Diese Konsole bietet mehr Hilfe als die einfache Konsole, sie ist dafür gedacht, Skripte zu erstellen.

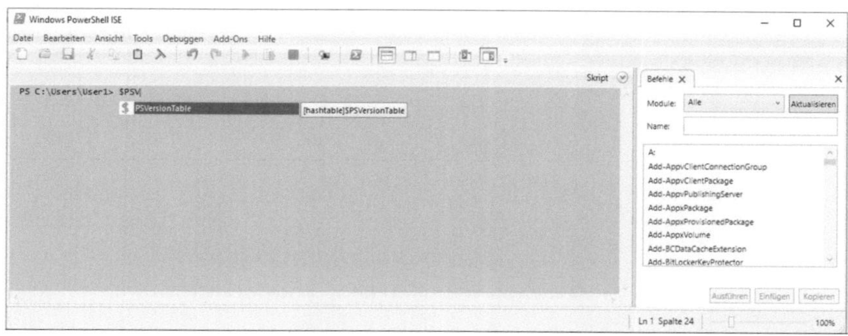

Abbildung 2.11: Gestartete ISE

Die meisten Funktionen sind an dieser Stelle noch nicht relevant, aber Sie sehen schon direkt nach dem Start, dass Sie mehr Informationen zur Verfügung haben.

Auf der rechten Seite sind alle verfügbaren Befehle aufgelistet, Sie können aus ihnen mit der Maus auswählen.

Den größten Unterschied sehen Sie, wenn Sie beginnen, einen Befehl einzutippen.

Sie erhalten automatisch Vorschläge, wie der Befehl ergänzt werden könnte und Sie können während der Eingabe durch Drücken von „Enter“ auswählen.

Das Ergebnis ist aber identisch mit dem Ergebnis, das Sie in der einfachen Konsole erhalten.

Übung 2.1.3

- Starten Sie auf Ihrem Windows Server 2022 System die Windows PowerShell Konsole
- Überlegen Sie kurz, wann die Windows PowerShell (x86) benutzt werden sollte, wählen Sie aber die 64-Bit Variante
- Benutzen Sie ein Cmdlet, das Ihnen die installierte PowerShell Version anzeigt
- Interpretieren Sie die Ausgabe
- Benutzen Sie die Autoausfüllfunktion, indem Sie eingeben
    - $PS und dann die Tab-Taste drücken
- Öffnen Sie nach Belieben Cmdlets, die Ihnen angezeigt werden und interpretieren Sie diese
- Öffnen Sie eine Windows PowerShell ISE
- Tippen Sie dort ein „$“
- Welche Hilfe erhalten Sie?
- Was passiert, wenn Sie das Cmdlet „$PSVersionTable“ eingeben?
- Ab wann wird nur noch „$PSVersionTable“ angezeigt?

2.2 Befehle in der PowerShell: Cmdlets

Lassen Sie uns in die Benutzung der PowerShell einsteigen.

Wie wir schon gehört haben, ist die PowerShell ein leistungsstarkes Instrument für die Administration eines Systems.

Dafür werden in der PowerShell-Konsole Befehle eingegeben. In der PowerShell-Sprache heißt ein solcher Befehl Commandlet (kurz Cmdlet).

Jedes Cmdlet erfüllt eine bestimmte Aufgabe.

2.2.1 Aufbau der Cmdlets

Alle Cmdlets sind nach dem gleichen Schema aufgebaut. Es besteht aus drei Teilen, einem Verb, einem Substantiv und einem oder mehreren Parametern.

Abbildung 2.12: Syntax

Zwischen Verb und Substantiv befindet sich nur ein Bindestrich und kein Leerzeichen.

Der oder die Parameter werden mit einem Leerzeichen abgetrennt, und dann mit einem Bindestrich angefügt.

Groß- und Kleinschreibung ist zunächst einmal nicht wichtig, PowerShell interpretiert die Cmdlets unabhängig davon.

Über den Sinn einer Struktur in der Schreibweise unterhalten wir uns später noch.

Bevor wir die einzelnen Komponenten eines Cmdlets im Detail betrachten, möchte ich Ihnen noch einige Beispiele für Cmdlets zeigen.

Eines der bekanntesten Verben ist das Verb „Get".

Get- leitet eine Informationsausgabe ein und hat den Vorteil, dass mit diesem Cmdlet keine Änderungen vorgenommen werden. Damit ist es das perfekte Beispiel, mit dem Sie probieren können, ohne ein Risiko einzugehen.

Möchten wir beispielsweise alle Dienste auflisten lassen, die auf dem lokalen Rechner verfügbar sind, geben wir folgendes Cmdlet ein:

```
GET-SERVICE
```

Sie können schon erkennen, das PowerShell immer eine ganze Reihe von Informationen ausgibt, in diesem Fall sehen wir nicht nur alle Dienste, sondern auch den Status: (Running/Stopped) und sowohl den Dienstnamen als auch den Anzeigenamen.

Auch können Sie erkennen, dass ein Cmdlet tadellos auch ohne Parameter funktionieren kann.

Parameter sind dazu da, die Anfrage zu verfeinern. Dies kann beispielsweise nötig sein, da PowerShell nach der Eingabe eines einfachen Cmdlets oft eine Vielzahl an Informationen ausgibt, wobei es schwierig sein kann, die relevante Information zu isolieren.

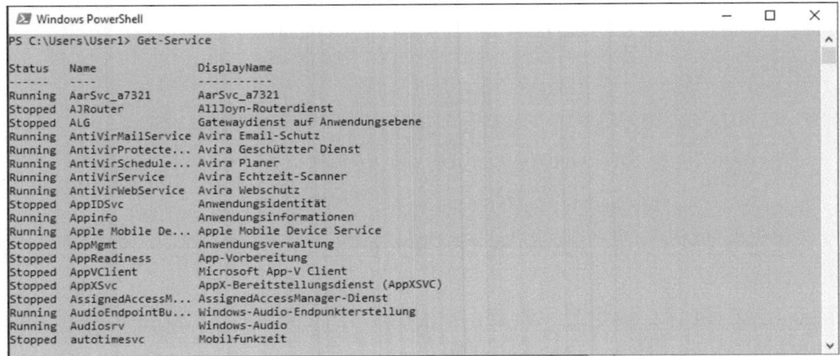

Abbildung 2.13: Get-Service

Ich kann also die Ausgabe verkleinern, indem ich einen Parameter nach dem Cmdlet angebe.

Das probieren wir doch gleich aus.

Ich gebe also ein

GET-SERVICE

Und mache einen Leerschritt. Danach gebe ich einen Bindestrich ein.

Nun kann ich mit der Tab-Taste alle verfügbaren Parameter anzeigen.

Der erste Parameter, der angezeigt wird, ist der Parameter „Name".

Ok, den nehme ich.

Wenn Sie nun „Enter" drücken, erhalten Sie leider eine Fehlermeldung.

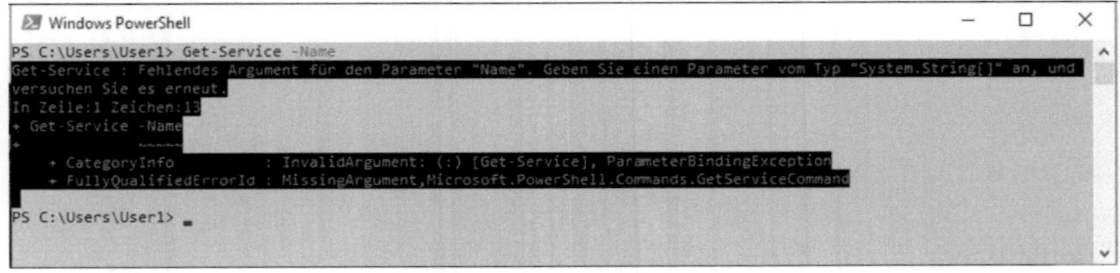

Abbildung 2.14: Fehlermeldung

Auch, wenn diese Meldung nicht sehr aussagekräftig erscheint, sagt sie uns doch, was falsch gelaufen ist.

„Fehlendes Argument für den Parameter „Name"."

Ja, das macht Sinn.

Ein Parameter kann nur sinnvoll eingesetzt werden, wenn wir mit ihm genauer definieren, was wir eigentlich wollen.

Also muss der Parameter „Name“ noch mit einem Argument ausgestattet werden, das beschreibt, welche Namen gefiltert werden sollen.

Hier könnten wir beispielsweise festlegen, dass wir alle Dienste sehen möchten, die mit dem Buchstaben „M“ beginnen.

Dafür modifizieren wir das Cmdlet und geben für den Parameter „Name“ das Argument „M*“ an.

Platzhalter können Sie jederzeit verwenden.

GET-SERVICE –NAME „M*“

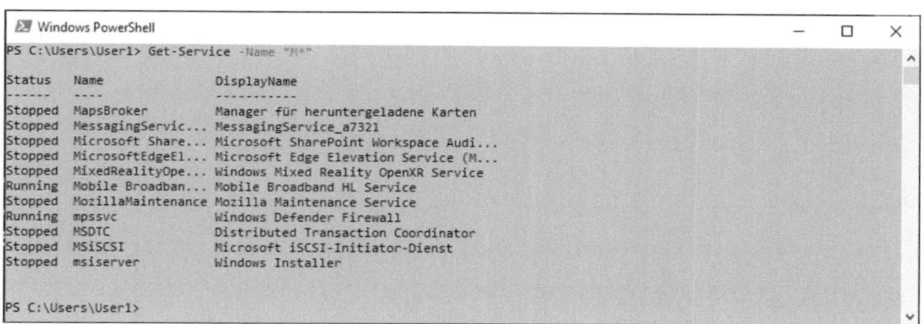

Abbildung 2.15: Dienste, die mit „M“ beginnen

Wenn das Argument nur eine Zeichenfolge ohne Leerschritte ist, kann es auch ohne Anführungszeichen eingegeben werden.

Damit haben wir einen Überblick über die Syntax jedes Cmdlets erhalten, und können uns nun mit den Details beschäftigen.

Übung 2.2.1

- Wie ist der prinzipielle Aufbau eines Cmdlets?
- Zeigen Sie alle Dienste an, die mit dem Buchstaben „P“ beginnen
- Interpretieren Sie die Ausgabe

2.3 Das Verb

Beginnen wir mit dem ersten Teil jedes Cmdlets, dem Verb.

Als „Verb“ wird der erste Teil eines Cmdlets bezeichnet, also in unserem vorherigen Beispiel das Wort „Get“.

Aber „Verben“ unter PowerShell müssen nicht immer Verben im grammatikalischen Sinn sein!

Auch „New“ wird in PowerShell als Verb betrachtet, obwohl es grammatikalisch gesehen ein Adjektiv ist.

ACHTUNG!

„Verben“ unter PowerShell sind festgelegte Begriffe, die eine Aktion auslösen. Dies können klassische Verben sein (Get, Move, Open), es können aber auch andere eindeutige Begriffe sein (New, Group).

Eine einfache Methode, sich einen Überblick über alle zur Verfügung stehenden Verben zu schaffen, ist mit der Eingabe des Cmdlets

GET-VERB

Abbildung 2.16: Get-Verb

Sie sehen, es gibt eine sehr große Menge an Verben, mit denen Sie ein Cmdlet beginnen können.

Die meisten Verben sind relativ selbsterklärend.

„Add“ bedeutet, etwas Hinzuzufügen,

„Clear“ etwas zu entfernen.

Aber Moment, was ist dann der Unterschied zwischen „Clear“ und „Remove“?

Leider gibt es hier einige kleine, aber feine Unterschiede, die einige Verben betreffen.

Ich möchte mit Ihnen zwei Beispiele betrachten:

„Clear“ versus „Remove“

Mit dem Verb „Clear“ werden Ressourcen entfernt, aber noch nicht gelöscht.

Mit „Remove“ wird eine Ressource tatsächlich gelöscht.

„Find“ versus „Search“

Mit dem Verb „Find“ können Sie nach einem Objekt suchen.

Mit dem Verb „Search“ dagegen wird ein Verweis auf eine Ressource erstellt.

Sie sehen, auch wenn die Verben in den meisten Fällen selbsterklärend sind, sollten Sie sich mit ihnen dennoch vertraut machen, bevor Sie sie verwenden.

Übung 2.3

- Lassen Sie sich in einer PowerShell Konsole alle Verben anzeigen, die mit dem Buchstaben „A“ beginnen
  - Hinweis: Der benötigte Parameter lautet „-Verb“

2.4 Das Substantiv

Der zweite Teil eines Cmdlets ist das Substantiv.

Mit dem Substantiv wird der Zielbereich definiert, für den die mit dem Verb festgelegte Aktion ausgeführt werden soll.

Bleiben wir bei unserem ersten Beispiel

```
GET-SERVICE
```

Wir haben hier ein Cmdlet, das die Aufgabe „Zeige mir alle auf dem System vorhandenen Dienste“ ausführt.

Wieso heißt es „Service“ im Singular und nicht „Services“ im Plural?

Ich möchte doch alle Dienste sehen und nicht nur einen!

Gute Frage.

ACHTUNG!

In PowerShell ist festgelegt, dass das Substantiv immer im Singular angegeben wird, egal, ob die Ausgabe eine oder mehrere Informationen enthalten wird.

Probieren wir es aus.

Geben Sie das falsche Cmdlet

GET-SERVICES
(ACHTUNG, FALSCH!)

ein.

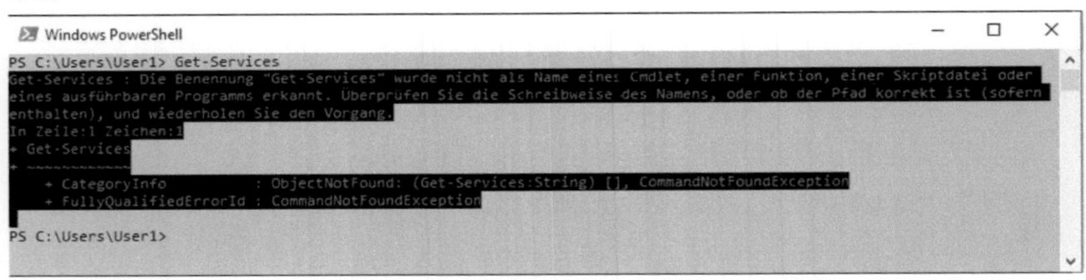

Abbildung 2.17: Falscher Befehl

Sie erhalten eine Fehlermeldung, dass das Cmdlet nicht existiert.

Eine zweite Regel für die Substantive möchte ich auch noch erwähnen, auch wenn sie selbstverständlich erscheint:

ACHTUNG!

Die Substantive in PowerShell sind immer in englischer Sprache.

2.4.1 Finden der richtigen Substantive

Natürlich ist es nicht einfach, die jeweilig richtigen Substantive für das zu lösende Problem zu finden.

Ein Beispiel:

Nehmen wir an, Sie möchten alle Druckertreiber anzeigen, die auf Ihrem Rechner installiert sind.

Sie wissen zum jetzigen Zeitpunkt zwar, dass Sie dafür das Verb „Get“ benutzen möchten, aber das Substantiv kennen Sie nicht.

Wie können Sie dies erfahren?

Natürlich gibt es auch dafür ein Cmdlet, es heißt

GET-COMMAND

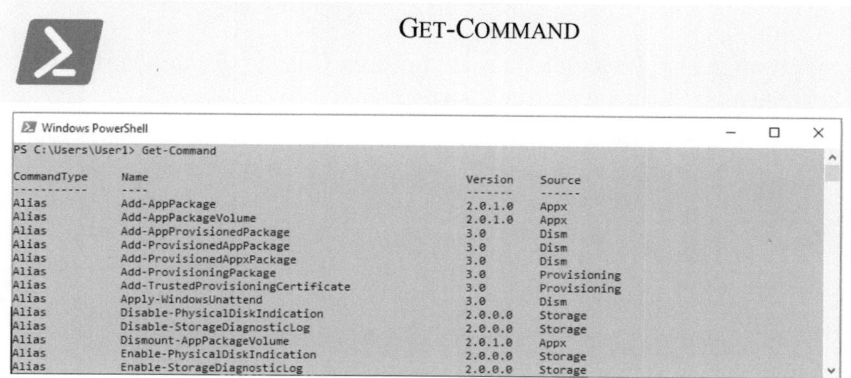

Windows PowerShell

```
PS C:\Users\User1> Get-Command

CommandType     Name                                   Version    Source
-----------     ----                                   -------    ------
Alias           Add-AppPackage                         2.0.1.0    Appx
Alias           Add-AppPackageVolume                   2.0.1.0    Appx
Alias           Add-AppProvisionedPackage              3.0        Dism
Alias           Add-ProvisionedAppPackage              3.0        Dism
Alias           Add-ProvisionedAppxPackage             3.0        Dism
Alias           Add-ProvisioningPackage                3.0        Provisioning
Alias           Add-TrustedProvisioningCertificate     3.0        Provisioning
Alias           Apply-WindowsUnattend                  3.0        Dism
Alias           Disable-PhysicalDiskIndication         2.0.0.0    Storage
Alias           Disable-StorageDiagnosticLog           2.0.0.0    Storage
Alias           Dismount-AppPackageVolume              2.0.1.0    Appx
Alias           Enable-PhysicalDiskIndication          2.0.0.0    Storage
Alias           Enable-StorageDiagnosticLog            2.0.0.0    Storage
```

Abbildung 2.18: Get-Command

Ok, das ist viel.

Wir bekommen bei Eingabe des Cmdlets ohne Parameter, die die Suche verfeinern könnten, alle verfügbaren Cmdlets gezeigt.

Um die Suche einzugrenzen, benutzen wir zwei Parameter.

- Eingrenzen des Verbs auf „Get“, da wir eine reine Anzeige möchten
- Eingrenzen des Substantivs auf Wörter, die die Zeichenfolge „Print“ enthalten

Die Parameter dafür heißen

-Verb Get

-Noun *print*

Das modifizierte Cmdlet heißt nun:

GET-COMMAND –VERB GET –NOUN *PRINT*

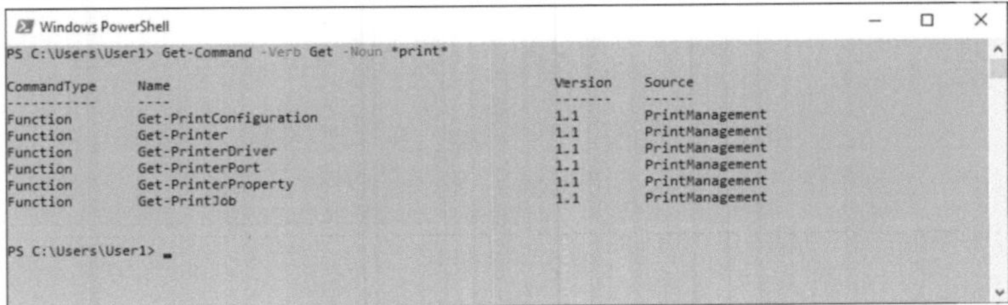

Abbildung 2.19: Anzeige aller „Print" Cmdlets

Sie erhalten eine Liste mit allen verfügbaren Cmdlets für das Verb „Get", bei denen im Substantiv „Print" vorkommt.

Sie müssen nur noch das richtige Cmdlet suchen, in unserem Beispiel

GET-PRINTERDRIVER

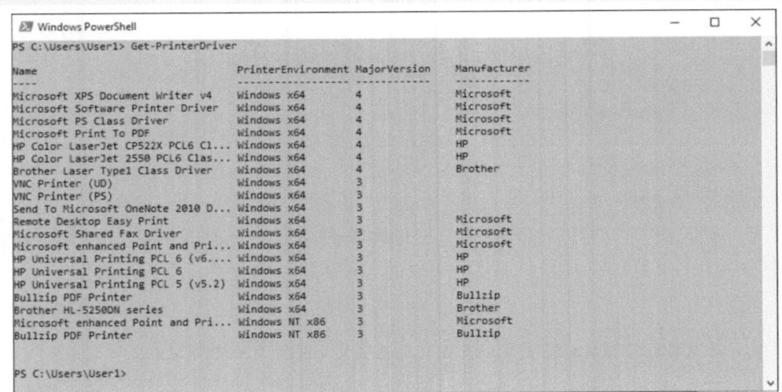

Abbildung 2.20: Get-PrinterDriver

2.4.2 Schreibweise der Substantive

Wenn Sie die Ausgabe des Cmdlets

GET-COMMAND –VERB GET –NOUN *PRINT*

betrachten, fällt auf, dass die Substantive in einem Wechsel von Groß- und Kleinbuchstaben geschrieben sind.

PrinterKonfiguration

PrinterDriver

PrinterPort

PrinterProperty

PrinterJob

Warum ist das so, wenn wir doch bereits festgestellt haben, dass es egal ist, ob wir mit Groß- oder Kleinbuchstaben arbeiten?

Nun, es geht hier ausschließlich um die Lesbarkeit der Cmdlets.

Beurteilen Sie selber, was ist besser und schneller zu lesen?

Groß- und Kleinschreibung	Kleinschreibung
PrinterKonfiguration PrinterDriver PrinterPort PrinterProperty PrinterJob	printerkonfiguration printerdriver printerport printerproperty printerjob

Das ist der Grund, warum es sich eingebürgert hat, immer den ersten Buchstaben eines Wortes groß zu schreiben und bei zusammengesetzten Wörtern den ersten Buchstaben des zweiten Wortes ebenfalls.

Das ist eine unverbindliche Empfehlung, die Sie beherzigen können, aber nicht müssen. Ich würde es Ihnen aber wärmstens empfehlen!

Übung 2.4

- Suchen Sie in einer PowerShell Konsole nach allen Cmdlets, die mit dem Verb „Get“ beginnen
- Suchen Sie in einer PowerShell Konsole nach allen Cmdlets, die mit dem Verb „Get“ beginnen und einen Bezug zur Speicherverwaltung haben

- Hinweis: Cmdlets mit Bezug auf die Speicherverwaltung haben die Zeichenkette „Memory“ im Substantiv
- Wie beurteilen Sie die Schreibweise der Substantive
  - Windowserrorreporting
  - WindowsErrorReporting

2.5 Parameter

In den vorherigen Beispielen haben wir uns schon einige Male mit Parametern beschäftigt.

Parameter präzisieren die Cmdlets, sie können entweder Informationen filtern und nur die gewünschten Teile darstellen oder auch die Cmdlets zwingen, tiefergehende Informationen bereitzustellen.

Parameter werden nach der Cmdlet-Kombination Verb-Substantiv angegeben, erst ein Leerzeichen, dann ein Bindestrich und dann der Parameter, gefolgt vom Argument.

Das Argument ist der Wert des Parameters.

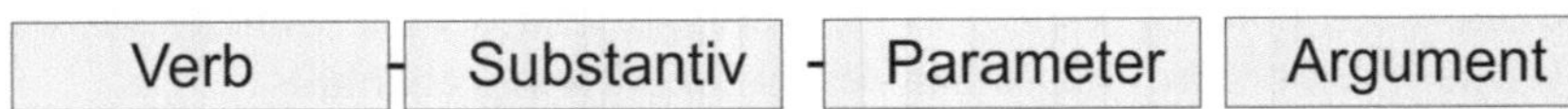

Get-Service -Name *print*

Abbildung 2.21: Beispiel

Als Beispiel möchte ich hier das Cmdlet

GET-SERVICE –NAME *PRINT*

anführen.

Hiermit wird nach einem Dienst gesucht, der die Zeichenfolge „print“ im Namen hat.

2.5.1 Typen von Parametern

Es wird Zeit, dass wir uns mit den verschiedenen Typen von Parametern beschäftigen, damit wir lernen können, sie zielgerichtet einzusetzen.

- Benannte Parameter
- Positions-Parameter
- Switch-Parameter

Benannte Parameter

Benannte Parameter sind sozusagen der Klassiker unter den Parametern. Sie werden immer mit der Reihenfolge

-Parameter Argument

aufgerufen.

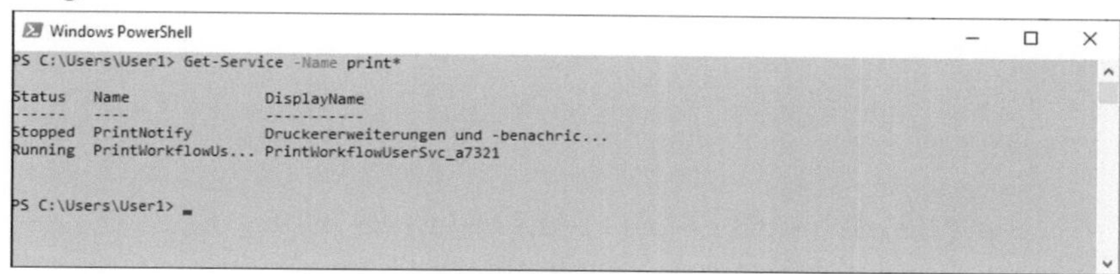

Abbildung 2.22: Benannter Parameter

Mit einem benannten Parameter ist ein Cmdlet sehr gut lesbar und nachvollziehbar, denn alle relevanten Informationen sind angegeben.

Cmdlets, die mit benannten Parametern erstellt werden, sind stabil.

Ein weiterer Vorteil der benannten Parameter ist, dass sie keine festgelegte Reihenfolge haben, sie können beliebig hinter dem Cmdlet ausgeführt werden.

Das liegt daran, dass PowerShell unabhängig von der Reihenfolge die Parameter abarbeitet, indem die zusammengehörigen Paare gelesen werden. Damit ist eine Verwechslung der Argumente nicht möglich.

Betrachten wir folgendes Beispiel:

Ich möchte alle Dienste angezeigt bekommen, die mit „Print“ beginnen, der Dienst „PrintNotify“ soll aber nicht in der Liste erscheinen.

Das Cmdlet selber ist

Get-Service

Die beiden benannten Parameter sind:

*-Name print**

-Exclude PrintNotify

GET-SERVICE –NAME PRINT* -EXCLUDE PRINTNOTIFY

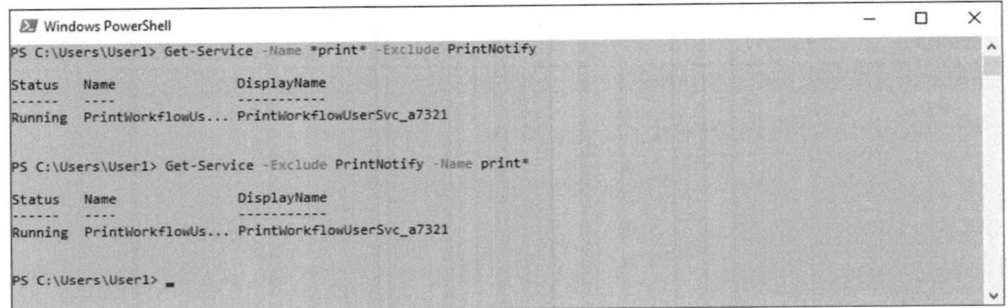

Abbildung 2.23: Reihenfolge der benannten Parameter

Gleichgültig, in welcher Reihenfolge ich diese Parameter hinter dem Cmdlet eingebe, ich erhalte immer das gleiche Ergebnis.

Benannte Parameter sind eine gute Wahl, denn sie sind zuverlässig und genau definiert.

Übung 2.5.1a

- Was zeigen Sie mit dem Cmdlet „Get-Service –Name Win*“ an?
- Führen Sie dieses Cmdlet aus
- Wie müssen Sie es verändern, wenn Sie aus dieser Auswahl den Dienst „WinRM“ **nicht** sehen möchten?
- Führen Sie dieses Cmdlet aus
- Müssen die Parameter in einer bestimmten Reihenfolge sein? Probieren Sie es aus
- Was bedeutet das?

Positionsparameter

Eine zweite Art der Parameter sind die Positionsparameter.

Im Prinzip sind diese Parameter eine Teilmenge der benannten Parameter, bei denen es aber möglich ist, den Parameter selber wegzulassen und nur das Argument anzugeben.

Bleiben wir bei unserem Beispiel von eben, den Diensten, die mit „Print“ beginnen.

Wenn der Parameter „Name“ weggelassen wird, und nur das Argument geschrieben wird, sieht das Cmdlet folgendermaßen aus:

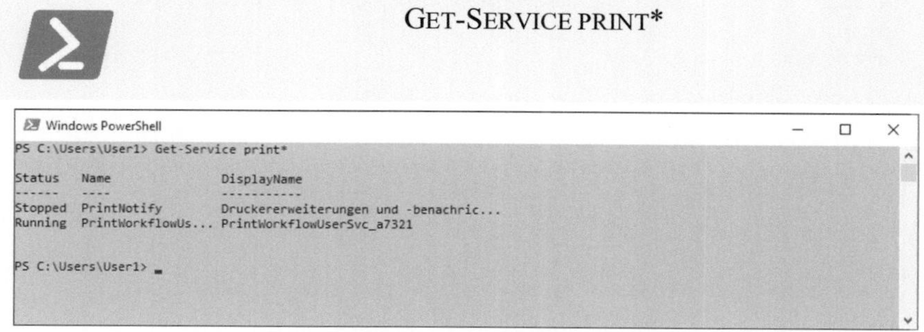

Abbildung 2.24: Positionsparameter

Ja, das funktioniert.

Probieren wir, ob das mit dem zweiten Parameter

-Exclude PrintNotify

beim Weglassen des Parameters selber auch noch funktioniert.

GET-SERVICE PRINT* PRINTNOTIFY
(ACHTUNG, FALSCH!)

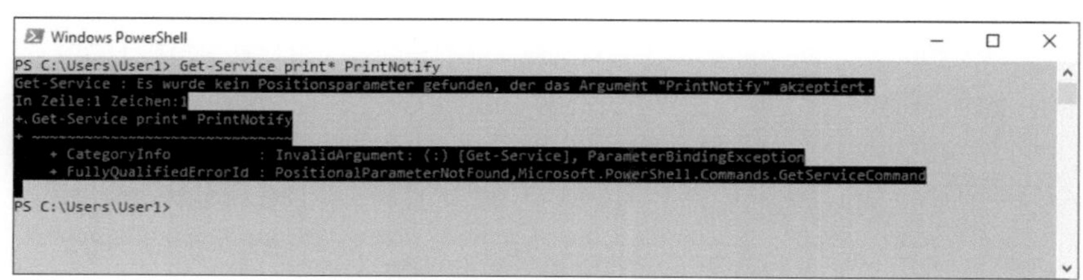

Abbildung 2.25: Kein Positionsparameter

Leider nicht.

Die Fehlermeldung sagt, dass kein Positionsparameter gefunden werden konnte, der dem Argument „PrintNotify" entspricht.

Also scheint

-Name

ein Positionsparameter zu sein,

-Exclude

dagegen nicht.

Das korrekte Cmdlet würde also lauten:

GET-SERVICE PRINT* -EXCLUDE PRINTNOTIFY

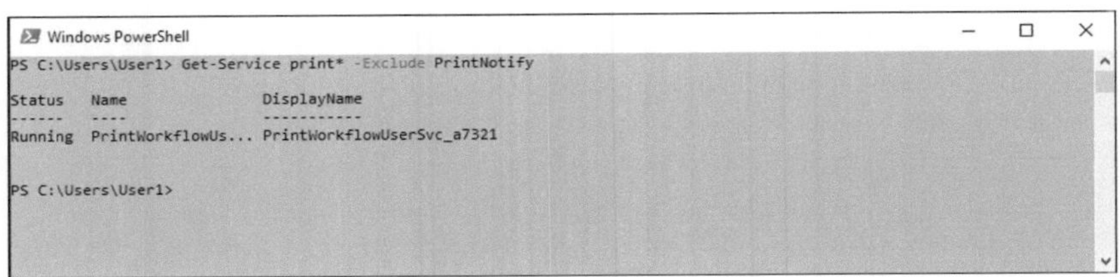

Abbildung 2.26: Positionsparameter und benannter Parameter

Eine weitere Frage stellt sich:

Warum heißt dieser Parameter „Positionsparameter"?

Um das zu klären, rufe ich folgende Cmdlets auf:

GET-HELP –NAME GET-SERVICE –PARAMETER NAME
GET-HELP –NAME GET-SERVICE –PARAMETER EXCLUDE

Das ist der Aufruf für die Hilfe, und ich möchte Auskunft erhalten über den Parameter „Name" und den Parameter „Exclude" des Cmdlets „Get-Service".

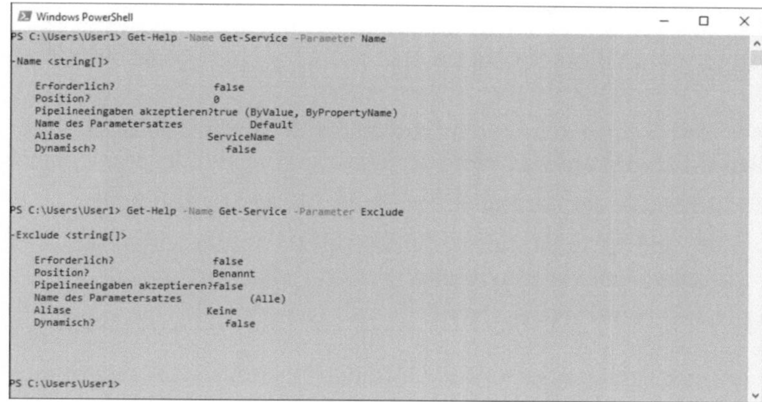

Abbildung 2.27: Informationen über einen Parameter

Wir erhalten nun einige Informationen über diese Parameter.

Die für uns an dieser Stelle wichtige Information finden wir bei „Position?“.

Hier unterscheiden sich die Informationen der beiden Parameter stark.

Beginnen wir mit dem Parameter „Exclude“.

Hier erhalten wir die Information „Benannt“.

Das bedeutet, dass dieser Parameter ein benannter Parameter ist, den wir immer in der Form

-Parameter Argument

eingeben müssen.

Beim Parameter „Name“ dagegen erkennen wir eine „0“.

Das bedeutet, dass dies kein benannter Parameter ist, wir also die Bezeichnung weglassen können und nur das Argument eingeben können.

Das haben wir bereits ausprobiert.

Wichtig ist nun aber der Wert, in diesem Fall „0“.

Dieser Wert gibt an, an welcher Stelle der Parameterliste das Argument dieses Parameters stehen muss.

Mit der „0“ wird uns angezeigt, dass es egal ist, wo dieses Argument steht, es wird immer als Argument des Parameters „Name“ erkannt.

Würde hier eine „1“ stehen, müsste das Argument an erster Stelle in der Parameterliste stehen, sonst könnte PowerShell diesen Positionsparameter nicht zuordnen und eine Fehlermeldung wäre das Resultat.

Sie können sich vorstellen, dass Fehlermeldungen, die aufgrund von falsch gesetzten Positionsparametern auftreten, schwer zu interpretieren sind.

PowerShell hat in den Evolutionsstufen seiner Entwicklung hier die Fehlermöglichkeiten stark verringert, um die Eingabe sicherer zu machen.

Aber überprüfen wir doch noch, ob diese Aussage auch stimmt.

Wenn es egal ist, an welcher Position der Positionsparameter „Name“ steht, müsste nicht nur das Cmdlet

```
Get-Service print* -Exclude PrintNotify
```

sondern auch das Cmdlet

```
Get-Service -Exclude PrintNotify print*
```

funktionieren, bei dem die Position des Positionsparameters eine andere ist.

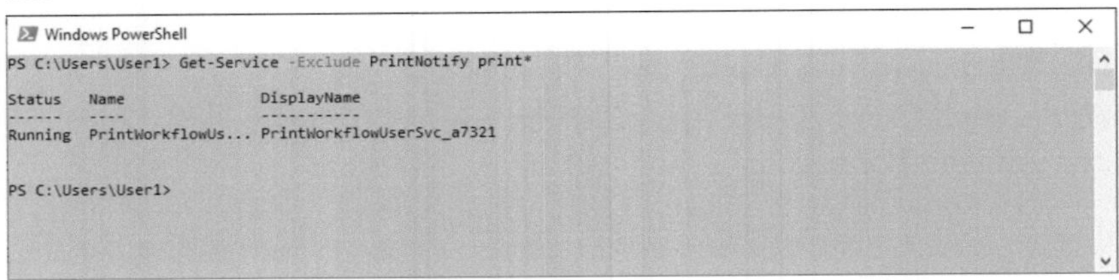

Abbildung 2.28: Andere Position

Es funktioniert.

Benutzen Sie Positionsparameter nur mit äußerster Vorsicht.

Sie sind zwar schneller in der Eingabe, als benannte Parameter, aber auch fehlerträchtiger und schwer nachzuvollziehen.

Wenn überhaupt, dann sollten Sie sie nur in Cmdlets benutzen, die Sie einmal eingeben und die nicht für mehrmalige Verwendung gespeichert werden.

In Skripten sollten Sie sie gar nicht verwenden, da die Fehlersuche damit stark erschwert wird. Diese Vorgehensweise ist zwar nicht verboten, Sie sollten meinen Rat aber trotzdem beherzigen, um transparente und nachvollziehbare Skripte zu gestalten.

Übung 2.5.1b

- Geben Sie ein „Get-Service Win*“

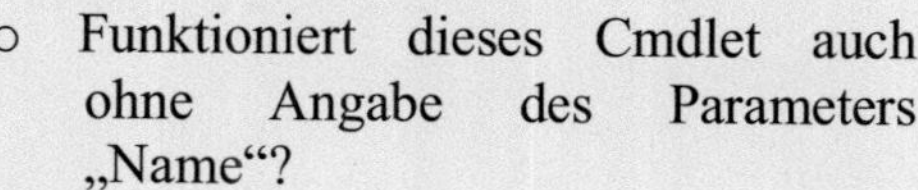

  - Funktioniert dieses Cmdlet auch ohne Angabe des Parameters „Name“?

  - Warum?

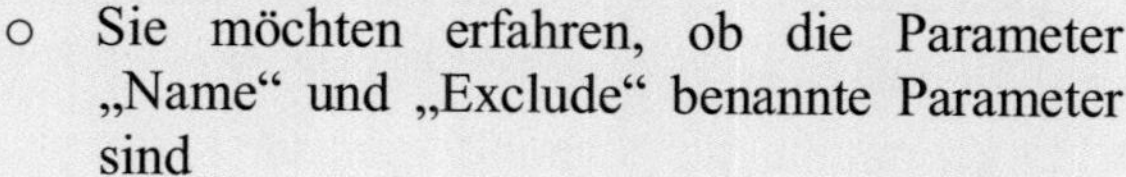

- Sie möchten erfahren, ob die Parameter „Name“ und „Exclude“ benannte Parameter sind
  - Wie lauten die Cmdlets dafür?
- Welche wichtige Aussage erkennen Sie in der Ausgabe?

Switch-Parameter

Ein dritter Typ von Parametern ist der Switch-Parameter.

Switch-Parameter schalten bestimmte Funktionen an, wenn sie angegeben werden, werden sie nicht angegeben, ist diese Funktion nicht vorhanden.

Am besten betrachten wir diese Art des Parameters mit einem Beispiel.

Dafür möchte ich Ihnen ein weiteres Cmdlet zeigen, nämlich

```
Get-ChildItem
```

Mit diesem Cmdlet werden alle Elemente angezeigt, die sich in einem bestimmten Pfad befinden. Dieser Pfad muss auch angegeben werden.

Wenn ich also alle Elemente sehen möchte, die sich im Pfad C:\Daten befinden, gebe ich folgendes Cmdlet an:

```
Get-ChildItem –Path C:\Daten
```

Die Ausgabe erinnert an den Kommandozeilenbefehl „Dir“.

Sie erhalten die Information, dass sich in dem Ordner zwei Dateien und ein Unterordner befinden.

Die Daten, die sich im Unterordner befinden, kann ich mit diesem Cmdlet nicht sehen.

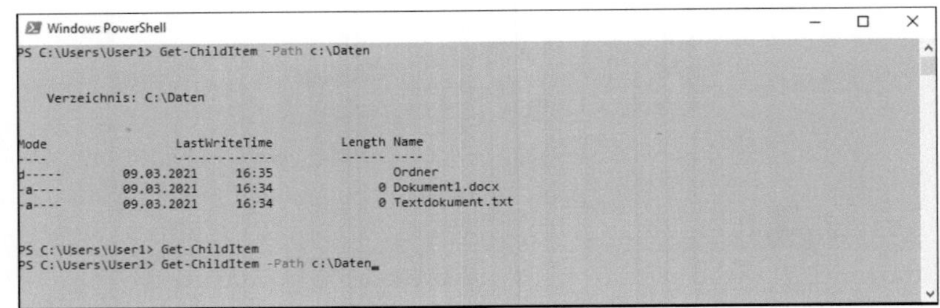

```
Windows PowerShell
PS C:\Users\User1> Get-ChildItem -Path c:\Daten


    Verzeichnis: C:\Daten


Mode                 LastWriteTime         Length Name
----                 -------------         ------ ----
d-----        09.03.2021     16:35                Ordner
-a----        09.03.2021     16:34              0 Dokument1.docx
-a----        09.03.2021     16:34              0 Textdokument.txt


PS C:\Users\User1> Get-ChildItem
PS C:\Users\User1> Get-ChildItem -Path c:\Daten
```

Abbildung 2.29: Get-ChildItem

Hier kommt nun der Switch-Parameter

-Recurse

ins Spiel.

Mit diesem Parameter verlange ich auch die Ausgabe der Elemente in den eventuell vorhandenen Unterordnern.

```
Windows PowerShell
PS C:\Users\User1> Get-ChildItem -Path c:\Daten -Recurse


    Verzeichnis: C:\Daten


Mode                 LastWriteTime         Length Name
----                 -------------         ------ ----
d-----        09.03.2021     16:35                Ordner
-a----        09.03.2021     16:34              0 Dokument1.docx
-a----        09.03.2021     16:34              0 Textdokument.txt


    Verzeichnis: C:\Daten\Ordner


Mode                 LastWriteTime         Length Name
----                 -------------         ------ ----
-a----        09.03.2021     16:35              0 Dokument2.docx


PS C:\Users\User1>
```

Abbildung 2.30: -Recurse

Sie erhalten für jeden Ordner und Unterordner eine getrennte Ausgabe.

Switch-Parameter sind also Parameter, die nur eingesetzt werden, wenn eine zusätzliche Aufgabe ausgeführt werden soll.

2.6 Hilfe

Mittlerweile sind wir an einer Grenze angelangt, an der wir uns aktiv um die Hilfefunktion der PowerShell kümmern sollten.

Das Cmdlet hierfür ist

Get-Help

Wenn ich beispielsweise Hilfe über das Cmdlet „Get-Service“ benötige, lautet das Cmdlet:

Get-Help –Name Get-Service

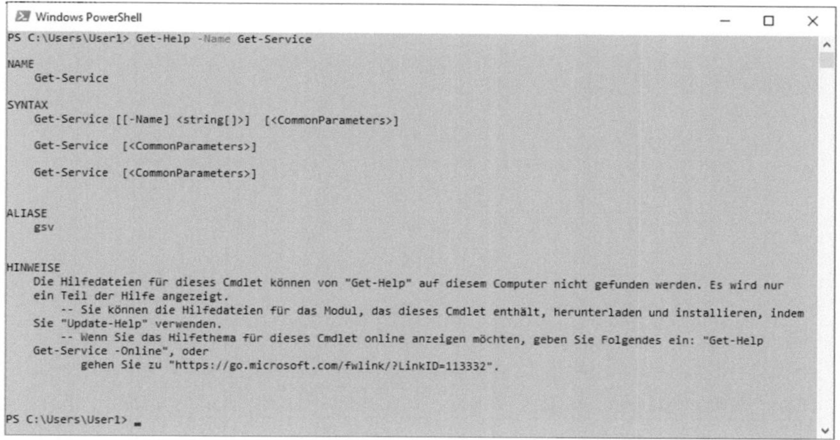

Abbildung 2.31: Get-Help

Das ist nicht wirklich viel, es sind nur sehr allgemeine Informationen, da die Hilfedateien offensichtlich noch nicht auf dem Computer installiert sind.

Und wir erhalten den Hinweis, dass wir die Hilfedateien mit dem Cmdlet

Update-Help

herunterladen können.

Das werde ich nun auch machen.

Allerdings muss ich darauf achten, dass ich die PowerShell im Administratormodus geöffnet habe, denn nur so habe ich die benötigten Rechte.

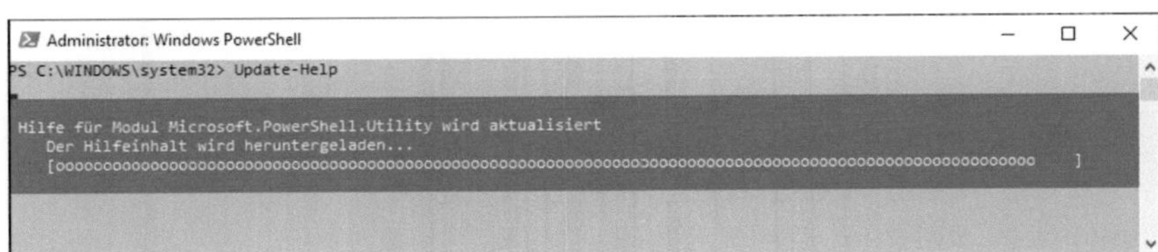

Abbildung 2.32: Update Help

Wenn ich nun erneut nach Hilfe für das Cmdlet „Get-Service" suche, erhalte ich deutlich detailliertere Informationen.

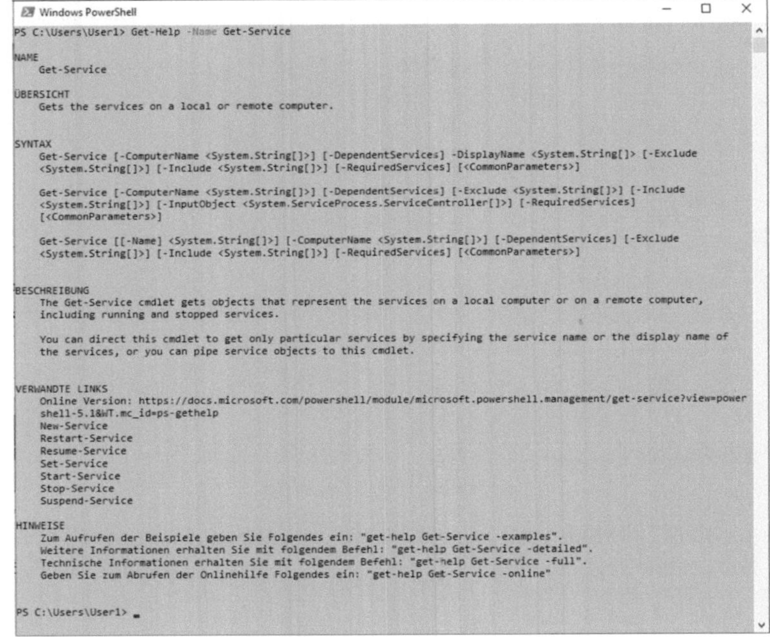

Abbildung 2.33: Get-Help

Übung 2.6

- Sie möchten Hilfe über das Cmdlet „Get-TimeZone" erhalten
  - Wie lautet das Cmdlet? Benutzen Sie es

3 Einrichten der Hostmaschine

3.1 Einführung

Vielen ist Hyper-V ja schon von den früheren Versionen her bekannt. In Windows Server 2022 hat Microsoft die bekannte Virtualisierungsplattform noch einmal erheblich verbessert. So können nun viele Verwaltungstasks, wie das Hinzufügen von virtuellen Switches, im laufenden Betrieb vorgenommen werden. Auch der Arbeitsspeicher kann nun angepasst werden, ohne dass die virtuelle Maschine heruntergefahren werden muss.

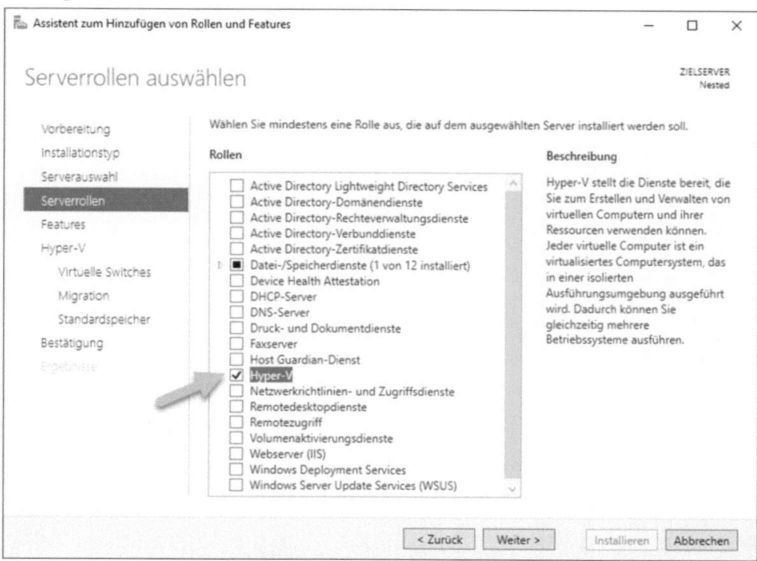

Abbildung 3.1: Installation Hyper-V

Hyper-V benötigt einen SLAT-Prozessor (Second-Level Address Translation). Das kann für ältere Hardware zum Problem werden, denn ohne diesen Prozessor lässt sich Hyper-V nicht mehr aktivieren.

Eine weitere Änderung ist das Format der Konfigurationsdateien. Bisher waren diese Dateien im XML-Format gespeichert, was auch bearbeitet werden konnte. Windows Server 2022 benutzt nun Binärdateien.

3.2 Installation und Konfiguration

Hyper-V ist eine Rolle und muss deswegen im Server Manager installiert werden.

Wenn Sie die Rolle auswählen, werden automatisch die benötigten Features für die Installation angeboten.

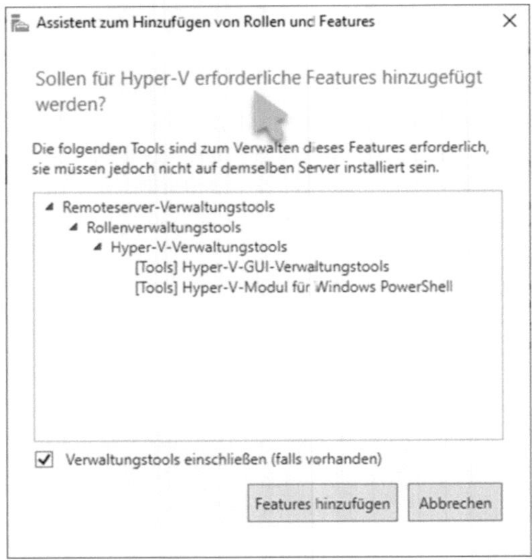

Abbildung 3.2: Erforderliche Features

Diese müssen Sie mitinstallieren, damit Hyper-V später ordnungsgemäß funktioniert.

Im nächsten Schritt wählen Sie die Netzwerkkarten aus, die zum Einrichten virtueller Switche benutzt werden sollen.

Was ist ein virtueller Switch?

Hyper-V verwaltet virtuelle Maschinen über die sogenannten virtuellen Switche, die mit der realen, physikalischen Netzwerkkarte kommunizieren.

Daraus ergibt sich, dass die virtuellen Maschinen niemals direkten

Zugriff auf die Netzwerkkarten des Hosts haben, sondern immer nur über eine virtuelle Komponente, dem virtuellen Switch, kommunizieren.

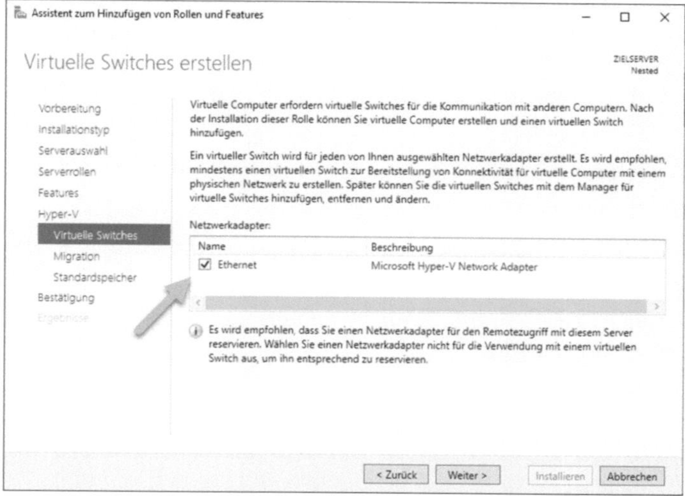

Abbildung 3.3: Virtuelle Switches

Damit später überhaupt auf das reale Netzwerk zugegriffen werden kann, müssen also virtuelle Switche erstellt werden. Dies kann bereits bei der Installation vorgenommen werden oder auch jederzeit später.

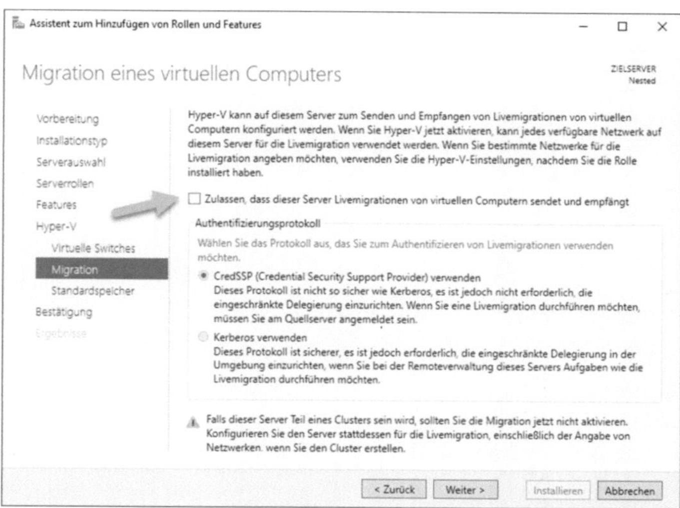

Abbildung 3.4: Migration

Der nächste Schritt ist die Konfiguration der Migration eines virtuellen Computers.

Die Livemigration ist das Verschieben von virtuellen Computern auf eine andere Maschine ohne Ausfallzeit.

Mit diesem Thema beschäftigen wir uns im weiteren Verlauf des Kurses noch einmal genauer.

Für den Moment benötigen wir diese Funktion nicht.

Nun wählen Sie noch die Standardspeicherorte aus.

Dies sind die Orte, an denen später die Daten für die virtuellen Maschinen gespeichert werden.

Die Standardspeicherorte können natürlich später immer an die Gegebenheiten angepasst werden.

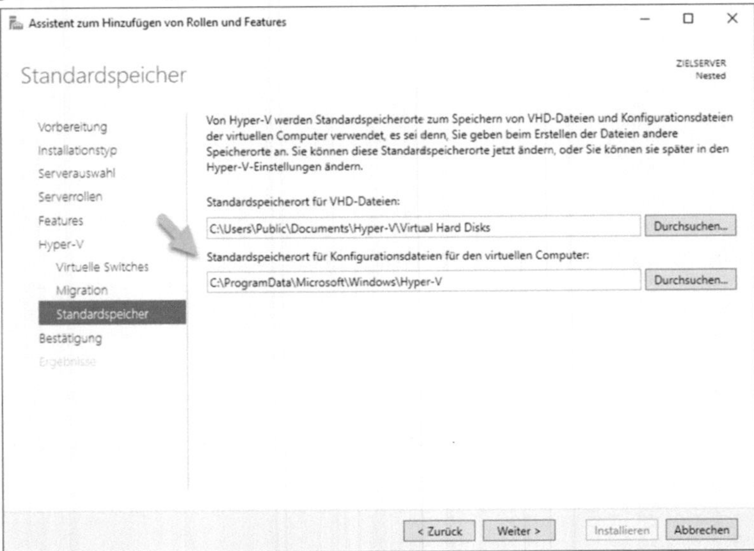

Abbildung 3.5: Standardspeicherorte

Sie erhalten noch eine Zusammenfassung mit dem Hinweis, dass Sie den Server nach Ende der Installation automatisch neu starten lassen können.

Dies ist sinnvoll, wenn Sie den Neustart sowieso direkt im Anschluss an die Installation durchführen lassen möchten und damit nicht bis zu einem anderen Zeitpunkt warten wollen.

Danach wird die Installation der Rolle gestartet und nach einem Neustart steht Ihnen Hyper-V zur Verfügung.

Übung 3.2

- Installieren Sie auf Ihrem Übungshost die Rolle „Hyper-V“
- Sollte die Rolle bereits installiert sein, lassen Sie diese Übung aus

Nachdem die Rolle nun erfolgreich installiert wurde, ist es an der Zeit, einen Blick in die Verwaltungskonsole zu werfen und die ersten virtuellen Maschinen anzulegen.

3.3 Der Hyper-V-Manager

Der Hyper-V-Manager ist das primäre Verwaltungstool für Hyper-V. Mit der Installation der Hyper-V-Rolle wird die Verwaltungskonsole automatisch installiert.

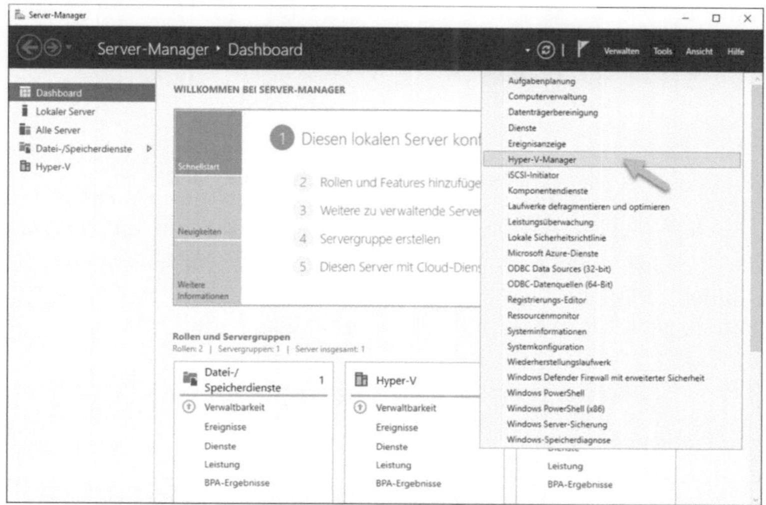

Abbildung 3.6: Hyper-V-Manager

Sie starten den Hyper-V Manager unter dem Menüpunkt „Tools“.

Die Konsole wirkt aufgeräumt und logisch.

Auf der linken Seite der Konsole findet man eine Liste der Server, mit denen eine Verbindung hergestellt wurde. Hier können auch weitere Server hinzugefügt werden.

Im mittleren Fenster findet man die virtuellen Computer, die auf dem ausgewählten Server vorhanden sind. Zusätzlich findet man hier Statusinformationen und die angelegten Prüfpunkte für die ausgewählte virtuelle Maschine.

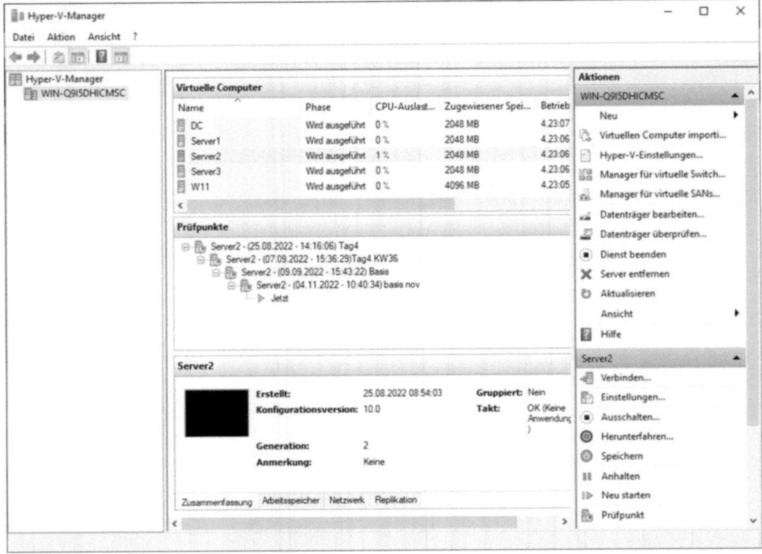

Abbildung 3.7: Managerkonsole

Im rechten – dem Aktionen-Fenster – kann man die entsprechenden Operationen ausführen. Alternativ können die im Aktionen-Fenster zur Verfügung stehenden Optionen durch einen Rechtsklick auf dem entsprechenden Objekt im mittleren Fenster aufgerufen werden.

3.3.1 Anlegen einer virtuellen Festplatte

Einige Konfigurationsschritte können wir bereits machen, bevor auch nur eine virtuelle Maschine angelegt ist.

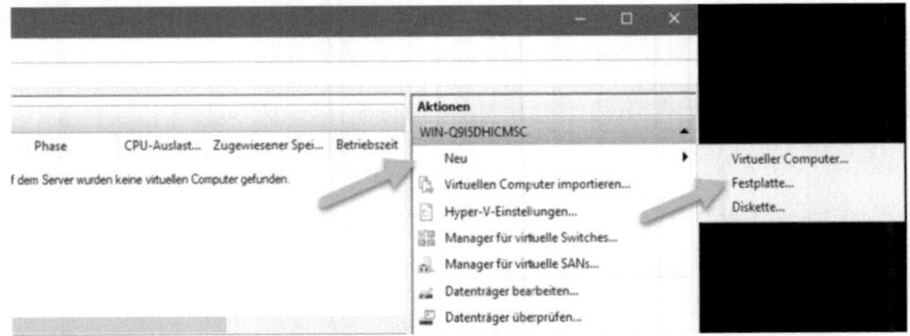

Abbildung 3.8: Anlegen einer virtuellen Festplatte

Dazu gehört auch das Anlegen einer virtuellen Festplatte.

Um eine virtuelle Festplatte anzulegen, klicken Sie im rechten Fenster auf „Neu – Festplatte“.

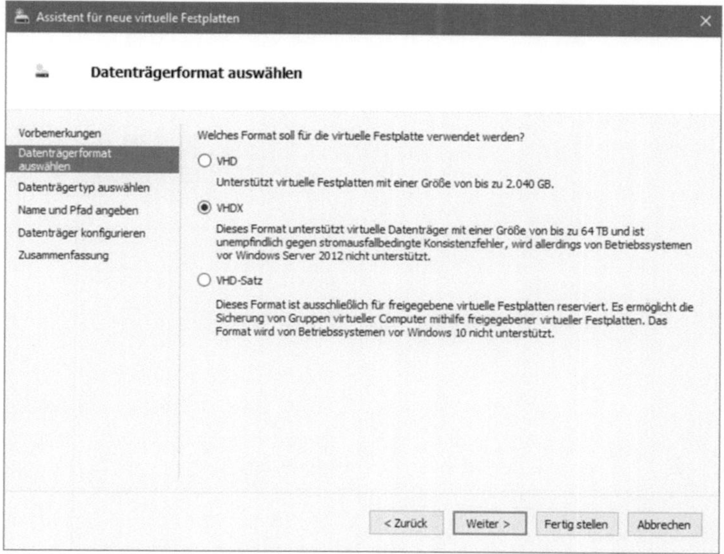

Abbildung 3.9: VHD , VHDX oder VHD-Satz

Virtuelle Festplatten können mit dem Assistenten zum Erstellen von virtuellen Computern erstellt werden, oder aber die Festplatte kann vor dem Anlegen eines virtuellen Computers manuell erstellt werden. Beim manuellen Anlegen eines Datenträgers stehen mehr Optionen zur Verfügung.

Wenn Sie den Assistenten starten, müssen Sie sich sehr schnell entscheiden, ob Sie eine VHD, eine VHDX Datei oder einen VHD-Satz anlegen möchten.

Das *.vhdx-Format hat eine Metadatenstruktur, die für bessere Datenintegrität sorgt. Auch werden in diesem Format maximal 64 TB unterstützt, beim älteren *.vhd-Format dagegen nur 2 TB.

Aus diesem Grund sollten Sie sich bevorzugt für das VHDX-Format entscheiden.

VHD-Satz ist eine Funktion, die erst ab Windows 10 unterstützt wird. Hierbei handelt es sich um freigegebene virtuelle Festplatten.

Nun wählen Sie den Datenträgertyp aus.

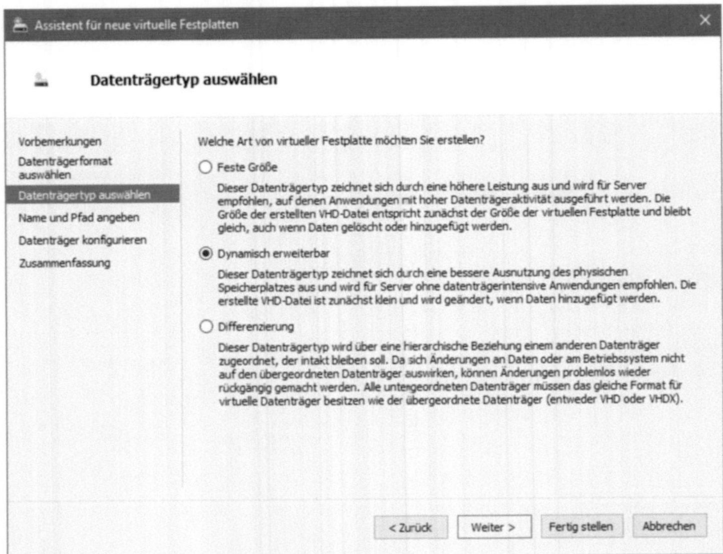

Abbildung 3.10: Datenträgertyp

Feste Größe

Ein Datenträger mit fester Größe belegt bei der Erstellung bereits die maximale Größe auf dem physischen Datenträger. Das bedeutet, dass eine 127 GB große VHD-Datei bei der Erstellung bereits 127 GB Speicherplatz belegt. Im Gegensatz zu dynamisch erweiterbaren Festplatten werden die Datenträger mit fester Größe aber „am Stück" geschrieben.

Dynamisch erweiterbar

Dynamisch erweiterbare Datenträger belegen nicht von Anfang an den gesamten Festplattenplatz auf dem physischen Datenträger. Diese VHD- oder VHDX-Datei belegt Anfangs einen Speicherplatz von 1 MB und wird bei Bedarf bis zur maximalen Größe anwachsen.

Der Vorteil von dynamisch erweiterbaren Festplatten ist der geringe Platzbedarf zu Beginn. Ein Nachteil ist allerdings, dass die Dateien im Laufe der Zeit fragmentiert – also „nicht am Stück" auf der physischen Festplatte gespeichert werden, wodurch der Zugriff erheblich langsamer werden kann.

Differenzierend

Differenzierende Festplatten bieten eine einfache Möglichkeit, Speicherplatz zu sparen, wenn mehrere „ähnliche“ virtuelle Maschinen installiert werden sollen. Dabei wird eine Basisfestplatte erstellt, die das gewünschte Betriebssystem und die notwendigen Anwendungen enthält, die alle Computer erhalten sollen.

Man erstellt also einen Datenträger und installiert darauf das gewünschte Betriebssystem. Danach erstellt man einen neuen differenzierenden (differencing) Datenträger, der auf diesen Basisdatenträger verweist. Nun erstellt man einen neuen Computer, der die differenzierende Festplatte verwendet.

Der nächste Schritt besteht aus der Angabe des Speicherpfades für die virtuelle Festplatte und der Bestätigung der Erstellung.

Hier werden die bei der Installation eingestellten Pfade angeboten, diese können aber beliebig verändert werden.

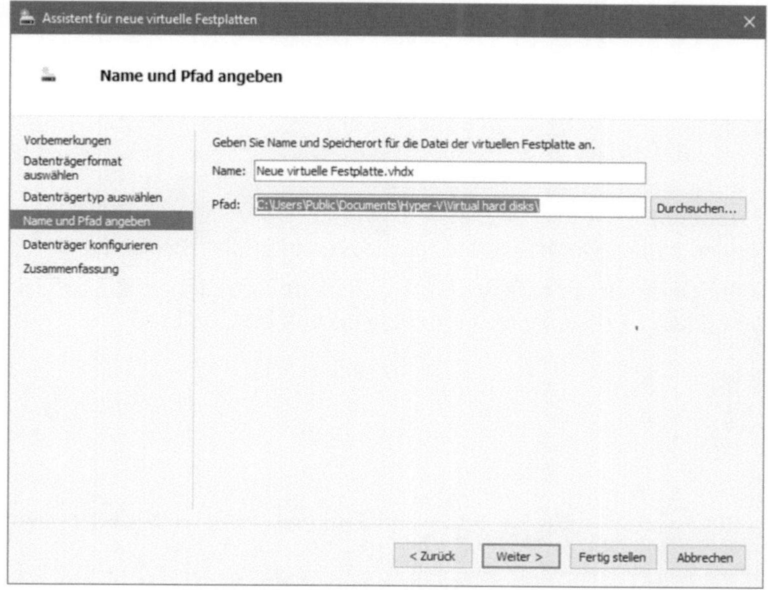

Abbildung 3.11: Name und Pfade

Natürlich kann auch eine virtuelle Festplatte mithilfe der PowerShell erstellt werden. Das Cmdlet dafür lautet

NEW-VHD

Bei einer differenzierenden Festplatte muss noch der Parameter

-PARENTPATH

angegeben werden.

Datenträger bearbeiten

Einmal erstellte Datenträger können Sie auch im Nachhinein bearbeiten.

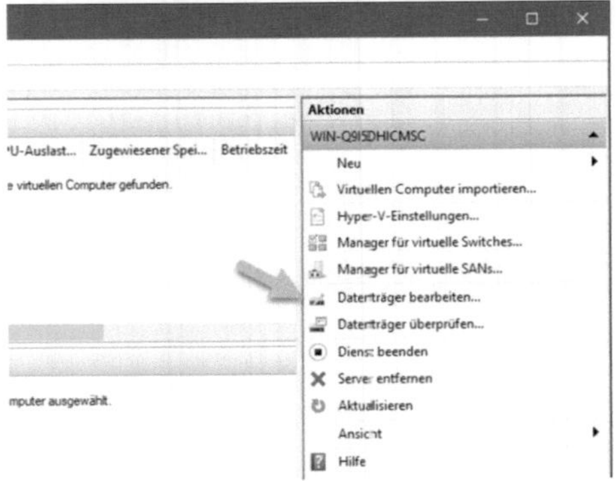

Abbildung 3.12: Bearbeiten

Sie haben einige Möglichkeiten für die nachträgliche Bearbeitung.

Sie können ihn in ein anderes Format konvertieren, die Größe ändern und vieles anderes. Das entsprechende PowerShell Cmdlet ist

OPTIMIZE-VHD

Übung 3.3.1

- Erstellen Sie eine neue VHDX-Festplatte mit einer festen Größe von 1 GB und dem Namen „Test“
- Erweitern Sie diese Festplatte auf eine Größe von 2 GB

3.3.2 Virtuelle Switche

Virtuelle Switche sind ja schon bei der Installation besprochen worden. Sie sind die Verbindung zwischen der virtuellen Maschine und der realen Netzwerkkarte.

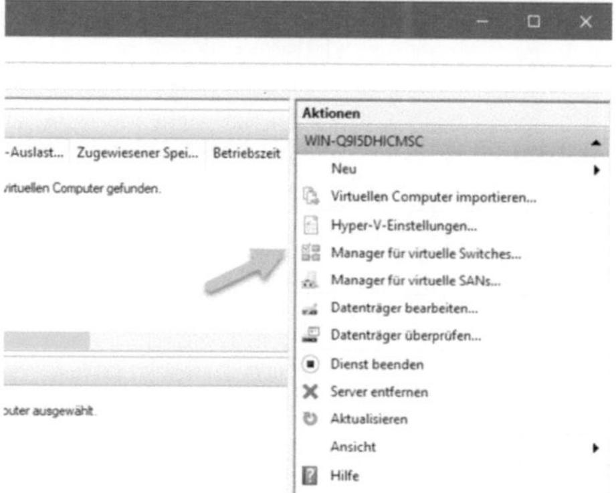

Abbildung 3.13: Manager für virtuelle Switche

Hier können Sie neue virtuelle Switche anlegen oder vorhandene verwalten.

Es gibt vier verschiedene Arten von virtuellen Switchen.

Extern

Ein externer Switch ist an einen physischen Netzwerkadapter gebunden. Damit haben die virtuellen Computer eine Verbindung zum physischen Netzwerk und können mit Computern kommunizieren, die mit dem gleichen Netzwerk verbunden sind.

Externe Switche erstellen auf dem physischen Server eine neue Netzwerkverbindung. Auf der Verbindung der physischen Karte werden alle Protokolle, außer dem „Protokoll für Microsoft virtueller Netzwerk-Switch“, deaktiviert. Auf der neuen LAN-Verbindung werden alle Konfigurationen, wie IP-Adresse, festgelegt.

Eine weitere Einstellung ist Single-Root I/O Virtualization. Hierbei handelt es sich um physikalische Funktionen von Netzwerkkarten die auch in Hyper-V zur Verfügung stehen. Netzwerkkarten, die diese Funktion unterstützen, stellen für virtualisierte Umgebungen implementierte I/O-Kanäle zur Verfügung, mit denen sich die Karte gegenüber virtualisierten Servern wie mehrere Netzwerkkarten verhält. SR-IOV ist vor allem bei I/O-intensiven Anwendungen interessant.

Intern

Ein interner Switch ermöglicht eine Kommunikation zwischen den virtuellen Maschinen und der sogenannten „Parent-Partition", also dem Hyper-V-Server. Eine Netzwerkkarte, die an einen internen Switch angeschlossen ist, kann keine Kommunikation „außerhalb" des physischen Hyper-V Servers durchführen.

Privat

Ein privater Switch bietet eine Kommunikation der virtuellen Maschinen untereinander. Es ist keine Kommunikation zur physischen Maschine oder mit dem physischen Netzwerk möglich. Damit kann ein komplett isoliertes Netzwerk realisiert werden.

Ein Netzwerk, das als „Privat" definiert worden ist, legt auf der physischen Maschine keine Netzwerkverbindung an. Die Kommunikation findet ausschließlich zwischen den virtuellen Computern statt.

Wenn Sie die Art des virtuellen Switches ausgewählt haben, können Sie die Eigenschaften konfigurieren.

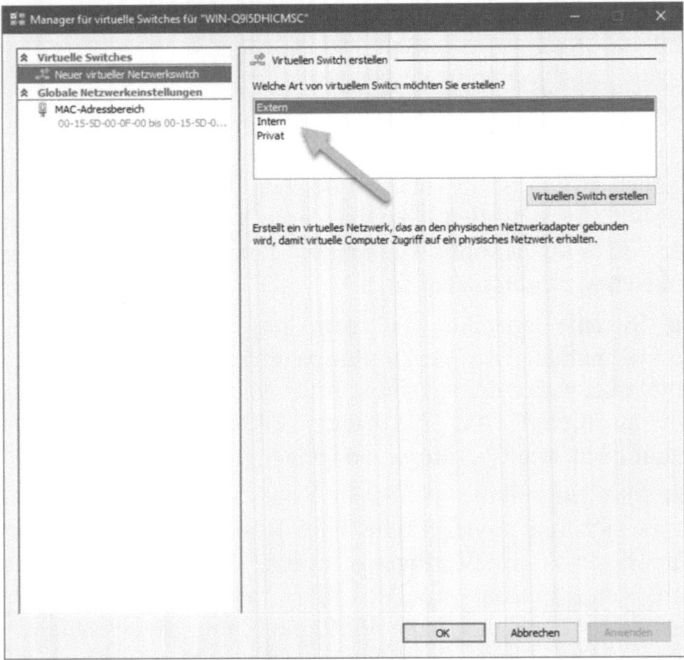

Abbildung 3.14: Virtuelle Switche verwalten

Folgende Optionen sind beim Anlegen des virtuellen Netzwerkes verfügbar:

Name

Hier sollte ein aussagekräftiger Name für den virtuellen Switch verwendet werden. Zusätzlich sollte der später angelegte „Switch" in den Netzwerkverbindungen umbenannt werden, um ihn später leichter zu identifizieren.

Anmerkung

Hier kann eine detaillierte Beschreibung des Netzwerkes hinterlegt werden.

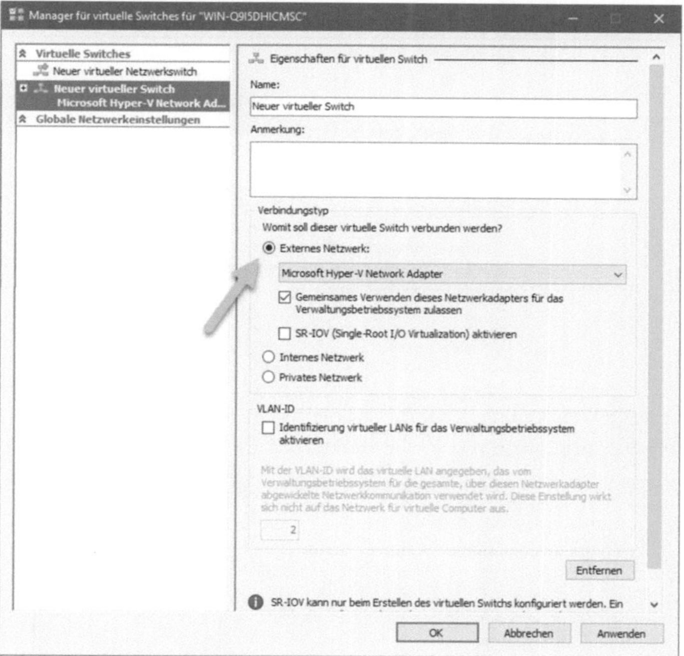

Abbildung 3.15: Eigenschaften der virtuellen Switche

Verbindungstyp

Dies ist die Definition des Netzwerktyps: Extern, Intern oder Privat.

Identifizierung virtueller LANs für das Verwaltungsbetriebssystem aktivieren

Damit kann die Unterstützung für virtuelle LANs aktiviert werden, damit Computer basierend auf der Zugehörigkeit zu einem VLAN in bestimmte (physische) Netzwerke weitergeleitet werden und nur mit Computern in diesem VLAN „reden“ können.

Die beim Anlegen definierte Option kann nachträglich natürlich wieder geändert werden.

Werden neue Netzwerke angelegt, oder vorhandene bearbeitet, kann es vorkommen, dass die Kommunikation zu den virtuellen Computern, aber auch die Kommunikation zu der physischen Maschine kurz unterbrochen wird, wenn die Netzwerkverbindungen geändert, erstellt oder gelöscht werden.

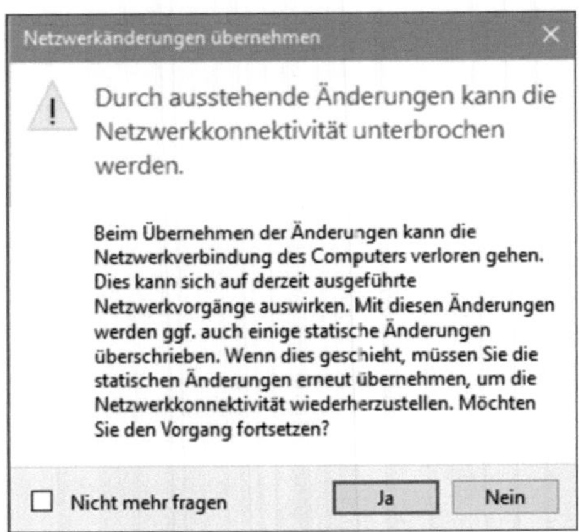

Abbildung 3.16: Warnmeldung

Nach Bestätigung steht die Verbindung zur Verfügung.

Sie können die Eigenschaften des Switches auch mit einem Cmdlet ändern:

SET-VMSWITCH

NAT-Switch

Virtuelle Maschinen werden oft in einem privaten Netzwerk betrieben, um sie getrennt vom physischen Netzwerk zu halten. Dafür wird der private oder der interne Switch verwendet.

Ein Grund könnte sein, dass man die gleichen IP-Adressen wie im physischen Netzwerk benutzen möchte, zum Beispiel zu Testzwecken.

Auch in Schulungsumgebungen ist das oft der Fall, wenn viele Personen mit den gleichen Übungsaufbauten arbeiten und deswegen die gleichen IP-Adressen verwenden.

Leider ist aber eine Kommunikation ins Internet mit einem privaten Switch nicht möglich. Das gibt viele Probleme, da weder Downloads noch Updates möglich sind.

Aus diesem Grund bieten viele Virtualisierungstools die Möglichkeit eines NAT-Switches an, der wie ein privater Switch arbeitet, und die virtuellen Maschinen vom physischen Netzwerk trennt, aber über NAT eine Verbindung zum Internet zur Verfügung stellt.

Hyper-V bietet seit einiger Zeit auch die Möglichkeit eines NAT-Switches an, der den Datenverkehr der virtuellen Maschinen mit der Außenwelt über die öffentliche IP-Adresse des Host-Computers abwickelt.

Diese Konfiguration ist momentan nur über die PowerShell möglich, es gibt (noch) keine grafische Oberfläche dafür.

Der Vorgang ist noch recht sperrig und unkomfortabel, aber wir sollten trotzdem einen Blick darauf werfen.

Zunächst muss ein neuer interner Switch erstellt werden.

New-VMSwitch -Name <NameDesSwitches> -SwitchType Intern

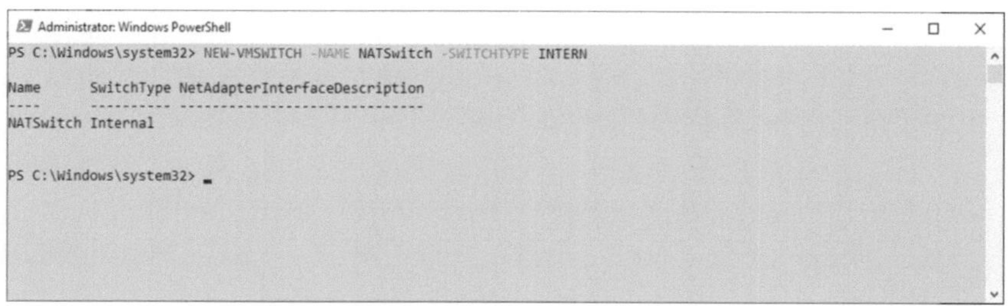

Abbildung 3.17: Erstellen des Switches

Für die weitere Konfiguration muss nun der Interface-Index des eben erstellten Switches ausgelesen werden, mit dem Cmdlet

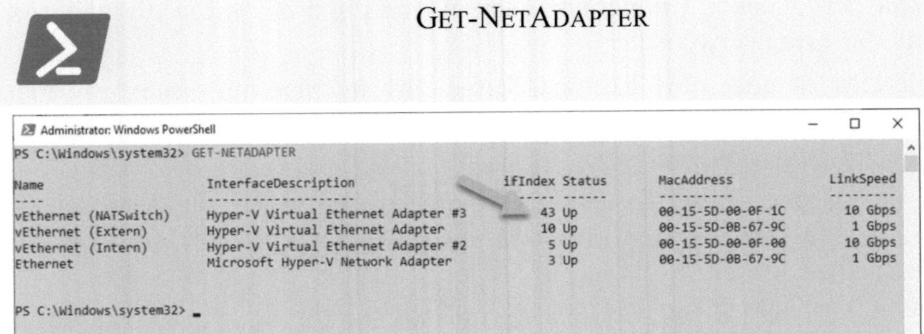

GET-NETADAPTER

```
PS C:\Windows\system32> GET-NETADAPTER

Name                    InterfaceDescription                    ifIndex Status       MacAddress             LinkSpeed
----                    --------------------                    ------- ------       ----------             ---------
vEthernet (NATSwitch)   Hyper-V Virtual Ethernet Adapter #3          43 Up           00-15-5D-00-0F-1C        10 Gbps
vEthernet (Extern)      Hyper-V Virtual Ethernet Adapter             10 Up           00-15-5D-0B-67-9C         1 Gbps
vEthernet (Intern)      Hyper-V Virtual Ethernet Adapter #2           5 Up           00-15-5D-00-0F-00        10 Gbps
Ethernet                Microsoft Hyper-V Network Adapter             3 Up           00-15-5D-0B-67-9C         1 Gbps

PS C:\Windows\system32> _
```

Abbildung 3.18: InterfaceIndex

Im nächsten Schritt wird das Cmdlet „*NEW-NETIPADDRESS*“ benutzt, mit dem man die IP-Adresse des Gateways, die Präfixlänge des Subnets, sowie den oben erwähnten Interface-Index angibt.

Ein Beispiel könnte sein:

NEW-NETIPADDRESS -IPADDRESS 192.168.1.200 -PREFIXLENGTH 24 -INTERFACEINDEX 43

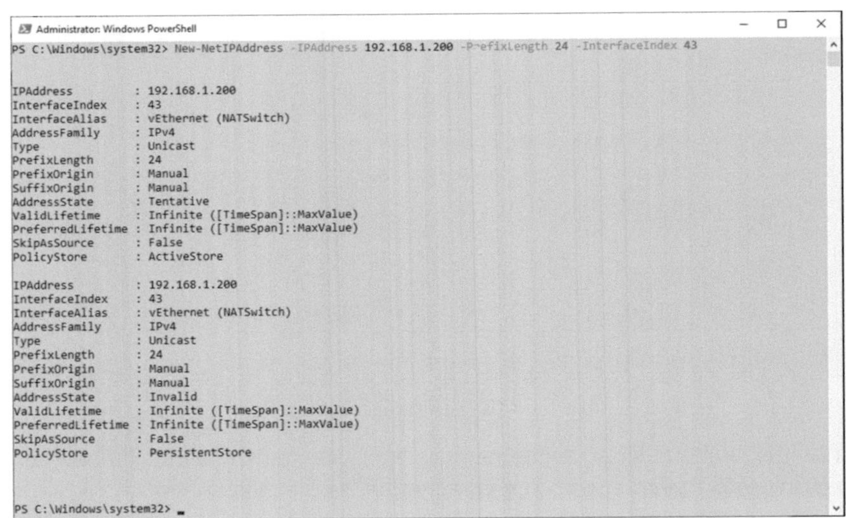

```
PS C:\Windows\system32> New-NetIPAddress -IPAddress 192.168.1.200 -PrefixLength 24 -InterfaceIndex 43


IPAddress         : 192.168.1.200
InterfaceIndex    : 43
InterfaceAlias    : vEthernet (NATSwitch)
AddressFamily     : IPv4
Type              : Unicast
PrefixLength      : 24
PrefixOrigin      : Manual
SuffixOrigin      : Manual
AddressState      : Tentative
ValidLifetime     : Infinite ([TimeSpan]::MaxValue)
PreferredLifetime : Infinite ([TimeSpan]::MaxValue)
SkipAsSource      : False
PolicyStore       : ActiveStore

IPAddress         : 192.168.1.200
InterfaceIndex    : 43
InterfaceAlias    : vEthernet (NATSwitch)
AddressFamily     : IPv4
Type              : Unicast
PrefixLength      : 24
PrefixOrigin      : Manual
SuffixOrigin      : Manual
AddressState      : Invalid
ValidLifetime     : Infinite ([TimeSpan]::MaxValue)
PreferredLifetime : Infinite ([TimeSpan]::MaxValue)
SkipAsSource      : False
PolicyStore       : PersistentStore


PS C:\Windows\system32> _
```

Abbildung 3.19: New-NetIPAddress

Im letzten Schritt wird ein neues NAT-Objekt auf dem Host erstellt, das die interne IP-Adressen in externe IP-Adressen übersetzt.

Es wird das gleiche Subnetz angegeben, das zuvor verwendet wurde.

Ein Beispiel hierfür könnte sein:

New-NetNat -Name MeinNAT -InternalIPInterfaceAddressPrefix 192.168.1.0/24

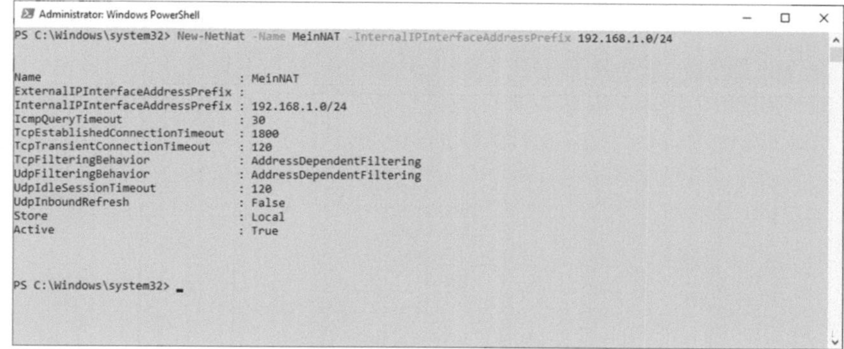

Abbildung 3.20: NAT-Objekt

Sie sehen, bei der Benutzerfreundlichkeit der Einrichtung ist noch Luft nach oben.

Übung 3.3.2

- Legen Sie jeweils einen externen, einen internen und einen privaten Switch mit den Namen „Extern“, „Intern“, „Privat“ auf Ihrer Hostmaschine an

3.3.3 Virtuelle SANs

Virtuelle SANs definieren eine Gruppe von Fibre Channel Ports, die mit einem physischen SAN verbunden sind.

Ein Beispiel:

Der Hyper-V Host ist mit zwei SANs verbunden, einem produktiven SAN und einem Test-SAN.

Die Verbindung erfolgt mit jedem SAN durch zwei physische Fibre Channel Ports.

In diesem Beispiel könnten Sie zwei virtuelle SANs konfigurieren, ein

„Produktions SAN“, der zwei physische Fibre Channel Ports hat, die mit der Produktion SAN verbunden sind, und einen „Test SAN“, der zwei Fibre Channel Ports hat, die mit dem Test SAN verbunden sind.

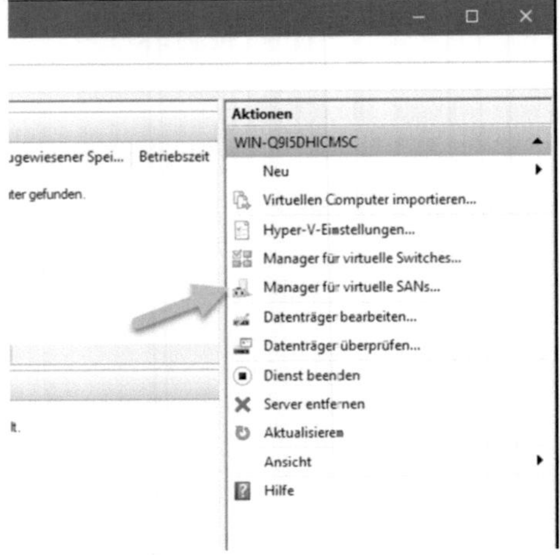

Abbildung 3.21: Manager für virtuelle SANs

Die SANs können Sie hier einrichten.

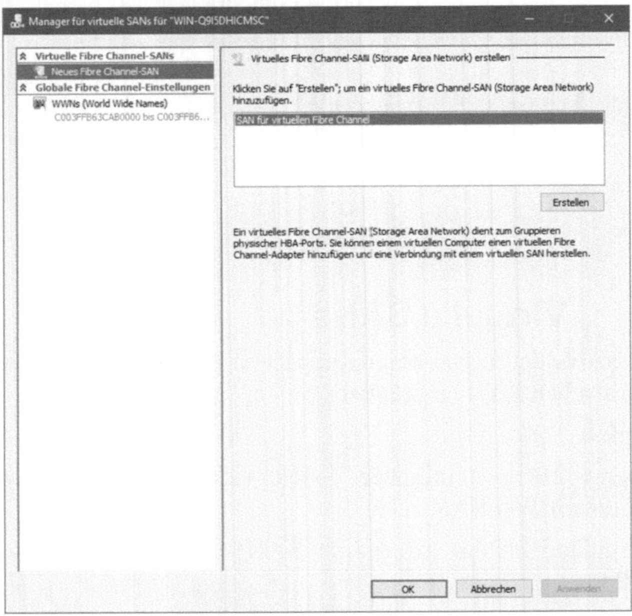

Abbildung 3.22: Einrichten von SANs

3.4 Hyper-V-Einstellungen

Natürlich können auch globale Einstellungen für die gesamte Maschine gemacht werden, dies sind die Hyper-V-Einstellungen.

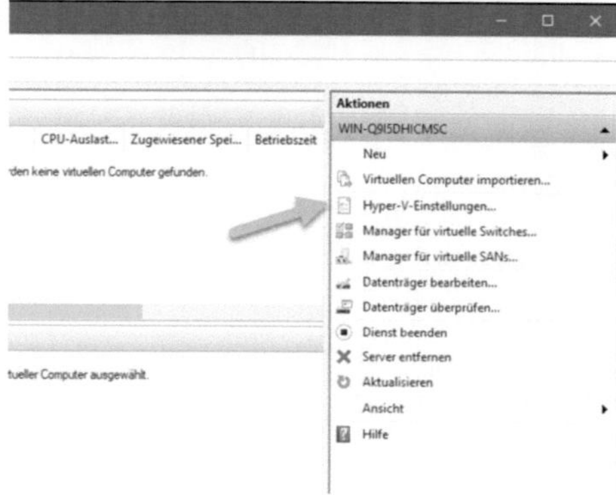

Abbildung 3.23: Hyper-V-Einstellungen

Sie sehen eine Konsole für die Konfiguration.

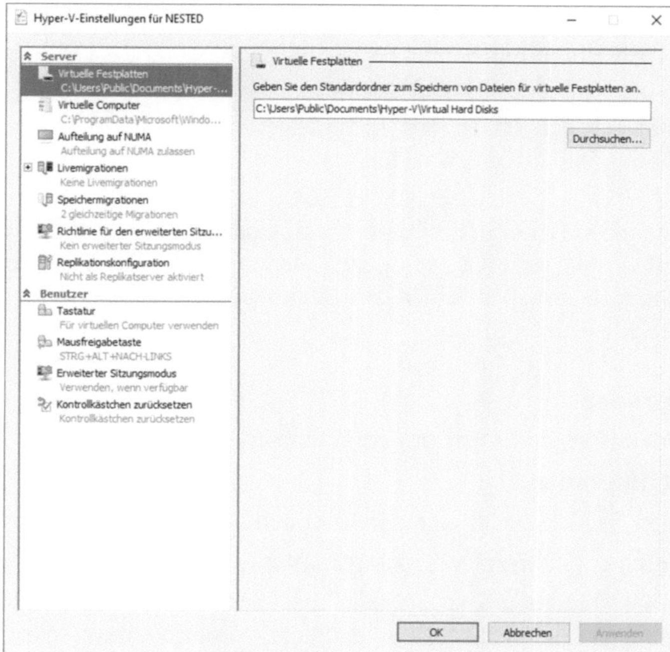

Abbildung 3.24: Konsole

Virtuelle Festplatten

Hier legen Sie den Standardpfad für die Speicherung der virtuellen Festplatten fest.

Virtuelle Computer

Dies ist der Speicherort für die Konfigurationsdateien der virtuellen Maschinen.

Physische GPUs

Wenn Sie die Desktopvirtualisierung benutzen, können Sie hier die Einstellungen für RemoteFX und die GPU-Verwaltung vornehmen.

Aufteilung auf Numa

Numa (Non Uniform Memory Access) ist eine Speicherarchitektur speziell für Multiprozessorsysteme.

Jeder Prozessor verwaltet einen Speicherbereich, mit dem er direkt verbunden ist. Über einen Bus und einen gemeinsamen Adressraum haben auch andere Prozessoren darauf Zugriff.

Daraus ergibt sich die Konsequenz, dass der Zugriff auf die Informationen sehr schnell ist, wenn sich die Daten im eigenen Speicherbereich befinden, aber relativ langsam, wenn die Daten erst über den Bus angesprochen werden müssen.

Wenn Sie nun den Haken hier setzen, werden die virtuellen Maschinen ebenfalls auf Numa-Knoten verteilt.

Dadurch sind sie dazu in der Lage, auf Speicher in jedem NUMA-Knoten zuzugreifen und diesen auch zu nutzen. Das ist die flexibelste Einstellung, kann aber leider zu Einbußen bei der Performance der virtuellen Maschinen führen.

Livemigration

Hier können Sie die Livemigration aktivieren und konfigurieren.

Speichermigration

Hier legen Sie die Anzahl der gleichzeitigen Speichermigration fest.

Richtlinie für erweiterten Sitzungsmodus

Mit dieser Funktion lassen sich aus dem Hyper-V Manager RDP-Verbindungen aufbauen. Dies hat den Vorteil, dass man einige Remotedesktopfeatures benutzen kann, unter anderem die Umleitung lokaler Ressourcen. Hier wird die Richtlinie eingeschaltet.

Replikationskonfiguration

Hier legen Sie die Replikation fest.

Hyper-V ermöglicht es, eine VM auf einen anderen Host zu replizieren.

Somit ist es möglich die gesamten VMs per Replizierung in ein Ausfall-Datencenter zu übertragen und im Falle eines Ausfalles dieses online zu schalten. Die Replikation erfolgt asynchron durch Prüfpunkte.

Tastatur

Dies sind die Einstellungen für die Benutzer.

Der Knoten „Tastatur“ legt fest, wie die speziellen Windows-Tastenkombinationen von Hyper-V gehandhabt werden.

Es gibt die Optionen „für physischen Computer verwenden“, „für virtuellen Computer verwenden“ und die Option „für virtuellen Computer verwenden (nur bei Vollbild)“. Die erste Option gibt die Tastenkombinationen nicht an die virtuellen Maschinen weiter.

Die Option „nur bei Vollbild“ ist die Standardeinstellung und ist dann aktiv, wenn sich die Verbindung zur virtuellen Maschine im Vollbild befindet.

Mausfreigabe

Wenn eine virtuelle Maschine gestartet wird, ist die Maus in der virtuellen Maschine „gefangen“ und kann nicht mehr auf der physikalischen Maschine verwendet werden.

Hier kann nun die Tastenkombination festgelegt werden, mit der die Maus befreit wird. Die Standard-Tastenkombination ist STRG+ALT+NACH-LINKS.

Erweiterter Sitzungsmodus

An dieser Stelle aktivieren Sie den erweiterten Sitzungsmodus.

Kontrollkästchen zurücksetzen

Der letzte Punkt in den Hyper-V-Einstellungen setzt alle Kontrollkästchen zurück. Damit werden alle Meldungen, die mit „diese Meldung nicht noch einmal anzeigen“ deaktiviert worden sind, erneut beim nächsten Mal angezeigt.

3.5 Erstellen eines virtuellen Computers

Nun können wir einen virtuellen Computer erstellen.

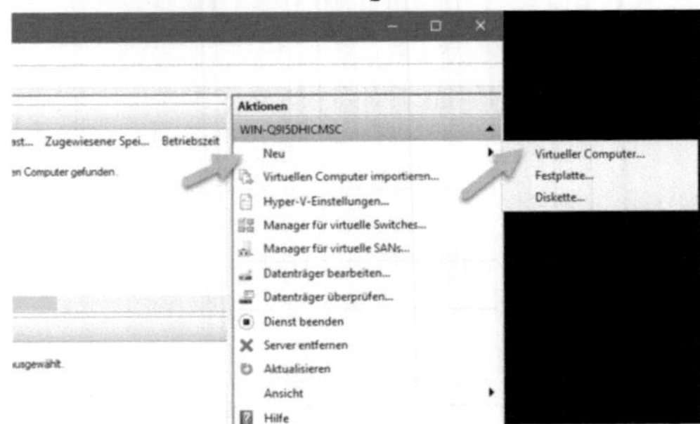

Abbildung 3.25: Virtuellen Computer erstellen

Dazu klicken Sie auf „Neu – Virtueller Computer“.

Ein Assistent startet.

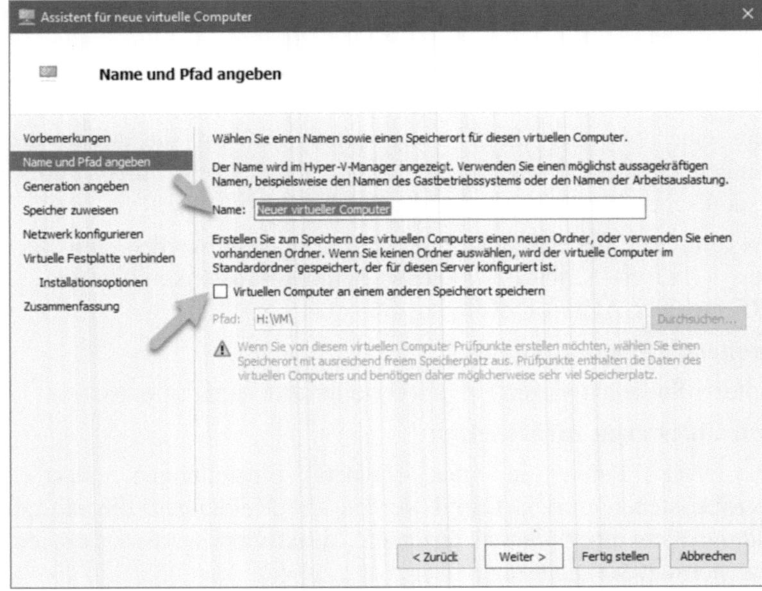

Abbildung 3.26: Name und Pfad

Zunächst legen Sie den Namen des virtuellen Computers fest. Auch den Speicherort können Sie hier ändern.

Nun legen Sie die Generation des neuen virtuellen Computers fest.

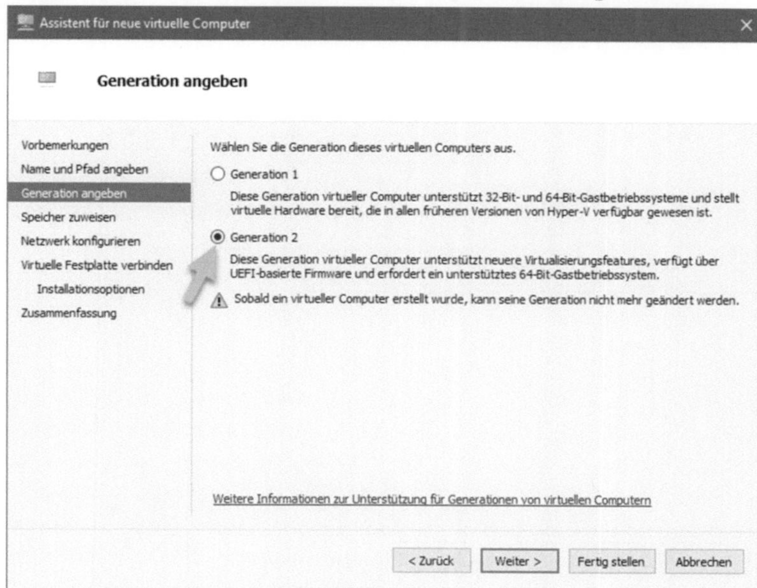

Abbildung 3.27: Generation

Generation 1:

Das ist die alte Variante, hier wird der virtuelle Computer genauso wie in früheren Hyper-V Versionen dargestellt.

Hierbei ist ein PXE-Start nur möglich, wenn eine „Ältere Netzwerkkarte" hinzugefügt wird.

Generation 2:

Hier sind folgende Änderungen:

- UEFI-Firmwareunterstützung
- PXE-Start mithilfe einer standardmäßigen Netzwerkkarte
- Starten von einer virtuellen SCSI-Festplatte
- Starten von einer virtuellen SCSI-DVD
- Sicherer Start (standardmäßig aktiviert)

Das Fenster „Speicher zuweisen" legt fest, wie viel Arbeitsspeicher der virtuellen Maschine zugewiesen wird. Pro virtuelle Maschine können maximal 64 GB RAM zugeordnet werden. Die hier festgelegten Werte können nachträglich wieder geändert werden. Dazu muss man allerdings die virtuelle Maschine ausschalten bzw. herunterfahren.

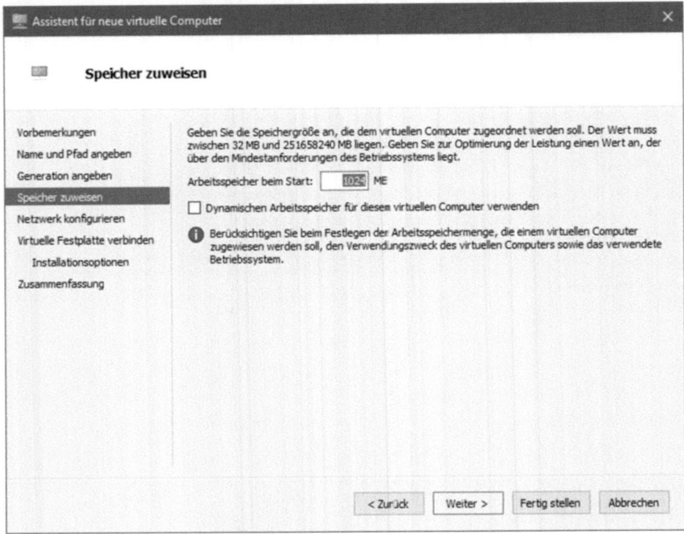

Abbildung 3.28: Arbeitsspeicher

Die Registerkarte „Netzwerk konfigurieren" lässt Ihnen die Auswahl des zuvor angelegten virtuellen Switches.

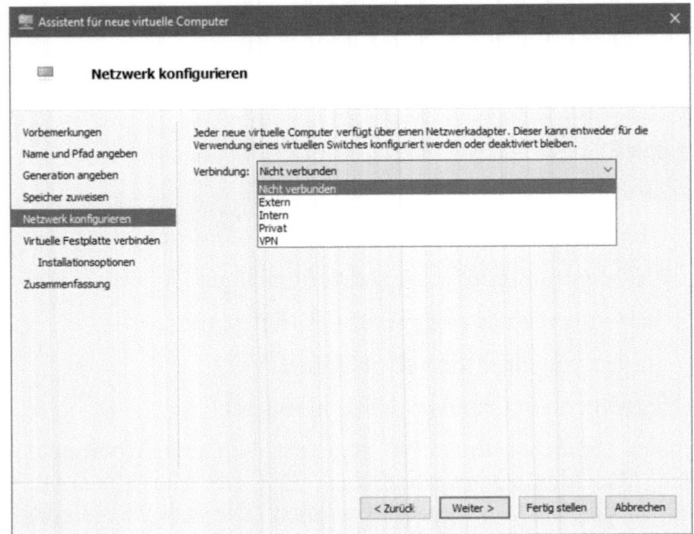

Abbildung 3.29: Netzwerk konfigurieren

„Nicht verbunden“ legt fest, dass die virtuelle Maschine nicht mit einem Netzwerk verbunden ist.

Im nächsten Fenster des Assistenten wird die virtuelle Festplatte zugewiesen. Standardmäßig schlägt der Assistent vor, eine neue Festplatte mit dem Namen der virtuellen Maschine anzulegen. Dies ist eine VHDX-Datei.

Die Option „vorhandene virtuelle Festplatte verwenden“ bietet die Option, eine existierende .VHD- oder VHDX-Datei zu verwenden.

Die Option „virtuelle Festplatte später zuordnen“ weist der virtuellen Maschine keine .VHD-Datei zu.

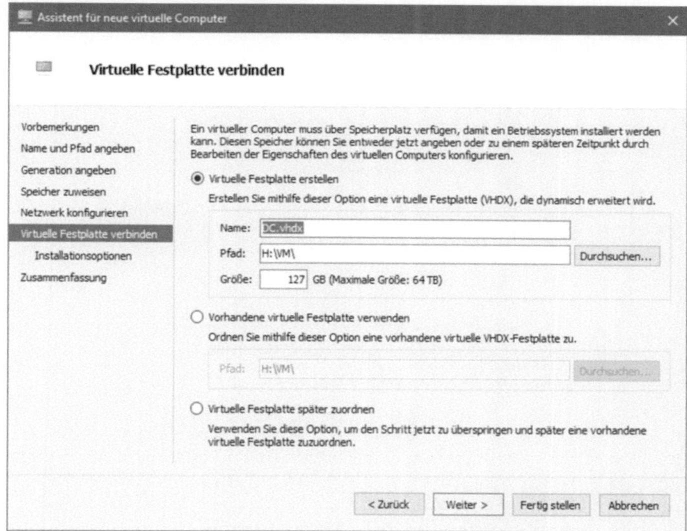

Abbildung 3.30: Virtuelle Festplatte

Das Fenster „Installationsoptionen“ bietet eine Möglichkeit, festzulegen, von wo das Betriebssystem installiert werden soll.

Folgende Optionen stehen zur Verfügung:

Betriebssystem zu einem späteren Zeitpunkt installieren

Es wird keine Konfiguration zum Installieren eines Betriebssystems vorgenommen.

Betriebssystem von startfähiger CD/DVD-ROM installieren

Man kann entscheiden, ob ein „physikalisches“ Laufwerk des Hyper-V-Servers verwendet wird, oder ob eine Abbilddatei (ISO) verwendet werden soll. ISO-Dateien können nicht gleichzeitig von mehreren virtuellen Maschinen verwendet werden.

Betriebssystem von startfähiger Diskette installieren

Diese Option legt fest, dass das System von einer virtuellen Floppy-Disk (VFD) gestartet wird.

Betriebssystem von einem netzwerkbasierten Installationsserver installieren

Diese Option ermöglicht die Installation von einem Installationsserver (Windows Deployment Services – WDS). Dabei wird die komplette Installation über das Netzwerk ausgeführt.

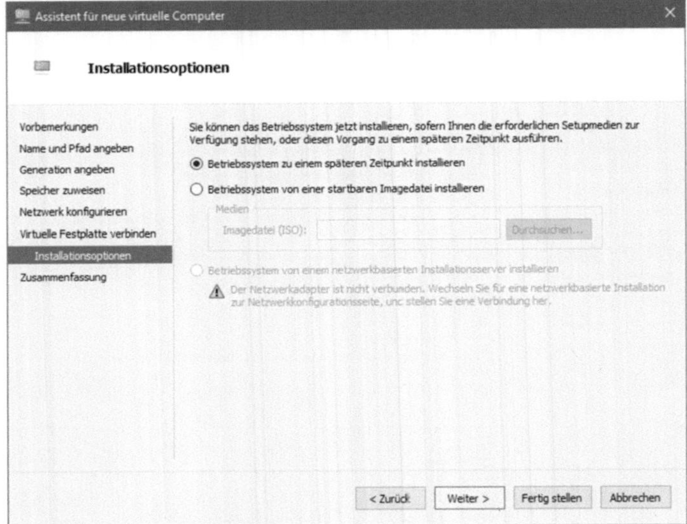

Abbildung 3.31: Installationsoptionen

Damit ist die virtuelle Maschine erstellt und kann im nächsten Schritt weiter konfiguriert werden.

Danach kann das Betriebssystem installiert werden. Natürlich können Sie auch Linux und FreeBSD VMs erstellen.

Das PowerShell Cmdlet für die Erstellung einer neuen virtuellen Maschine lautet

NEW-VM

Ohne weitere Parameter wird hiermit eine VM der Generation 1 erstellt!

Übung 3.5

Erstellen Sie folgende virtuelle Maschinen:

- DC
  - Zwei GB RAM
  - Generation 2
  - Speicherort für alle Dateien: H:\VM
  - Switch: Privat
  - Betriebssystem wird später installiert
- Server1:
  - Zwei GB RAM
  - Generation 2
  - Speicherort für alle Dateien: H:\VM
  - Switch: Privat
  - Betriebssystem wird später installiert

- Server2:
  - Zwei GB RAM
  - Generation 2
  - Speicherort für alle Dateien: H:\VM
  - Switch: Privat
  - Betriebssystem wird später installiert
- Server3:
  - Zwei GB RAM
  - Generation 2
  - Speicherort für alle Dateien: H:\VM
  - Switch: Privat
  - Betriebssystem wird später installiert

- W11:
  - Vier GB RAM
  - Generation 2
  - Speicherort für alle Dateien: H:\VM
  - Switch: Privat
- Betriebssystem wird später installiert

4 Einrichten der benötigten virtuellen Maschinen

Nachdem die virtuellen Maschinen erstellt und installiert sind, müssen sie eingerichtet und für die alltägliche Arbeit konfiguriert werden.

4.1 Konfiguration der virtuellen Maschine

Die Einstellungen einer virtuellen Maschine können Sie jederzeit ändern, zumindest immer dann, wenn der Computer nicht läuft. Einige Einstellungen können Sie sogar bei laufender Maschine ändern, wie die Zuordnung der virtuellen Switche.

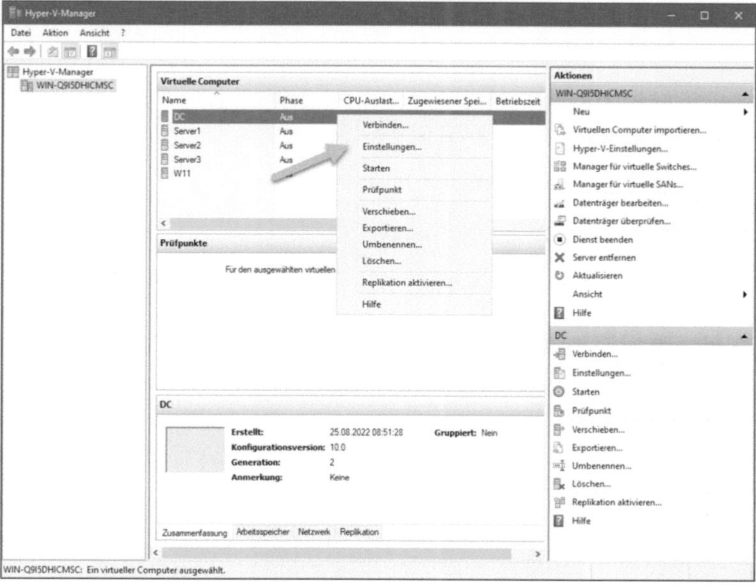

Abbildung 4.1: Einstellungen

Zum Konfigurieren klicken Sie mit der rechten Maustaste auf die gewünschte virtuelle Maschine und wählen „Einstellungen".

Nun sehen Sie alle Einstellungsmöglichkeiten.

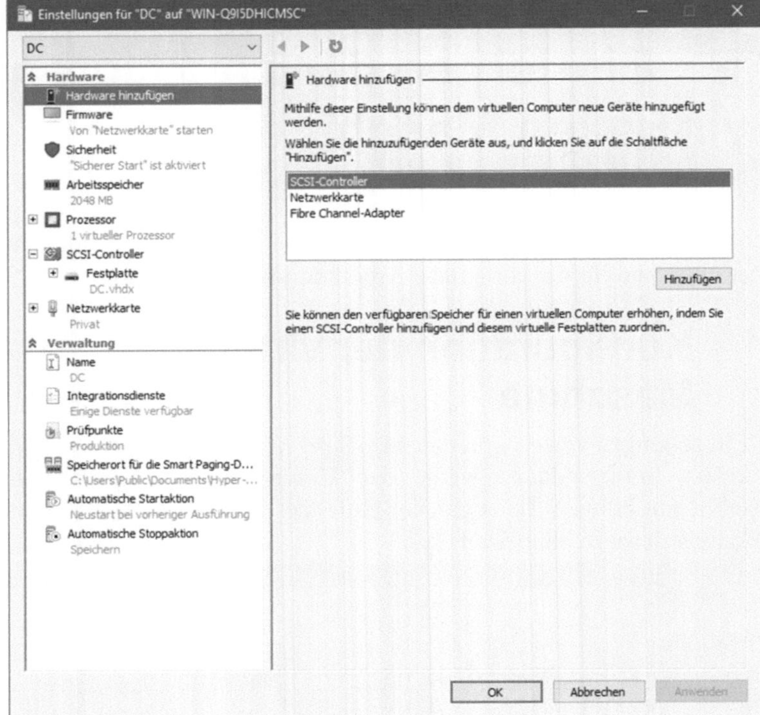

Abbildung 4.2: Alle Einstellungen

Einige der wichtigen Einstellungen betrachten wir an dieser Stelle genauer.

4.1.1 Hardware hinzufügen

Sollten Sie neue virtuelle Hardwarekomponenten benötigen, können Sie diese an dieser Stelle definieren.

Wenn Sie eine virtuelle Maschine der Version 1 betreiben, haben Sie hier noch eine zusätzliche Auswahl: „Ältere Netzwerkkarte".

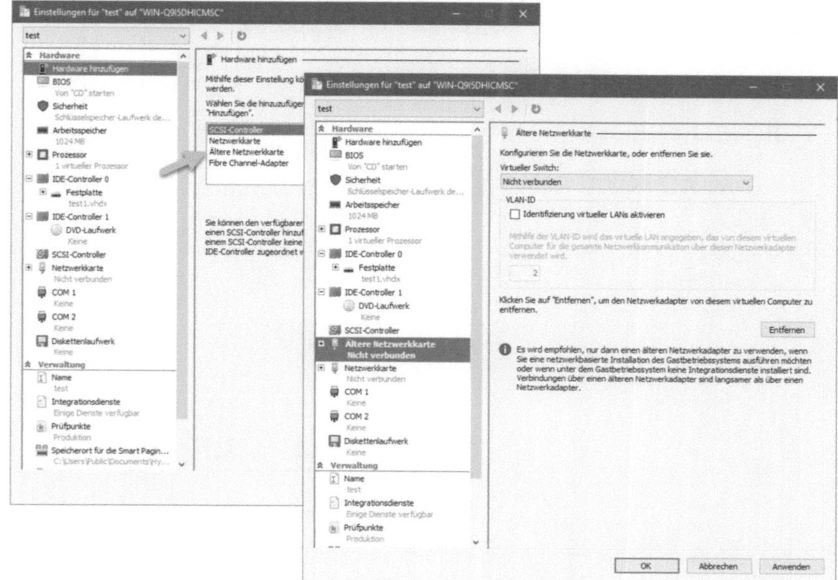

Abbildung 4.3: Ältere Netzwerkkarte

Bei einer älteren Netzwerkkarte wird die Rechenleistung vom Gastbetriebssystem übernommen, was bei einer normalen virtuellen Netzwerkkarte nicht erforderlich ist. Deswegen sind diese Karten auch um einiges langsamer.

Die „Ältere Netzwerkkarte" sollte nur verwendet werden, wenn es keine Alternative gibt, also, wenn der virtuelle Server die normale Netzwerkkarte nicht unterstützt oder eventuell ein PXE-Start benötigt wird, der mit einer neuen Netzwerkkarte nicht funktioniert.

4.1.2 Firmware

Hier legen Sie die Startreihenfolge fest.

Alle Laufwerke und Geräte, von denen aus ein Systemstart möglich ist, werden hier aufgelistet.

Die Startreihenfolge ist von oben nach unten, in diesem Beispiel wird also versucht, von der Netzwerkkarte aus zu starten. Erst, wenn das nicht erfolgreich ist, wird das angegebene Festplattenlaufwerk für den Systemstart benutzt.

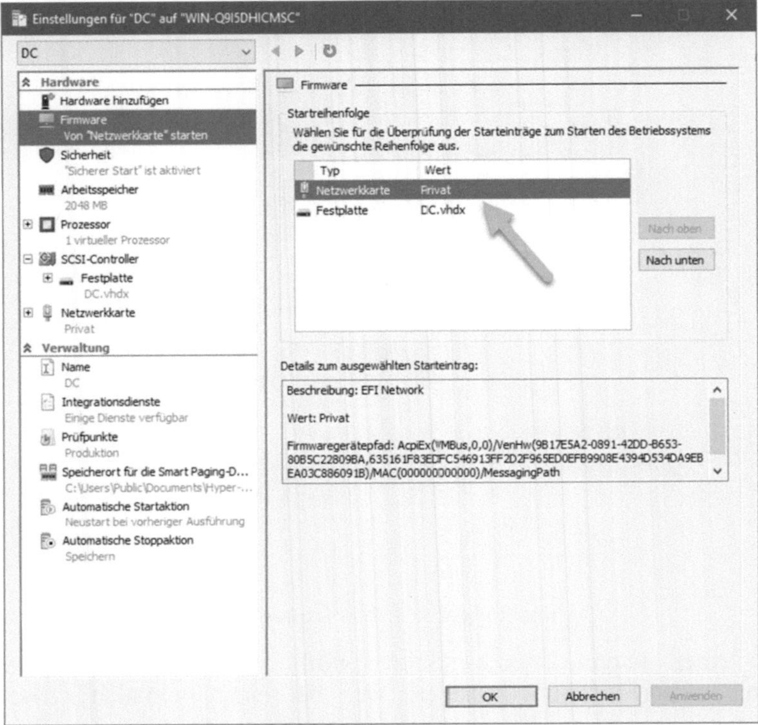

Abbildung 4.4: Firmware

Die Reihenfolge können Sie mit „Nach oben“ und „Nach unten“ anpassen.

4.1.3 Sicherheit

Hier legen Sie den sicheren Start fest.

Auch können Sie hier TPM für die virtuelle Maschine einrichten. Diese Funktion bietet nun endlich auch die Möglichkeit, virtuelle Maschinen zu verschlüsseln.

ACHTUNG!

Bei einer Installation von Windows 11 auf einer virtuellen Maschine muss TPM zwingend aktiviert sein!

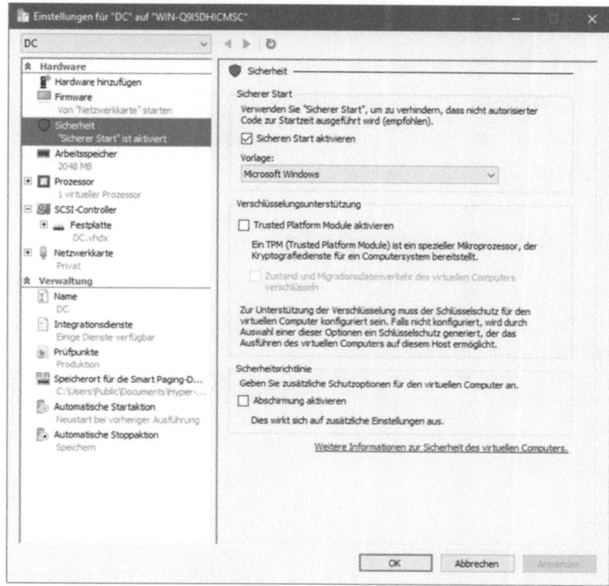

Abbildung 4.5: Sicherheit

Im letzten Schritt ist es möglich, die Abschirmung zu aktivieren.

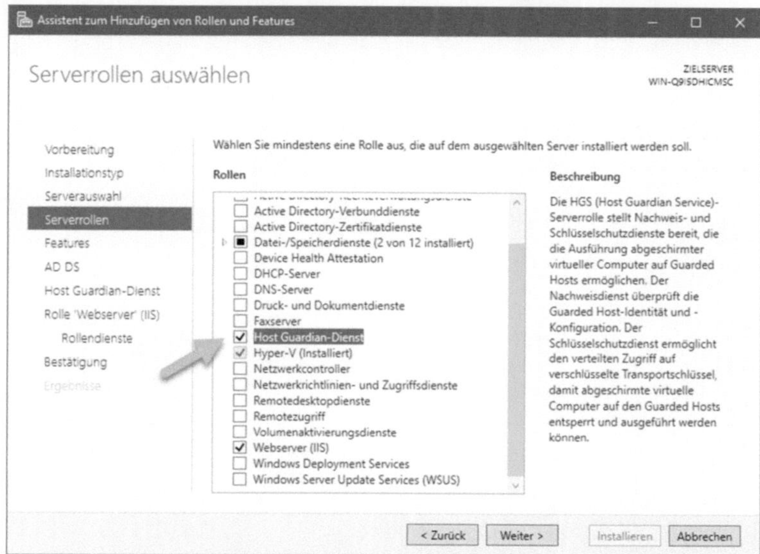

Abbildung 4.6: Host Guardian-Dienst

Abschirmung bedeutet, dass die virtuelle Maschine von allen externen Zugriffen geschützt ist.

Dafür muss die Rolle Host Guardian-Dienst installiert werden.

Die Konfiguration ist sehr komplex, an dieser Stelle gehen wir nicht weiter darauf ein.

4.1.4 Arbeitsspeicher

Sie können jeder Maschine hier dynamischen Arbeitsspeicher zuweisen. Dazu geben Sie einen Startwert an, und einen Maximalwert, bis zu dem er ansteigen kann.

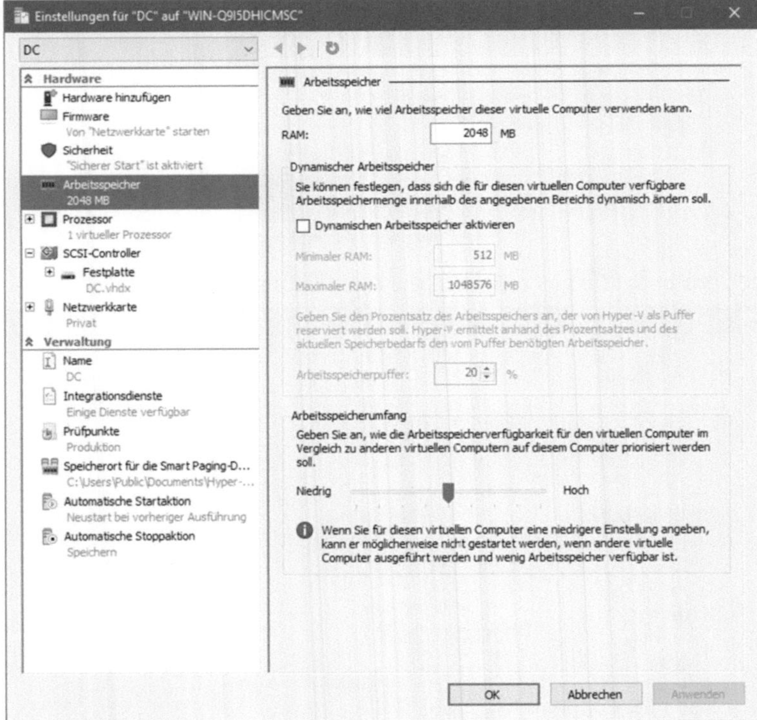

Abbildung 4.7: Arbeitsspeicher

An dieser Stelle können Sie auch jederzeit den Arbeitsspeicher ändern, auch wenn die virtuelle Maschine läuft.

Im unteren Teil des Fensters können Sie eine interessante Einstellung vornehmen, nämlich eine Priorisierung der Arbeitsspeicherzuweisung.

Wenn Sie diesen Wert sehr hoch setzen, erhält diese virtuelle Maschine mehr Arbeitsspeicher, wenn dieser knapp ist.

Aber benutzen Sie diese Einstellung vorsichtig, denn sie kann dazu führen, dass andere Maschinen eventuell nicht mehr gestartet werden können, da ihnen dann der nötige Arbeitsspeicher fehlt.

4.1.5 Prozessor

Bei der Prozessorkonfiguration ist die wichtigste Einstellung die Anzahl an verwendeten virtuellen Prozessoren.

Sie können nur so viele virtuelle Prozessoren zuweisen, wie der Hyper-V Host anbietet.

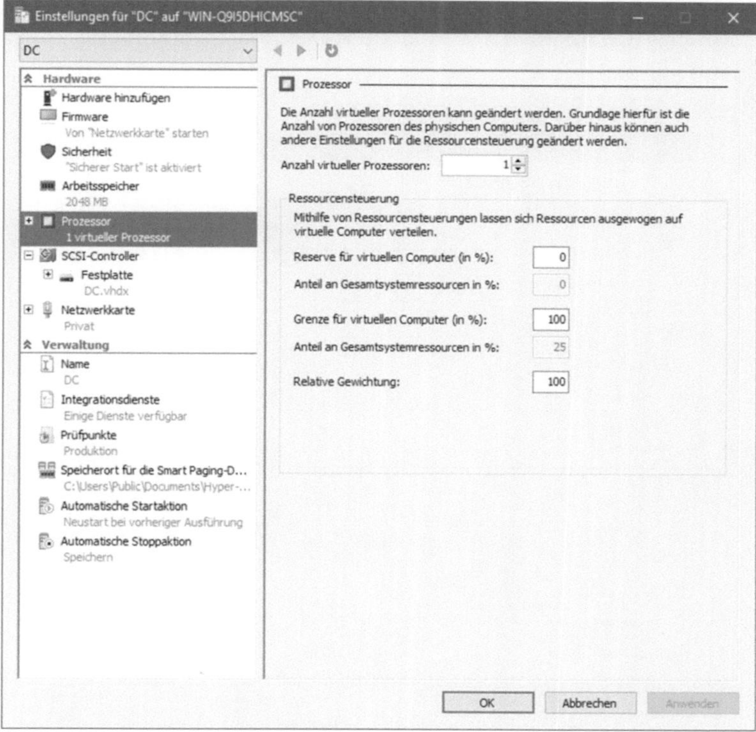

Abbildung 4.8: Prozessor

Mehr Prozessoren bedeutet, dass mehrere Threads gleichzeitig ausgeführt werden können, und die virtuelle Maschine dadurch schneller wird.

ACHTUNG!

Bei einer Installation von Windows 11 auf einer virtuellen Maschine müssen mindestens zwei Prozessoren zugewiesen werden!

Auch die Ressourcensteuerung ist interessant.

Hier können Sie die Prozessorzeit zuordnen.

Der Unterpunkt „Kompatibilität“ hat nur eine Bedeutung für die Livemigration, bei der ein virtueller Computer auf einen anderen Host verschoben wird.

Wenn die Hardware nicht 100% identisch ist, läuft die virtuelle Maschine eventuell nicht.

Deswegen sollte der Haken hier gesetzt sein.

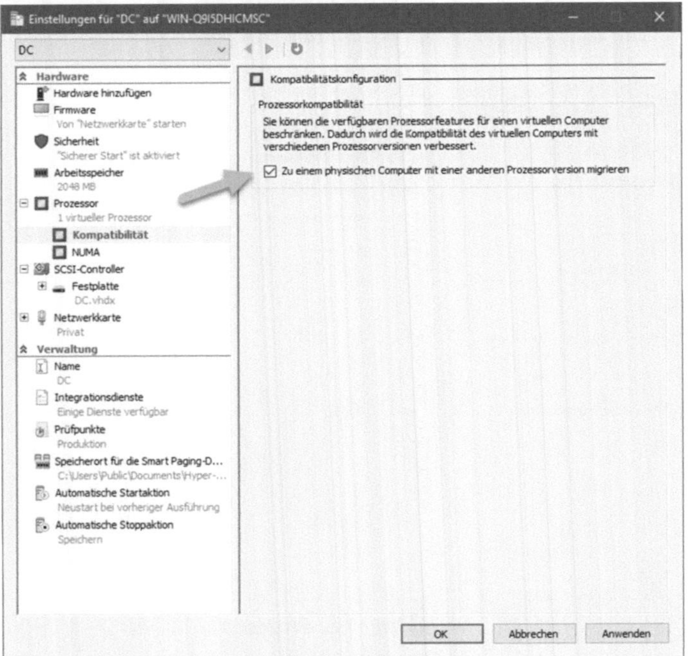

Abbildung 4.9: Kompatibilität

Bleibt noch der Unterpunkt „NUMA“.

Aufteilung auf NUMA

Bei der Konfiguration der Hostmaschine haben wir gesehen, dass NUMA (Non Uniform Memory Access) aktiviert werden kann.

Hier wird nun die Einteilung für die entsprechende virtuelle Maschine festgelegt.

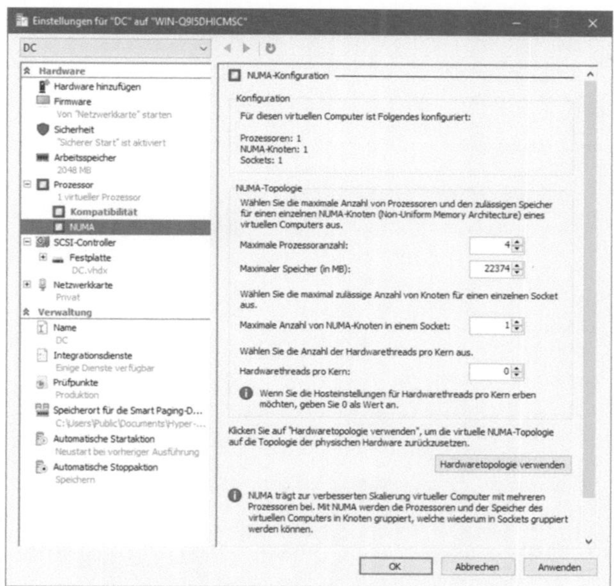

Abbildung 4.10: NUMA

Exkurs: Receive Side Scaling (RSS)

Receive Side Scaling ist eine Technologie, mit der es möglich ist, die Netzwerkverarbeitungslast über mehrere Prozessorkerne zu verteilen, wenn der Computer mehrere Kerne hat.

Dadurch ist der Datendurchsatz deutlich höher.

Diese Technologie ist bereits bekannt, seit Windows Server 2012 werden sogar mehr als 64 Prozessoren unterstützt.

Mit Windows Server 2016 wurde RSS auch für virtuelle Maschinen eingeführt. Damit können auch virtuelle Netzwerkadapter die Last über die Prozessorkerne verteilen und damit eine deutliche Performancesteigerung erreichen. Diese Funktion wird „Virtual Receive Side Scaling (vRSS)“ genannt.

RSS und vRSS aktivieren Sie, indem Sie innerhalb der virtuellen Maschine den Geräte-Manager öffnen und die Eigenschaften der gewünschten Netzwerkkarte bearbeiten.

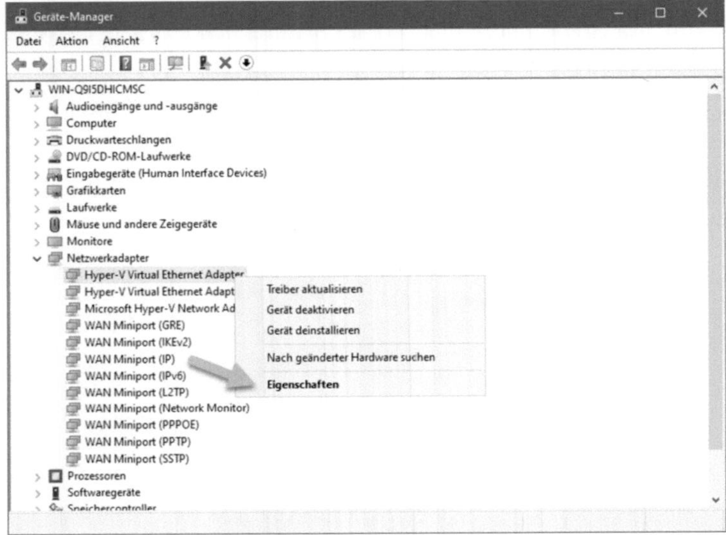

Abbildung 4.11: Eigenschaften der virtuellen Netzwerkkarte

Hier wechseln Sie auf die Karteikarte „Erweitert“.

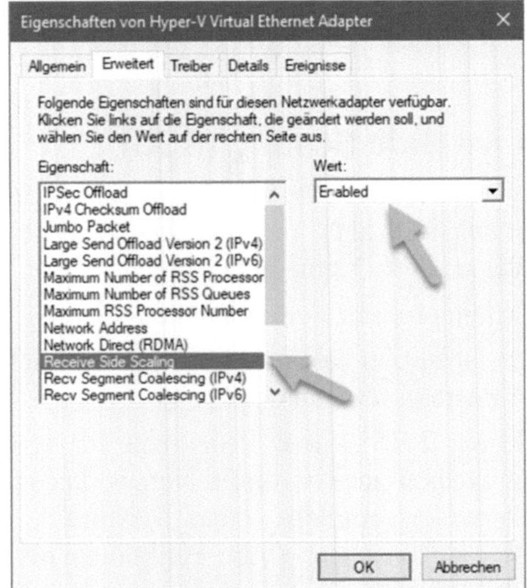

Abbildung 4.12: Erweitert

Suchen Sie die Eigenschaft „Receive Side Scaling“ und setzen Sie den Wert auf „Enabled“.

Natürlich können Sie die Konfiguration auch in der PowerShell vornehmen, mit folgendem Cmdlet:

ENABLE-NETADAPTERRSS –NAME „NAMEDESADAPTERS“

Auch folgendes Cmdlet führt zum Ziel:

SET-NETADAPTERRSS -NAME "NAMEDESADAPTERS" -ENABLED $TRUE

4.1.6 SCSI-Controller

Hier können Sie weitere Laufwerke hinzufügen.

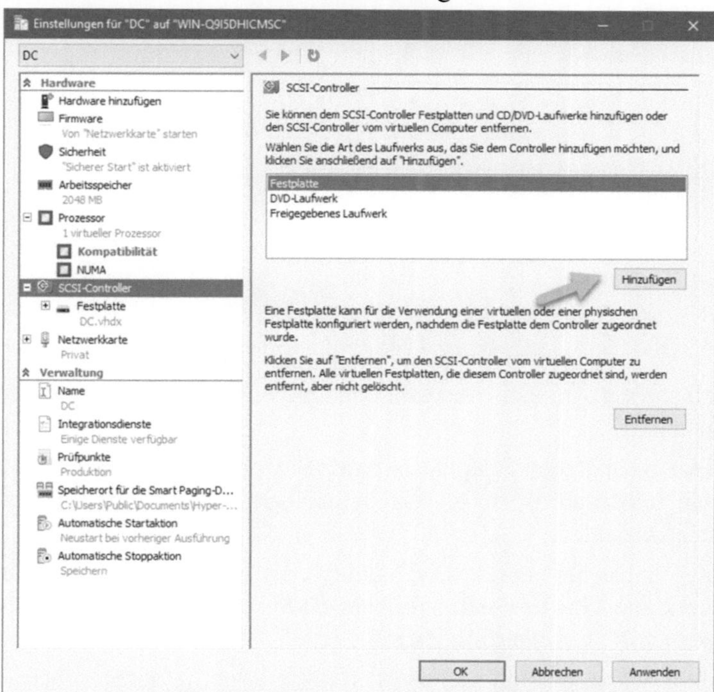

Abbildung 4.13: SCSI-Controller

Nach dem Anlegen einer virtuellen Maschine der Generation 2 haben Sie nur ein einziges Laufwerk, das Festplattenlaufwerk.

Wenn Sie eine zweite Festplatte oder ein DVD-Laufwerk benötigen, müssen Sie dieses zunächst anlegen.

Dafür wählen Sie aus, welche Art von Laufwerk Sie möchten und wählen dann „hinzufügen".

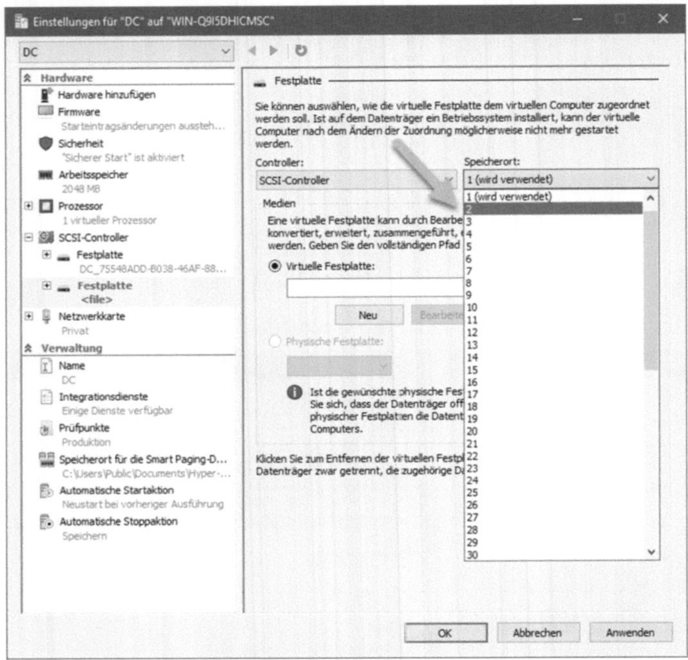

Abbildung 4.14: Auswahl Speicherort

Nun erscheinen, je nach Auswahl des Laufwerks, etwas unterschiedliche Abfragen.

Bei einer zusätzlichen Festplatte wählen Sie, ob Sie eine neue, leere Platte erstellen möchten oder ob Sie eine bereits vorhandene Festplatte einbinden möchten.

Bei der Auswahl eines DVD-Laufwerks entscheiden Sie, ob das Laufwerk zunächst leer sein soll, oder ob Sie gleich eine Image-Datei als Laufwerk zur Verfügung stellen möchten.

Bei allen Möglichkeiten identisch ist aber, dass Sie einen neuen, bisher unbenutzten Speicherort für einen SCSI-Controller wählen müssen.

Sie können jederzeit zusätzliche Laufwerke einbinden.

Eine sehr interessante Einstellungsmöglichkeit finden Sie unterhalb der Festplatten: QoS.

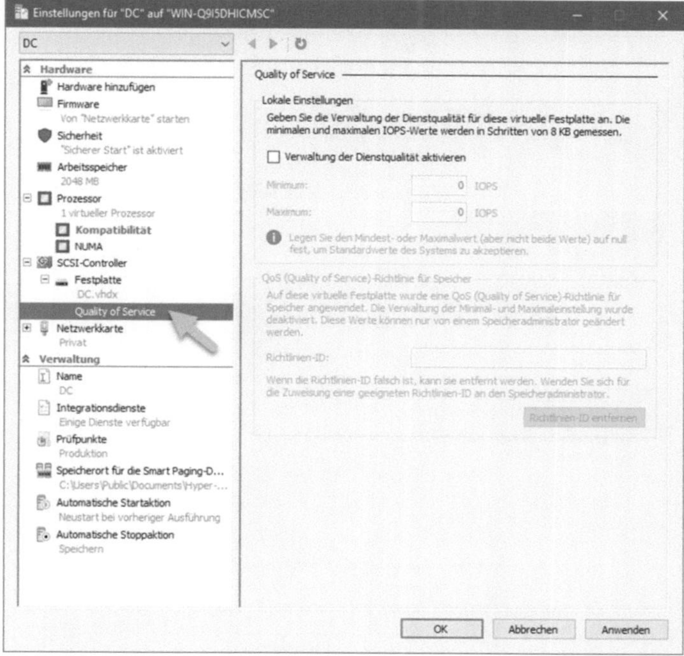

Abbildung 4.15: QoS

QoS, Quality of Service, ist die Kontrolle der Zugriffe auf die Festplatten. Hierbei wird eine Untergrenze und eine Obergrenze für IOPS (Input/Output operations per Second) festgelegt.

Diese Grenzen werden für jedes Laufwerk festgelegt, damit sind Sie sehr flexibel.

4.1.7 Netzwerkkarte

Bei den Netzwerkkarten gibt es sehr viele wichtige Einstellungsmöglichkeiten.

Zunächst können wir hier den virtuellen Switch wählen, mit dem wir arbeiten wollen.

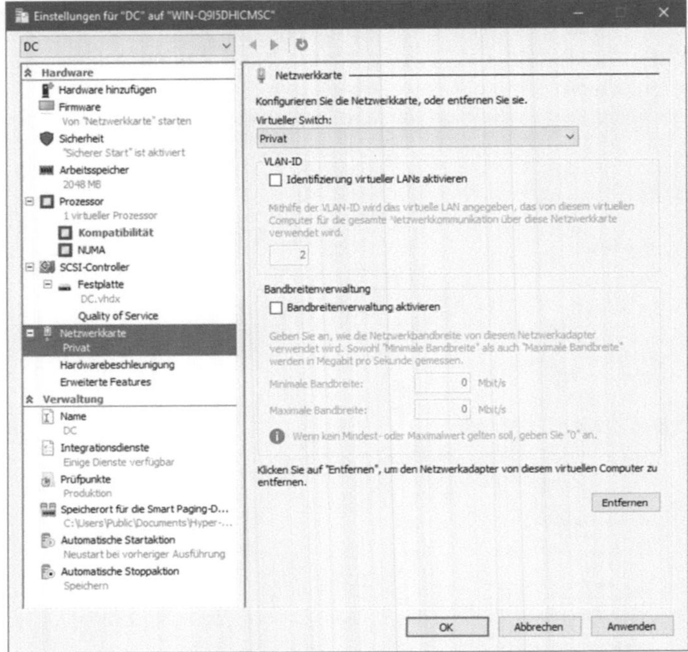

Abbildung 4.16: Netzwerkkarte

VLAN-ID

Hier legen Sie fest, welches virtuelle LAN benutzt werden soll.

Sie legen eine eindeutige Identifikationsnummer fest, die den Datenverkehr isoliert.

Die Bandbreitenverwaltung ist ebenfalls eine interessante Konfigurationsmöglichkeit. Sie können sowohl die minimale als auch die maximale Bandbreite für die gewählte Netzwerkkarte festlegen.

Hardwarebeschleunigung

Hier dreht sich alles um die Performance der Netzwerkkarte.

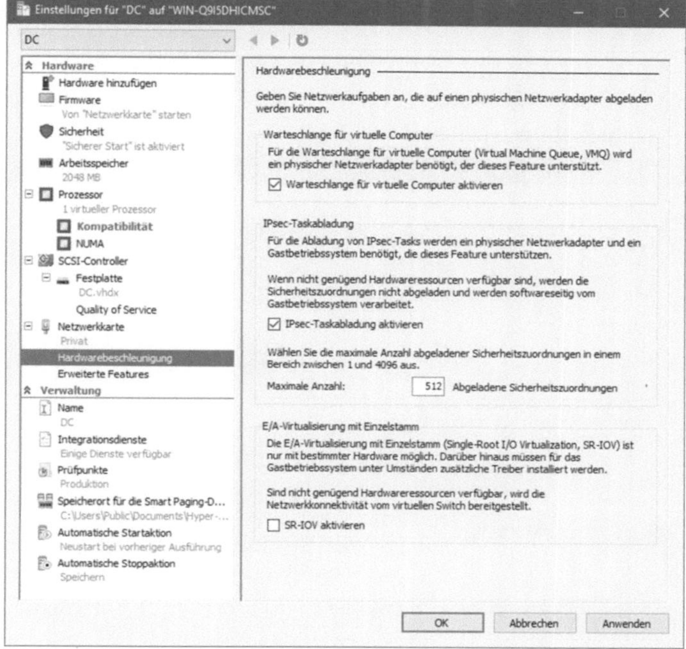

Abbildung 4.17: Hardwarebeschleunigung

Die Warteschlange für virtuelle Computer sollte immer aktiviert sein, damit alle Anfragen bereits in einer Warteschlange stehen. Alle modernen Netzwerkkarten unterstützen diese Funktion.

IPSec-Taskabladung

Hier werden die Ressourcen der Netzwerkkarte verwendet, um IPSec Verschlüsselung zu benutzen. Das beschleunigt den Datenverkehr, da der Prozessor entlastet ist.

E/A-Virtualisierung mit Einzelstamm

Im Englischen heißt diese Funktion „Single-Root I/O Virtualization (SR-IOV)“, die etwas aussagekräftiger ist.

Moderne Netzwerkkarten unterstützen eine Funktion, die bildlich gesprochen, die Netzwerkkarte in mehrere Karten aufteilt, diese „virtuellen Netzwerkkarten“ nennen sich „Virtual Functions (VF)“. Diese VF können direkt als Netzwerkkarte angesprochen werden, um eine direkte Kommunikation zu erreichen.

Erweiterte Features

Hier sehen Sie noch einige weitere Funktionen der Netzwerkkarte.

Zunächst können Sie wählen, ob die MAC-Adresse dynamisch oder statisch gehandhabt werden soll.

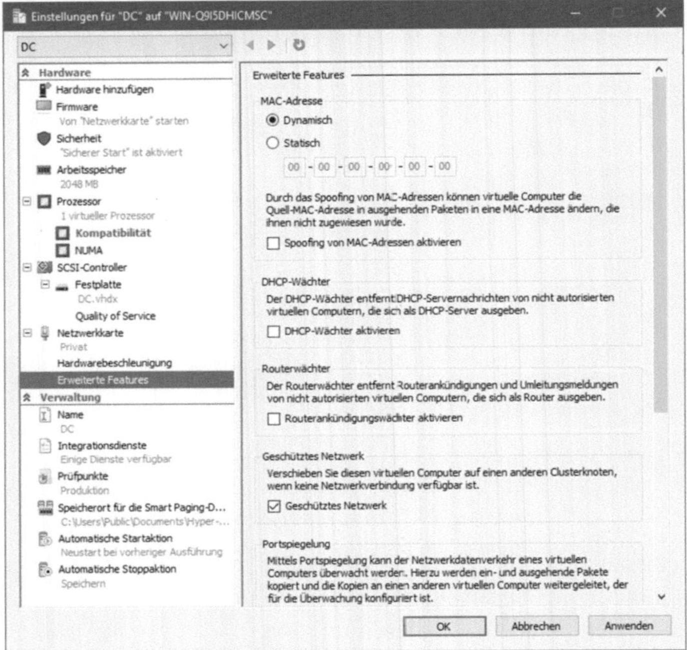

Abbildung 4.18: Erweiterte Features

Das „Spoofing“ von MAC-Adressen bedeutet, dass das Hostsystem der virtuellen Maschine eine alternative MAC –Adresse zur Verfügung stellen kann.

DHCP-Wächter

Der DHCP-Wächter stellt sicher, dass ein DHCP-Server in der virtuellen Maschine keine IP-Adressen über bestimmte virtuelle Netzwerke verteilt.

Routerwächter

Mit aktiviertem Routerwächter werden bestimmte IP-Pakete verworfen, so dass der virtuelle Computer nicht als Router arbeiten kann.

Geschütztes Netzwerk

Diese Einstellung hat nur dann Bedeutung, wenn wir Hyper-V Clustering benutzen, das an anderer Stelle besprochen wird.

NIC-Teaming

NIC-Teaming können Sie natürlich auch in einer virtuellen Maschine einsetzen. Die einzige Voraussetzung ist, dass die virtuellen Netzwerkkarten mit verschiedenen externen virtuellen Switches verbunden sind.

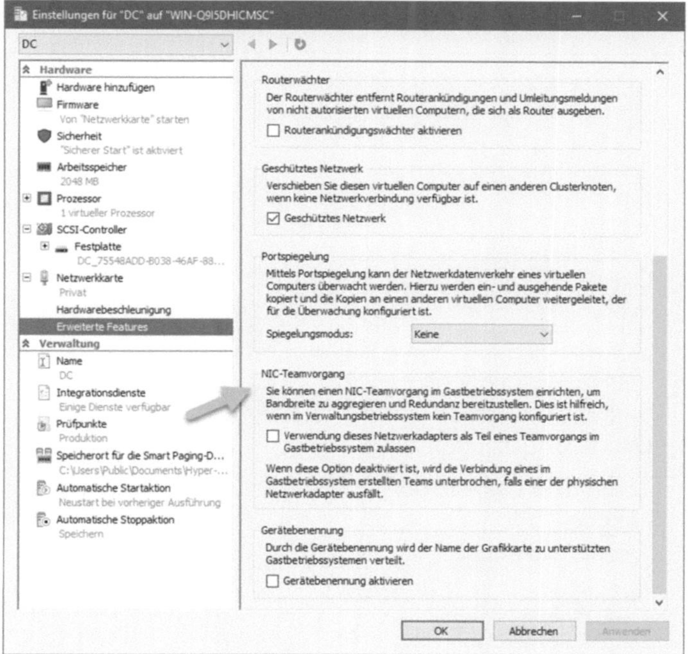

Abbildung 4.19: NIC-Teaming

ACHTUNG!

NIC-Teaming in einer virtuellen Maschine funktioniert nur, wenn die Netzwerkkarten mit dem externen virtuellen Switch verbunden sind. Mit internen oder privaten Switches funktioniert NIC-Teaming nicht!

Um NIC-Teaming in einer VM einzurichten, muss der physikalische Host mit mehreren Netzwerkkarten eingerichtet sein, die mit verschiedenen physikalischen Switches verbunden sind.

Der IP-Adressbereich der beiden Adapter muss identisch sein.

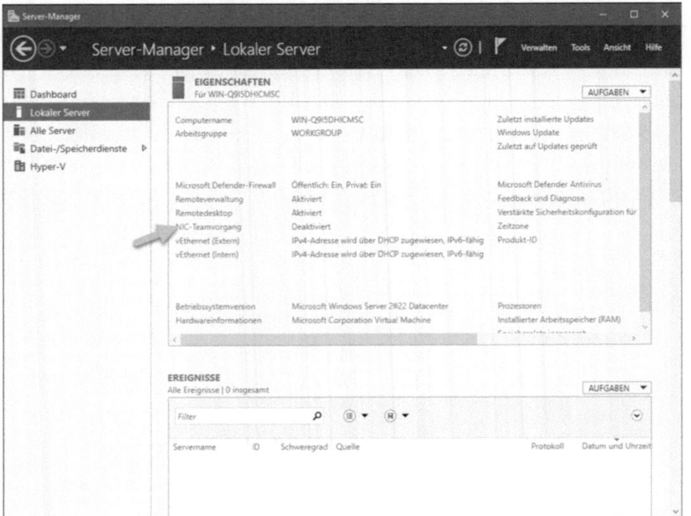

Abbildung 4.20: Teaming der Netzwerkkarten

Die Vorgehensweise ist relativ einfach

1. Sie erstellen im Hyper-V Manager im „Manager für virtuelle Switches" für jede physikalische Netzwerkkarte einen eigenen externen Switch.
2. Nun wählen Sie die virtuelle Maschine, in der Sie die beiden Netzwerkkarten benutzen wollen.

   Hier fügen Sie unter „Hardware hinzufügen" für jeden virtuellen Switch eine Netzwerkkarte hinzu.
3. Nun können Sie das NIC-Teaming für jede der beiden Netzwerkkarten auswählen.
4. Nach dem Starten der virtuellen Maschine können Sie dort die beiden Netzwerkkarten „teamen".

4.1.8 Name

Hier kann der Name der virtuellen Maschine geändert werden.

4.1.9 Integrationsdienste

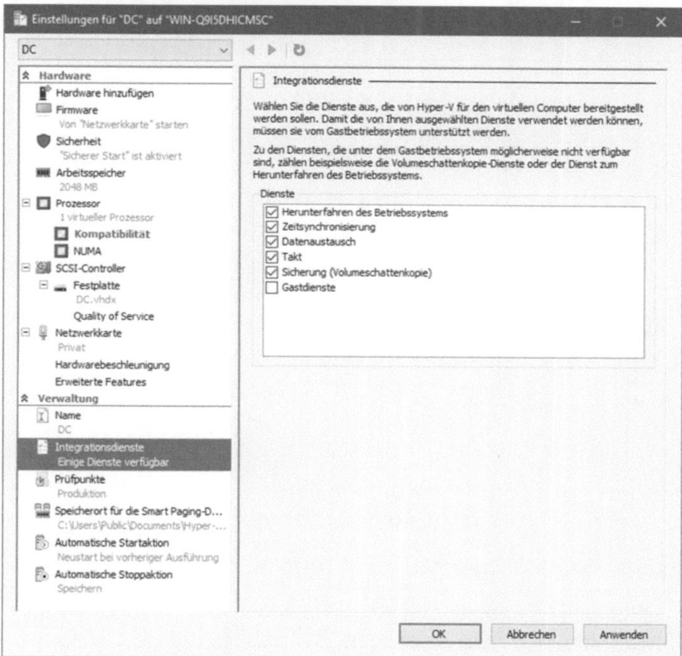

Abbildung 4.21: Integrationsdienste

Die Integrationsdienste sind die Schnittstelle der virtuellen Maschine zur realen Maschine.

Hier legen Sie fest, welcher Informationsaustausch zwischen den beiden Maschinen erlaubt sein soll.

4.1.10 Prüfpunkte

Prüfpunkte kennen wir noch von den vorherigen Versionen, in denen sie „Schnappschüsse“ genannt wurden.

Es sind Momentaufnahmen vom derzeitigen Zustand eines Betriebssystems.

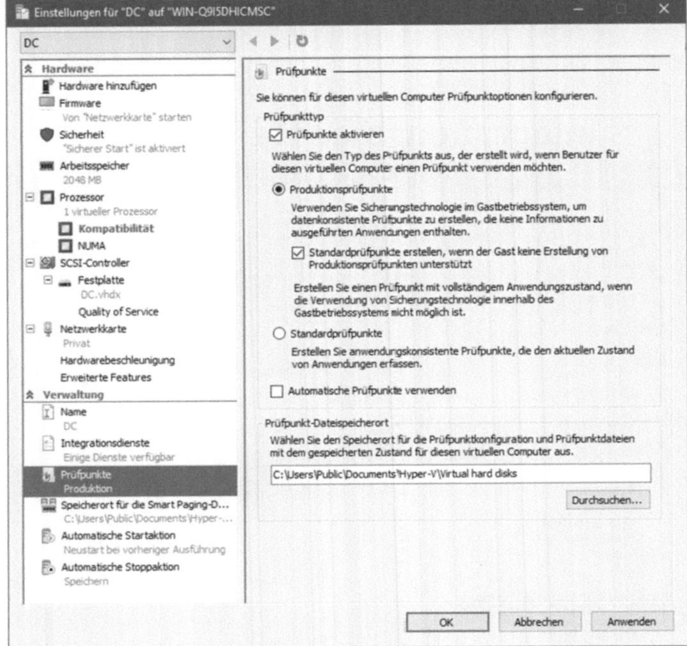

Abbildung 4.22: Prüfpunkte

Hier können Sie wählen, ob Sie Prüfpunkte aktivieren möchten oder nicht.

Es gibt zwei verschiedene Arten von Prüfpunkten:

Standardprüfpunkte

Standardprüfpunkte sind die bekannte Technologie, bei der eine Momentaufnahme vom derzeitigen Zustand vom virtuellen Computer und seinem Arbeitsspeicher gemacht wird.

Produktionsprüfpunkte

Dies ist eine neue Technologie, die in Windows 10 und Windows Server 2016 zu finden ist.

Hierbei wird der Volumenschattenkopie-Dienst (VSS Volume SnapShot Service) benutzt. Hierbei wird der Status des Arbeitsspeichers nicht gesichert.

Wenn Sie Produktionsprüfpunkte auf virtuellen Maschinen benutzen wollen, die auf einer vorherigen Version vom Windows Server erstellt worden sind, müssen Sie die virtuelle Maschine zunächst herunterfahren, und dann auf die aktuelle Version 8.0 upgraden.

Dies machen Sie mit 2 Cmdlets

Stop-VM

Upgrade-VMVersion

Danach können Sie Produktionsprüfpunkte für die virtuelle Maschine aktivieren

Set-VM –CheckpointType

Erstellen von Prüfpunkten

Egal, welche Art von Prüfpunkten Sie gewählt haben, sie sind schnell erstellt.

Sie klicken mit der rechten Maustaste auf die virtuelle Maschine, bei der Sie einen Prüfpunkt erstellen wollen, und wählen „Prüfpunkt“.

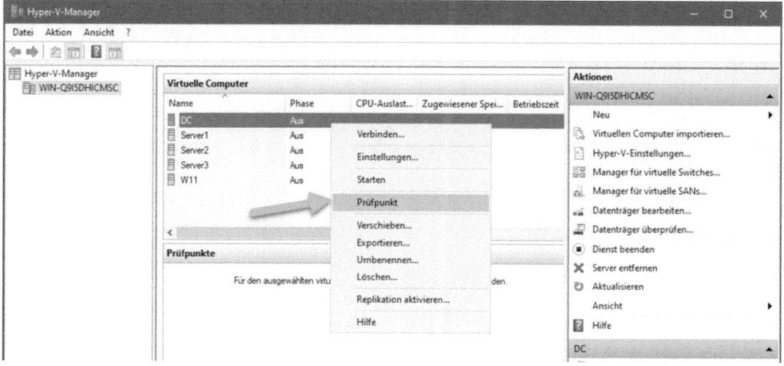

Abbildung 4.23: Prüfpunkt erstellen

Nun wird die Momentaufnahme gespeichert.

Sie sehen den Prüfpunkt mit Namen, Datum und Uhrzeit.

Das System läuft weiter, das erkennen Sie an dem untergeordneten „Jetzt“, das nichts anderes bedeutet, als dass das System weiter ausgeführt wird.

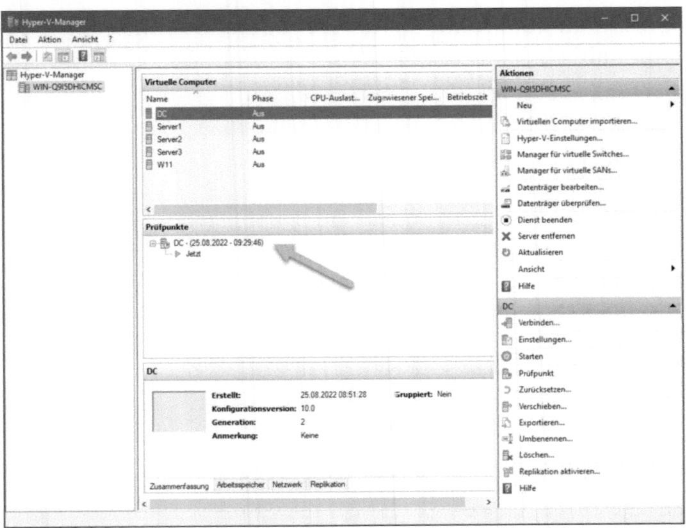

Abbildung 4.24: Prüfpunkt ist erstellt

Das Cmdlet dazu heißt

CHECKPOINT-VM

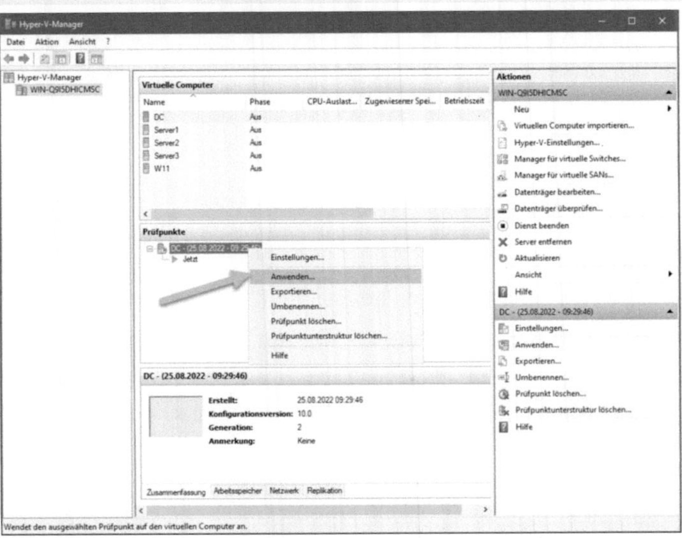

Abbildung 4.25: Anwenden eines Prüfpunktes

Sie können jederzeit zu einem Prüfpunkt zurückkehren.

4.1.11 Smart Paging

Smart Paging ist die Verwendung von Festplattenspeicher als zusätzlichen Arbeitsspeicher.

Hier legen Sie fest, an welcher Stelle die Dateien für Smart Paging gespeichert werden sollen.

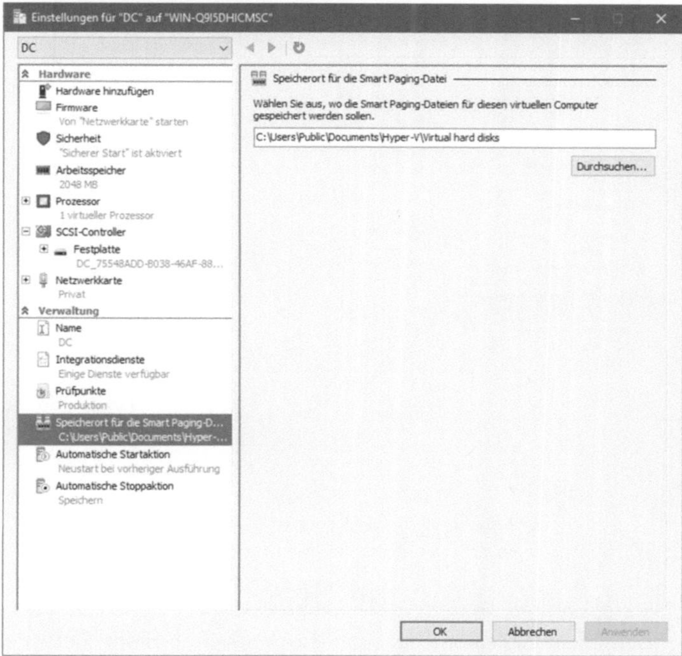

Abbildung 4.26: Smart Paging

4.1.12 Automatische Startaktion

An dieser Stelle können Sie konfigurieren, was passieren soll, wenn das physische Hostsystem der virtuellen Maschinen startet.

- Soll nicht passieren?
- Sollen die virtuellen Maschinen automatisch gestartet werden, falls sie vor dem Herunterfahren gestartet waren?
- Sollen sie in jedem Fall gestartet werden, eventuell mit einer Verzögerung?

Die Standardkonfiguration ist, dass die virtuellen Maschinen immer dann automatisch gestartet werden, wenn sie auch liefen, als der Host heruntergefahren wurde.

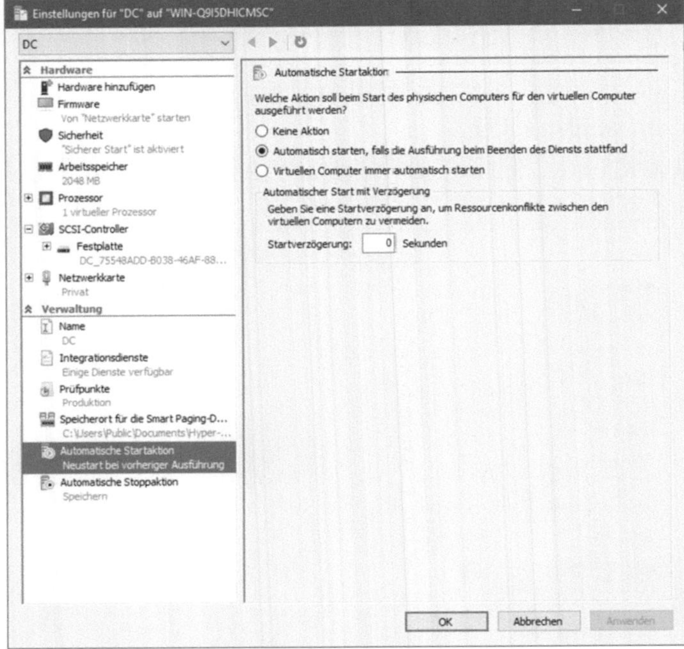

Abbildung 4.27: Automatische Startaktion

4.1.13 Automatische Stoppaktion

Auf die gleiche Art können Sie auch das Verhalten beim Herunterfahren der Hostmaschinen festlegen.

Sie können wählen zwischen

- Speichern der virtuellen Maschinen
- Ausschalten der virtuellen Maschinen
- Herunterfahren der virtuellen Maschinen

Die Standardeinstellung ist „Speichern der virtuellen Maschinen“, was auch die schnellste Einstellung ist.

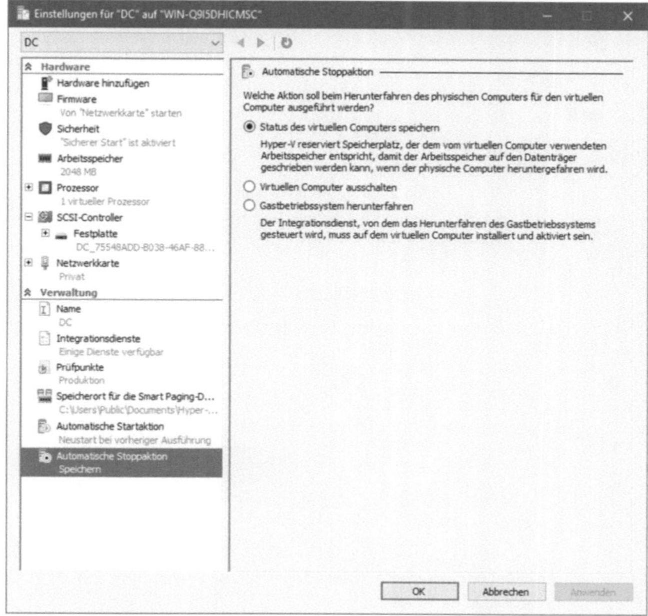

Abbildung 4.28: Automatische Stoppaktion

Übung 4.1a

- Passen Sie die zuvor erstellten virtuellen Maschinen an die Gegebenheiten an, die für eine Installation der Betriebssysteme benötigt werden
  - Konfigurieren Sie für die virtuelle Maschine „W11“ TPM
  - Konfigurieren Sie für die virtuelle Maschine „W11“ 2 Prozessoren
  - Fügen Sie für alle virtuellen Maschinen ein DVD-Laufwerk hinzu, auf Speicherort 2
    - Definieren Sie als Imagedatei für alle Server die Iso-Datei Windows Server 2022

- Definieren Sie als Imagedatei für „W11" die Iso-Datei Windows W11
- Legen Sie den Systemstart von der DVD fest

Übung 4.1b

- Installieren Sie Windows Server 2022 Data Center auf den virtuellen Maschinen
  - DC
  - Server1
  - Server2
  - Server3
- Installieren Sie Windows 11 Enterprise auf der virtuellen Maschine „W11"

4.2 Nested Virtualization

Eine große Neuerung, die mit Windows Server 2016 eingeführt wurde, ist die „Nested Virtualization".

Einige Einschränkungen gibt es allerdings, wenn man die „Verschachtelte Virtualisierung" einsetzen möchte:

- Dies funktioniert nur mit Windows Server ab Version 2016
- Der Arbeitsspeicher der virtuellen Hostmaschine muss statisch sein, dynamischer RAM funktioniert nicht
- Die Größe des Arbeitsspeichers der virtuellen Hostmaschine kann nicht während der Laufzeit geändert werden
- Checkpoints der virtuellen Hostmaschine sind nicht möglich
- Bei der virtuellen Hostmaschine muss „Mac-Spoofing" aktiviert sein
- Save and Restore funktioniert nicht

Ein sehr großer Arbeitsspeicher ist für „Nested Virtualization" absolut unabdingbar. Das Minimum wird mit 4 GB angegeben, aber in jedem Fall sollten Sie mit mehr RAM arbeiten, um anständige Laufzeiten zu erhalten.

4.2.1 Erstellen der virtuellen Hostmaschine

Der erste Schritt ist natürlich, auf der realen Hostmaschine Hyper-V zu installieren, darauf gehen wir hier nicht weiter ein.

Innerhalb von Hyper-V der realen Maschine erstellen Sie nun die Maschine, die später die virtuelle Hostmaschine sein soll, also die Maschine, die später weitere virtuelle Maschinen enthalten wird.

4.2.2 Konfigurieren der virtuellen Hostmaschine

Nun kommt der entscheidende Schritt.

Die virtuelle Hostmaschine muss für ihren geplanten Einsatz konfiguriert werden, also muss statischer RAM und alle anderen Dinge konfiguriert werden.

Sie können diese Einstellungen natürlich manuell machen.

Hierfür benutzen Sie folgende PowerShell Cmdlets:

```
Set-VMProcessor -VMName <NameDerVM> -ExposeVirtualizationExtensions 1

Get-VMNetworkAdapter -VMName <NameDerVM> | Set-VMNetworkAdapter -MacAddressSpoofing On

Set-VMMemory <NameDerVM> -DynamicMemoryEnabled $false
```

Allerdings gibt es auch ein Skript zum Download, in dem die Schritte zusammengefasst sind.

Sie finden es unter:

https://raw.githubusercontent.com/Microsoft/Virtualization-Documentation/master/hyperv-tools/Nested/Enable-NestedVm.ps1

Laden Sie dieses Script herunter und führen Sie es auf der Host-Maschine aus.

Die Syntax lautet

```
./Enable-Nested-Vm.ps1 –VmName <Name der VM>
```

Exkurs

PowerShell ist so konfiguriert, dass in der Standardeinstellung Scripte nicht ausgeführt werden. Dies müssen wir zunächst ändern.

Das Cmdlet dafür lautet:

```
Set-ExecutionPolicy
```

Es gibt mehrere Stufen der Script-Freigabe, zwischen denen wir uns entscheiden müssen:

Restricted:

Dies ist die Standardeinstellung. Damit ist eine Scriptausführung nicht möglich.

Allsigned:

Mit dieser Einstellung werden nur Scripte ausgeführt, die digital signiert sind. Unbekannte Signaturen werden abgefragt und benötigen eine Bestätigung.

Remotesigned:

Hierbei werden Scripte aus dem Internet ausgeführt, wenn die Signatur von einem vertrauenswürdigen Autor kommt. Lokale Scripte werden ausgeführt, bei unbekannten Signaturen wird aber nachgefragt.

Unrestricted:

Hier sind Signaturen unnötig, Scripte werden ausgeführt. Nur bei Scripten aus dem Internet wird nachgefragt.

Für unser Beispiel setzen wir den Ausführungsmodus auf „Unrestricted".

Damit heißt der komplette Befehl:

```
Set-ExecutionPolicy Unrestricted
```

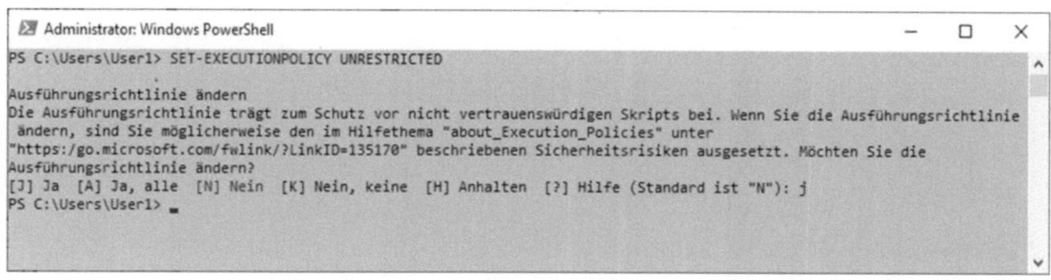

Abbildung 4.29: Ausführung von Scripten erlauben

Aber nun zurück zum Ausführen des Konfigurationsscripts auf der realen Maschine.

Kopieren Sie das Script auf die reale Maschine und öffnen Sie Powershell. Das Ausführen von Scripten muss erlaubt sein.

Wenn Sie eine virtuelle Maschine mit dem Namen „Test“ erstellt haben, lautet die Syntax:

./ENABLE-NESTEDVM.PS1 –VMNAME TEST

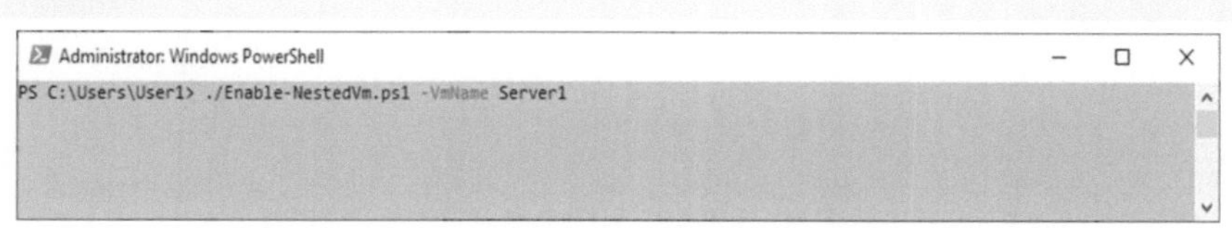

Abbildung 4.30: Ausführen des Konfigurationsscriptes

Nun wird die virtuelle Maschine konfiguriert und dann heruntergefahren.

Das war alles.

Nun kann innerhalb der virtuellen Maschine Hyper-V installiert werden und verschachtelte virtuelle Maschinen erzeugt werden.

Übung 4.2

- Fahren Sie die virtuelle Maschine „Server1“ herunter
- Erstellen Sie einen Prüfpunkt von der virtuellen Maschine „Server1“
- Konfigurieren Sie danach „Server1“ zu einem Nested Host
- Installieren Sie auf „Server1“ die Rolle „Hyper-V“

- Überprüfen Sie, ob die verschachtelte Virtualisierung funktioniert
- Fahren Sie „Server1" herunter
- Setzen Sie „Server1" auf den zuvor erstellten Prüfpunkt zurück
- Löschen Sie den Prüfpunkt
- Starten Sie „Server1" wieder und überprüfen Sie, dass die Rolle Hyper-V nicht mehr vorhanden ist

4.3 Verwaltung von Hyper-V

Die Hyper-V Maschinen können auf mehrere Arten verwaltet werden.

In diesem Kurs nehmen wir die Verwaltung lokal an der Maschine vor, da wir direkt an den jeweiligen Servern arbeiten.

In größeren Umgebungen wird die Verwaltung aber oft per Fernwartung vorgenommen, da die Mitarbeiter nicht direkt an einem Server arbeiten.

Übung 4.3

Konfigurieren Sie die Maschinen mit folgenden Daten:

- **DC**:
  - Name: DC

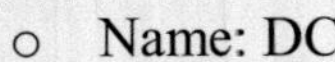

  - Führen Sie den benötigten Neustart durch
  - IP-Adresse: 192.168.1.200
  - Subnetzmaske: 255.255.255.0
  - DNS-Server: 192.168.1.200
- **Server1:**
  - Name: Server1
  - Führen Sie den benötigten Neustart durch

    - IP-Adresse: 192.168.1.1
    - Subnetzmaske: 255.255.255.0
    - DNS-Server: 192.168.1.20
- **Server2:**
    - Name: Server2
    - Führen Sie den benötigten Neustart durch
    - IP-Adresse: 192.168.1.2
    - Subnetzmaske: 255.255.255.0
    - DNS-Server: 192.168.1.200
- **Server3:**
    - Name: Server3
    - Führen Sie den benötigten Neustart durch
    - IP-Adresse: 192.168.1.3
    - Subnetzmaske: 255.255.255.0
    - DNS-Server: 192.168.1.200

- **W11:**
    - Name: W11
    - Führen Sie den benötigten Neustart durch
    - IP-Adresse: 192.168.1.4
    - Subnetzmaske: 255.255.255.0
    - DNS-Server: 192.168.1.200
- Erstellen Sie für alle virtuellen Maschinen einen Prüfpunkt mit Namen „Tag 4“

5 Speichern auf einer lokalen Maschine

Nun haben Sie die benötigten virtuellen Maschinen erstellt und können mit der Verwaltung der Firma „Meistertrainer" beginnen.

Heute lernen Sie, dass Server oft als Datenspeicher verwendet werden. Hierfür gibt es verschiedene Herangehensweisen.

5.1 Die Datenträgerverwaltung

Ein Bestandteil des Betreibens eines Servers ist die Datenträgerverwaltung. Dies ist zwar keine Aufgabe, die täglich durchgeführt werden muss, aber dennoch eine wichtige Arbeit, um Daten zu organisieren.

Windows Server 2022 kann zwei Arten von Datenträgern verwalten: Basisdatenträger und dynamische Datenträger.

Nach der Installation sind alle Datenträger Basisdatenträger, das Konvertieren zu einem dynamischen Datenträger muss von Hand gemacht werden, wenn gewünscht.

5.1.1 Verwaltung mithilfe der grafischen Oberfläche

Die grafische Datenträgerverwaltung beginnt in der gleichnamigen Konsole.

Diese erreichen Sie, indem Sie im Server-Manager die „Tools" auswählen.

Abbildung 5.1: Tools

Hier öffnen Sie die „Computerverwaltung".

Innerhalb der Computerverwaltung wählen Sie die „Datenträgerverwaltung" aus.

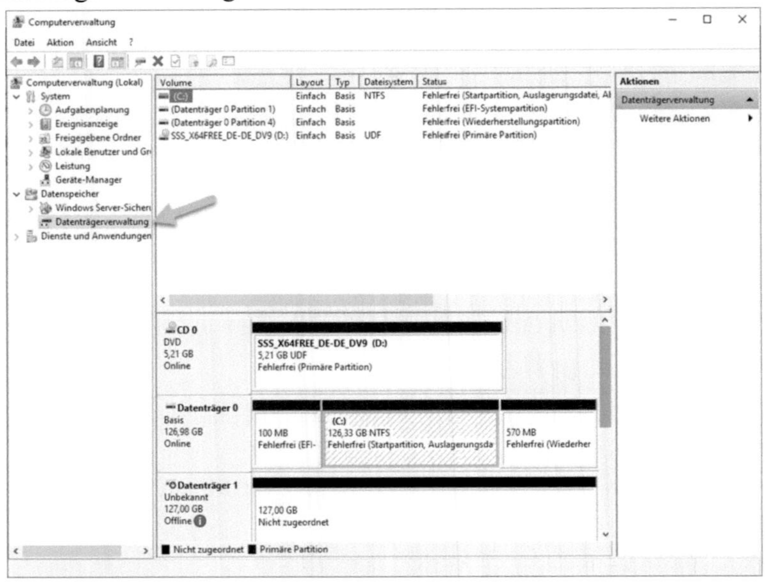

Abbildung 5.2: Datenträgerverwaltung

Hier sehen Sie alle bestehenden Partitionen abgebildet, und auch der freie, nicht zugeordnete Bereich der Datenträger kann hier verwaltet werden.

Auch eine Remoteverwaltung der Datenträger kommt in Frage, nämlich durch eine MMC mit Verbindung zu einem anderen Computer.

Was Sie deutlich erkennen können, ist die Tatsache, dass der Datenträger „C:“ nicht die erste Partition im System ist, sondern dass sich davor noch eine sehr kleine Partition mit 100 MB befindet.

Dies ist die sogenannte EFI-Systempartition.

Wenn Ihr Datenträger als GPT-Platte eingerichtet ist (dazu kommen wir gleich noch im Detail), wird diese kleine Partition bei der Installation von Windows angelegt.

Sie enthält den EFI-Bootloader für das installierte System.

Diese Partition sehen Sie nicht im Windows Explorer, da sie keinen Laufwerksbuchstaben hat.

ACHTUNG!

Löschen Sie diese Partition nicht, denn das System kann sonst nicht mehr starten!

Nach dem Laufwerk C, also dem System- und Startlaufwerk können Sie noch eine weitere Partition erkennen, nämlich eine Wiederherstellungspartition, die ebenfalls keinen Laufwerksbuchstaben hat.

Mithilfe dieser Partition kann das Betriebssystem bei gravierenden Problemen auf Werkseinstellungen zurückgesetzt werden.

Arbeiten mit neuen Datenträgern

Wenn Sie einen neuen Datenträger in ein System einbringen, benötigen diese zunächst einmal eine grundsätzliche Behandlung, um verwendet werden zu können.

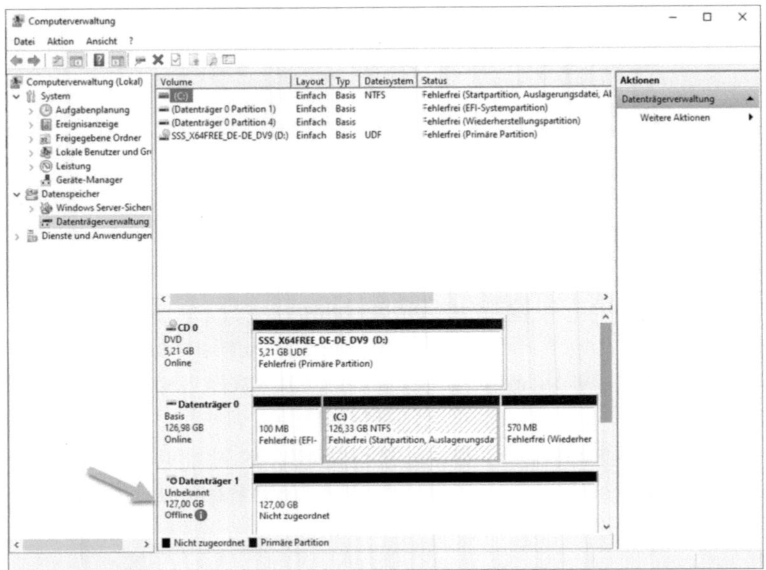

Abbildung 5.3: Datenträger unbekannt

Sie sehen, dass dieser neue Datenträger zwar in der Datenträgerverwaltung angezeigt wird, aber als

- Unbekannt und
- Offline

dargestellt wird.

Der erste Schritt ist es, den Datenträger verfügbar zu machen, indem Sie ihn „Online" schalten.

Dafür klicken Sie mit der rechten Maustaste darauf und wählen „Online".

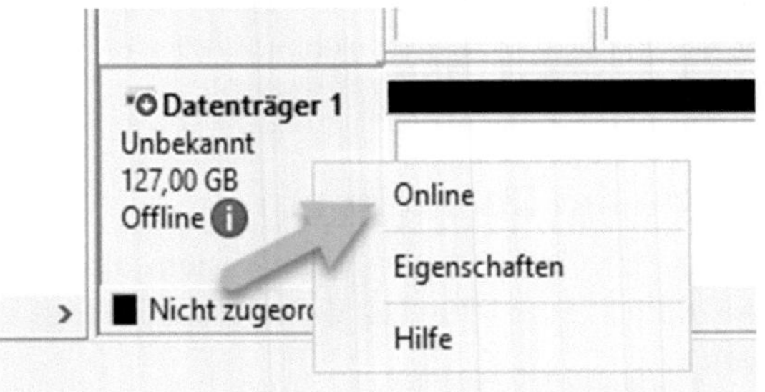

Abbildung 5.4: Datenträger wird online geschaltet

Nun wechselt die Anzeige des Datenträgers auf „Nicht initialisiert".

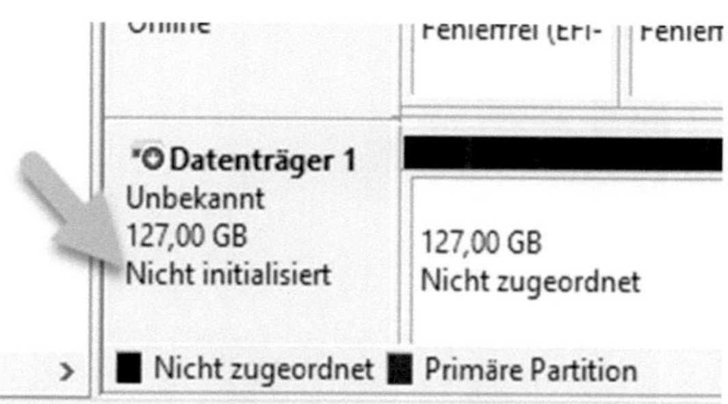

Abbildung 5.5: Datenträger „Nicht initialisiert“

Der Datenträger ist jetzt zwar „Online“, und damit prinzipiell verfügbar, aber damit ein Windows-System auf ihn zugreifen kann, muss er noch initialisiert werden.

Beim Initialisieren werden alle darauf gespeicherten Daten gelöscht, und er wird für die Verwendung durch Windows vorbereitet.

Dazu gehört auch, dass die Grundeinteilung des Datenträgers festgelegt wird, also die Art, wie die Daten später gespeichert werden, und wie das „Inhaltsverzeichnis“ des Datenträgers angelegt wird.

Dafür klicken Sie wieder mit der rechten Maustaste auf den Datenträger und wählen „Datenträgerinitialisierung“.

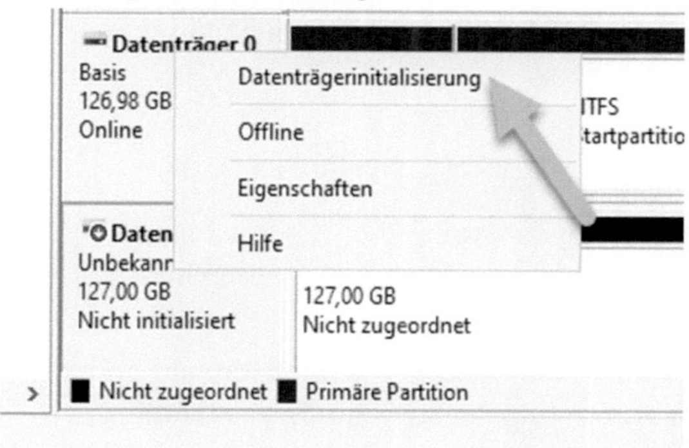

Abbildung 5.6: Datenträgerinitialisierung

Sie können nun zwischen „MBR“ (Master Boot Record) und „GPT“ (GUID Partition Table) wählen.

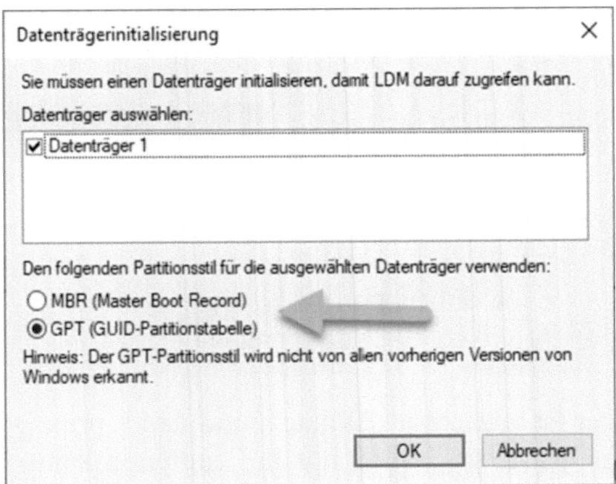

Abbildung 5.7: MBR oder GPT

Aber was sind die Unterschiede zwischen MBR und GPT?

MBR ist die ältere Variante, und deutlich einfacher aufgebaut.

Wenn Sie sich für MBR entscheiden, wird am Anfang des Datenträgers eine einfache Partitionstabelle angelegt, in der die Stellen eingetragen werden, an denen die einzelnen Volumes beginnen und enden und deren Bezeichnung, also beispielsweise „C:\“.

GPT ist hier etwas umfangreicher.

Aus Gründen der Abwärtskompatibilität wird auch hier eine Tabelle wie beim MBR angelegt, falls Sie mit Programmen arbeiten, die GPT nicht lesen können.

Danach wird eine ausführlichere Partitionstabelle geführt, die zusätzliche Informationen zu den angelegten Volumes enthält.

Der größte Unterschied ist aber, dass für diese Tabelle ein Backup angelegt wird, und somit die Wahrscheinlichkeit des Datenverlusts deutlich geringer ist.

Hier noch eine Zusammenfassung der Unterschiede zwischen MBR und GPT:

	MBR	**GPT**
Anzahl primäre Partitionen	4	unbegrenzt (Windows: 128)
Maximale Partitionsgröße	2 TByte	18 ExaByte
Maximale Datenträgergröße	2 TByte	18 ExaByte
Standarddefinition	keine	Definiert durch EFI
Sicherheit	keine Prüfsumme	Datensektoren mit Prüfsumme und Backup-Sektoren
Versionsverlauf	keiner	Versionsnummer in GPT abgelegt
Partitionsbezeichnung	Nicht vorhanden (je nach Dateisystem innerhalb Partition abgelegt)	Eindeutige GUID und 36 Zeichen langer Partitionsname

Nun können Volumes angelegt werden.

Übung 5.1.1

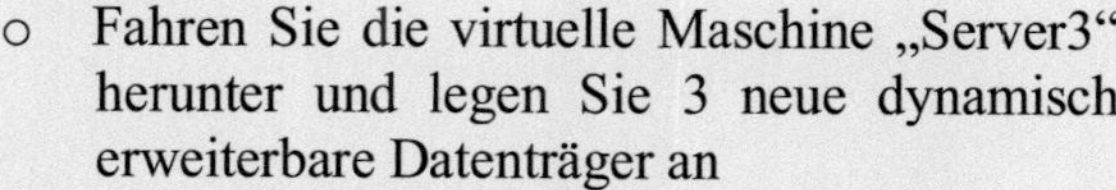

- Fahren Sie die virtuelle Maschine „Server3“ herunter und legen Sie 3 neue dynamisch erweiterbare Datenträger an
  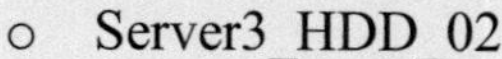
  - Server3_HDD_02
  - Server3_HDD_03
  - Server3_HDD_04

- Starten Sie den Server danach wieder
- Öffnen Sie die Datenträgerverwaltung auf „Server3“
- Stellen Sie „Datenträger 1“ online
- Initialisieren Sie „Datenträger 1“ mit GPT

5.1.2 Basisdatenträger

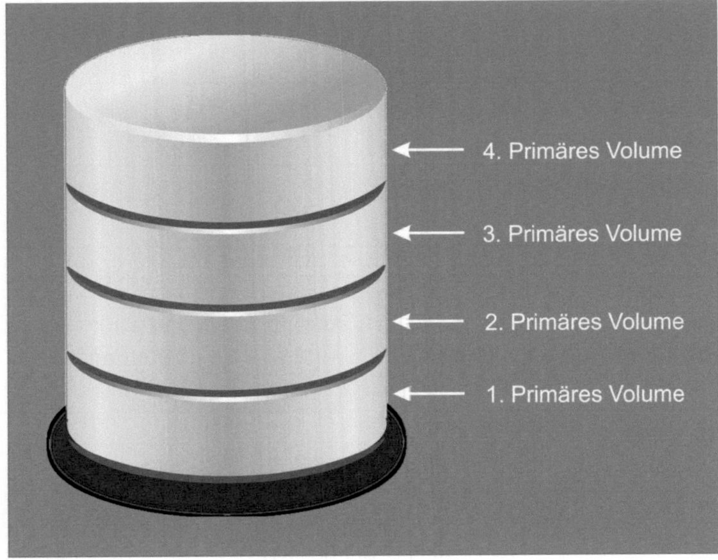

oder

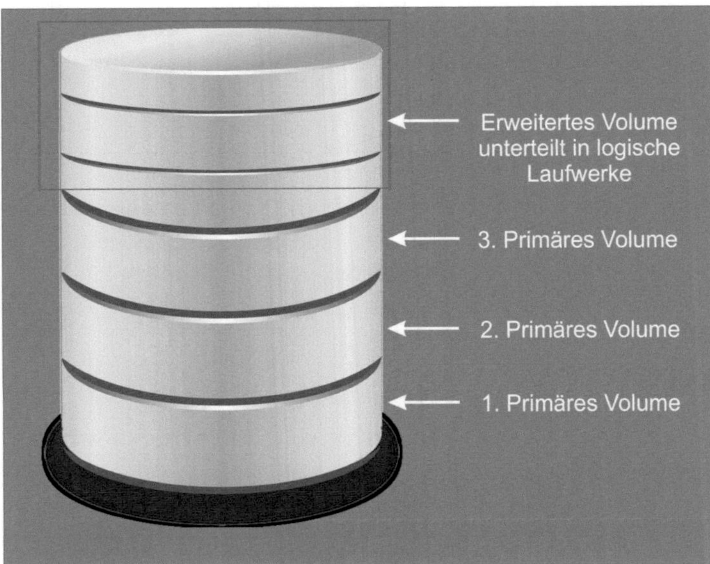

Abbildung 5.8: Der Basisdatenträger

Wie bereits erwähnt, sind alle Datenträger direkt nach der Installation Basisdatenträger.

Der Begriff „Basisdatenträger“ sollte zunächst einmal definiert werden.

Ein Basisdatenträger wird in „Partitionen“ oder „Volumes“ eingeteilt.

Diese beiden Begriffe sind gleichbedeutend, wobei das Wort „Volumes“ moderner ist.

Es können maximal vier primäre Volumes erstellt werden, oder bis zu drei primäre Volumes und ein erweitertes Volume. Das erweiterte Volume wiederum kann in logische Laufwerke unterteilt werden.

Nur primäre Volumes sind startfähig, das bedeutet, dass die Startdateien zwingend auf einem primären Volume liegen müssen.

Erstellen von neuen Volumes

Auf Basisdatenträgern können sehr einfach neue Partitionen erstellt werden.

- Rechte Maustaste auf den nicht zugeordneten Bereich
- Neues einfaches Volume

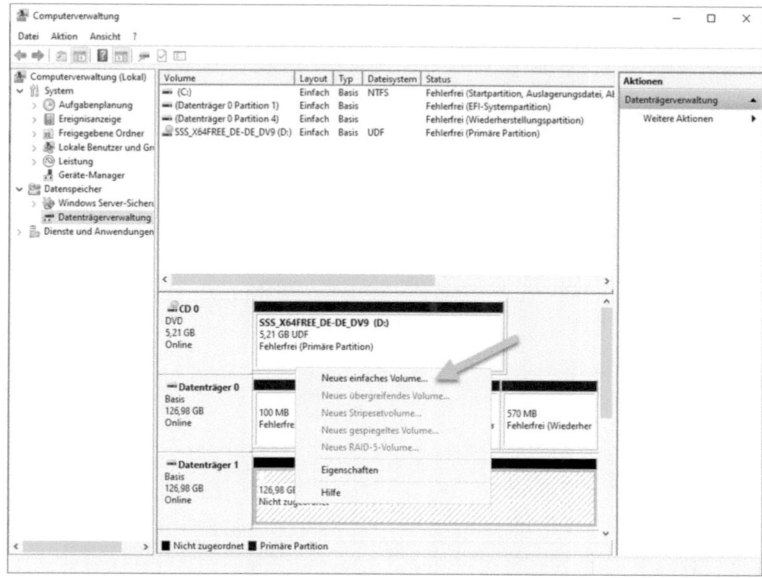

Abbildung 5.9: Erstellen eines Volumes

Ein Assistent startet.

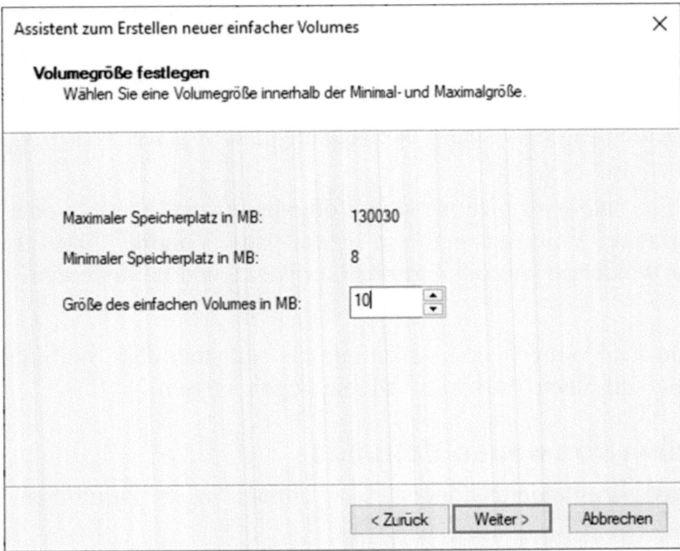

Abbildung 5.10: Festlegen der Größe

Nun müssen Sie die Größe des Volumes angeben.

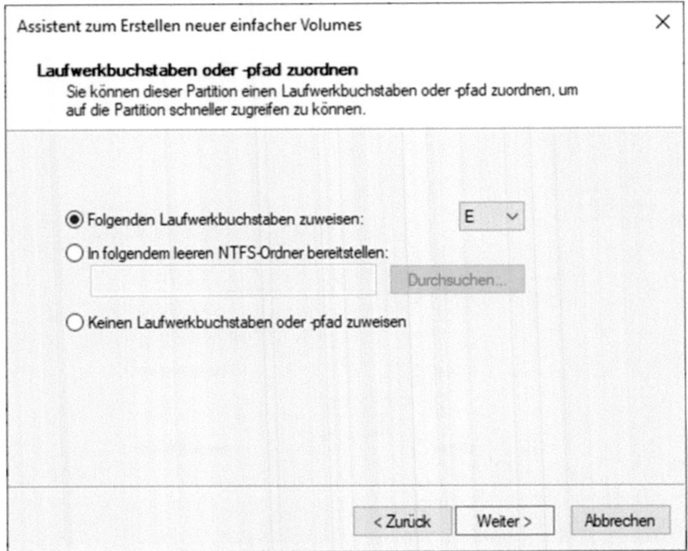

Abbildung 5.11: Auswahl des Laufwerkbuchstabens

ACHTUNG!

In diesem Beispiel wird automatisch ein primäres Volume erstellt, da es das erste Volume auf einem leeren Datenträger ist.

Den Laufwerksbuchstaben für das neue Volume können Sie frei wählen, und sind nicht an die Reihenfolge im Alphabet gebunden.

Zuletzt wählen Sie noch die Formatierung.

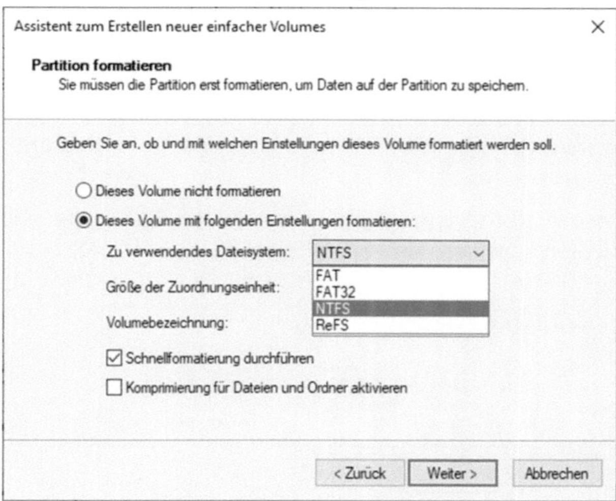

Abbildung 5.12: Auswahl der Formatierung

	ReFS	**NTFS**
Maximale Dateigröße	2^64-1 Byte	2^44 Byte
Maximale Volumegröße	2^78 Byte	2^64-1 Byte
Maximale Anzahl Dateien pro Ordner	2^64	2^32-1
Maximale Länge des Dateinamens	32K	255
Maximale Pfadlänge	32K	255

Sie können das Volume unformatiert lassen, oder sofort formatieren. Hier können Sie sich wiederum das Dateisystem, die Größe der

Zuordnungseinheit und die Laufwerksbezeichnung auswählen.

ReFS ist eine Weiterentwicklung des Dateisystems NTFS. Es ist robuster und kann größere Datenmengen verwalten.

Danach ist der Assistent abgeschlossen, und nach der Formatierung steht Ihnen das neue Volume zur Verfügung.

Mounten

Beim Erstellen eines neuen Volumes wird normalerweise ein Laufwerksbuchstabe zugewiesen. Irgendwann ist der Vorrat an Buchstaben erschöpft, dann könnten keine neuen Volumes mehr erstellt werden. Bei der Größe der modernen Festplatten kann diese Grenze erreicht werden.

Vielleicht ist es aber auch nicht erwünscht, dem neuen Volume einen eigenen Laufwerksbuchstaben zu geben, da das Volume nicht als solches in Erscheinung treten soll.

Für alle diese Anforderungen gibt es die Möglichkeit, das neue Volume in einen leeren Ordner auf einer bestehenden NTFS - Partition zu mounten.

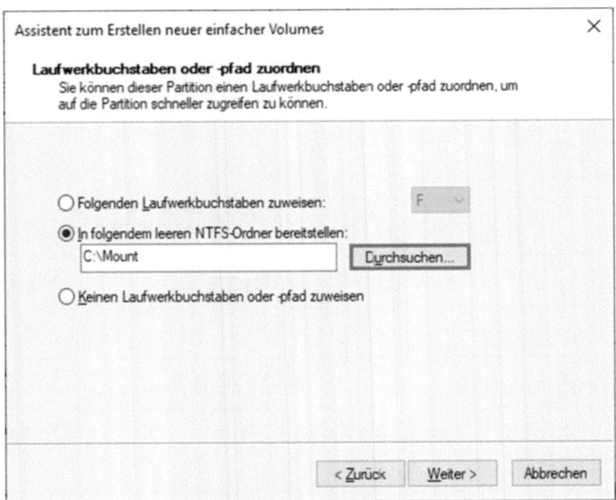

Abbildung 5.13: Mounten einer Partition

Wenn Sie beim Erstellen des Volumes keinen Laufwerksbuchstaben zuweisen, sondern den Haken setzen bei: „In folgendem leeren NTFS-Ordner bereitstellen“, wird das Laufwerk in diesem Ordner angelegt.

Im Explorer wird die neue Partition als Ordner dargestellt, jedoch mit einem anderen Symbol.

ACHTUNG!

Laufwerke mounten ist auch auf dynamischen Datenträgern möglich. Die Voraussetzungen sind auf Basis- und auf dynamischen Datenträgern die gleichen:

1. Der Ordner, in dem die Partition bereitgestellt wird, muss leer sein
2. Der Ordner muss sich auf einer NTFS-Partition befinden

Verkleinern und Vergrößern von Volumes

Sie können jedes Volume vergrößern (solange noch freier Speicherbereich vorhanden ist) oder verkleinern (solange das Volume dann nicht zu klein wird).

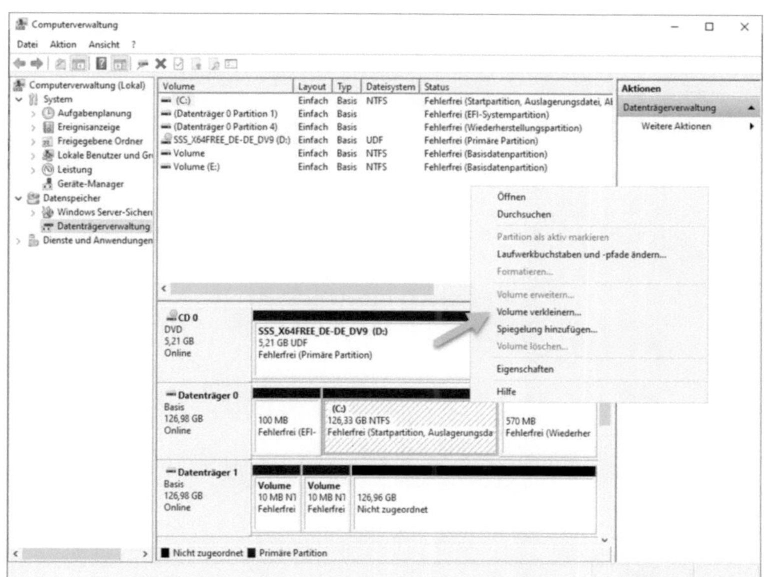

Abbildung 5.14: Verkleinern einer Partition

Verkleinern

Klicken Sie mit der rechten Maustaste auf das Volume, das Sie verkleinern möchten. In diesem Beispiel ist es die Systempartition.

Wählen Sie dann „Volume verkleinern“.

Das Volume wird untersucht, ob ein Verkleinern möglich ist.

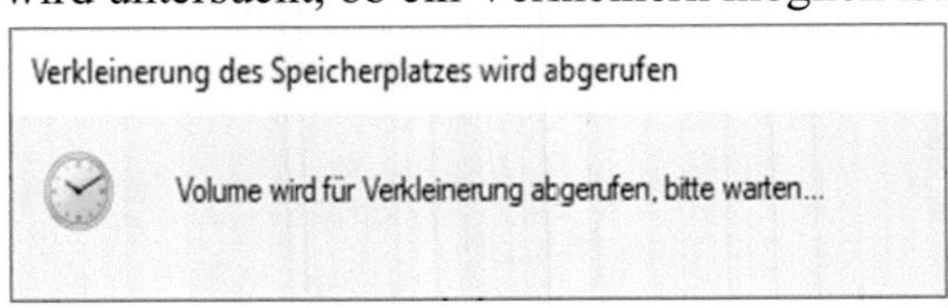

Abbildung 5.15: Analyse

Es wird bei dieser Analyse ein Wert ausgegeben, um den das Volume maximal verkleinert werden kann, ohne dass die Funktionalität leidet.

Diesen Wert können Sie belassen, oder Sie können einen anderen, aber kleineren Wert angeben.

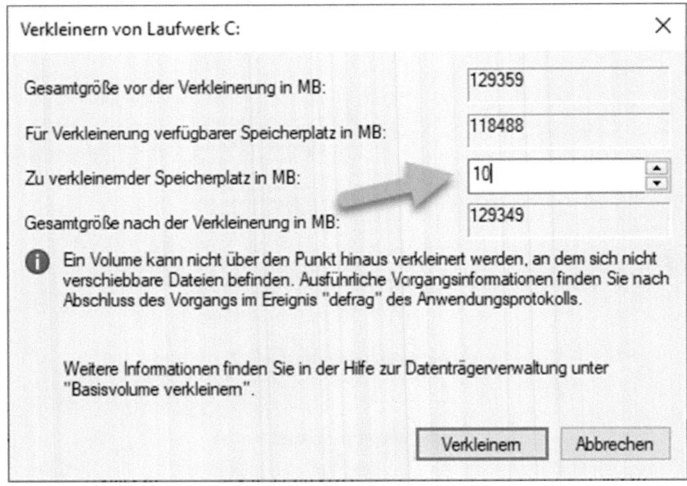

Abbildung 5.16: Verkleinern ist möglich

Danach wird die Verkleinerung durchgeführt.

Vergrößern

Das Vergrößern oder Erweitern eines Volumes funktioniert nach dem gleichen Prinzip.

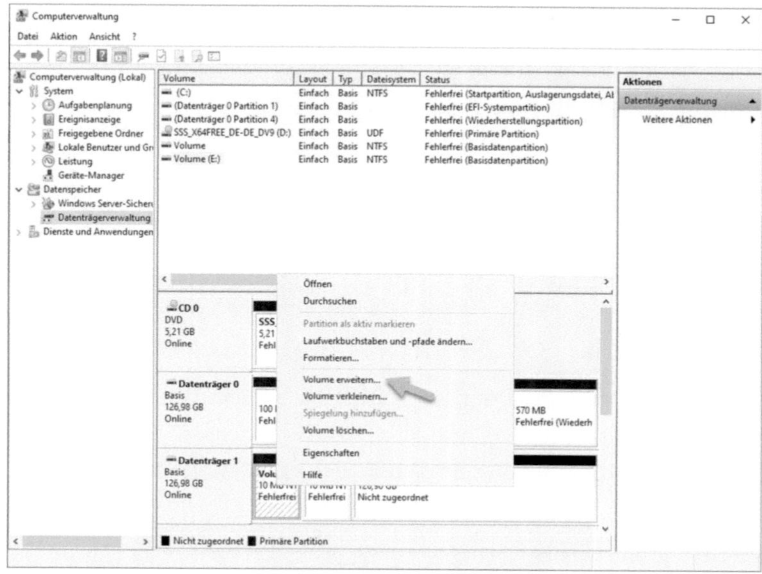

Abbildung 5.17: Volume erweitern

Sie klicken mit der rechten Maustaste auf das Volume, das Sie erweitern möchten, und geben den Wert an, um den Sie vergrößern möchten.

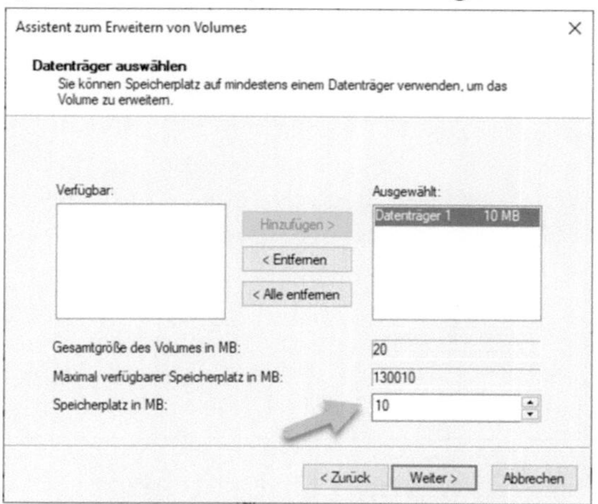

Abbildung 5.18: Angabe des Werts

Wenn Sie den Assistenten weiterarbeiten lassen, erhalten Sie kurz vor der Ausführung der Erweiterung eine Meldung, die besagt, dass der Basisdatenträger nun in einen dynamischen Datenträger konvertiert wird.

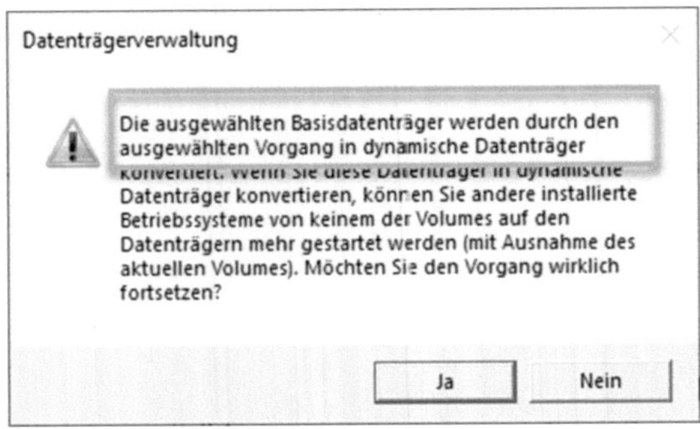

Abbildung 5.19: Datenträger muss umgewandelt werden

Es wird also Zeit, dass wir uns mit den Dynamischen Datenträgern beschäftigen.

Die Erweiterung brechen wir an dieser Stelle zunächst einmal ab.

Übung 5.1.2

- Erstellen Sie auf „Server3“ ein neues einfaches Volume mit einer Größe von 10 MB und dem Laufwerksbuchstaben „E“
- Formatieren Sie das Volume mit NTFS
- Erstellen Sie einen Ordner mit Namen „Mount“ auf „Server3“
- Erstellen Sie auf „Server3“ ein neues einfaches Volume mit einer Größe von 10 MB und mounten Sie dieses Volume im Ordner „Mount“
- Verkleinern Sie das Systemvolume „C:“ um 10 MB

5.1.3 Dynamische Datenträger

Alle Betriebssysteme ab Windows 2000 unterstützen auch einen zweiten Datenträgertyp, den dynamischen Datenträger.

Dynamische Datenträger sind die Antwort auf einige Probleme, die es mit den Basisdatenträgern immer wieder gegeben hat.

Probleme der Basisdatenträger:

1. Single Point of Failure: Wenn der MBR (Master Boot Record), auf dem alle Partitionseinträge der Festplatte stehen, beschädigt wird, gibt es mit bordeigenen Mitteln keine Möglichkeit, ihn wieder herzustellen.
2. Wenn an Basisdatenträgern Änderungen durchgeführt werden, ist häufig ein Neustart erforderlich. Dies liegt daran, dass die Festplattendaten in der Registry eingetragen sind, die nur bei einem Neustart aktualisiert wird.
3. Keine Informationen über andere Datenträger im System. Basisdatenträger verwalten nur die eigenen Daten, Informationen anderer Datenträger im gleichen System sind ihnen unbekannt.
4. Einschränkung durch primäre und erweiterte Volumes. Falls Sie den Fehler machen, vier primäre Volumes angelegt zu haben, können Sie keine weiteren Volumes mehr anlegen. Diese Einteilung ist zu starr.
5. Keine Fehlertoleranz, keine übergreifenden Laufwerke.

Alle diese Probleme werden beseitigt, wenn der Datenträger zu einem dynamischen Datenträger umgewandelt worden ist.

Um einen Basisdatenträger in einen dynamischen Datenträger umwandeln zu können, wird ein freier, unpartitionierter Speicherbereich von 1 MB benötigt.

Dies liegt daran, dass bei dynamischen Datenträgern eine Datenbank angelegt wird, die maximal 1 MB Platz benötigt. In dieser Datenbank werden die Informationen des Datenträgers gespeichert, also unter anderem auch die Partitionstabelle.

Zusätzlich werden hier auch noch die Informationen aller anderen, im System vorhandenen dynamischen Datenträger gespeichert. Dies sorgt für eine hohe Fehlertoleranz.

Außerdem sorgt die Speicherung der Daten auf dem Datenträger dafür, dass das System bei Änderungen an dem Datenträger nicht mehr neu gestartet werden muss. Dadurch wird „Hot Plugging“ unterstützt, allerdings natürlich nur, wenn der Festplattencontroller dafür geeignet ist.

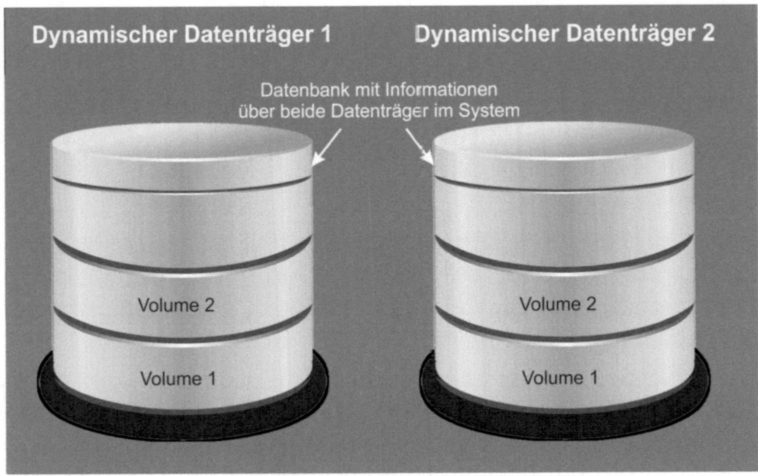

Abbildung 5.20: Der dynamische Datenträger

Auch die anderen Probleme der Basisdatenträger beseitigt der dynamische Datenträger:

- Übergreifende Laufwerke können eingerichtet werden
- Fehlertolerante Laufwerke können eingerichtet werden

Datenträger umwandeln

Zunächst einmal muss der Basisdatenträger zu einem dynamischen Datenträger konvertiert werden.

Diese Aufgabe wird in der Konsole Datenträgerverwaltung gemacht.

Sie klicken mit der rechten Maustaste auf den Datenträger, den Sie umwandeln möchten, und wählen „In dynamischen Datenträger konvertieren…“.

ACHTUNG!

Es können nur ganze Datenträger, nicht aber einzelne Partitionen konvertiert werden!

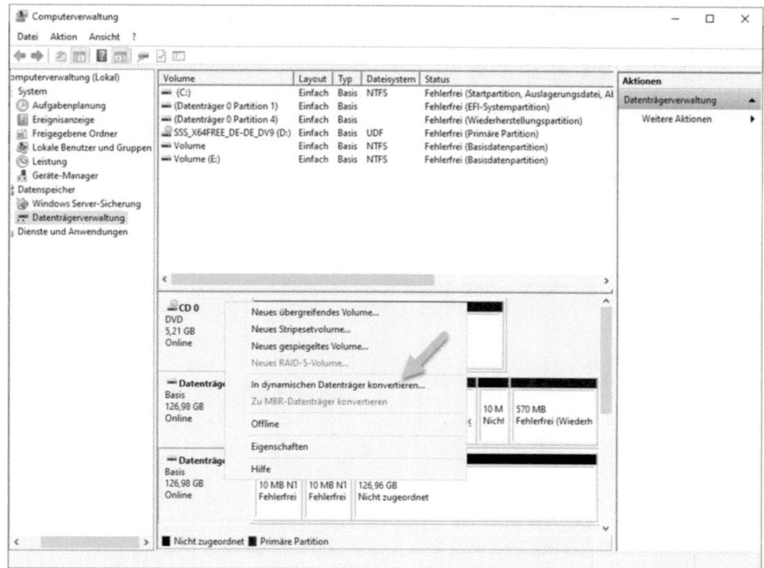

Abbildung 5.21: Umwandeln in einen dynamischen Datenträger

Ihre Auswahl müssen Sie noch einmal bestätigen.

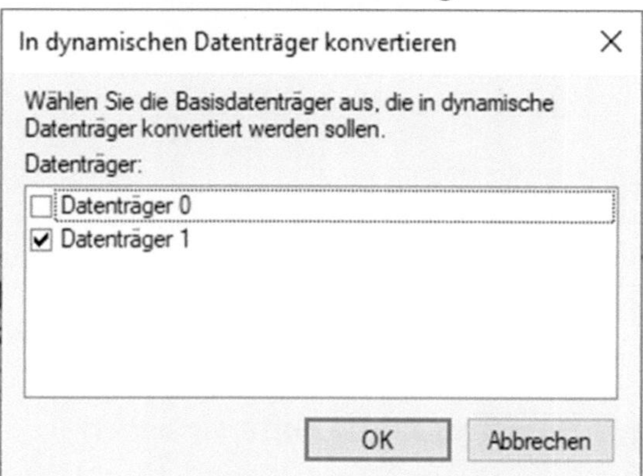

Abbildung 5.22: Bestätigung

Danach erhalten Sie noch einmal eine Zusammenfassung.

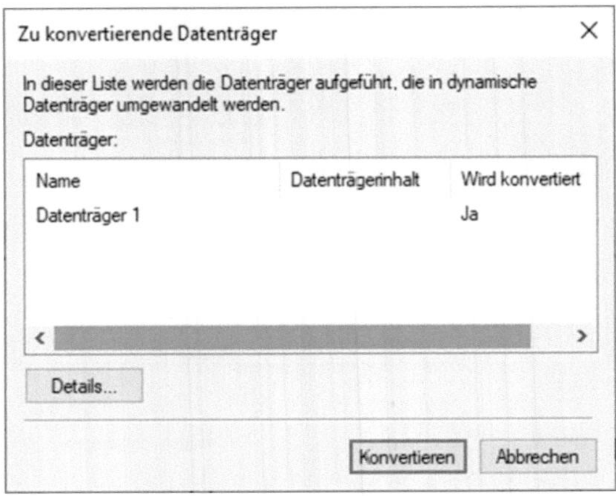

Abbildung 5.23: Zusammenfassung

Die nächste Meldung ist eine sehr wichtige Warnmeldung:

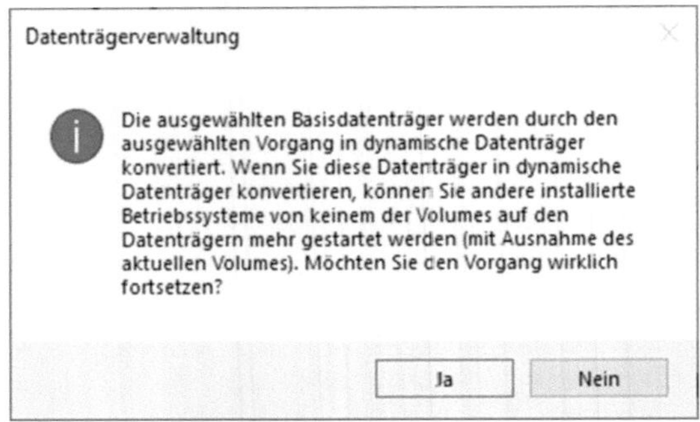

Abbildung 5.24: Konvertierung

Nach einer Aktualisierung der Ansicht der Datenträgerverwaltung ist die Konvertierung durchgeführt.

Sie benötigen keinen Neustart!

Volumes auf dynamischen Datenträgern

Wenn wir ein neues Volume auf einem dynamischen Datenträger erstellen möchten, funktioniert dies prinzipiell genauso, als ob wir ein neues Volume auf einem Basisdatenträger anlegen möchten.

Auch hier leitet ein Assistent durch den Vorgang.

Wir erhalten die gleiche Maske, die wir bereits bei den Basisdatenträgern erhalten haben.

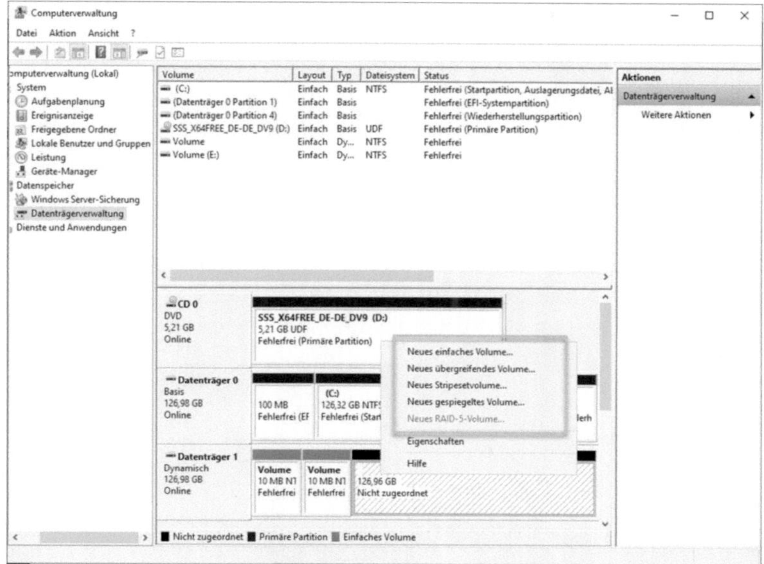

Abbildung 5.25: Erstellen eines Volumes

Wo ist nun der praktische Unterschied?

Wenn Sie zwei oder mehrere dynamische Datenträger im System haben, können Sie unter anderem auch Volumes anlegen, die mehrere Datenträger benötigen.

All diese Arten von Volumes stehen uns nur auf dynamischen Datenträgern zur Verfügung.

Volumes, die aus mehreren Datenträgern oder deren Teilen bestehen, werden „RAID“ genannt. Dies bedeutet „Redundant Array of Inexpensive Disks“ (redundanter Zusammenschluss günstiger Festplatten).

Es gibt RAID-Stufen mit Fehlertoleranz und ohne.

Microsoft Windows bietet folgende RAID-Stufen:

Übergreifendes Volume

Ein übergreifendes Volume ist ein Volume, das Teile mehrerer Datenträger beinhalten kann.

Mit einem übergreifenden Volume können Sie sozusagen Datenträgerreste „recyceln“ die zu klein sind, um mit ihnen noch etwas anzufangen.

Für ein übergreifendes Volume benötigen Sie 2 bis 32 Datenträger. Wenn Sie nur einen Datenträger im System haben, wird Ihnen diese Option ausgegraut dargestellt.

Ein übergreifendes Volume wird der Reihe nach beschrieben, das heißt, zuerst wird der Teil des einen Datenträgers benutzt, dann ein Teil eines anderen Datenträgers, und so weiter.

Dies bedeutet natürlich auch ein hohes Risiko, denn wenn auch nur ein Datenträger ausfällt, können unter Umständen alle Daten im übergreifenden Volume zerstört sein.

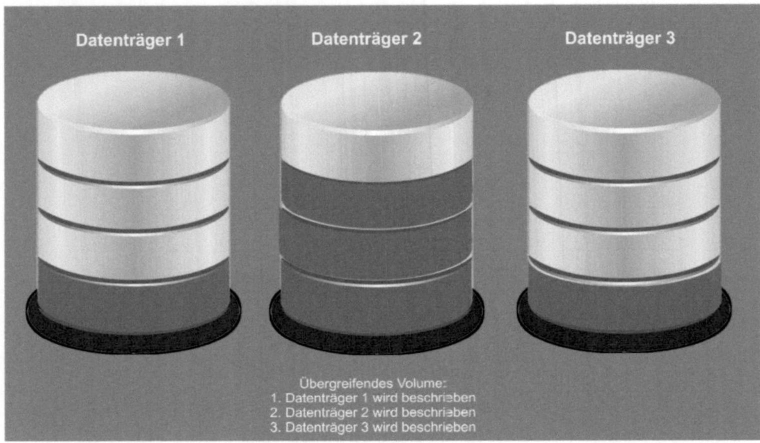

Abbildung 5.26: Übergreifendes Volume

Die Reste der Datenträger müssen nicht gleich groß sein.

Stripeset (RAID 0)

Stripesets sind ähnlich aufgebaut, wie übergreifende Datenträger. Auch sie verwenden Reste von freiem Speicherplatz mehrerer Datenträger.

Jedoch gibt es einige Unterschiede:

- Stripesets setzen sich aus gleich großen Datenträgerteilen zusammen
- Stripesets beschreiben die verschiedenen Datenträger gleichmäßig, also „streifenweise“

Auch Stripesets können aus 2 bis 32 Datenträgerteilen bestehen.

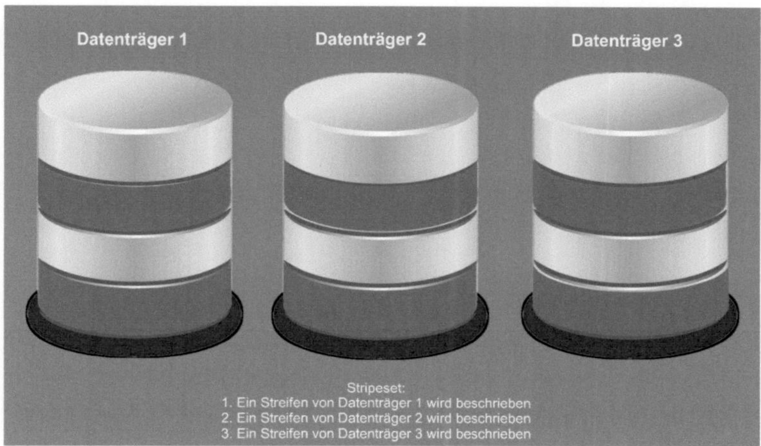

Abbildung 5.27: Stripeset

Durch ein Stripeset kann die Leistung des Datenzugriffs gesteigert werden. Da das Schreiben und natürlich auch das Lesen gleichzeitig von mehreren Controllern übernommen werden kann, ist der Zugriff sowohl beim Schreiben als auch beim Lesen erheblich beschleunigt.

Leider beinhaltet auch das Stripeset keine Fehlertoleranz. Bei Ausfall eines Datenträgers können alle Daten des Stripesets zerstört werden.

Gespiegeltes Volume (RAID 1)

Ein gespiegelter Datenträger ist ein fehlertoleranter Datenträger. Alle Daten, die auf ein Volume geschrieben werden, werden gleichzeitig auch auf ein anderes Volume geschrieben, diese beiden Volumes haben natürlich auch nur einen Laufwerksbuchstaben, und sind nicht getrennt anzusprechen.

Gespiegelte Volumes werden hauptsächlich zum Schutz der Systempartition verwendet. Wenn einer der Datenträger ausfällt, ist ein Zugriff dennoch möglich, da der zweite Datenträger alle Daten komplett beinhaltet.

Für gespiegelte Volumes werden immer genau zwei Datenträger benötigt. Die Teile der Datenträger müssen natürlich gleich groß sein.

Eine Performancesteigerung beim Lesen der Daten ist zu erkennen, da im Idealfall zwei Controller zugreifen können. Allerdings ist das Schreiben nicht beschleunigt, da die doppelte Menge an Daten geschrieben werden muss. Auch die Kosten sind sehr hoch, da der doppelte Datenträgerspeicher benötigt wird.

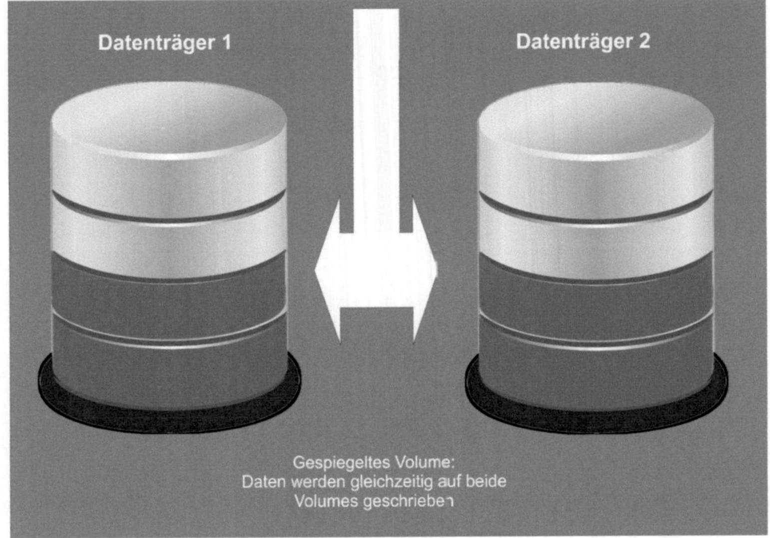

Abbildung 5.28: Gespiegeltes Volume

RAID-5

Als letzte Möglichkeit eines Volumes ist das RAID-5 Volume zu nennen, auch Stripeset mit Parität genannt.

Ein RAID-5 Volume funktioniert ähnlich, wie das bereits bekannte Stripeset. Auch hier werden die Daten streifenweise auf gleich große Datenträgerteile geschrieben.

Allerdings bietet ein RAID-5 Volume Fehlertoleranz.

Bei einem RAID-5 Volume werden die Daten auf alle Datenträger streifenweise geschrieben. Allerdings wird ein Streifen von den Daten ausgespart, auf diesen Streifen wird die Parität geschrieben.

Die Parität ist ein mathematischer Algorithmus, mit dem es möglich ist, fehlende Informationen zu rekonstruieren, sollte ein Datenträger ausfallen.

Allerdings darf nur ein einziger Datenträger ausfallen, die Paritätsdaten können nur den Verlust einer Platte ersetzen, sollte eine zweite Platte ausfallen, sind die Daten verloren!

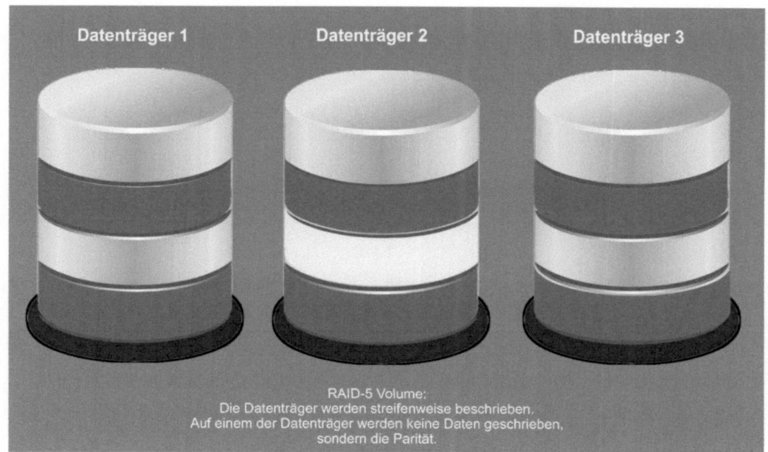

Abbildung 5.29: RAID-5

Aus diesem Grund ist die Mindestanzahl der Datenträger für ein RAID-5 drei Datenträger. Die maximale Anzahl ist auch hier 32.

Übung 5.1.3a

- Wandeln Sie auf „Server3" „Datenträger1" in einen dynamischen Datenträger um

Aufstellung aller RAID-Möglichkeiten

Microsoft bietet einige Möglichkeiten, Datenträger miteinander so zu verbinden, dass eine Datenspeicherung optimiert wird, oder sogar Fehlertoleranz vorhanden ist.

Unterstützt wird

RAID 0: Stripeset

RAID 1: Spiegelung

RAID 5: Stripeset mit Parität

Allerdings gibt es noch einige andere RAID-Stufen, die von Microsoft nicht direkt unterstützt werden. Der Vollständigkeit halber möchte ich diese hier kurz ansprechen.

RAID-Level	Beschreibung	Redundanz
0	Stripeset in Windows Server integriert	
1	Spiegelung in Windows Server integriert	X
0+1 (10)	Stripeset + Spiegelung Dies ist eine Kombination von RAID 0 und RAID 1	X
2	Bitweise Aufteilung der Nutzdaten aufwändig und ungebräuchlich	X
3	Byteweises Striping der Daten	X
4	Blockweises Striping der Daten ungebräuchlich	X
5	Stripeset mit Parität in Windows Server integriert	X
0 + 5 (50)	Stripeset + Stripeset mit Parität Dies ist eine Kombination von RAID 0 und RAID 5	X
0 + 1 (51)	Stripeset mit Parität + Spiegelung Kombination von RAID 1 und RAID 5	X
6	Erweitertes RAID 5 Es dürfen zwei Festplatten ausfallen	X
7	Erweitertes RAID 5 Es dürfen zwei Festplatten ausfallen, deutlich schneller als RAID-5	X

Übung 5.1.3b

Zusätzliche Übung, falls Sie noch Zeit haben:

- Stellen Sie „Datenträger 2“ und „Datenträger 3“ online
- Initialisieren Sie „Datenträger 2“ und „Datenträger 3“ mit GPT
- Erstellen Sie auf „Datenträger 2“ und „Datenträger 3“ ein gespiegeltes Laufwerk (F:\)
- Beobachten Sie, dass die Datenträger automatisch in dynamische Datenträger konvertiert werden!
- Erstellen Sie auf „Datenträger 1“, „Datenträger 2“ und „Datenträger 3“ ein RAID-5 Laufwerk (G:\)

5.1.4 Das Einbinden einer virtuellen Festplatte

Das Einbinden einer vorhandenen virtuellen Festplatte nehmen Sie auch in der „Datenträgerverwaltung“ vor.

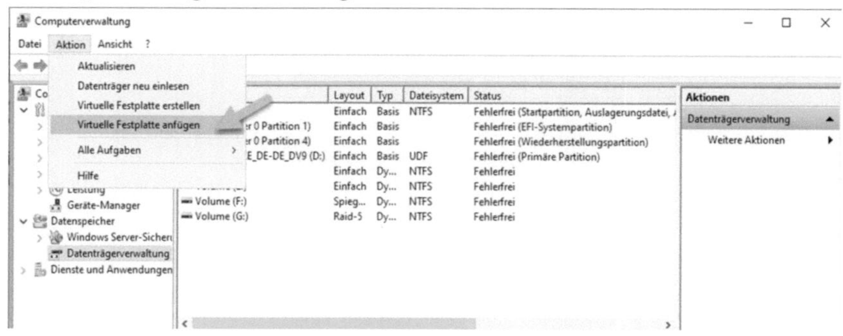

Abbildung 5.30: Datenträgerverwaltung

Hier klicken Sie auf „Aktion“ und erhalten ein Menü, in dem Sie eine virtuelle Festplatte anfügen können.

Sie müssen nur noch die entsprechende Datei wählen.

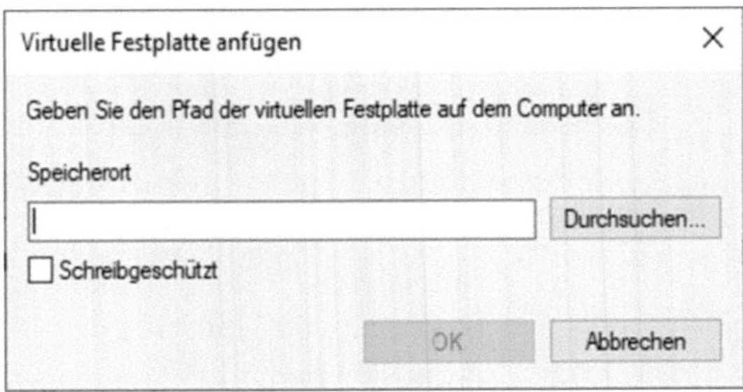

Abbildung 5.31: Auswahl der Datei

Auch ein schreibgeschützter Modus ist möglich.

Erstellen einer neuen virtuellen Festplatte

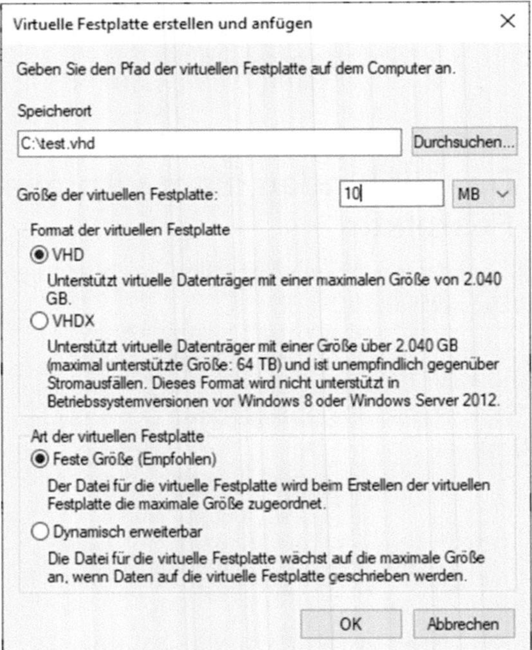

Abbildung 5.32: Speicherort und Größe

Eventuell möchten Sie auch eine virtuelle Festplatte selber erstellen.

Die Vorteile dafür sind auch deutlich: alles, was Sie auf dieser Festplatte speichern, kann durch kopieren der .vhdx-Datei gesichert werden, und auf anderen Computern auf die gleiche Art als Laufwerk eingebunden werden.

Wenn Sie wählen „Virtuelle Festplatte erstellen", erhalten Sie zunächst die Frage, wo die Datei dafür gespeichert werden soll und welche Größe diese Datei haben soll.

Dann wählen Sie noch das Format aus und die Art der Größe.

Hierbei ist zu sagen, dass die dynamisch erweiterbare Festplatte zwar praktischer ist, aber die Festplatten mit fester Größe eine bessere Performance haben.

Diese neue Festplatte muss nun initialisiert werden.

Das PowerShell Cmdlet für das Anlegen einer neuen virtuellen Festplatte ist

NEW-VHD

Übung 5.1.4.

Wir müssen nun die Übungsumgebung ein wenig verändern.

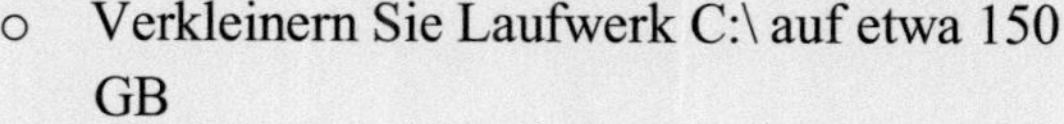

- Verkleinern Sie Laufwerk C:\ auf etwa 150 GB
- Richten Sie den übrigen Speicher als Laufwerk H:\ (wie Hyper-V) ein

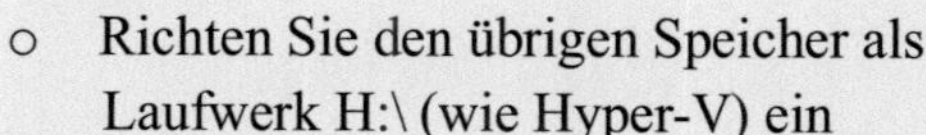

- Erstellen Sie auf Laufwerk „H:\" einen Ordner mit Namen „VM"
- Ändern Sie die Standardspeicherorte für die Daten der virtuellen Maschine auf „H:\VM"
- Fahren Sie alle virtuellen Maschinen herunter

- Setzen Sie die virtuelle Maschine „Server3“ auf den Prüfpunkt „Tag 4“ zurück, ohne einen neuen Prüfpunkt zu erstellen
- Verschieben Sie alle virtuellen Maschinen mit allen Daten nach H:\VM
- Starten Sie die virtuellen Maschinen wieder
- Überprüfen Sie, ob noch Daten an der ursprünglichen Speicherstelle der Hostmaschine sind (C:\Benutzer\Öffentlich\Öffentliche Dokumente\Hyper-V)
- Löschen Sie diese
- Erstellen Sie für alle virtuellen Maschinen einen Prüfpunkt mit Namen „Tag 5“

6 Zugriff auf Freigaben und Dateien

Nun wissen Sie schon, wie Daten gespeichert werden können.

Im nächsten Schritt müssen wir klären, wie auf die gespeicherten Daten so zugegriffen werden kann, dass sie nur von berechtigten Personen benutzt werden können.

6.1 Freigaben

Die Grundvoraussetzung, um auf Ressourcen auf einem anderen Computer zugreifen zu können, sind Freigaben.

Wenn Sie dann im Explorer die Netzwerkumgebung öffnen, und betrachten, welche Ordner Sie auf einem anderen Computer sehen können, werden Sie feststellen, dass nur ein Bruchteil der vorhandenen Ordner angezeigt wird.

Nur die Ordner, die Sie hier sehen, sind auf einem anderen Rechner freigegeben worden.

Damit ergibt sich der Kernpunkt für Freigaben: Um auf einen Ordner, der sich auf einem anderen Rechner befindet, zugreifen zu können, muss dieser Ordner freigegeben worden sein. Ordner, die nicht freigegeben worden sind, sind (außer durch den Administrator, siehe weiter unten in diesem Kapitel) über das Netzwerk nicht zu erreichen.

Wenn ein Ordner freigegeben ist, haben Sie Zugriff auf alle Daten, die dieser Ordner beinhaltet, also auch auf Ordner, die unter dem freigegebenen Ordner angelegt worden sind.

6.1.1 Erstellen einer Freigabe und die Rechte auf die Standardfreigabe

Eine Freigabe zu erstellen ist sehr einfach.

- Explorer
- Rechte Maustaste auf den Ordner, den Sie freigeben möchten
- Zugriff gewähren auf
- Bestimmte Personen

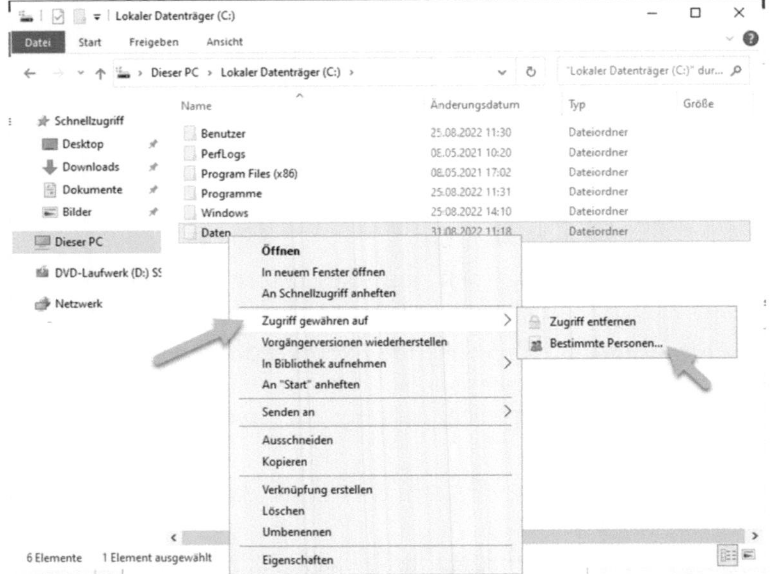

Abbildung 6.1: Freigeben eines Ordners

Nun erscheint ein Fenster, das Sie ausfüllen müssen.

Sie fügen die Personen hinzu, die auf den Ordner zugreifen sollen und wählen die Berechtigungsstufe aus.

Es gibt drei verschiedene Arten der Berechtigungsstufen:

- Lesen
- Lesen/Schreiben
- Besitzer

Diese drei Stufen stellen die Berechtigungen dar, die ein Benutzer auf diesen Ordner hat, wenn er sich über das Netzwerk mit der Freigabe verbindet.

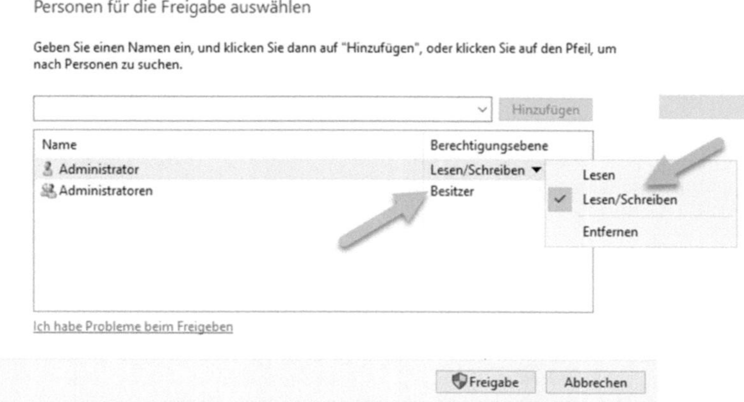

Abbildung 6.2: Erstellen einer Freigabe

Lesen

„Lesen“ bedeutet, dass der Benutzer alle Daten betrachten kann, aber keine Änderungen vornehmen kann. Das bedeutet, dass er keine Daten in diesem Ordner erstellen kann, und die vorhandenen Daten nicht verändern kann.

Mit dem Recht „Lesen“ können auch Programme in dem freigegebenen Ordner ausgeführt werden.

Lesen/Schreiben

„Lesen/Schreiben“ gibt das Recht, auch Änderungen an den Daten vorzunehmen, also neue Daten in diesem Ordner zu speichern, und vorhandene Daten zu ändern. Das Löschrecht ist auch integriert.

Besitzer

„Besitzer“ beinhaltet „Lesen“ und „Ändern“. Zusätzlich können mit der Berechtigung „Besitzer“ auch die NTFS-Rechte verändert werden (siehe später in diesem Kapitel).

Nun klicken Sie auf „OK“, und der Ordner ist freigegeben.

Dies ist eine sehr einfache Art, einen Ordner freizugeben.

ACHTUNG!

Wenn Sie die einfache Freigabe benutzen, werden automatisch NTFS-Berechtigungen gesetzt!

Über NTFS hören wir später mehr.

Wenn Sie die Angaben noch detaillierter machen möchten, wählen Sie

- Rechte Maustaste auf den Ordner, den Sie freigeben möchten
- Eigenschaften
- Freigabe

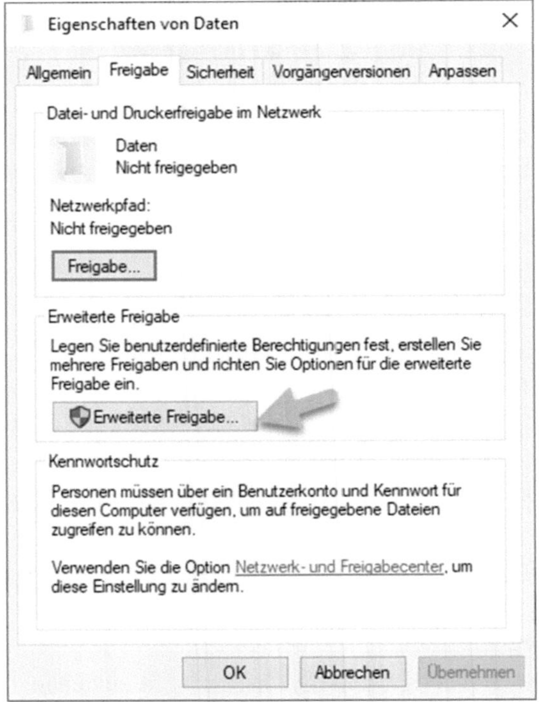

Abbildung 6.3: Freigabe

Hier klicken Sie auf „Erweiterte Freigabe“.

Abbildung 6.4: Freigabe

Standardmäßig wird Ihnen als Freigabename der Name des Ordners angezeigt. Diesen Namen können Sie aber ändern, Sie können den Namen der Freigabe frei wählen.

ACHTUNG!

Beachten Sie: Wenn Sie einen anderen Freigabenamen wählen, behält der freigegebene Ordner lokal auf dem Computer seinen alten Namen. Dadurch können Verwechslungen passieren.

Auch können Sie hier festlegen, wie viele gleichzeitige Verbindungen zu dieser Ressource erlaubt sein sollen.

Die Höchstanzahl von gleichzeitigen Zugriffen ist 16777216. Das ist quasi ein nicht reglementierter Zugriff.

Nun betrachten wir die Schaltfläche „Berechtigungen“.

Wenn Sie darauf klicken, sehen Sie die Standardfreigaben. Wie Sie erkennen können, hat im Standardfall die Systemgruppe „Jeder“ die Zugriffsberechtigung „Lesen“.

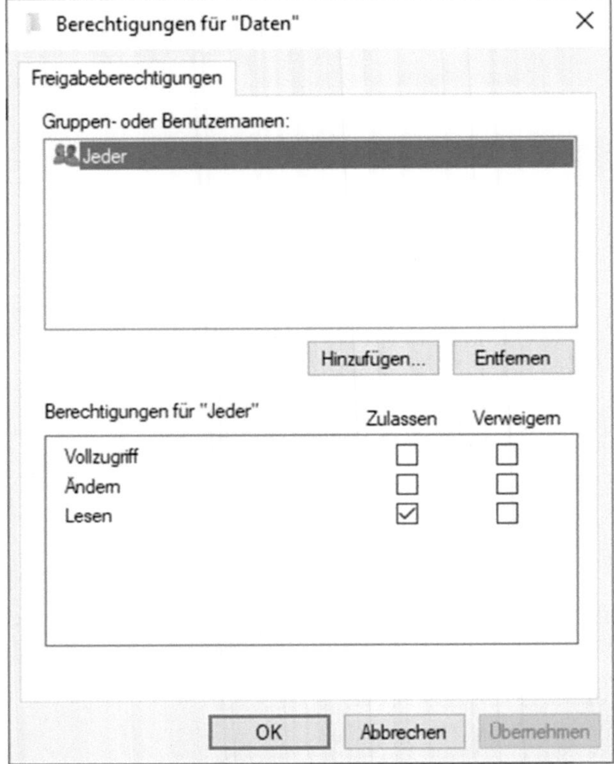

Abbildung 6.5: Berechtigungen

Es gibt also wieder drei verschiedene Arten des Zugriffs:

Vollzugriff

Ändern

Lesen

Diese drei Stufen entsprechen den drei Berechtigungsstufen in der einfachen Freigabe.

Lesen = Lesen

Ändern = Lesen/Schreiben

Vollzugriff = Besitzer

6.1.2 Zugriffsverwaltung auf freigegebene Ordner

Ein wichtiger Bestandteil der Freigabenverwaltung ist die Regelung des Zugriffs. Es ist meistens nicht praktikabel, die Standardberechtigungen zu belassen, da „Jeder" „Lesen" fast immer nicht die Anforderungen an die Sicherheit trifft.

Ein weiteres Problem ist die Tatsache, dass in vielen Fällen eine Person Mitglied in mehreren Gruppen ist. In diesem Fall muss es eine Regel geben, wie die Mitgliedschaft in mehreren Gruppen sich auf die Zugriffsberechtigung auswirkt.

Ändern der Standardberechtigungen

Nach der Freigabe eines Ordners müssen Sie die Standardberechtigung ändern. Dies ist kein großes Problem, die Maske ist ja bereits bekannt.

Ein Beispiel:

Sie möchten folgende Rechtestruktur für den freigegebenen Ordner „Daten":

- Die Gruppe „Hauptbenutzer" soll uneingeschränkten Vollzugriff auf die Ressource haben
- Die Gruppe „Benutzer" soll nur lesenden Zugriff auf die Ressource haben
- Die Gruppe der Administratoren soll uneingeschränkten Vollzugriff auf die Ressource haben

ACHTUNG!

Sorgen Sie immer dafür, dass die Administratoren Vollzugriff auf eine Ressource haben, da diese Gruppe ja administrative Tätigkeiten ausüben muss.

Dies machen Sie in folgenden Schritten:

- Hinzufügen der drei Gruppen
- Vergabe der Rechte an die drei Gruppen
- Entfernen der Gruppe „Jeder"

Auswirkung einer Mitgliedschaft in mehreren Gruppen

Oft ist eine Person Mitglied in mehreren Gruppen. Dies hat natürlich Auswirkung auf die Rechtezusammensetzung.

Bleiben wir bei dem obigen Beispiel. Nehmen wir an, der Benutzer Hans Dampf ist Mitglied in folgenden Gruppen:

- Administratoren
- Benutzer

Welche effektive Berechtigung hat er auf die Freigabe?

1. Lehrsatz der Ermittlung der Freigaberechte:

Das effektive Freigaberecht ist kumulativ, ergibt sich also aus der Addition der Einzelrechte.

In diesem Fall also:

- Mitgliedschaft in der Gruppe „Administratoren“: Vollzugriff
- Mitgliedschaft in der Gruppe „Benutzer“: Lesen

  Addiertes Recht = effektives Freigaberecht: **Vollzugriff**

Bis hierher haben wir nur die positiven Rechte betrachtet, also das Zulassen von Rechten. Es gibt aber auch noch die negativen Rechte, also das Verweigern von Rechten.

Welche Rechte hat nun Hans Dampf, Mitglied in den beiden oben genannten Gruppen, wenn die Gruppe „Benutzer“ das Recht „Vollzugriff Verweigern“ hat?

2. Lehrsatz der Ermittlung der Freigaberechte:

Verweigern setzt alle positiven Berechtigungen außer Kraft.

Das bedeutet in unserem Beispiel:

- Mitgliedschaft in der Gruppe „Administratoren“:
  Vollzugriff
- Mitgliedschaft in der Gruppe „Benutzer“:
  Vollzugriff verweigert

  Addiertes Recht = effektives Freigaberecht:
  Vollzugriff verweigert

ACHTUNG!

Verwenden Sie das Verweigern von Rechten äußerst sparsam. Verweigern ist immer das stärkste Recht, und setzt immer die positiven Rechte außer Kraft.

Übung 6.1.2

- Erstellen Sie auf der virtuellen Maschine „Server3“ im Windows Explorer einen Ordner mit Namen „Daten“ und geben Sie ihn mit folgenden Berechtigungen frei:
  - Gruppe „Administratoren“: Vollzugriff
  - Gruppe „Hauptbenutzer“: Ändern
  - Gruppe „Benutzer“: Lesen

6.1.3 Weitere Möglichkeiten, eine Freigabe zu erstellen

Auch wenn das Erstellen von Freigaben im Explorer die gebräuchlichste Art ist, gibt es doch noch andere Möglichkeiten, eine Freigabe zu erstellen.

In der Computerverwaltung

In der Computerverwaltungskonsole wird Ihnen eine sehr komfortable Möglichkeit geboten, eine Freigabe zu erstellen.

- Tools
- Computerverwaltung
- Rechte Maustaste auf „Freigaben“
- Neue Freigabe

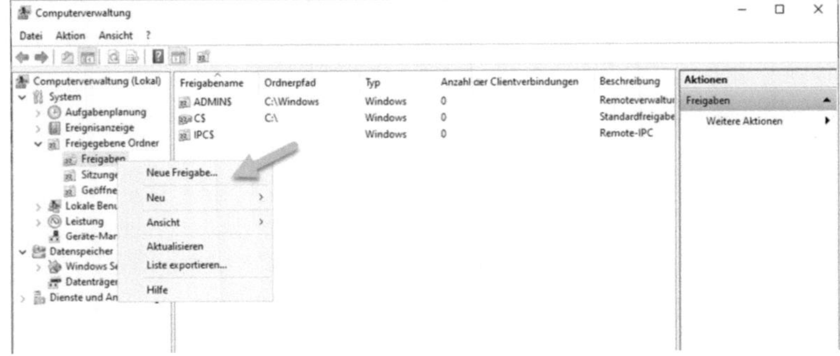

Abbildung 6.6: Erstellen einer Freigabe

Es startet ein Assistent, der Sie durch die Erstellung einer Freigabe führt.

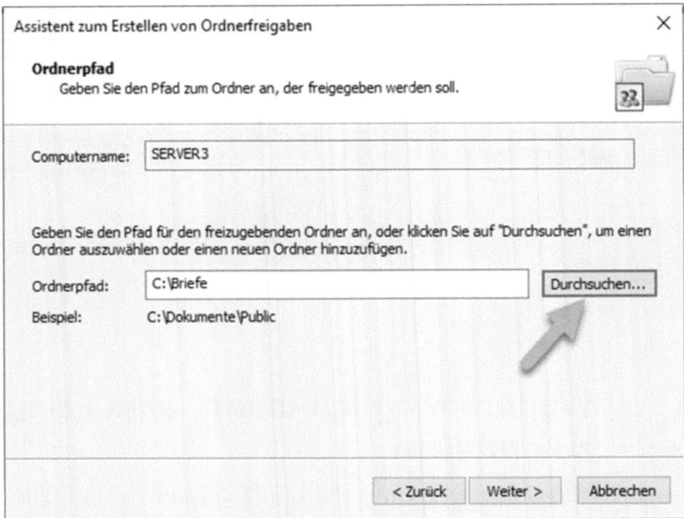

Abbildung 6.7: Angabe des Namens

Auf der ersten Seite geben Sie an, welcher Ordner freigegeben werden soll. Dies kann durch Angabe des Namens des Ordners geschehen. Diese Methode ist nicht zu empfehlen, da die Fehleranfälligkeit sehr hoch ist.

Besser ist es, auf „Durchsuchen“ zu klicken und sich den entsprechenden Ordner mit einem Klick auszusuchen.

Auf der nächsten Seite sehen Sie den Freigabenamen, den entsprechenden Pfad, eine optionale Beschreibung und auch die Einstellungen für die Offlinedateien.

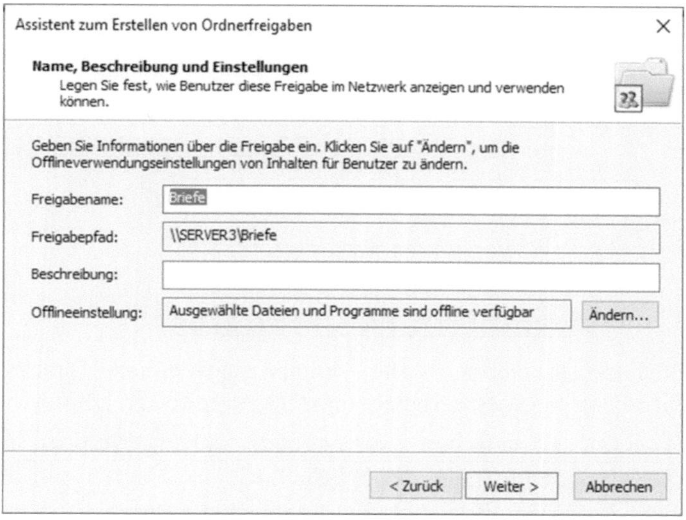

Abbildung 6.8: Name und Beschreibung

Danach können Sie die Zugriffsberechtigungen definieren.

Die Standardeinstellung hier ist, dass alle Benutzer schreibgeschützten Zugriff haben.

Sie können diese Einstellungen individuell anpassen. Wenn Sie „Berechtigungen anpassen“ wählen, erhalten Sie das bereits bekannte Menü, das Sie im Explorer verwendet haben.

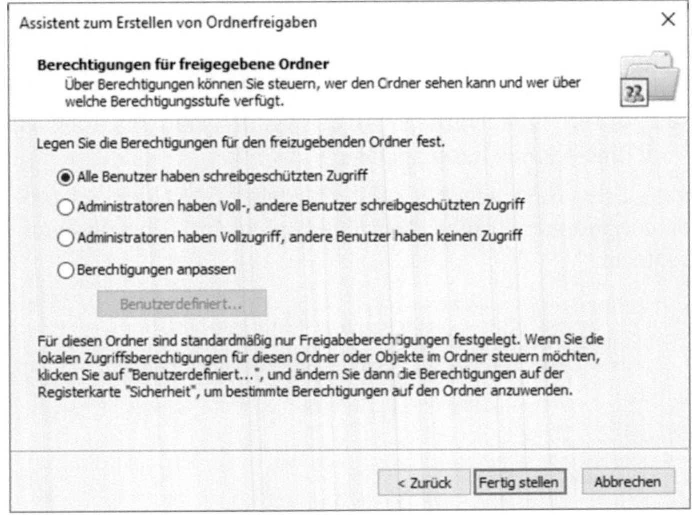

Abbildung 6.9: Zugriffsberechtigungen

6.1.4 Administrative Freigaben

Wie Sie erkennen konnten, ist die Freigabe die minimale Voraussetzung, um auf Ressourcen eines Remotecomputers zugreifen zu können.

Diese Tatsache ist natürlich ein wichtiger Sicherheitsaspekt, denn so haben Sie als Administrator die Möglichkeit, den Zugriff alleine schon durch das Auswählen, welche Ordner freigegeben werden, zu steuern.

Allerdings ist es auch ein Problem für den Administrator. Er sollte im Idealfall uneingeschränkten Zugriff auf alle Ressourcen des Netzwerks haben und natürlich auch Vollzugriff und nicht nur Lesen.

Diesem Umstand hat Microsoft mit den „Administrativen Freigaben“ Sorge getragen.

Betrachten Sie in der Computerverwaltung die Freigabe des Laufwerks „C:\“.

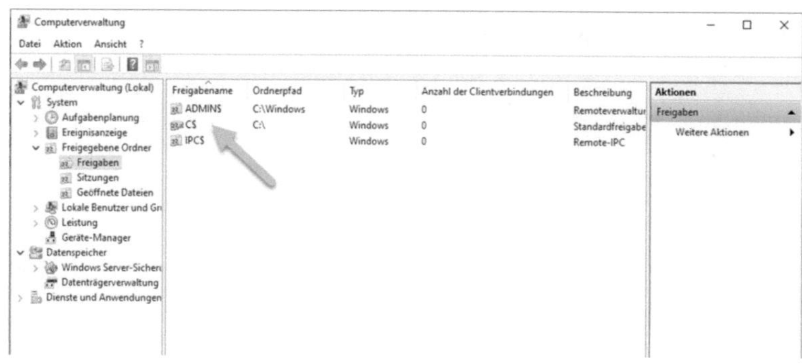

Abbildung 6.10: Freigabe des Laufwerks „C:\“

Das Laufwerk ist bereits freigegeben und zwar als „C$“. Offensichtlich ist diese Freigabe anders, als die Freigaben, die wir bisher gemacht haben, denn sie ist über das Netzwerk nicht erkennbar.

ACHTUNG!

Wenn nach dem Freigabenamen ein $ steht, ist dieser Ordner freigegeben, aber versteckt. Das bedeutet, dass auf den Ordner zwar zugegriffen werden kann, aber nur, wenn der Freigabename bekannt ist.

Das ist natürlich für die Administratoren eine hervorragende Lösung. Wenn das gesamte Laufwerk freigegeben ist, können sie auf jeden einzelnen Ordner darin zugreifen und eine Art von „Fernwartung“ ausführen.

Nun stellt sich noch die Frage, ob auch hier die Standardberechtigung „Jeder“ „Lesen“ ist, denn das wäre aus zwei Gründen schlecht.

1. Jeder Benutzer könnte auf alle Ressourcen zugreifen.
2. Auch der Administrator als Mitglied der Gruppe „Jeder“ hätte nur das Recht „Lesen“.

Weitere administrative Freigaben

Zum Überprüfen, welche weiteren administrativen Freigaben es gibt, betrachten Sie die Freigaben, die auf Ihrem Computer erstellt sind, in der Computerverwaltung.

Hier sehen Sie alle Freigaben, auch die versteckten.

ADMIN$

Diese administrative Freigabe deutet immer auf das Verzeichnis hin, in dem Windows installiert ist, das Systemroot. Egal, wie das Windowsverzeichnis heißt, es ist in jedem Fall mit „ADMIN$" freigegeben. Jeder Administrator kann so ohne weiteres auf das Systemroot eines Remoterechners zugreifen.

C$, D$

Jedes Festplattenlaufwerk ist administrativ freigegeben.

IPC$

Dies ist keine Freigabe, auf die direkt zugegriffen werden kann, sondern eine Systemfreigabe, die bei Remotezugriff zusätzlich genutzt wird.

PRINT$

Wenn Drucker auf dem Computer installiert sind, ist das Druckverzeichnis ebenfalls administrativ freigegeben.

Weitere Anwendungsmöglichkeiten von versteckten Freigaben

Wie können Sie nun die Möglichkeit der versteckten Freigaben weiterhin nutzen?

Ein Beispiel: In Ihrem Unternehmen haben Sie eine Projektgruppe, die an einem streng geheimen Projekt arbeitet. Dieses Projekt ist so geheim, dass die anderen Benutzer nicht einmal die freigegebenen Ordner sehen sollten, die dieses Projektteam benutzt.

In diesem Fall erstellen Sie eine versteckte Freigabe und teilen deren Namen nur dem Projektteam mit.

Damit haben Sie die Freigabe versteckt, kein Benutzer wird sie sehen können, nur wenn man Kenntnisse über den Namen der Freigabe hat, kann auf sie zugegriffen werden.

Übung 6.1.4

- Erstellen Sie auf der virtuellen Maschine „Server3" in der Computerverwaltung einen Ordner mit Namen „Briefe" und geben Sie ihn mit folgenden Berechtigungen frei:
  - Gruppe „Administratoren": Vollzugriff
  - Andere Gruppen: Lesen
- Wechseln Sie auf „Server2"
- Greifen Sie über die administrative Freigabe „C$" auf das Laufwerk C:\ auf „Server3" zu

6.1.5 Erstellen von Freigaben mit PowerShell

Natürlich können auch alle Freigaben mit PowerShell Cmdlets gemacht und bearbeitet werden.

Für die meisten Befehle werden administrative Rechte benötigt.

Cmdlet	**Bedeutung**
Get-SmbShare	Anzeigen der Freigaben
New-SmbShare Parameter: FullAccess NoAccess ReadAccess …ChangeAccess	Erstellen der Freigabe
Remove-SmbShare	Freigabe aufheben

6.2 NTFS

Bisher haben wir uns mit den Freigaberechten beschäftigt. Eine Freigabe ist bekanntlich die elementare Voraussetzung für Zugriff über das Netzwerk.

Leider haben die Freigaberechte auch Grenzen:

- Es können nur Rechte auf Ordner vergeben werden, alle Daten, die in diesem Ordner sind, bekommen die gleichen Rechte wie der Ordner. Eine Differenzierung ist somit nicht möglich. Auch können keine Rechte auf einzelne Dateien gegeben werden
- Es gibt nur drei Stufen der Rechte
- Ressourcen können nur bei Zugriff über das Netzwerk geschützt werden, nicht aber wenn ein Benutzer direkt am Computer sitzt. Freigaberechte gelten nur bei Netzwerkzugriff

Dies sind Probleme, die das betagte Freigaberecht nicht lösen kann.

6.2.1 Datei- und Ordnerberechtigungen

NTFS hat die Möglichkeit, zusätzliche Informationen zu den Daten im Dateisystem mitzuspeichern.

Das ermöglicht uns, zusätzlich zu den Freigaberechten eine zweite Schiene an Berechtigungen zu definieren: Die NTFS-Rechte.

Mit NTFS-Rechten ist es möglich, die lokale Maschine vor unberechtigtem Zugriff zu schützen. Freigaberechte können ja nur Netzwerkfreigaben schützen, die lokale Maschine ist aber völlig ungeschützt.

Ein Beispiel:

Ein Fileserver hat eine Freigabe mit dem Namen „Daten“. Diese Freigabe ist mit Freigaberechten geschützt, so dass die Benutzer diese Daten nur mit lesendem Zugriff benutzen können.

Wenn es nun ein Mitarbeiter schafft, sich lokal an den Fileserver zu setzen, und sich dort anzumelden, umgeht er damit die Freigaberechte. Diese gelten nur bei Zugriff über das Netzwerk. Der lokale Benutzer greift jedoch auf die Ressource nun direkt zu.

Um alle Daten vor lokalem Zugriff zu schützen, wird ein Schutz benötigt, der lokal verfügbar ist: Die NTFS-Rechte.

NTFS-Rechte sind natürlich nur auf Datenträgern verfügbar, die mit dem Dateisystem NTFS formatiert sind. Auch hier gibt es Standardberechtigungen, die direkt nach der Erstellung einer Ressource vorhanden sind.

NTFS-Rechte können, im Gegensatz zu den Freigaberechten, auch auf jede einzelne Datei angewendet werden. Es ist möglich, einen Ordner mit der Berechtigung „Lesen“ zu versehen, einer einzelnen Datei in diesem Ordner aber das Recht „Vollzugriff“ zuzuweisen.

Betrachten wir einmal die Standardrechte bei NTFS. Um die NTFS-Rechte sehen zu können, öffnen Sie den Explorer.

Abbildung 6.11: NTFS-Standardberechtigungen

Rechte Maustaste auf die Ressource, deren NTFS-Rechte Sie sehen möchten

- Eigenschaften
- Registerkarte Sicherheit

Diese Registerkarte ist nur vorhanden, wenn dies eine Partition ist, die mit dem Dateisystem NTFS formatiert ist.

Hier sehen Sie nun die Standardberechtigungen.

Was auffällt, ist die Vielfalt der Berechtigungsstufen. Im Gegensatz zu den Freigaberechten, bei denen es nur drei verschiedene Berechtigungen gibt, findet man hier mehrere Berechtigungen:

- Vollzugriff
- Ändern
- Lesen / Ausführen
- Ordnerinhalte auflisten
- Lesen
- Schreiben
- Spezielle Berechtigungen

Interessant sind die Doppelbezeichnungen, wie zum Beispiel Lesen, Ausführen. Einen Ordner kann man nicht ausführen, was ist also die Bedeutung dieser Bezeichnungen?

NTFS-Rechte können, wie bereits erwähnt, sowohl auf Ordner als auch auf Dateien angewendet werden. Daraus ergibt sich diese Doppelbezeichnung.

Wenn Sie die NTFS-Rechte einer Datei betrachten, entfällt das Recht „Ordnerinhalte auflisten“ komplett.

Abbildung 6.12: NTFS-Rechte einer Datei

Aber kehren wir zurück zu den NTFS-Rechten eines Ordners.

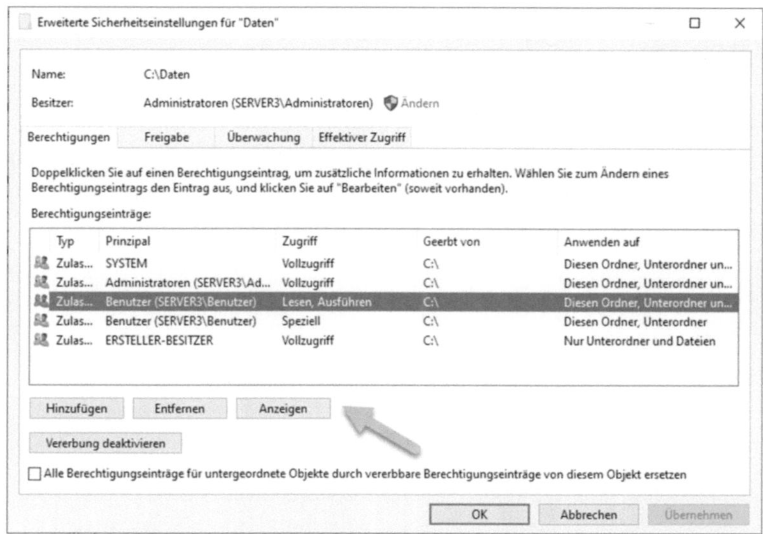

Abbildung 6.13: Die Rechte in genauerer Aufschlüsselung

Wenn Sie auf die Schaltfläche „Erweitert“ klicken, erhalten Sie detailliertere Informationen zur Rechtestruktur.

Um die einzelnen Rechte anzeigen zu lassen, wählen Sie im oberen Bereich den gewünschten Benutzer oder die Gruppe aus und klicken Sie auf die Schaltfläche „Anzeigen“.

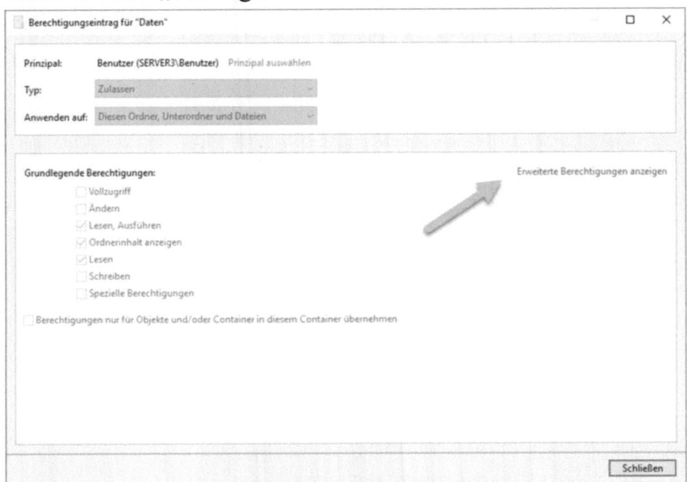

Abbildung 6.14: Die NTFS-Rechte

Die NTFS-Rechte sind eine Zusammenstellung von Einzelrechten, die dann eine sinnvolle Kombination ergeben.

Um die Einzelrechte zu sehen, klicken Sie auf „Erweiterte Berechtigungen anzeigen“.

Nun sehen Sie die einzelnen Rechte, aus denen sich die oben erwähnten NTFS-Rechte zusammensetzen.

Was bedeuten nun die „Speziellen Berechtigungen“?

Die Zusammenstellung der Einzelrechte zu den NTFS-Rechten ist genau definiert. Wenn Sie von dieser Definition abweichen, und es ergibt sich aus ihrer Einzelrechtkombination kein NTFS-Recht, dann wird diese Kombination als „Spezielle Berechtigungen“ geführt.

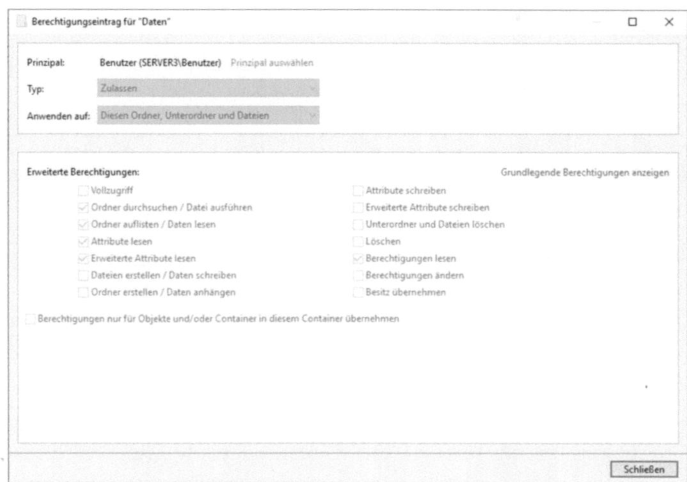

Abbildung 6.15: NTFS-Einzelrechte

6.2.2 Der Besitz

Eine weitere Einstellungsmöglichkeit ist „Besitz".

Derjenige, der eine Datei oder einen Ordner erstellt, ist auch der Besitzer. Dies ist von großer Bedeutung, denn der Besitzer hat immer das Recht, sich die Berechtigungen an einer Ressource zu betrachten. Dies kann bei einem Rechteproblem große Bedeutung haben.

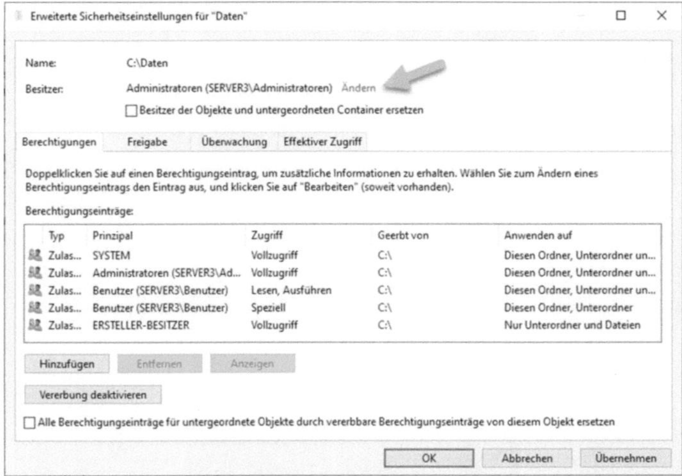

Abbildung 6.16: Der Besitzer

Ein Beispiel:

Ein Benutzer mit Namen Peter Pan erstellt einen Ordner und ist damit auch der Besitzer dieses Ordners.

Sie, als Administrator, haben die NTFS-Rechte dieses Ordners so geändert, dass niemand mehr Zugriff hat (zum Ändern der Rechte muss die Vererbung ausgeschaltet werden, mehr dazu später).

Dies war aber ein Fehler, und Sie möchten der Gruppe der Administratoren wieder Vollzugriff geben.

Wenn Sie aber versuchen, sich die aktuellen NTFS-Rechte anzeigen zu lassen, bekommen Sie eine Sicherheitswarnung, die besagt, dass Sie keinerlei Rechte haben.

Sie können also die Berechtigungen nicht ändern. Nur der Besitzer der Ressource kann sich die Berechtigungen anzeigen lassen.

Sie sind also gezwungen, sich selber zum Besitzer zu machen, sich also die Ressource „auszuleihen“.

Mit der Karteikarte „Besitzer“ können Sie das tun.

Standardmäßig können Sie wählen zwischen Ihrem administrativen Account und der Gruppe der Administratoren. Wählen Sie eine der Möglichkeiten aus, und klicken Sie auf „OK.“

Nun sind Sie in der Lage, die aktuellen Berechtigungen anzeigen zu können, und sie dann auch ändern zu können.

ACHTUNG!

Sie können den Besitz wieder an die ursprüngliche Person zurückgeben.

6.2.3 Das Bestimmen der effektiven Berechtigungen

Es ist nicht ganz einfach, die effektiven NTFS-Berechtigungen zu erkennen. Auch hier kann der Benutzer Mitglied in mehreren Gruppen sein, und es kann eine Verweigerung eines Rechtes bestehen.

Wie bei den Freigaberechten gibt es auch hier die zwei bekannten Regeln:

1. Lehrsatz der Ermittlung der NTFS-Rechte:

Das effektive NTFS-Recht ist kumulativ, ergibt sich also aus der Addition der Einzelrechte.

Zum Beispiel:

- Mitgliedschaft in der Gruppe „Administratoren“: Vollzugriff
- Mitgliedschaft in der Gruppe „Benutzer“: Lesen

  Addiertes Recht = effektives Freigaberecht: **Vollzugriff**

2. Lehrsatz der Ermittlung der NTFS-Rechte:

Verweigern setzt alle positiven Berechtigungen außer Kraft.

Das bedeutet in unserem Beispiel:

- Mitgliedschaft in der Gruppe „Administratoren“: Vollzugriff
- Mitgliedschaft in der Gruppe „Benutzer“: Vollzugriff verweigert

Addiertes Recht = effektives NTFS-Recht: **Vollzugriff verweigert**

ACHTUNG!

Verwenden Sie das Verweigern von Rechten äußerst sparsam. Verweigern ist immer das stärkste Recht, und setzt immer die positiven Rechte außer Kraft.

Zur Bestimmung der effektiven NTFS-Rechte gibt es aber zum Glück eine sehr komfortable Möglichkeit.

Die Karteikarte „Effektiver Zugriff“ gibt uns die Möglichkeit, die NTFS-Rechte aller Benutzer oder Gruppen anzeigen zu lassen.

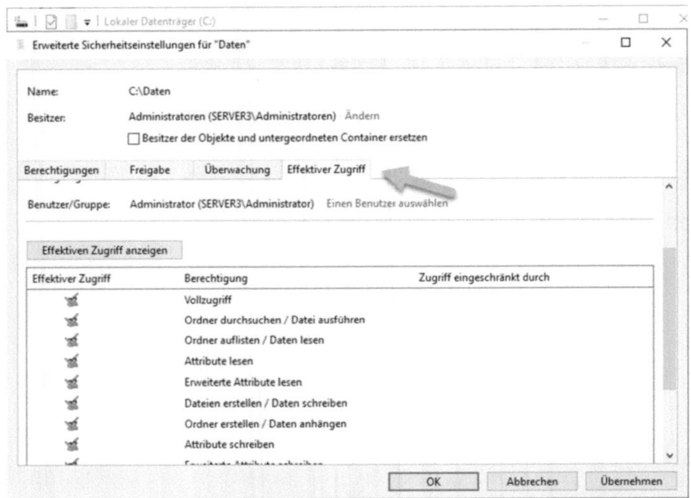

Abbildung 6.17: Die effektiven NTFS-Rechte

ACHTUNG!

Es werden hier nur die NTFS-Rechte berücksichtigt, nicht die Freigaberechte!

6.2.4 Die Vererbung

Bei Betrachtung der NTFS-Rechte ist Ihnen sicherlich aufgefallen, dass die Kästchen zum Ankreuzen grau unterlegt sind, und dass Sie diese Berechtigungen nicht ändern können.

Abbildung 6.18: NTFS-Rechte sind vererbt

Dies liegt an der Vererbung.

In allen Windows Betriebssystemen ist die NTFS-Rechtevergabe so gelöst, dass im Stammlaufwerk bestimmte Rechte definiert werden, und diese Standardrechte dann an alle untergeordneten Ordner und Dateien vererbt werden.

Wenn wir die NTFS-Rechte des Laufwerk C:\ betrachten, sehen wir, dass diese Kästchen weiß hinterlegt sind, und wir auch die Berechtigungen verändern können.

Wenn wir nun mit den ererbten Rechten nicht einverstanden sind, weil wir beispielsweise nur Lesezugriff auf einen Unterordner möchten, müssen wir die Vererbung ausschalten.

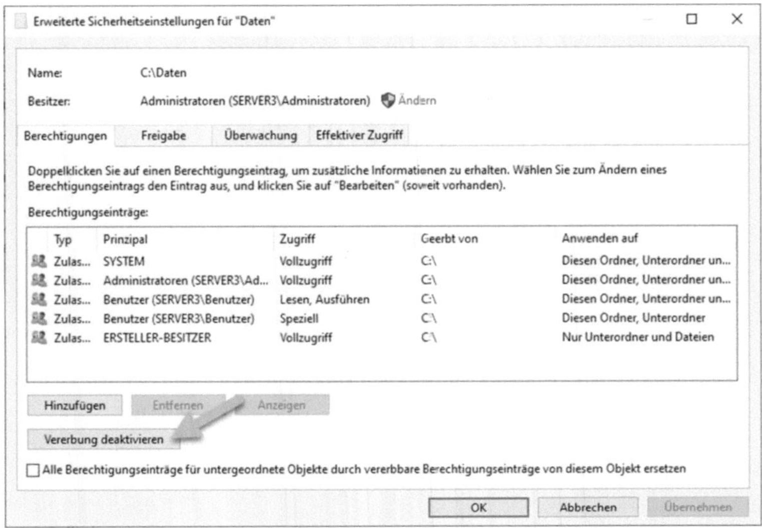

Abbildung 6.19: Vererbung ausschalten

Hier klicken wir auf „Vererbung deaktivieren“. Wir erhalten folgende Abfrage.

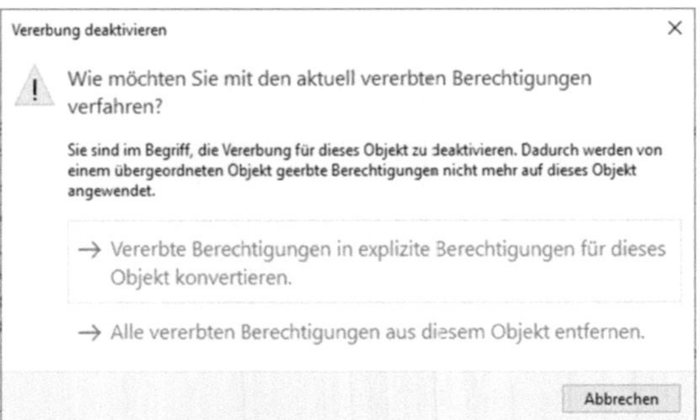

Abbildung 6.20: Sicherheitsabfrage beim Ausschalten der Vererbung

Wir können nun wählen, ob wir die Berechtigungen, die wir bis zu diesem Moment von oben erhalten haben,

- Kopieren oder
- Entfernen

möchten. Wenn die Berechtigungen kopiert werden, bleiben sie gleich, mit dem Unterschied, dass sie nun geändert werden können. Bei

„Entfernen" werden alle Berechtigungen entfernt, und es müssen neue Berechtigungen definiert werden.

ACHTUNG!

Das Ausschalten der Vererbung bedeutet, dass die Verbindung nach oben durchtrennt wird. Alle Berechtigungen, die in der Ressource neu gesetzt werden, vererben sich aber sofort wieder an alle untergeordneten Ordner und Dateien. Wenn das nicht der Fall sein soll, müssen diese ebenfalls die Vererbung ausschalten.

Zuletzt gibt es noch

„Alle Berechtigungen für untergeordnete Objekte durch vererbbare Berechtigungseinträge von diesem Objekt ersetzen".

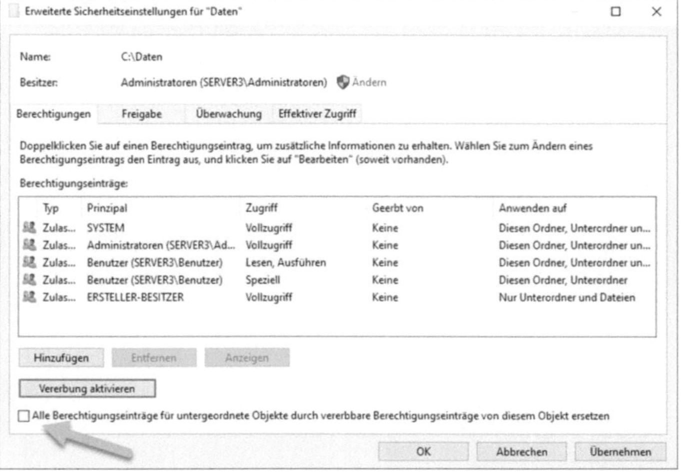

Abbildung 6.21: Vererbung der Änderungen

Hier ist normalerweise kein Haken gesetzt. Diese Option sollten Sie dann verwenden, wenn Sie eine Änderung an den Berechtigungen durchgeführt haben, und Sie möchten, dass diese Änderungen an alle bereits bestehenden untergeordneten Ressourcen weitervererbt werden.

ACHTUNG!

Nur neu erstellte Objekte erben die Berechtigungen, die die übergeordnete Instanz für sie hat. Wenn später Berechtigungen geändert werden, hat das keine Auswirkungen auf existierende Objekte. Um hier eine Änderung der Berechtigungen zu erzwingen, muss der Haken bei „Berechtigungen für alle untergeordneten Objekte durch die angezeigten Einträge, sofern anwendbar, ersetzen" gesetzt werden.

6.2.5 NTFS-Rechte mit der PowerShell

Die beiden wichtigsten PowerShell Cmdlets für NTFS-Rechte sind

Cmdlet	Bedeutung
Get-Acl	Anzeigen der NTFS-Berechtigungen
Set-Acl	Setzen der NTFS-Berechtigungen

Übung 6.2

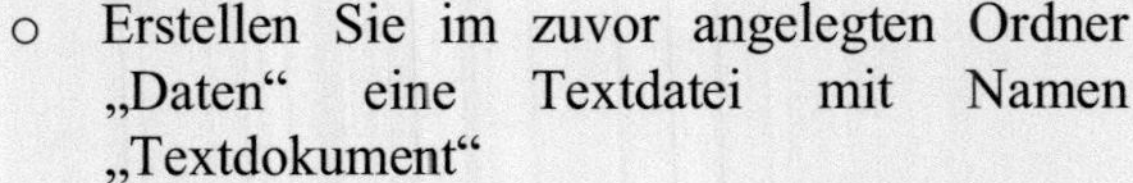

- Erstellen Sie im zuvor angelegten Ordner „Daten" eine Textdatei mit Namen „Textdokument"

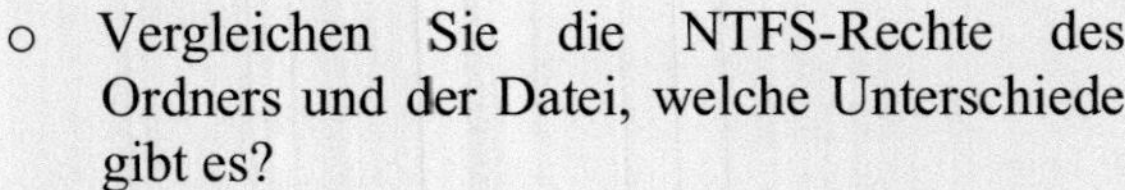

- Vergleichen Sie die NTFS-Rechte des Ordners und der Datei, welche Unterschiede gibt es?
- Fügen Sie für die Gruppe „Hauptbenutzer" das NTFS-Recht „Ändern" hinzu
- Betrachten Sie die NTFS-Rechte dieser Gruppe auf diesen Ordner im Detail
- Was unterscheidet „Ändern" von „Vollzugriff"?
- Analysieren Sie den effektiven Zugriff des Benutzers „Administrator" auf den Ordner „Daten"

- Schalten Sie die Vererbung der NTFS-Rechte für den Ordner „Daten“ aus
- Kopieren Sie die bisherigen Rechte auf den Ordner

6.3 Dateiserver Ressourcen Manager (FSRM)

Der Vollständigkeit halber sollte in diesem Themengebiet der Ressourcen-Manager für Dateiserver erwähnt werden.

Er ist ein Bestandteil der Rolle „Dateiserver“ und wird als Rollendienst installiert.

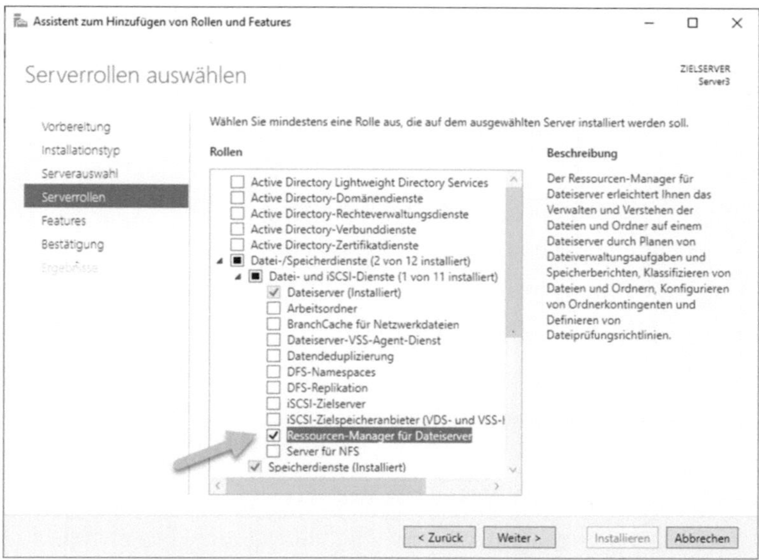

Abbildung 6.22: Ressourcen-Manager für Dateiserver

6.3.1 Konfiguration des Ressourcen - Managers für Dateiserver

Nach der Installation steht uns der „Ressourcen – Manager für Dateiserver" unter den „Tools" zur Verfügung.

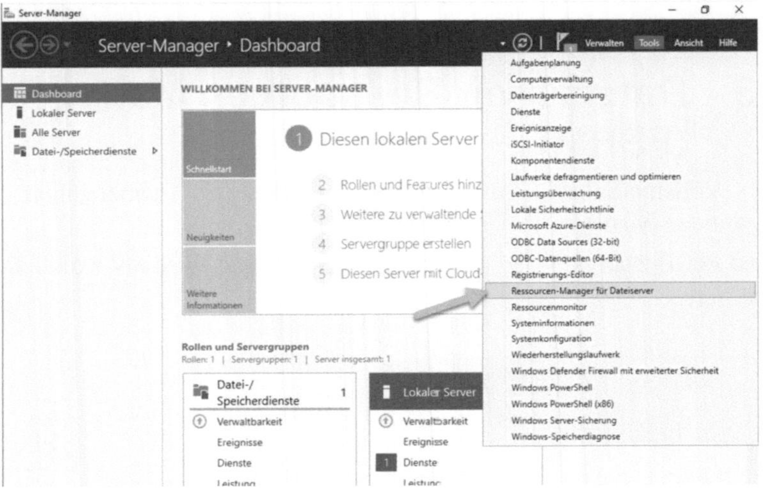

Abbildung 6.23: Ressourcen – Manager für Dateiserver

Wir finden dort folgende Aufgabenfelder:

- Kontingentverwaltung
- Dateiprüfungsverwaltung
- Speicherberichteverwaltung
- Klassifizierungsverwaltung
- Dateiverwaltungsaufgaben

6.3.2 Kontingentverwaltung

Die Kontingentverwaltung ist die Möglichkeit, den Festplattenspeicher nicht nur nach zu speichernden Daten einzuschränken, sondern eine Größe für den Speicher festzulegen.

Festplattenspeicher ist teuer, zwar nicht primär in der Anschaffung, aber zumindest in der Verwaltung.

Aus diesem Grund macht es auf jeden Fall Sinn, die Verwendung auf bestimmte Höchstgrenzen einzuschränken.

Dafür öffnen Sie wieder den Ressourcen-Manager für Dateiserver, und wechseln zur Kontingentverwaltung.

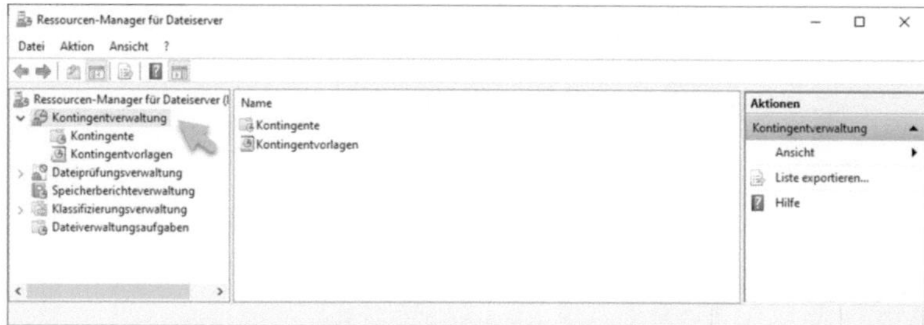

Abbildung 6.24: Kontingentverwaltung

Hier erstellen Sie auch zuerst einmal eine Vorlage, im Knotenpunkt „Kontingentvorlagen".

Eine Vorlage zu erstellen ist sehr sinnvoll, denn die Kontingentverwaltung wird auf Ebene der freigegebenen Ordner angewendet, und möglicherweise möchten Sie die gleichen Kontingentbeschränkungen auf mehrere Freigaben anwenden.

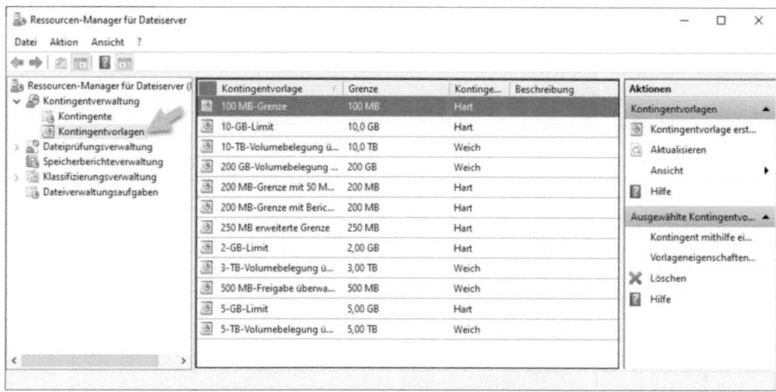

Abbildung 6.25: Kontingentvorlagen

Sie können eine vorhandene Vorlage bearbeiten, oder eine völlig neue Vorlage erstellen.

In jedem Fall legen Sie hier die Speichergrenze fest, und ob Sie eine harte Kontingentgrenze wollen, bei der beim Überschreiten eine Speicherung nicht mehr möglich ist, oder eine weiche, die sich aber nur für Überwachungszwecke eignet.

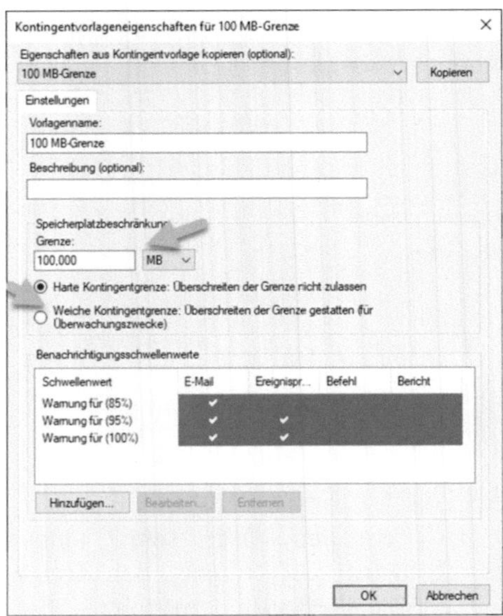

Abbildung 6.26: Vorhandene Vorlage

Nun können Sie mit dieser Vorlage ein neues Kontingent für eine bestimmte Freigabe erstellen.

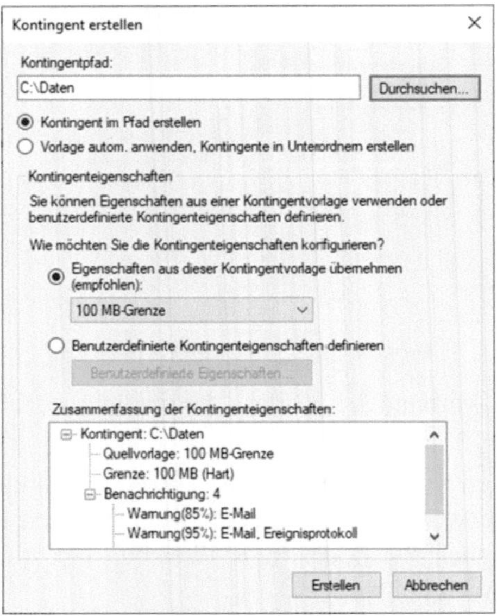

Abbildung 6.27: Kontingent

Sobald dieses Kontingent angewendet ist, erhalten alle Personen, die in dieser Freigabe etwas speichern möchten, das die Kontingentgrenze sprengt, folgende Fehlermeldung:

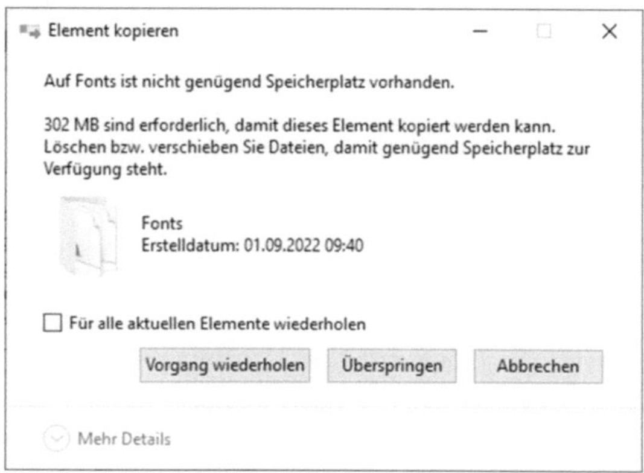

Abbildung 6.28: Fehlermeldung

Übrigens: Die Nutzung des Speichers können Sie natürlich wieder mit einem Speicherbericht überprüfen!

Übung 6.3.2

- Installieren Sie den Ressourcen – Manager für Dateiserver auf „Server3“
- Konfigurieren Sie ein hartes Kontingent für die Freigabe „Daten“ von 100 MB
- Versuchen Sie, den Ordner „C:\Windows\Fonts“ nach „C:\Daten“ zu kopieren

6.3.3 Dateiprüfungsverwaltung

An dieser Stelle haben wir die Möglichkeit, gezielt den Festplattenspeicher auf dem Fileserver einzuschränken und zu überwachen.

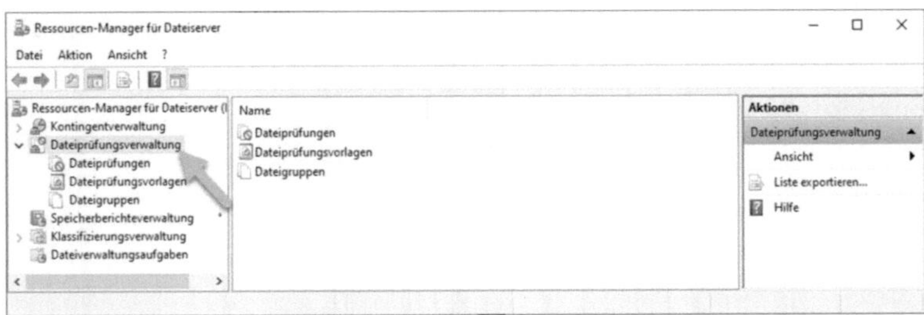

Abbildung 6.29: Dateiprüfungsverwaltung

So können wir beispielsweise festlegen, dass bestimmte Dateien nicht gespeichert werden dürfen.

Dazu wechseln wir zum Knotenpunkt „Dateigruppen".

Abbildung 6.30: Dateigruppen

Sie sehen, hier sind bereits einige Gruppen von Dateiarten festgelegt worden, mit den entsprechenden Endungen.

Diese Gruppen können wir nach Belieben bearbeiten, und zum Beispiel Ausschlüsse hinzufügen.

Ein Beispiel:

Sie möchten, dass Ihre Kollegen keine *mp3 Dateien auf dem Server speichern, und auch alle anderen Musik- und Filmdateien sollen nicht mehr die Ressourcen belasten.

Um dies zu erreichen, gehen Sie in drei Schritten vor:

1. **Sie bearbeiten eine vorhandene Dateigruppe oder erstellen eine neue**

Öffnen Sie den Knotenpunkt „Dateigruppen". Sie werden erkennen, dass hier bereits eine große Menge an Dateigruppen definiert ist, unter anderem auch eine Gruppe „Audio- und Videodateien".

Deswegen müssen Sie keine neue Gruppe erstellen, was aber auch problemlos möglich wäre.

Öffnen Sie die gewählte Gruppe, um die Konfiguration zu überprüfen.

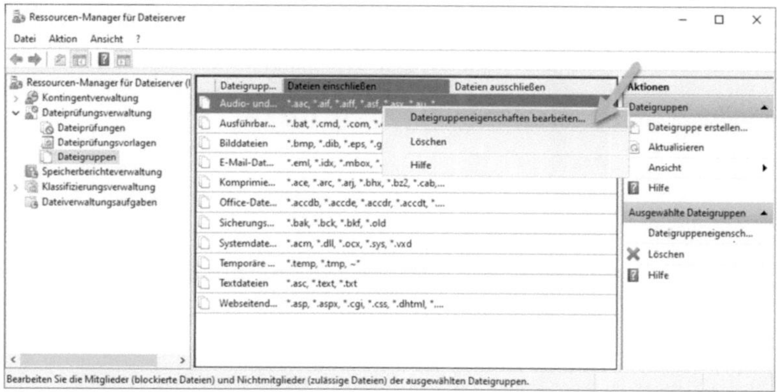

Abbildung 6.31: Dateigruppe „Audio- und Videodateien"

Hier sehen Sie, welche Endungen in dieser Gruppe eingeschlossen sind. Achten Sie darauf, dass Sie alle Endungen, die Sie verbieten möchten, hinzufügen.

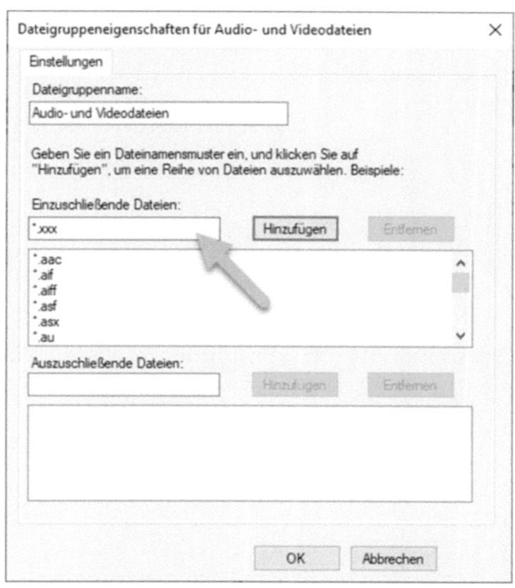

Abbildung 6.32: Dateiendungen

Sie können auch Ausnahmen definieren.

ACHTUNG!

Wenn Sie an dieser Stelle Ausnahmen definieren, dürfen die Dateien mit diesen Endungen später gespeichert werden! Ausnahmen sind also Ausnahmen vom Verbot!

Gut.

Nun kommt der zweite Schritt.

2. **Sie bearbeiten eine vorhandene Dateiprüfungsvorlage oder erstellen eine neue**

Dateiprüfungsvorlagen sind vordefinierte Sätze, in denen Sie die Parameter definieren können, nach denen das Speichern in der Freigabe geprüft werden soll.

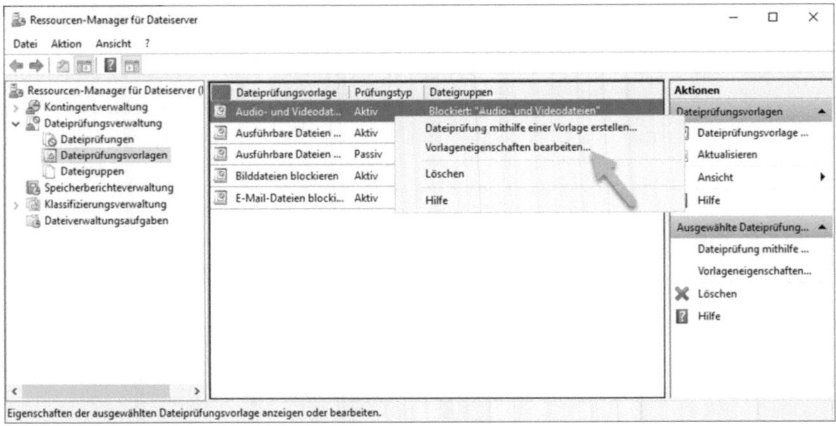

Abbildung 6.33: Dateiprüfungsvorlage

Auch hier existiert bereits eine geeignete Vorlage, die wir bearbeiten können.

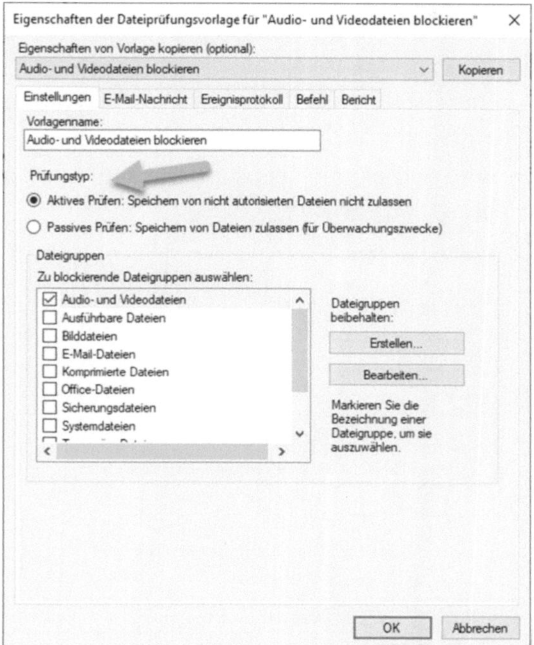

Abbildung 6.34: Vorlage „Audio- und Videodateien blockieren“

Auf der ersten Karteikarte wählen Sie die Dateigruppen aus, die Sie blockieren möchten.

Entscheiden Sie sich auch für

- Aktives Prüfen (Speichern verboten)

  oder

- Passives Prüfen (Speichern erlaubt, nur zur Überwachung)

Auf den weiteren Karteikarten können Sie noch zusätzliche Parameter festlegen, wie das Schicken einer E-Mail, einen Eintrag im Ereignisprotokoll und ähnliches.

ACHTUNG!

Noch ist das Blockieren nicht aktiv, denn Sie haben bisher nur die Vorarbeit geleistet!

Es folgt jetzt erst das Aktivieren.

3. **Dateiprüfung generieren**

Im letzten Schritt erstellen Sie eine neue „Dateiprüfung“, die sich natürlich auf eine Freigabe beziehen muss.

Diese Freigabe wird in Zukunft überprüft und mit den Anweisungen in der gewählten Vorlage verglichen.

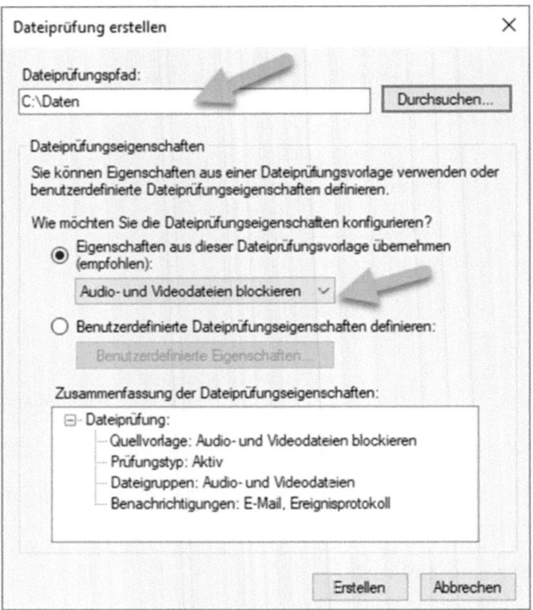

Abbildung 6.35: Dateiprüfungen

Nach Abschluss der Einrichtung ist die Dateiprüfung im Fenster erkennbar und sofort aktiv.

Sollte jetzt jemand versuchen, eine Datei mit einer verbotenen Endung, beispielsweise *mp3, in der geschützten Freigabe zu speichern, erhält er folgende Fehlermeldung:

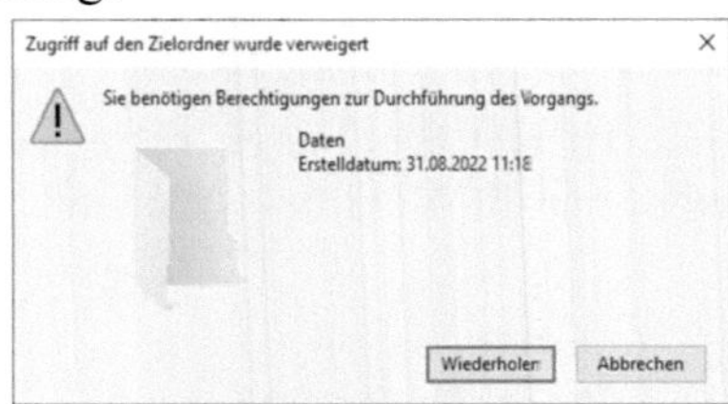

Abbildung 6.36: Fehlermeldung

Leider ist diese Fehlermeldung nicht besonders aussagekräftig.

Übung 6.3.3

- Erstellen Sie auf „Server3“ eine Dateiprüfung, die verbietet, dass Bilddateien im Ordner C:\Daten gespeichert werden
- Sie möchten, dass auch das (fiktive) Bildformat „*.bild“ nicht gespeichert werden kann
- Erstellen Sie im Ordner C:\Daten ein Bitmapbild

6.3.4 Speicherberichteverwaltung

Um einen Dateiserver richtig verwalten zu können, sollte man sich regelmäßig ein Bild über die Speicherbelegung und andere Parameter machen.

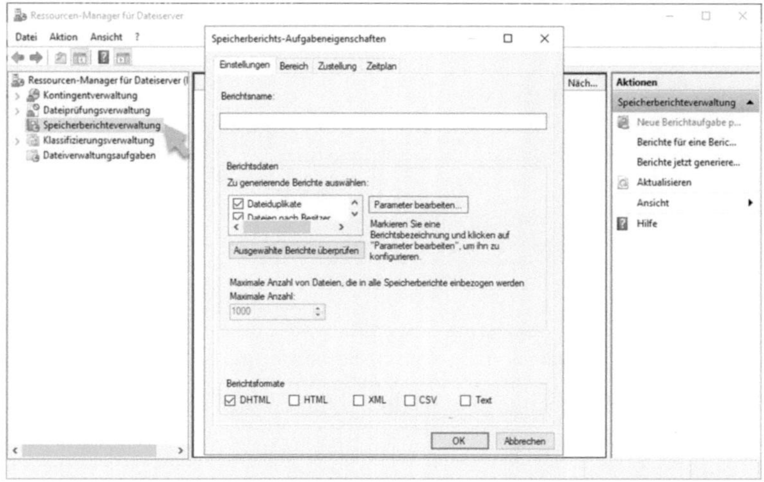

Abbildung 6.37: Speicherberichterstattung

So gibt es einige Informationen, die nur sehr schwierig zu erhalten sind, oder ist es für Sie einfach, herauszufinden, welche Dateien schon seit längerer Zeit nicht mehr verwendet worden sind?

Um Ihnen diese Arbeit zu erleichtern, gibt es die Speicherberichterstattung, mit der Sie regelmäßige Berichte generieren lassen können.

Sie legen fest, welche Berichte erstellt werden sollen, und welche Ordner dafür herangezogen werden.

Wieder können Sie den Bericht per E-Mail schicken lassen.

Zuletzt legen Sie noch den Zeitplan fest, und das war auch schon alles.

Nun können Sie regelmäßig die gewünschten Berichte auswerten.

6.3.5 Die Klassifizierungsverwaltung

Mit der Klassifizierungsverwaltung können Sie Dateien zusätzliche Eigenschaften zuweisen, wie „vertraulich".

Wenn Dateien auf diese Art klassifiziert sind, können Tasks generiert werden, die diese Klassifikationen betreffen, wie beispielsweise „alle Dateien an einen bestimmten Ort verschieben".

Wir beginnen mit den Klassifizierungseigenschaften.

Klassifizierungseigenschaften erstellen

Im ersten Schritt müssen Klassifizierungseigenschaften definiert werden.

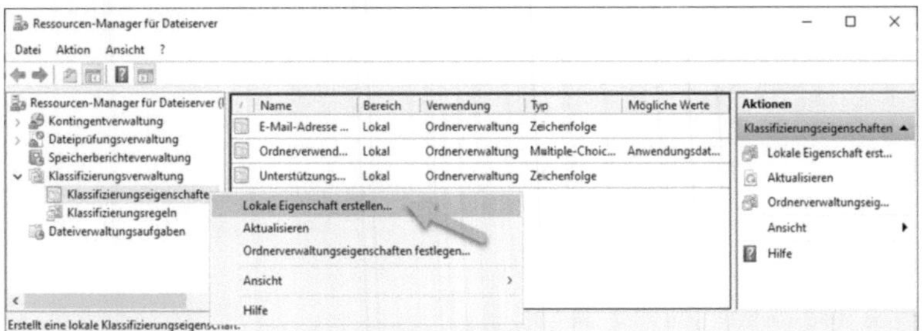

Abbildung 6.38: Klassifizierungseigenschaften

Geben Sie der neuen Eigenschaft einen Namen und wählen Sie einen Typ aus.

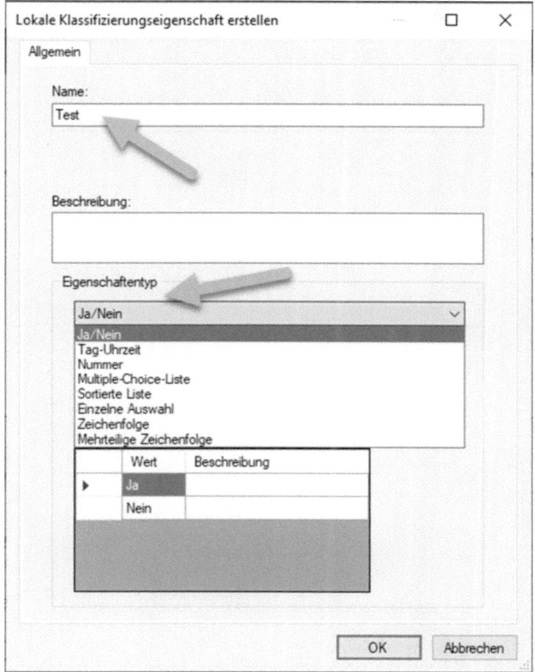

Abbildung 6.39: Typ

Klassifizierungsregeln erstellen

Das Definieren der Regeln für die Eigenschaften bedeutet noch nicht, dass Dateien bereits diese Eigenschaften haben.

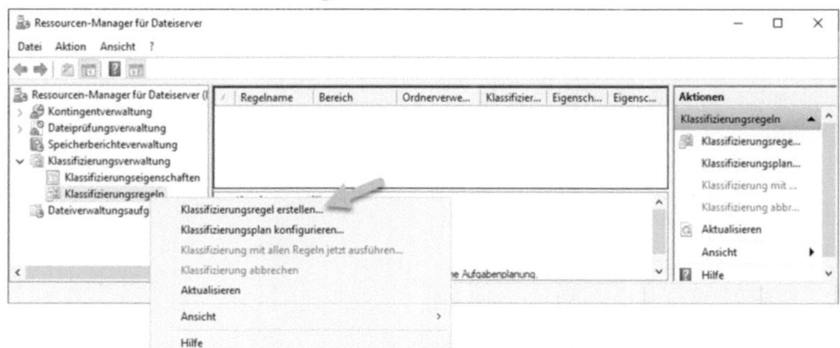

Abbildung 6.40: Klassifizierungsregeln erstellen

Sie legen den Namen fest und definieren, für welche Speicherorte diese Regel angewendet werden soll.

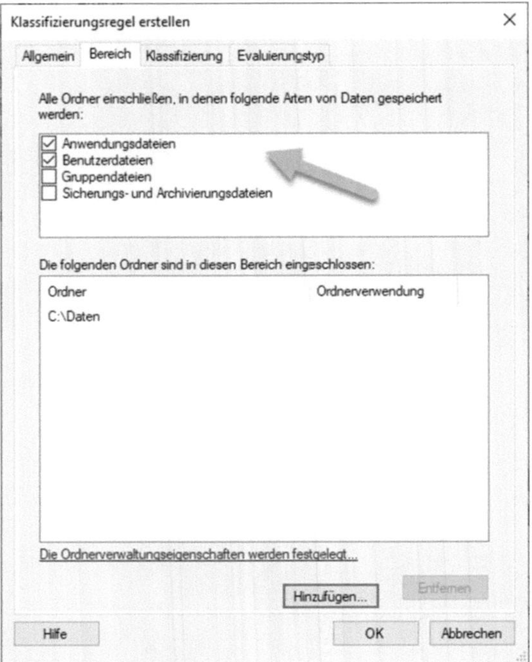

Abbildung 6.41: Bereich

Der Bereich kann anhand von Arten von Daten oder auch über Pfade festgelegt werden.

Die wichtigste Einstellung nehmen wir auf der Karteikarte „Klassifizierung" vor.

Hier legen Sie die Klassifizierungseigenschaft und den Wert fest.

In diesem Beispiel nehmen wir eine „Inhaltsklassifizierung" vor. Das bedeutet, dass die Dateien nach bestimmten Inhalten durchsucht werden, die im nächsten Schritt festgelegt werden.

Es gibt noch weitere Möglichkeiten.

Ordnerklassifizierung

Hier werden die Ordner klassifiziert.

Windows PowerShell-Klassifizierung

Hier werden Daten im gewählten Bereich nach einem PowerShell Skript klassifiziert.

Abbildung 6.42: Klassifizierung

Wenn wir auf „Konfigurieren" klicken, erhalten wir ein weiteres Fenster.

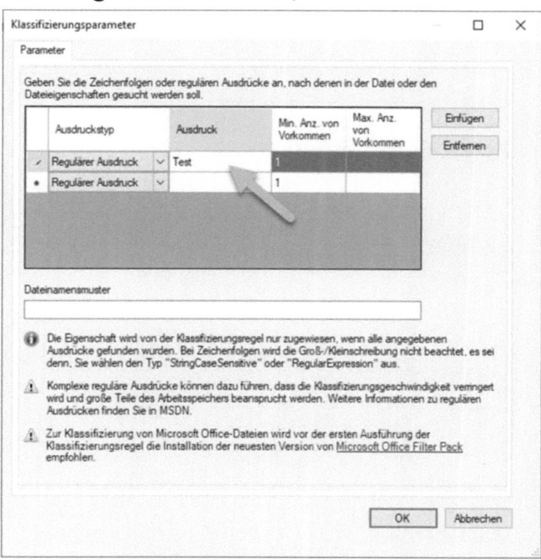

Abbildung 6.43: Parameter

Hier legen wir die Parameter für die Auswahl fest.

Nun kann die Klassifizierung angewendet werden.

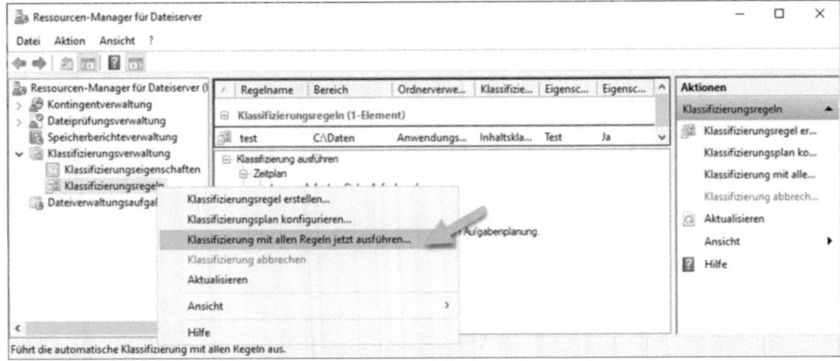

Abbildung 6.44: Anwenden der Klassifizierung

6.3.6 Dateiverwaltungsaufgaben

Der letzte Punkt ist eine gewisse Automatisierung von Verwaltungsaufgaben in Bezug auf Dateien.

Ich möchte Ihnen die Möglichkeiten anhand eines Beispiels zeigen, mit dem Sie Dateien, die eine bestimmte Zeit lang nicht mehr benutzt worden sind, in ein von Ihnen definiertes Verzeichnis geschoben werden, wo Sie diese dann problemlos löschen können.

Dafür erstellen Sie eine neue Dateiverwaltungsaufgabe.

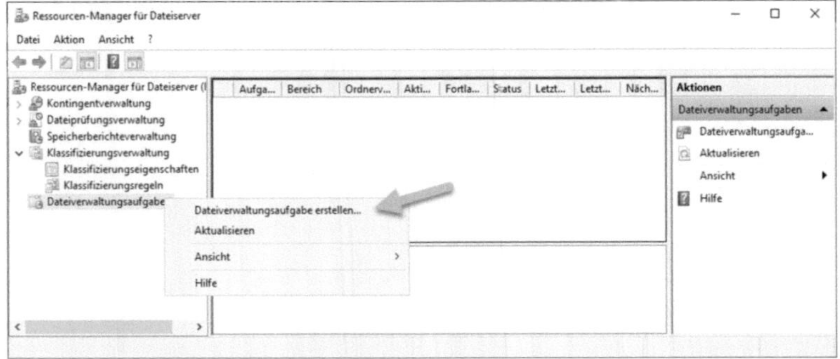

Abbildung 6.45: Neue Dateiverwaltungsaufgabe

Wie schon in den vorherigen Beispielen, geben Sie der Aufgabe einen Namen und legen den Bereich fest, in dem sie ausgeführt werden soll.

Abbildung 6.46: Bereich

Auf der Registerkarte „Aktion" legen Sie in diesem Fall „Dateiablauf" fest und definieren ein Verzeichnis, in das die „abgelaufenen" Dateien geschoben werden sollen.

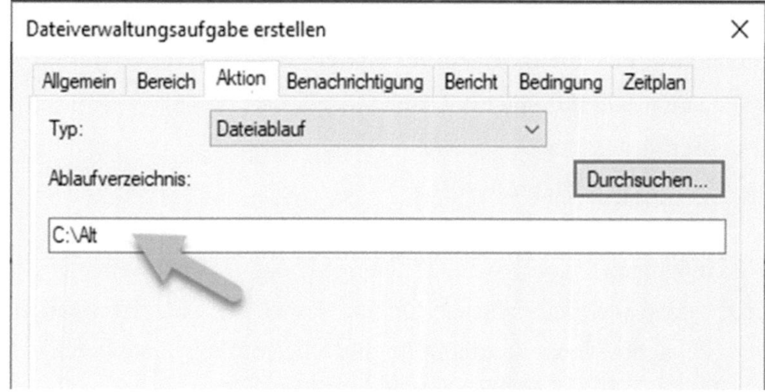

Abbildung 6.47: Aktion

Die Registerkarten „Benachrichtigung“ und „Bericht“ geben Ihnen die Möglichkeit der Nachvollziehbarkeit der Aktionen.

Auf der Registerkarte „Bedingung“ legen Sie fest, was der Auslöser für den Ablauf der Daten sein soll

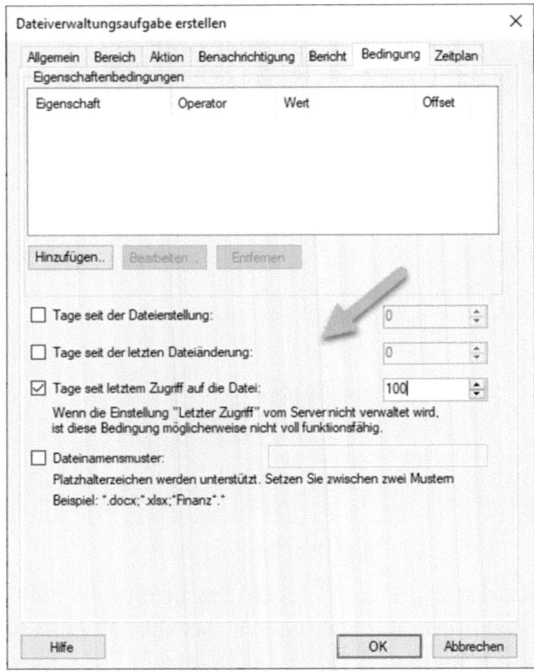

Abbildung 6.48: Bedingung

Sie können wählen, ob Sie die Zeit

- Seit der Erstellung der Datei
- Seit der letzten Änderung
- Seit dem letzten Zugriff

wählen möchten.

Auch die Auswahl eines Musters für den Namen der Datei ist möglich.

Wenn Sie noch einen Zeitplan für die Überprüfung erstellt haben, ist diese Dateiverwaltung aktiv.

6.3.7 Dateiserver Ressourcen Manager mit der PowerShell

Die wichtigsten Cmdlets teilen sich auf in

Cmdlet	Bedeutung
Get-Fsrm******	Informationen lesen
New-Fsrm*****	Neue Objekte anlegen
Remove-Fsrm*******	Objekte löschen
Set-Fsrm******	Parameter einstellen

Für die Sterne müssen die entsprechenden Bezeichnungen eingesetzt werden.

Ein Beispiel:

Sie möchten Einstellungen für Kontingentvorlagen ändern:

```
SET-FSRMQUOTATEMPLATE
```

Übung 6.3.7

- Erstellen Sie eine Dateiverwaltungsaufgabe mit dem Namen „Alte Daten“, bei der Sie auf „Server3“ alle Daten im Ordner C:\Daten in den Ordner „C:\Alt“ verschieben, sobald diese Daten mehr als 100 Tage nicht mehr benutzt worden sind
- Die Prüfung soll jeden Montag geschehen
- Setzen Sie alle virtuellen Maschinen auf den Prüfpunkt „Tag 4“ zurück

7 Vom Einzelrechner zum Netzwerk: Grundlagen

7.1 Einführung

In den letzten Jahren wurde die Diskussion über die Unzulänglichkeiten von IPv4 immer lauter und es ist nur die logische Folge, dass es in der nächsten Zeit von seinem Nachfolger dem IPv6 ersetzt werden wird.

7.2 IPv4 und IPv6

Allerdings ist momentan noch IPv4 gebräuchlich und es wird uns auch in den nächsten Jahren auf jeden Fall noch begegnen.

Deswegen sollten wir solide Kenntnisse über diese Technologie haben.

7.2.1 Was sind Protokolle?

Der Begriff „Protokoll“ ist aus vielen alltäglichen Situationen bekannt. Als Beispiel sei hier das „diplomatische Protokoll“ genannt oder auch das „Sternenflottenprotokoll“, das allen Treckies bekannt sein dürfte.

In jedem Fall handelt es sich bei all diesen „Protokollen“ um Vereinbarungen, wie die Kommunikation stattfinden soll.

Gerade bei diplomatischen Anlässen ist es von größter Bedeutung, dass alle Beteiligten, egal woher sie kommen, eine genaue Vorstellung haben, wie der Ablauf jeder Kommunikation stattzufinden hat. Oftmals ist die Sprachenbarriere zu überwinden und ohne genaue Definition der Vorgehensweise kann es hier leicht zu Fehlinterpretationen kommen.

Auch in der EDV erfüllt ein Protokoll genau den gleichen Zweck: Die Art, wie zwei Computer ihre Daten austauschen, wird vorher genau festgelegt, damit es zu keinerlei Irrtümern kommen kann. Natürlich muss dieses Protokoll auf beiden Seiten der Kommunikation bekannt sein, damit sich beide Stellen an die Vereinbarungen halten können.

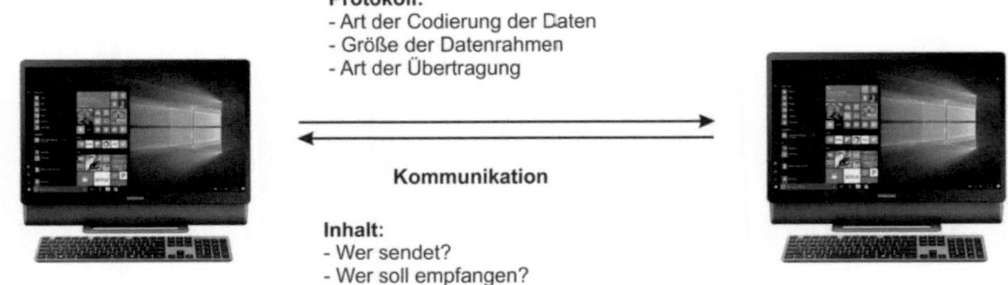

Abbildung 7.1: Prinzip der Protokolle

Mit den Protokollen wird festgelegt:

- Die Art der Codierung der Daten
- Die Größe der Datenrahmen
- Die Art der Übertragung

Inhalt der Kommunikation sind folgende Komponenten:

- Wer sendet?
- Wer soll empfangen?
- Welche zusätzlichen Protokolle sind an der Kommunikation beteiligt?
- Daten

Sie sehen, die eigentliche Datenübertragung ist nur ein kleiner Teil der Kommunikation. Natürlich müssen auch zusätzliche Informationen übertragen werden, damit eine Kommunikation stattfinden kann.

7.2.2 Arten der Kommunikation

Kommunikation ist das Austauschen von Informationen zwischen zwei oder mehreren Stellen. Eine Kommunikation kann auf drei verschiedene Arten stattfinden.

Unicast

Eine Kommunikation über Unicast ist ein gezieltes Ansprechen des Ziels und eine gerichtete Übertragung der Daten. Kein anderer Computer empfängt diese Daten, es ist eine sehr effektive Kommunikation.

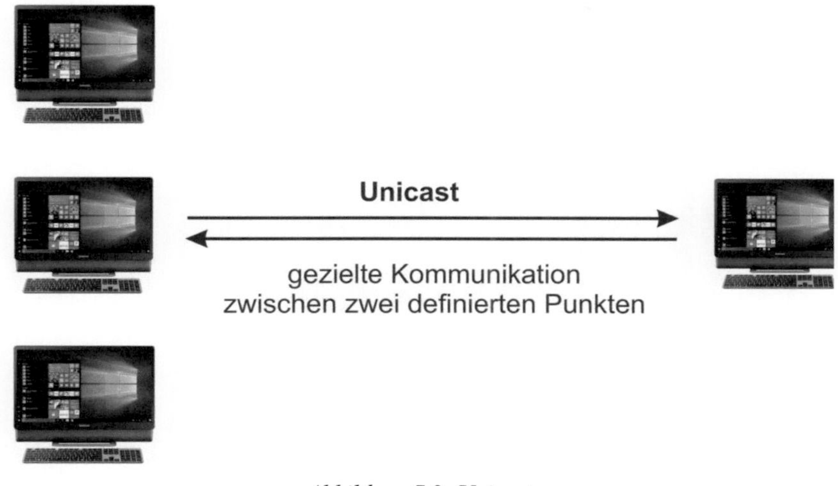

Abbildung 7.2: Unicast

Damit eine Kommunikation durch Unicast stattfinden kann, müssen natürlich beide Stellen der Kommunikationsendpunkte eindeutig definiert sein. Nur dann können die Ziele auch klar angesprochen werden. Dies wird bei den gebräuchlichsten Protokollen durch Adressen geregelt.

Jeder Computer hat eine eindeutige Adresse, unter der er zu erreichen ist. Mit dieser Lösung ist es einfach, einen bestimmten Computer per Unicast anzusprechen.

Broadcast

Broadcast ist in etwa die „Wurfsendung“ unter den Kommunikationsmöglichkeiten. Bei einem Broadcast wird eine Information einmal gesendet, aber nicht mit einer genauen Zieladresse versehen. Dies hat zur Folge, dass alle Computer diese Information empfangen werden, auch wenn sie für sie nicht von Interesse ist.

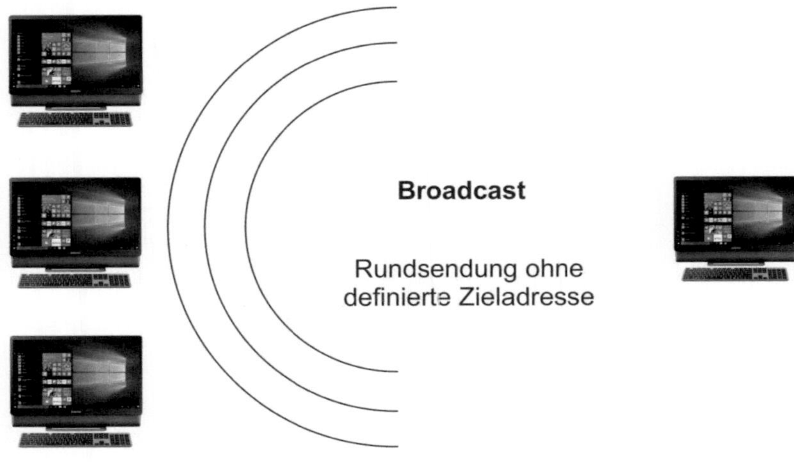

Abbildung 7.3: Broadcast

Broadcast ist eine sehr alte Art der Kommunikation und nicht sehr effektiv. Mit Broadcast wird ein Netzwerk sehr schnell mit unnötigen Sendungen stark belastet und dadurch langsam. Außerdem ist Broadcast auf ein Segment beschränkt und kann nicht über einen Router hinweg benutzt werden.

Multicast

Multicast ist eine Kommunikationsart, die die Vorteile von Unicast mit denen von Broadcast verbindet.

Stellen wir uns folgendes Problem vor:

Wir möchten eine Videokonferenz abhalten, in der wir uns mit den Abteilungsleitern unterhalten möchten. Alle anderen Kollegen sollen davon aber nichts mitbekommen.

Nun haben wir nach unserem bisherigen Wissen zwei Möglichkeiten, das Problem zu lösen:

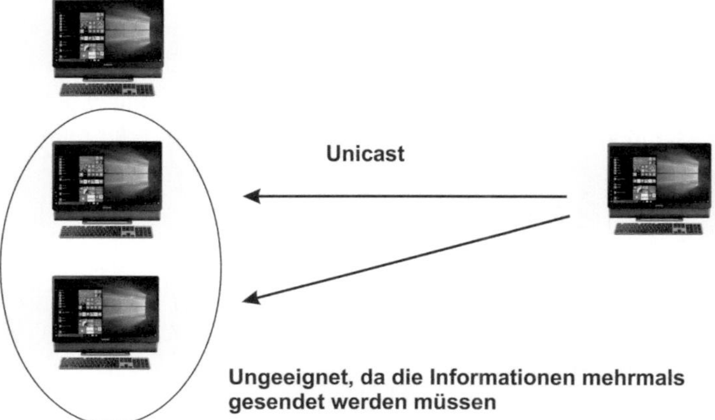

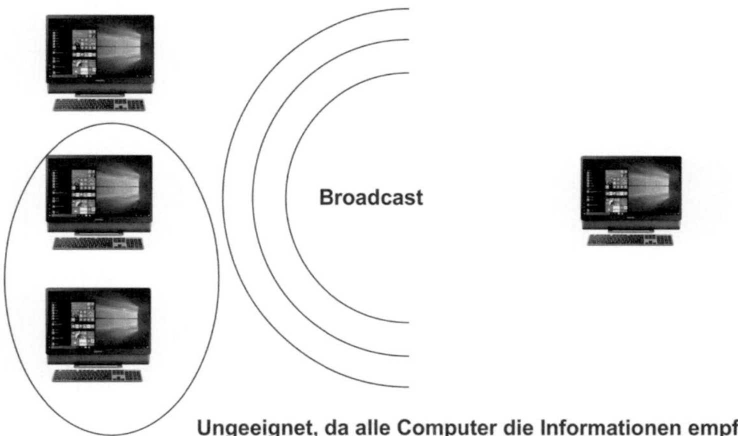

Abbildung 7.4: Kommunikation mit mehreren definierten Computern

Kommunikation über Unicast

Bei einer Kommunikation über Unicast kann immer nur eine Adresse als Ziel angegeben werden. Somit müssen die Daten an alle Adressen, die erreicht werden sollen, getrennt verschickt werden.

Dies ist ein immens großer Aufwand und das Netzwerk wird mit den Datenmengen, die bei einer Videokonferenz entstehen, unter Umständen nicht fertig, wenn die Daten an jeden Zielcomputer einzeln geschickt werden müssen.

Kommunikation über Broadcast

Hier wird die Information zwar nur einmal verschickt, aber alle Computer werden sie empfangen, egal, ob sie zur Zielgruppe gehören oder nicht.

Also sind alle zwei Methoden, die wir bisher kennen, für dieses Anwendungsbeispiel ungeeignet.

Um nur einige bestimmte Computer zu erreichen, gibt es die Kommunikationsart des „Multicast".

Hierbei werden vorher Multicastgruppen gebildet und definiert, wie zum Beispiel „Abteilungsleiter".

Danach werden die Daten an diese Gruppe übertragen. Dadurch können die Vorteile von Unicast (gezielte Kommunikation) und Broadcast (nur eine Datenübertragung) miteinander kombiniert werden.

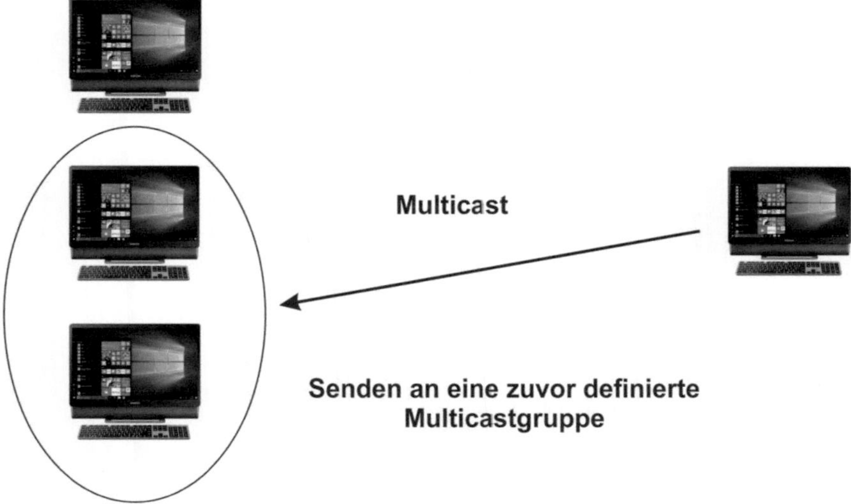

Abbildung 7.5: Kommunikation mit Multicast

7.2.3 Das Netzwerkprotokoll TCP/IP

Natürlich gibt es einige Protokolle, die für eine Kommunikation im Netzwerk benutzt werden können. Die meisten haben sich nicht durchgesetzt, es wird eigentlich nur noch TCP/IP benutzt. Die anderen Protokolle hatten teilweise früher große Bedeutung, sind nun aber auf ein Minimum an Verbreitung reduziert.

TCP/IP ist das am meisten benutzte Protokoll in der Netzwerkwelt. Das Internet kommuniziert über TCP/IP und auch in den internen Firmennetzwerken ist es in beinahe allen Fällen das Protokoll der Wahl.

Routingfähigkeit:

TCP/IP ist natürlich routingfähig. Wenn mehrere Computerwelten das Protokoll TCP/IP benutzen, ist eine Kommunikation problemlos möglich.

7.2.4 Netzwerkkarte und Netzwerktechnologien

Um den Kommunikationsweg zu verstehen, ist es zunächst einmal wichtig zu verstehen, wie die einzelnen Komponenten, die an der Kommunikation beteiligt sind, funktionieren.

Netzwerkkarte

Die Netzwerkkarte ist die Schnittstelle zwischen Computer und Kabel. Sie hat wichtige Aufgaben zu erfüllen:

Empfangen der Daten vom Computer und Umwandeln der Daten in elektrische Signale

Die Netzwerkkarte muss die Daten, die sie vom Computer erhält, in die entsprechenden elektrischen Signale umwandeln.

Empfangen der elektrischen Signale und Umwandeln in Daten

Auch umgekehrt muss die Netzwerkkarte arbeiten. Wenn Signale über das Datenkabel an den Computer geschickt werden, muss die Netzwerkkarte diese in ein Format umwandeln, das von den Protokollen weiterbearbeitet werden kann.

Prüfen, ob die Daten für den entsprechenden Computer bestimmt sind

Wenn Daten gesendet werden, muss die Netzwerkkarte überprüfen, ob die Daten an diesen Computer gesendet worden sind.

Jede Netzwerkkarte hat eine eindeutige Kennung, die völlig unabhängig von der Adressierung ist. Die Adressierung wird im Betriebssystem gemacht, die Kennung auf der Netzwerkkarte dagegen ist eine Hardwarecodierung. Bereits bei der Herstellung bekommt jede Netzwerkkarte eine „MAC-Adresse“ (Media Access Control). Diese Adresse gibt es auf der ganzen Welt nur einmal und damit kann jede einzelne Netzwerkkarte eindeutig identifiziert werden. Protokolle machen von dieser Funktionalität Gebrauch.

Die MAC-Adresse ist die Hardware-Adresse einer jeden Netzwerkkarte, die zur eindeutigen Identifikation eines Hosts im Netzwerk dient. Die MAC-Adresse wird fest in einem Chip eingebrannt und kann in der Regel nicht mehr verändert werden.

Wenn Sie Ihre eigene MAC-Adresse betrachten möchten, können Sie dies tun, indem Sie an der Eingabeaufforderung folgenden Befehl eingeben:

IPCONFIG /ALL

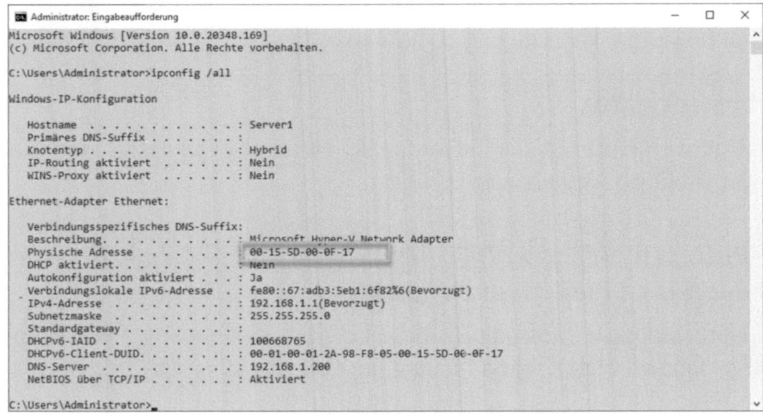

Abbildung 7.6: Anzeigen der MAC-Adresse

Hier können Sie zusätzlich zu einigen Informationen, die in späteren Kapiteln besprochen werden, die „Physikalische Adresse“ betrachten. In unserem Beispiel lautet sie:

00-15-5D-00-0F-17

Wie unschwer zu erkennen ist, besteht die MAC-Adresse aus 6 Blöcken, die in hexadezimaler Schreibweise dargestellt werden.

Die ersten drei Blöcke sind eine herstellerspezifische Kennung. So kann mit der MAC-Adresse jederzeit erkannt werden, von welchem Hersteller diese Netzwerkkarte ist.

Die letzten drei Blöcke der MAC-Adresse sind eindeutig und werden nur ein einziges Mal vergeben.

Bei gerichteter Kommunikation wird das Datenpaket immer an die MAC-Adresse geschickt. An der Netzwerkkarte wird überprüft, ob das Datenpaket für diese MAC-Adresse bestimmt ist und nur dann weitergegeben, damit es verarbeitet werden kann.

Dieser Mechanismus ist sehr effizient, denn die Netzwerkkarte erledigt bereits die Arbeit der Identifikation des Ziels und gibt das Datenpaket nur dann an die Protokolle weiter, wenn es auch bearbeitet werden soll.

Steuern des Datenflusses durch das Kabel

Eine weitere Aufgabe der Netzwerkkarte ist es, den Datenfluss durch das Kabel zu steuern.

Momentan gibt es zwei Technologien, die für den Datenfluss verwendet werden: Ethernet und Token Ring, wobei nur noch das Ethernet eine Rolle spielt.

Die Netzwerkkarte hat nun die Aufgabe, für eine reibungslose Kommunikation mit der jeweiligen Technologie zu sorgen.

Übung 7.2.4

- Gehen Sie auf die Website http://laue-net.de/index.php/downloads/uebungen
- Wählen Sie dort das Online-Quiz „Was sind Protokolle“ und lösen Sie es

Netzwerktechnologien

Ethernet

Im Ethernet, dem System, das in fast allen Netzwerken verwendet wird, besteht die Gefahr der Kollision von Datenpaketen.

Ethernet basiert auf dem Prinzip des Busses.

Ein Bus ist eine Leitung, an der mehrere Verbraucher angeschlossen sein können. So ist der „ISDN-Bus“ sehr bekannt. Wenn Sie eine ISDN-Leitung (Mehrgeräteanschluss) haben, können Sie an Ihrem Anschluss mehrere Geräte anschließen und alle werden mit den Informationen versorgt.

Das gleiche Prinzip existiert auch beim Datenverkehr im Netzwerk.

Abbildung 7.7: Prinzip des Busses

Bei einem Bus in der Netzwerktechnik existiert ein Kabel, an das alle Endgeräte angeschlossen werden. Dieses Kabel benötigt am Ende sogenannte „Terminatoren“ oder „Abschlusswiderstände“ von 50 Ohm. Ohne die Abschlusswiderstände ist eine Kommunikation nicht möglich.

Das Problem beim Ethernet ist, dass es keine festgelegte Richtung geben kann, in der die Datenpakete gesendet werden. Dies hat zur Folge, dass die Möglichkeit besteht, dass Datenpakete miteinander kollidieren.

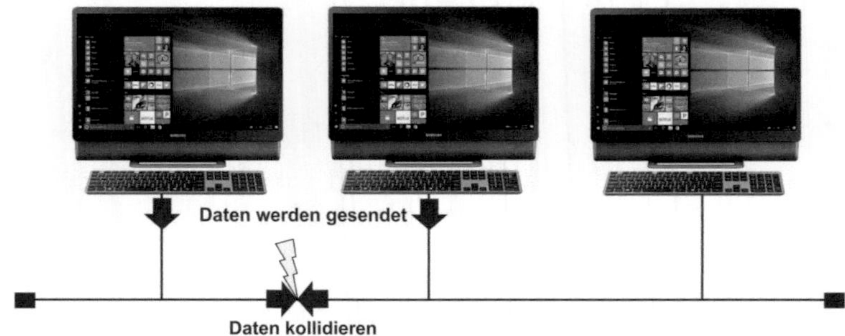

Abbildung 7.8: Datenkollision beim Ethernet

Die Kollision von Daten kommt leider im Ethernet relativ häufig vor. Bei einer Kollision werden die Daten zerstört und sind somit unbrauchbar geworden.

Netzwerkkarten im Ethernet erkennen Kollisionen. Sie arbeiten nach dem Prinzip „CSMA/CD“ (Carrier Sense Multiple Access / Collision Detection).

Das bedeutet, Netzwerkkarten im Ethernet überwachen die Kommunikation. Dazu benutzen sie eine der zwei Drähte des Kabels und „horchen“ ins Netzwerk. Wenn sie eine Kollision bemerken, senden sie die Daten erneut, aber sie warten eine zufällige Zeit ab, damit nicht die Gegenstelle zur gleichen Zeit ihre Daten erneut sendet.

Ethernet kann also sehr langsam werden, wenn die Anzahl der Kollisionen steigt. Für uns ist es sehr wichtig, alles zu tun, damit es möglichst wenige Kollisionen geben kann.

Die Topologie des Ethernets ist in der oben dargestellten Form fast nicht mehr zu finden. Die aktuelle Topologie ist das Sternnetz, das aber ebenfalls als Bus funktioniert.

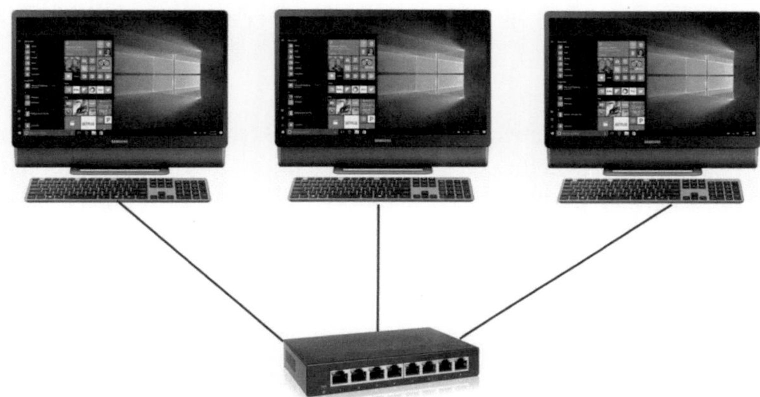

Abbildung 7.9: Ethernet mit Hub

Dafür wird ein „Hub“ eingesetzt. Dies ist ein Gerät, an dem einzelne Rechner mit einem eigenen Kabel angeschlossen werden. Damit ist die Fehlertoleranz natürlich viel höher als bei der ursprünglichen Bustopologie.

Leider ist der Bus noch immer existent: Er befindet sich im Hub. Das Problem der Kollision ist also noch immer nicht gelöst.

Dafür gibt es einen Switch, dazu später mehr.

Token Ring

Die zweite Netzwerktechnologie ist der „Token Ring“. Hier gibt es keinen Bus, sondern die Basis der Datenübertragung ist in diesem Fall ein Ring. Der Token Ring ist nicht mehr sehr gebräuchlich, Sie sollten aber trotzdem die Grundzüge dieser Technologie kennen.

Dieser Ring erlaubt eine definierte Richtung, in die die Daten übertragen werden können. Damit sind Kollisionen unmöglich.

Der Token Ring funktioniert nach der Zugriffsmethode „Token passing“.

Hierbei existiert ein „Token“, das vom Netzwerk generiert wird, wenn der erste Computer online geht. Ein Token ist eine bestimmte Abfolge von Bits, die von jedem Gerät erkannt wird. Das Token ist so etwas wie die „Lokomotive“ für die Daten. Nur der Computer, der das Token hat, kann seine Daten an dieses Token anhängen und versenden. Das Token kreist im Netzwerk und bietet sich an.

Wenn nun ein Computer senden möchte, benutzt er das Token und hängt seine Daten an das Token an. Der Zielcomputer nimmt alle Datenpakete einschließlich des Tokens vom Netzwerk, generiert sofort ein neues Token und schickt dieses wieder in das Netzwerk zurück.

Die Geschwindigkeit eines Netzwerks mit Token Ring liegt zwischen 4 und 16 MB. Dies scheint sehr wenig zu sein, im Verhältnis zu den 100 MB, die für das Ethernet normal sind. Aber im Token Ring gibt es keine Kollisionen, die Nominalgeschwindigkeit wird immer erreicht, dieser Umstand lässt die Geschwindigkeit doch wieder bedeutend größer erscheinen.

Auch für den Token Ring gibt es eine Sterntopologie.

In diesem Fall wird ein Gerät benutzt, das ähnlich wie ein Hub aussieht, aber intern einen Token Ring integriert hat. Dieses Gerät nennt sich „MSAU“ (Multistation Access Unit).

Aktive Netzwerkkomponenten

Netzwerkkomponenten werden benötigt, um das Netzwerk zu betreiben oder zu erweitern. Es gibt zwei Arten von Netzwerkkomponenten:

- Aktive Netzwerkkomponenten
- Passive Netzwerkkomponenten

Passive Netzwerkkomponenten benötigen keinen Strom, um zu funktionieren. Beispiele für passive Netzwerkkomponenten sind

- Kabel
- Anschlussdosen
- Verteilerschränke ohne Lüftung

Aktive Netzwerkkomponenten dagegen benötigen einen Stromanschluss, damit sie ihre Aufgaben erfüllen können.

7.2.5 Das OSI-Modell

Um zu verstehen, wie die einzelnen Netzwerkkomponenten funktionieren, bleibt uns ein Referenzmodell für den Kommunikationsweg nicht erspart.

Abbildung 7.10: Das OSI Modell

Das OSI-Modell, oft auch OSI Referenzmodell genannt, wurde entwickelt, um eine eindeutige Definition der Wege zu haben, die ein Datenpaket auf seinem Weg über das Netzwerk nimmt. Sein vollständiger Name ist **O**pen **S**ystem **I**nterconnection **M**odell.

Das OSI Schichtmodell ist allgemeingültig und kann nicht nur auf die uns bekannte Datenkommunikation angewendet werden, sondern auch für den Aufbau der Telekommunikation oder anderen Kommunikationsmöglichkeiten. Es wurde im Jahre 1983 von der

International Organisation of Standardization (ISO) festgelegt.

Das OSI Schichtmodell besteht aus sieben Schichten:

Schicht 1: Physical Layer (Bitübertragungsschicht)

Diese Schicht definiert, wie die physikalische Übertragung der Daten über die Leitung stattfindet. Hier werden die Art der Leitung und deren elektrische Spezifikationen definiert. Diese Schicht regelt auf der Ebene von Kabeln und Steckern die bitweise Übertragung der Daten über das Netzwerk.

Schicht 2: Data Link Layer (Sicherungsschicht)

Hier werden die Zugriffsmethoden auf das Kabel definiert.

Diese Schicht bündelt die Daten zu Paketen und fügt ihnen im Kopf (Header) und Ende (Trailer) Informationen hinzu, die zur Weiterleitung benötigt werden. Die zweite Schicht ist für den Transport der Datenpakete von Station zu Station zuständig und übernimmt die Fehlerkontrolle.

Schicht 3: Network Layer (Vermittlungsschicht)

Schicht 3 adressiert Meldungen innerhalb und zwischen Netzwerken.

In dieser Schicht werden Routen zur Übertragung von Datenpaketen festgelegt. Sie regelt die Weiterleitung der Datenpakete unter Zuhilfenahme von Schicht 2. Sie übernimmt die Adressierung der Pakete und die Auswahl des richtigen Pfades. Dieses Vorgehen wird auch Routing genannt und wird meistens vom Protokoll IP ausgeführt.

Schicht 4: Transport Layer (Transportschicht)

Sichert fehlerfreie Übertragung von Datenpaketen. Sie überprüft, ob alle Pakete vollständig angekommen sind. Diese Schicht ist sehr stark von den unteren Schichten abhängig.

Schicht 5: Session Layer (Sitzungsschicht)

Diese Schicht stellt eine logische Verbindung zwischen den Prozessen her, die auf dem Server und dem Client laufen. Sie sorgt für den Aufbau der „Session“ (Verbindung) und einen kontinuierlichen Wechsel von Anfragen und Antworten zwischen den einzelnen Anwendungen.

Schicht 6: Presentation Layer (Darstellungsschicht)

Textformatierung und Codeumwandlung.

In dieser Schicht wird die Umwandlung der Daten in das für das jeweilige erforderliche Format gemacht. Das Format wird von der Anwendung bestimmt (zum Beispiel *.doc). Sie komprimiert die Daten und kann eventuell auch verschlüsseln.

Schicht 7: Application Layer (Anwendungsschicht)

Auf der Anwendungsschicht findet die Informationsübertragung zwischen den Programmen statt.

Alle Schichten des OSI-Modells können nur mit den gleichen Schichten der Gegenseite kommunizieren. Das bedeutet, dass ein Datenpaket in jeder Schicht, die es von oben nach unten durchquert, neue Informationen erhält, die dann von der Gegenseite wieder gelesen werden können.

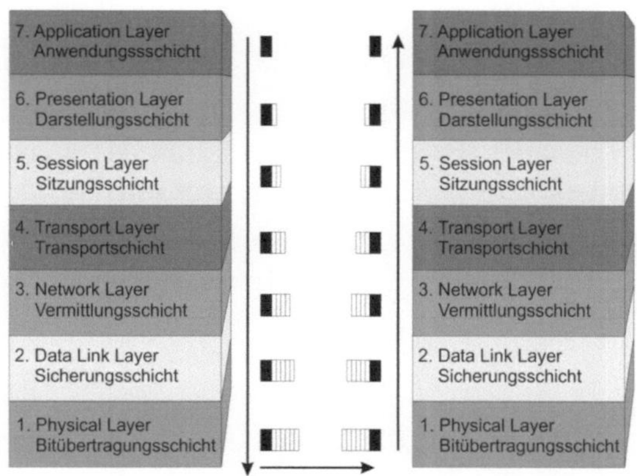

Abbildung 7.11: Kommunikationsweg über das OSI Schichtmodell

Das Datenpaket bekommt also in jeder Schicht zusätzliche Informationen, die auf der Gegenseite wieder gelesen und entfernt werden.

Dieses Modell, das zugegebenermaßen etwas theoretisch ist, wird uns das Verstehen des Kommunikationsweges und die Netzwerkkomponenten stark erleichtern.

Geräte der Schicht 1

Die Schicht 1 des OSI Modells ist die „Bitübertragungsschicht“ oder auch der „Physical Layer“.

Auf dieser Schicht werden die elektrischen und mechanischen Spezifikationen des Netzwerks definiert.

Was bedeutet das für unser Netzwerk?

In erster Linie wird hier die Spezifikation des Kabels definiert, wobei die benötigten Stecker mit integriert sind.

Diese Schicht definiert also nur die unterste Ebene der Kommunikation, die Ebene der Kabel und Stecker. Dies sind die passiven Netzwerkkomponenten der Schicht 1.

Nur Geräte, die ausschließlich elektrische Signale und mechanische Spezifikation betreffen, können dieser Schicht angehören. Dies gilt natürlich auch für die aktiven Netzwerkkomponenten.

Repeater

Ein Repeater ist eine Art von Verstärker, der dafür sorgt, dass das Signal immer eine bestimmte Stärke beibehält. Dies wird bei langen Datenleitungen benötigt. Ein Repeater empfängt das Signal, verstärkt es und leitet es weiter.

Dieses Prinzip kennen wir in erster Linie aus dem WLAN.

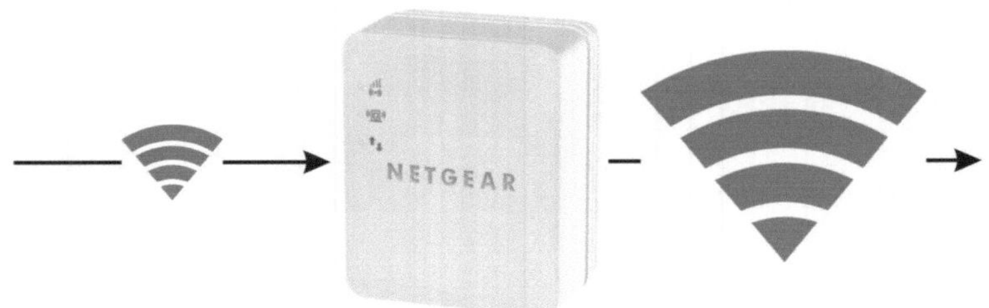

Abbildung 7.12: Repeater

Hub

Mittlerweile ist es nicht mehr üblich, einen Repeater einzusetzen, es wird mehr und mehr mit Hubs gearbeitet.

Ein Hub ist in seiner ursprünglichen Funktion eine Verdrahtungseinheit.

In einem Hub kommen in einer Sterntopologie mehrere Kabel zusammen, die gemeinsam auf den Bus zugreifen.

Nun wird jedes Signal schwächer, wenn das Kabel unterbrochen und erneut zusammengesetzt wird, wie es an Steckern immer der Fall ist.

Aus diesem Grund sind moderne Hubs alle aktiv, also mit Stromversorgung, denn zusätzlich zur Verdrahtungsfunktionalität arbeiten alle Hubs nun auch als Repeater.

Abbildung 7.13: Funktionsweise eines Hubs

Somit ergibt sich eine Gesamtübersicht über die Schicht 1:

Schichten	Passive Netzwerkkomponenten	Aktive Netzwerkkomponenten
1. Physical Layer Bitübertragungsschicht	- Netzwerkkabel - Stecker	- Repeater - Hub

Abbildung 7.14: Komponenten der Schicht 1

Die meisten passiven Netzwerkkomponenten befinden sich auf Schicht 1, da die meisten Komponenten der höheren Schichten Strom benötigen.

Geräte der Schicht 2

In Schicht 2 werden die Zugriffsmethoden für das Kabel definiert. Diese Schicht ist die Ebene der Netzwerkkarten.

Schichten	Passive Netzwerkkomponenten	Aktive Netzwerkkomponenten
2. Data Link Layer Sicherungsschicht		- Netzwerkkarte - Bridge (Brücke) - Switch

Abbildung 7.15: Schicht 2

Aktive Netzwerkkomponenten der Schicht 2 können außer der Netzwerkkarte nur Geräte sein, die die Zugriffsart auf das Kabel berücksichtigen.

Brücken (Bridges)

Eine Brücke ist ein Gerät, mit dem es möglich ist, verschiedene Typen von Netzwerkkarten miteinander zu verbinden, wie beispielsweise eine 100 MB Netzwerkkarte und eine GB Netzwerkkarte. Dies ist möglich, da auf Schicht 2 genau diese Zugriffsmethode definiert wird und bei beiden Netzwerkkarten die Zugriffsmethode die gleiche ist, sie unterscheiden sich lediglich bei der Übertragungsgeschwindigkeit.

Einige Brücken können auch die verschiedenen Netzwerktechnologien, wie Ethernet und Token Ring miteinander verknüpfen.

Eine Brücke kann bereits die MAC-Adresse lesen, da diese sich auf der Netzwerkkarte befindet und damit eine gezielte Zustellung des Datenpakets erreichen.

Switches

Mittlerweile sind Brücken kaum noch gebräuchlich, es haben sich größtenteils die Switches durchgesetzt.

Ein Switch ist der Funktionsweise eines Hub sehr ähnlich, hat aber die zusätzliche Möglichkeit, sich nach MAC-Adressen zu richten.

Einer der größten Nachteile beim Hub ist, dass er ein Datensignal, das er auf einem Port erhält, auf allen anderen Ports wieder herausschicken muss, da er auf Schicht 1 keine Möglichkeit hat, das Ziel zu erkennen.

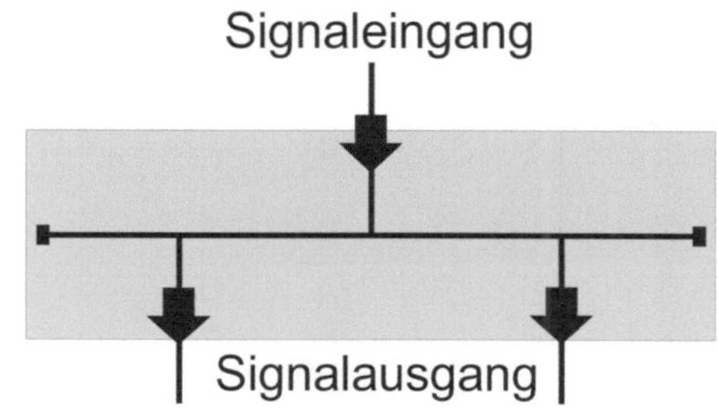

Abbildung 7.16: Signal Ein- und Ausgang bei einem Hub

Der Switch funktioniert prinzipiell genauso, nur nutzt er die Möglichkeit, die MAC-Adressen zu lesen und zu speichern. Dadurch kann ein Switch sehr viel effizienter als ein Hub arbeiten.

Wenn ein Switch ein Datenpaket empfängt, liest er die MAC-Adresse des Senders des Datenpakets aus und speichert diese in einer Tabelle, dem „Mac AddressTable".

Wenn beispielsweise ein Datenpaket an Port 1 ankommt, liest der Switch die MAC-Adresse des sendenden Rechners aus und schreibt diese Adresse in seinen „MAC Address Table".

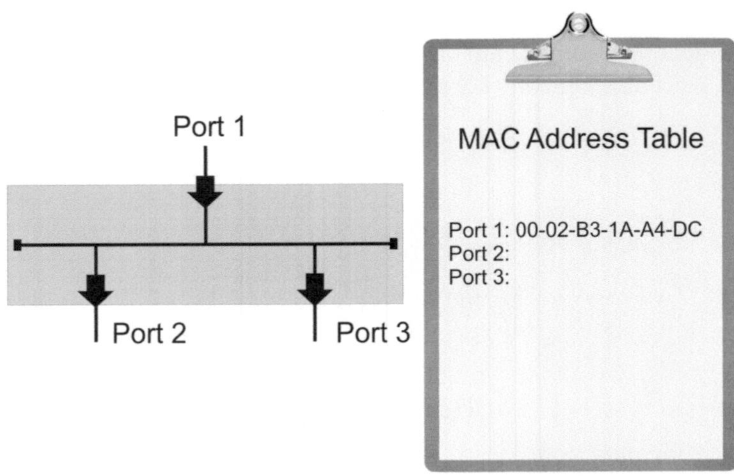

Abbildung 7.17: Rechner am Port 1 sendet Daten

Der Switch liest ebenfalls die MAC-Adresse des Zielrechners aus, aber er hat keine Einträge im „MAC Address Table“, die ihm weiterhelfen könnten. So sendet er die Nachricht noch auf allen verfügbaren Ports hinaus.

Anders sieht die Kommunikation aus, wenn der „MAC Address Table“ aufgefüllt ist.

Nun kann der Switch direkt entscheiden, auf welchem Port er die Daten wieder hinaussendet.

Ein Beispiel:

Der Rechner mit der MAC-Adresse 00-03-A3-3B-DC-2A möchte mit dem Rechner mit der MAC-Adresse 00-02-B3-1A-A4-DC kommunizieren.

Der „Mac AddressTable“ des Switches ist mit Informationen gefüllt, deswegen kann der Switch entscheiden, dass der Zielrechner am Port 1 ist. Also sendet er die Daten nur über Port 1 hinaus und nicht über alle anderen Ports. Dies ist natürlich eine große Erleichterung für den Netzwerkverkehr, denn nur die Rechner, für die die Daten bestimmt sind, bekommen sie auch zugestellt.

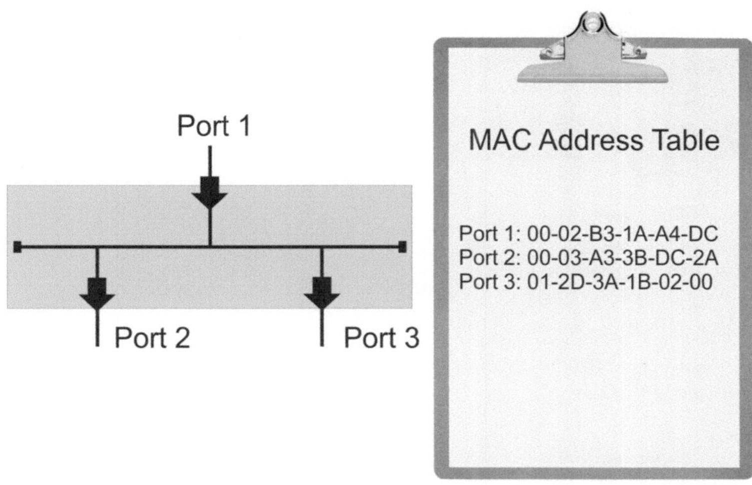

Abbildung 7.18: Direkte Kommunikation mit dem „MAC Address Table“

Kollisionen

Gute Switches gehen noch einen Schritt weiter: Obwohl die Zustellung der Daten jetzt schon sehr viel effizienter ist, haben wir immer noch das Problem der Kollisionen innerhalb des Switches.

Dieses Problem ist mit dem Betreiben einer Telefonverteilerstelle zu vergleichen: Alle Teilnehmer gelangen mit ihren Gesprächen auf den Verteiler, aber jeder möchte sein privates Gespräch führen, ohne mit anderen Teilnehmern zu „kollidieren“.

In einer Vermittlungsstelle wird das Problem genauso gelöst, wie es gute Switches tun: Es werden für jedes Gesprächspaar dedizierte Leitungen zur Verfügung gestellt.

Da es nun keine Kollisionen mehr geben kann, ist es nicht mehr nötig, dass die Netzwerkkarte nur auf einem Kabel senden und empfangen kann und auf dem anderen Netzwerkkabel „horcht“.

Wenn der Switch komplett kollisionsfrei arbeitet, wird meistens automatisch von „Half-Duplex“ auf „Full Duplex“ umgeschaltet. „Full Duplex“ bedeutet, dass beide Leitungen zum Senden und Empfangen von Daten benutzt werden können und damit können Sie die Leistung Ihres Netzwerkes verdoppeln.

ACHTUNG!

Ein 100 MB Netzwerk kann mit einer Geschwindigkeit von 200 MB arbeiten, wenn Sie Switches benutzen und das Netz mit „Full Duplex“ betreiben!

In einem professionellen Netzwerk sollten Sie möglichst immer mit Switches arbeiten, damit Ihr Netzwerk kollisionsfrei arbeiten kann.

Zur besseren Veranschaulichung hier eine Gesamtübersicht über die Komponenten der Schichten 1 und 2:

Schichten	Passive Netzwerkkomponenten	Aktive Netzwerkkomponenten
2. Data Link Layer Sicherungsschicht		- Netzwerkkarte - Bridge (Brücke) - Switch
1. Physical Layer Bitübertragungsschicht	- Netzwerkkabel - Stecker	- Repeater - Hub

Abbildung 7.19: Übersicht über die Komponenten Schicht 1 und 2

Geräte der Schicht 3

Die Schicht 3 ist die Vermittlungsschicht, auch Netzwerkschicht genannt. Diese Schicht geht schon einen großen Schritt weiter als die Schicht 2. Schicht 3 kann bereits Informationen adressieren, die über das eigene Netzwerk hinausgehen.

Wie wir bei der „Routingfähigkeit“ schon betrachtet haben, ist das Adressieren zwischen den einzelnen Netzwerken unabdingbar, um innerhalb eines großen Netzwerks Informationen auszutauschen.

Schichten	Passive Netzwerkkomponenten	Aktive Netzwerkkomponenten
3. Network Layer Vermittlungsschicht		- Router

Abbildung 7.20: Schicht 3 (Quelle Bild: CISCO)

Auf Schicht 2 konnten MAC-Adressen gelesen werden, das reicht aber bekanntlich nicht aus, um über die Grenzen des eigenen Netzwerks hinauszukommen.

Erst Adressen, in den meisten Fällen IP-Adressen, ermöglichen eine Kommunikation zwischen Netzwerken. Die Geräte, die dafür benötigt werden, müssen fähig sein, IP-Adressen zu lesen und auszuwerten. Diese Geräte sind Router.

Die komplette Zusammenfassung der Geräte der unteren drei Schichten sieht nun folgendermaßen aus:

Schichten	Passive Netzwerkkomponenten	Aktive Netzwerkkomponenten
3. Network Layer Vermittlungsschicht		- Router
2. Data Link Layer Sicherungsschicht		- Netzwerkkarte - Bridge (Brücke) - Switch
1. Physical Layer Bitübertragungsschicht	- Netzwerkkabel - Stecker	- Repeater - Hub

Abbildung 7.21: Übersicht über die Komponenten der Schichten 1, 2 und 3

Die Schichten vier bis sieben haben keine aktiven Netzwerkkomponenten mehr, da sie sich bereits im Bereich des Betriebssystems, beziehungsweise der Anwendungsprogramme befinden.

Übung 7.2.5

- Gehen Sie auf die Website http://laue-net.de/index.php/downloads/uebungen
- Wählen Sie dort das Online-Quiz „Netzwerktechnologien" und lösen Sie es

7.2.6 Die TCP/IP-Protokollsuite

Nachdem wir die Grundlagen der Kommunikation geklärt haben, können wir gezielter in die Analyse von TCP/IP einsteigen.

TCP/IP ist nicht nur ein Protokoll, es handelt sich hierbei vielmehr um eine ganze Reihe von Protokollen, die Hand in Hand arbeiten. Jedes einzelne dieser Protokolle hat seine genau definierte Aufgabe im Kommunikationsablauf und alle Schnittstellen sind exakt definiert.

Das DARPA-Modell

Wir haben uns bereits mit dem OSI-Modell beschäftigt. Dieses Modell ist das allgemein gültige Modell, wenn es um die gesamte Kommunikation geht. Die gesamte Kommunikation beinhaltet natürlich auch die Vorgänge im Betriebssystem.

Um den Kommunikationsweg mit dem Schwerpunkt der Protokolle zu betrachten, reicht jedoch ein vereinfachtes Modell. Dieses Modell nennt sich DARPA-Modell (Defense Advanced Research Projects Agency).

Das DARPA-Modell ist eine Vereinfachung des OSI-Modells. Leider ist die Zuordnung nicht immer ganz genau, da sich einige Protokolle nicht an diese Vereinbarung halten.

Trotzdem ist das DARPA-Modell sehr nützlich, um den recht komplexen Kommunikationsverlauf der Protokolle zu verstehen.

Wir werden uns in diesem Kapitel alle Protokolle und deren Schnittstellen mithilfe des DARPA-Modells erarbeiten.

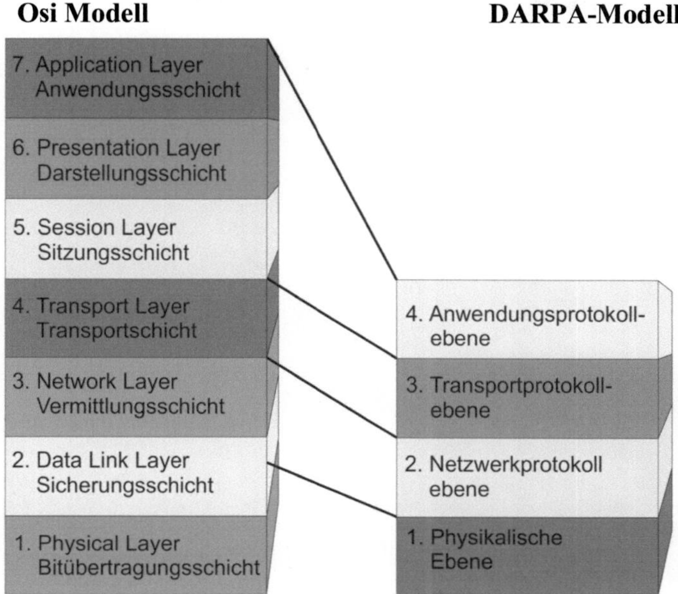

Abbildung 7.22: Das DARPA-Modell

Der Weg eines Datenpakets

Die Kommunikationsstrecke kann man sich gut vorstellen, wenn man sich eine einfache Kommunikation als Leitbeispiel nimmt.

In unserem Fall ist das Leitbeispiel ein einfaches Zugreifen auf eine Freigabe auf dem Computer Ihres Übungspartners. Sie erstellen ein statisches Mapping dieser Freigabe auf Ihrem Rechner und geben dieser Freigabe den Laufwerksbuchstaben „X:“. Dafür benutzen Sie den Befehl „Net use“.

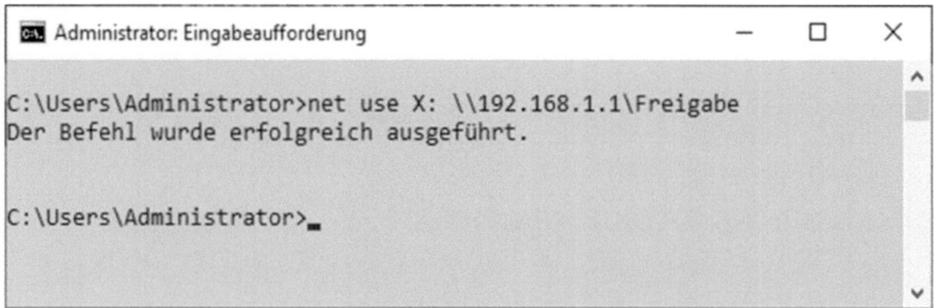

Abbildung 7.23: Der Befehl „net use“

Dieser einfache Vorgang beinhaltet doch alle Schritte, die in jeder Kommunikation abgearbeitet werden müssen.

ACHTUNG!

Achten Sie auf die korrekte Syntax dieses Befehls! Er lautet:

Net use X: \\192.168.1.1\Freigabe.

Wichtig ist hierbei das Leerzeichen nach der Laufwerksbezeichnung „X:"!

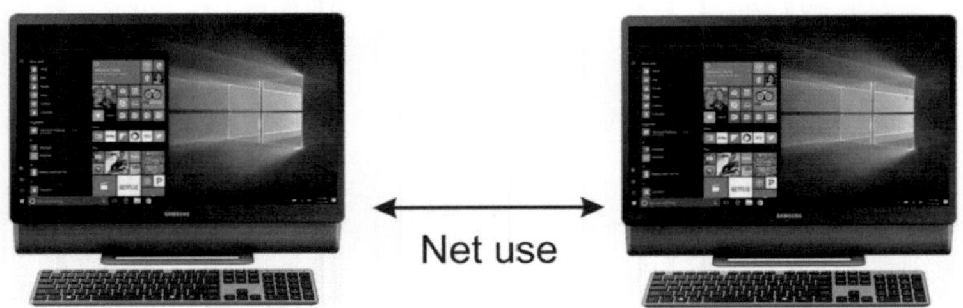

Abbildung 7.24: Kommunikationsbeispiel

Der Quellrechner muss den Zielrechner ansprechen und erreichen können und der Zielrechner muss auf die Anforderungen reagieren und die Daten zum Quellrechner senden.

Dies steht stellvertretend für alle anderen Kommunikationsarten, denn das Prinzip ist immer gleich.

Die physikalische Ebene

Die physikalische Ebene umfasst im DARPA-Modell sowohl die Bitübertragungsschicht, als auch die Sicherungsschicht. Dies sind bekanntermaßen die Schichten des Kabels und der Netzwerkkarte.

Protokolle arbeiten auf diesen Ebenen noch nicht, also ist diese Schicht von geringer Bedeutung für die Analyse der Protokolle.

Die Netzwerkprotokollebene

Die Kommunikation beginnt also auf der Netzwerkprotokollebene. Hier gibt es mehrere Schritte, die getan werden müssen.

IP

Als erste Aktion muss festgestellt werden, ob sich der Zielhost lokal oder in einem anderen Netzwerk befindet.

Dies ist deshalb von zentraler Bedeutung, da manche anderen Protokolle, die später zum Einsatz kommen, mit Broadcast arbeiten und Broadcast bekanntlich einen Router nicht überwinden kann.

Für diese Auswahl ist das Protokoll „IP" (Internet Protocol) zuständig.

Ich kenne	**Ich benötige**	**Wie ?**
IP-Adresse des entfernten Computers	Information, ob Zielhost - Lokal - Remote	IP

Das Protokoll IP ist nur für diesen einen Vorgang zuständig: Es muss lediglich erkennen, ob sich der Zielhost im eigenen Netzwerk (lokal) oder in einem anderen Netzwerk (remote) befindet.

Dazu nutzt IP die Informationen, die es zu diesem Zeitpunkt der Kommunikation bereits besitzt.

IP hat folgende Informationen:

- Eigene IP-Adresse
- Eigene Subnetzmaske

- Remote IP-Adresse
- Remote Subnetzmaske

Nun beginnt das Protokoll IP, die sogenannte Netzwerk-ID auszurechnen.

Die Netzwerk-ID ist der Anteil der IP-Adresse, der den Straßennamen repräsentiert. Wenn beide Adressen, sowohl die eigene, als auch die Remote-Adresse die gleiche Netzwerk-ID besitzen, bedeutet dies, dass sie sich im gleichen Netzwerk befinden, also nicht durch einen Router getrennt sind.

Sollten sich aber bei der Berechnung unterschiedliche Netzwerk-IDs ergeben, bedeutet dies wiederum, dass sich die Rechner in verschiedenen Netzwerken befinden, also durch einen Router getrennt sind.

Ein Beispiel:

Der Rechner mit den Daten:

IP-Adresse:	192.168.1.100
Subnetzmaske:	255.255.255.0
Standardgateway:	192.168.1.254

möchte den Rechner erreichen, der folgende Daten hat:

IP-Adresse:	192.168.1.1
Subnetzmaske:	255.255.255.0
Standardgateway:	192.168.1.254

Das Protokoll IP errechnet nun zunächst einmal bei der eigenen IP-Adresse die Netzwerk-ID. Dies geschieht, indem die IP-Adresse und die Subnetzmaske miteinander binär addiert werden (die genaue Berechnungsweise ist in diesem Kapitel noch nicht von Bedeutung, es handelt sich hierbei um das binäre „Anding“).

Eigene Netzwerk-ID:

IP-Adresse:	192	168	1	100
Subnetzmaske:	255	255	255	0
Netzwerk-ID:	???			

In stark vereinfachter Form funktioniert das binäre „Anding“ nach zwei Regeln:

1. Wenn die Subnetzmaske den Wert „255“ hat, bleibt die Zahl so, wie sie in der IP-Adresse ist
2. Wenn die Subnetzmaske den Wert „0“ hat, wird der errechnete Wert zu „0“

Das bedeutet für unsere Beispielrechnung:

Eigene Netzwerk-ID:

IP-Adresse:	192	168	1	100
Subnetzmaske:	255	255	255	0
Netzwerk-ID:	192	168	1	0

Nun muss noch die Netzwerk-ID des Zielrechners errechnet werden. Dies funktioniert nach genau demselben Schema:

Netzwerk-ID des Zielrechners:

IP-Adresse:	192	168	1	1
Subnetzmaske:	255	255	255	0
Netzwerk-ID:	192	168	1	0

Wie wir erkennen können, ist die Netzwerk-ID in beiden Fällen gleich. Das bedeutet, IP hat festgestellt, dass sich beide Rechner im gleichen Netzwerk befinden, also auch mithilfe von Broadcast erreicht werden können.

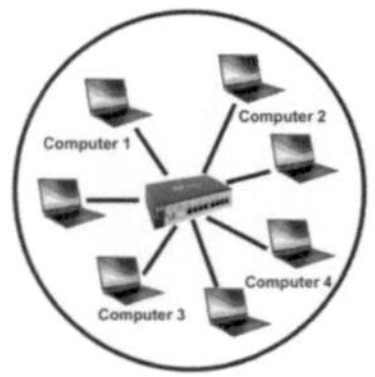

Alle Häuser mit dem gleichen Straßennamen sind direkt zu erreichen

Alle Rechner mit der gleichen Netzwerk-ID sind im gleichen Netzwerk auch über Broadcast zu erreichen

Abbildung 7.25: Prinzip gleicher Netzwerk-IDs [1]

[1] Bildnachweis: istockphoto.com ilyaliren

Betrachten wir ein zweites Beispiel:

Der gleiche Rechner, mit den Daten

IP-Adresse:	192.168.1.100
Subnetzmaske:	255.255.255.0
Standardgateway:	192.168.1.254

möchte einen anderen Rechner erreichen, der folgende Daten hat:

IP-Adresse:	192.168.2.10
Subnetzmaske:	255.255.255.0
Standardgateway:	192.168.2.254

Auch hier errechnet das Protokoll IP die zwei Netzwerk-ID:

Eigene Netzwerk-ID:

IP-Adresse:	192	168	1	100
Subnetzmaske:	255	255	255	0
Netzwerk-ID:	192	168	1	0

Netzwerk-ID des Zielrechners:

IP-Adresse:	192	168	2	10
Subnetzmaske:	255	255	255	0
Netzwerk-ID:	192	168	2	0

In diesem Fall sind die Netzwerk-IDs nicht identisch. Das bedeutet, dass sich die beiden Rechner nicht im gleichen Netzwerk befinden, also auch nicht über Broadcast kommunizieren können. Sie benötigen in jedem Fall einen oder mehrere Router.

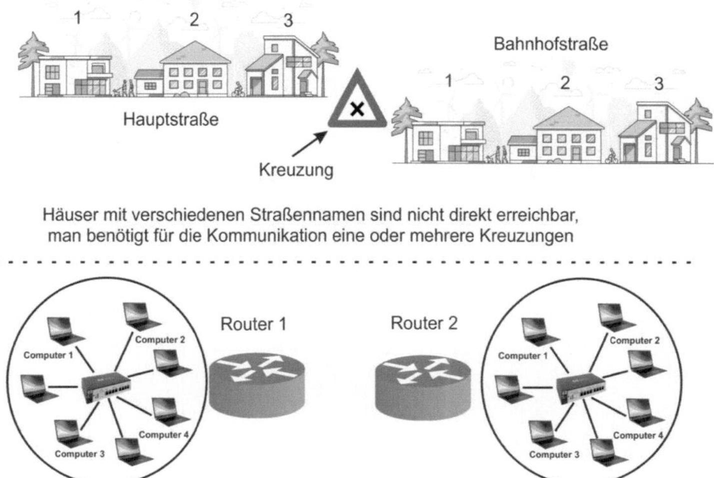

Abbildung 7.26: Prinzip verschiedener Netzwerk-IDs[2]

Das Protokoll IP muss also nur eine einzige Aufgabe erledigen: Feststellen, ob sich der Zielhost im eigenen Netzwerk befindet oder ob er sich in einem anderen Netzwerk befindet.

ARP

Der nächste Schritt, der getan werden muss, ist das Erkennen der MAC-Adresse.

Auch wenn die primäre Identifikation der Computer über die IP-Adresse stattfindet, ist doch die MAC-Adresse diejenige Adresse, an die die Datenpakete zugestellt werden.

Bleiben wir beim bekannten Beispiel der Straße. Die Zustellung des Datenpakets muss an einen Briefkasten erfolgen, die MAC-Adresse kann mit diesem Briefkasten verglichen werden, der zusätzlich zum Straßennamen und der Hausnummer vorhanden sein muss.

[2] Bildnachweis: istockphoto.com ilyaliren

Ich kenne	Ich benötige	Wie ?
IP-Adresse des entfernten Computers	Information, ob Zielhost - Lokal - Remote	IP
IP-Adresse des entfernten Computers	MAC-Adresse	ARP

Die Aufgabe der Auflösung von IP-Adressen zu MAC-Adressen wird von einem der Protokolle erledigt: vom Protokoll „ARP“ (Adress Resolution Protocol).

ARP arbeitet nach folgendem Schema:

1. Der lokale ARP-Cache wird überprüft. Wenn mit dem Zielhost bereits eine Kommunikation stattgefunden hat, wird sich die Zuordnung bereits im ARP-Cache befinden.
2. Wenn kein Eintrag im ARP-Cache gefunden worden ist, wird eine ARP-Anfrage per Broadcast gesendet.
3. Der Zielhost empfängt die ARP-Anfrage und fügt die Zuordnung von IP-Adresse zu MAC-Adresse des Quellcomputers in seinen eigenen ARP-Cache hinzu. Dies macht die zukünftige Kommunikation effizienter.
4. Der Zielhost sendet eine Antwort an den Quellhost.
5. Der Quellhost fügt diese Antwort zu seinem ARP-Cache hinzu.
6. Nun kann das Datenpaket zugestellt werden.

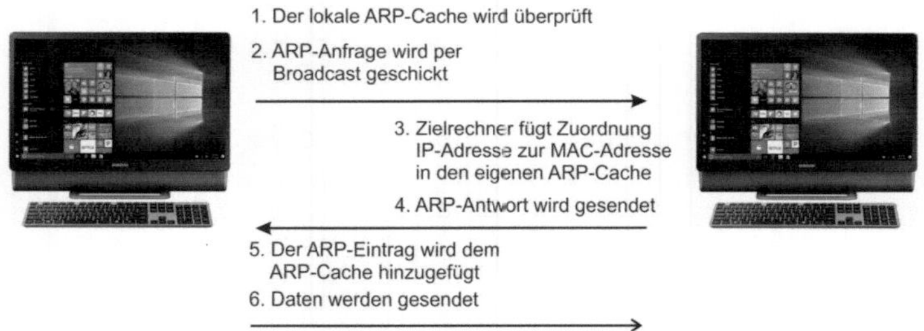

Abbildung 7.27: Funktionsweise der ARP-Auflösung

Sie können den ARP-Cache auch betrachten, dafür gibt es den Dienstbefehl „arp“.

Geben Sie an der Eingabeaufforderung den Befehl „arp“ ein.

```
Administrator: Eingabeaufforderung

C:\Users\Administrator>arp

Ändert und zeigt die Übersetzungstabellen für IP-Adressen/physische
Adressen an, die von ARP (Address Resolution-Protokoll) verwendet werden.

ARP -s Inet-Adr. Eth-Adr. [Schnittstelle]
ARP -d Inet-Adr. [Schnittstelle]
ARP -a [Inet-Adr.] [-N Schnittstelle] [-v]

  -a            Zeigt aktuelle ARP-Einträge durch Abfrage der Protokoll-
                Daten an. Falls Inet-Adr. angegeben wurde, werden die IP-
                und physische Adresse für den angegebenen Computer
                angezeigt. Wenn mehr als eine Netzwerkschnittstelle ARP
                verwendet, werden die Einträge für jede ARP-Tabelle
                angezeigt.
  -g            Gleiche Funktion wie -a.
  -v            Zeigt aktuelle ARP-Einträge im ausführlichen Modus an. Alle
                ungültigen Einträge, sowie Einträge auf der Loopback-
                Schnittstelle werden angezeigt.
  Inet-Adr.     Gibt eine Internetadresse an.
  -N Schnittst. Zeigt die ARP-Einträge für die angegebene Netzwerk-
                Schnittstelle an.
  -d            Löscht den durch Inet-Adr. angegebenen Hosteintrag. Inet-Adr.
                kann mit dem "*"-Platzhalter versehen werden, um alle Hosts
                zu löschen.
  -s            Fügt einen Hosteintrag hinzu und ordnet die Internetadresse
```

Abbildung 7.28: Der Befehl „arp“

Sie erhalten eine Anzeige aller Parameter, die Ihnen für diesen Befehl zur Verfügung stehen.

Der interessanteste Parameter ist „arp –a“.

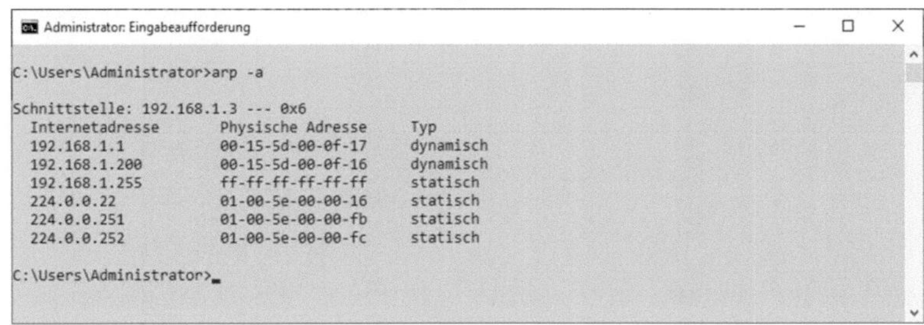

```
Administrator: Eingabeaufforderung

C:\Users\Administrator>arp -a

Schnittstelle: 192.168.1.3 --- 0x6
  Internetadresse       Physische Adresse     Typ
  192.168.1.1           00-15-5d-00-0f-17     dynamisch
  192.168.1.200         00-15-5d-00-0f-16     dynamisch
  192.168.1.255         ff-ff-ff-ff-ff-ff     statisch
  224.0.0.22            01-00-5e-00-00-16     statisch
  224.0.0.251           01-00-5e-00-00-fb     statisch
  224.0.0.252           01-00-5e-00-00-fc     statisch

C:\Users\Administrator>_
```

Abbildung 7.29: arp –a

Mit diesem Parameter wird Ihnen der Inhalt des ARP-Caches angezeigt, Sie sehen also die Zuordnungen von IP-Adressen zu MAC-Adressen.

Sie sehen, ARP löst IP-Adressen zu MAC-Adressen auf, damit die Datenpakete zugestellt werden können. ARP arbeitet mit Broadcast.

Problem: Broadcast kann einen Router nicht überwinden!

Wie ist es aber dann möglich, einen Zielhost zu erreichen, der nicht im gleichen Netzwerk liegt? Nur hier kann Broadcast funktionieren!

Die Lösung liegt in der Vorarbeit, die das Protokoll IP bereits geleistet hat.

IP hat ja bereits festgestellt, ob der Zielhost im gleichen Netzwerk liegt, also per Broadcast erreicht werden kann oder ob der Zielhost in einem anderen Netzwerk liegt und somit nicht durch Broadcast erreicht werden kann, was den direkten Einsatz von „ARP“ unmöglich macht.

„ARP“ kann nur IP-Adressen aus dem eigenen Subnetz zu MAC-Adressen auflösen, also können Datenpakete auch nur an Rechner im eigenen Subnetz zugestellt werden.

Wenn ein Rechner erreicht werden soll, der nicht im eigenen Subnetz liegt, muss also das Datenpaket trotzdem an einen Rechner geschickt werden, der im eigenen Subnetz liegt.

Diese Funktion übernimmt der Router. Ein Router ist im einfachsten Fall ein Computer, der in mindestens zwei Netzwerken eine Schnittstelle hat. Also gibt es immer eine Schnittstelle des Routers im eigenen Netzwerk.

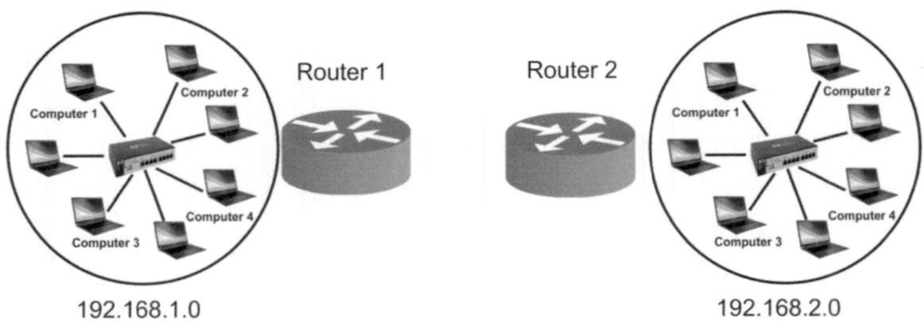

Abbildung 7.30: Router

Dies ermöglicht es, dass „ARP“ doch eine MAC-Adresse auflösen kann. „ARP“ holt nämlich in diesem Fall nicht die MAC-Adresse des Zielrechners, da dies unmöglich ist, sondern die MAC-Adresse des Routers, über den das Datenpaket geschickt werden muss.

Damit erfolgt die Auflösung der IP-Adresse zur MAC-Adresse in jedem Fall korrekt.

Ich kenne	**Ich benötige**	**Wie ?**
IP-Adresse des entfernten Computers	Information, ob Zielhost - Lokal - Remote	IP

- IP-Adresse des entfernten Computers im eigenen Subnetz - IP-Adresse des entfernten Computers in einem anderen Subnetz	MAC-Adresse des Zielrechners MAC-Adresse des Routers	ARP ARP

Weitere Protokolle der Netzwerkprotokollebene

In dieser Ebene gibt es noch zwei weitere Protokolle, die aber am Kommunikationsvorgang nicht aktiv beteiligt sind.

ICMP

„ICMP“ (Internet Control Message Protocol) ist ein Protokoll, das Fehler erkennt und meldet. So kann das „ICMP“ feststellen, wenn ein Router überlastet ist und dann dem sendenden Host melden, dass er die Übertragungsgeschwindigkeit verringern sollte. „ICMP“ wurde 1981 im RFC 792 definiert.

„ICMP“ benutzt das Protokoll „IP“, indem es seine Informationen in einen IP-Datenrahmen einbindet.

Viele Dienstprogramme benutzen das Protokoll „ICMP“, so zum Beispiel das Programm „PING“.

IGMP

Auch das Protokoll „IGMP“ (Internet Group Management Protocol) ist ein Hilfsprogramm des Protokolls „IP“.

IGMP definiert die Hosts und ihre benachbarten Multicast Router für den Gebrauch von Multicast.

Multicast ist ja bekanntlich das einmalige Senden von Daten an eine definierte Gruppe von Rechner. Es erlaubt dem Host seinen lokalen Router zu informieren, dass er Pakete, welche an eine bestimmte Multicasting Gruppe gesendet werden, ebenfalls an ihn übermitteln soll.

Zusammenfassung der Protokolle der Netzwerkprotokollebene

In der folgenden Grafik sehen Sie die Protokolle der Netzwerkprotokollebene zusammengefasst.

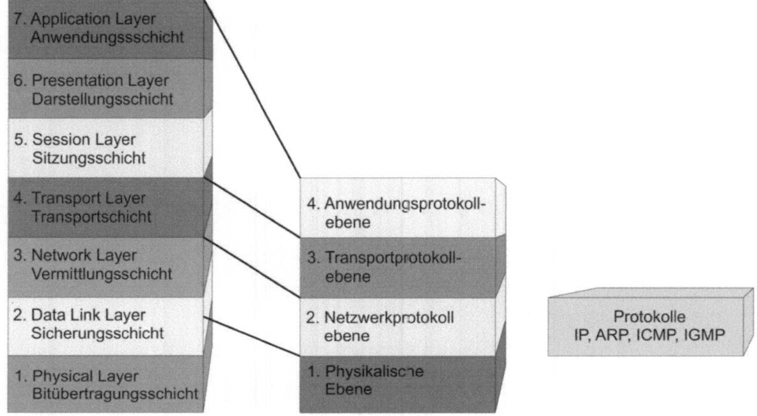

Abbildung 7.31: Protokolle der Netzwerkprotokollebene

Damit ist die Route gefunden und der Weg für die Datenzustellung gewählt.

Die Transportprotokollebene

In der Transportprotokollebene wird für den Transport der Daten gesorgt. Hier gibt es nur zwei verschiedene Protokolle, die für den Datentransport sorgen.

TCP

TCP oder „Transmission Control Protocol“ ist ein verbindungsorientiertes Transportprotokoll, das eine zuverlässige Zustellung garantiert. TCP richtet zunächst eine Sitzung ein, das bedeutet, dass die Gegenstelle gefragt wird, ob eine Bereitschaft zum Empfangen von Daten besteht. Der Vorgang des Einrichtens dieser Sitzung wird „TCP-Handshake“ genannt und erfolgt in drei Schritten:

1. Zuerst schickt der Host, der eine Verbindung wünscht, ein TCP-Paket an das Zielsystem, in dem das SYN-Bit (Synchronize-Bit) angeschaltet ist. Dieses signalisiert dem Zielsystem, dass ein Verbindungsaufbau erwünscht ist.
2. Das Zielsystem sendet eine Antwort, bei der ebenfalls das SYN-Bit und zusätzlich das ACK-Bit (Acknowledge-Bit) gesetzt ist und signalisiert damit seine Bereitschaft.
3. Der initiierende Host bestätigt mit einem ACK-Bit. Damit steht die Verbindung.

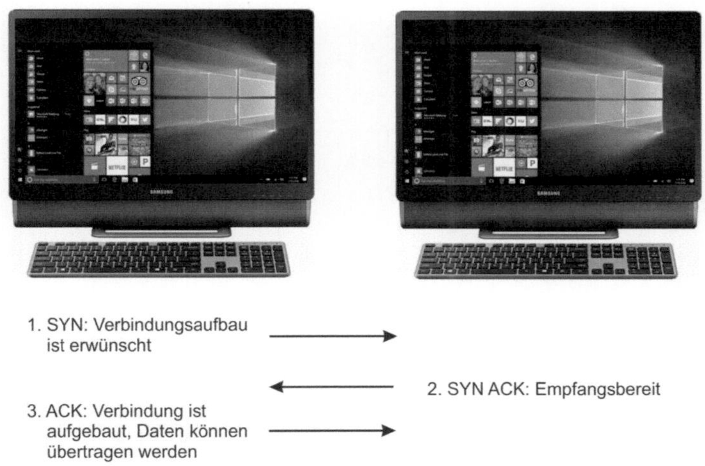

Abbildung 7.32: Der TCP-Handshake

Mit TCP können Daten sicher zugestellt werden, da TCP sich vor und während der Kommunikation versichert, dass die Gegenstelle empfängt.

TCP ist deswegen aber relativ langsam. TCP wird hauptsächlich benutzt, um viele Daten am Stück zu übertragen, hier ist die Zuverlässigkeit wichtiger als die Geschwindigkeit.

UDP

UDP dagegen ist ein verbindungsloses Protokoll. Hier wird keine Session eingerichtet, die Zuverlässigkeit der Verbindung liegt bei den höheren Ebenen.

UDP garantiert nicht, dass die Daten, die zwei Rechner austauschen, in der Reihenfolge ankommen, in der sie verschickt wurden oder ob diese Daten überhaupt ankommen. UDP ist aber sehr schnell, da es nicht auf die Quittierung vom Zielrechner warten muss, bevor das nächste Paket abgeschickt werden kann.

Daten zu schicken mit UDP ist ähnlich dem Verschicken eines Briefes. Wenn man den Brief in den Briefkasten wirft, hofft man, dass dieser Brief auch an der Zieladresse ankommt, aber es gibt keine Garantie dafür.

Ich kenne	**Ich benötige**	**Wie?**
IP-Adresse des entfernten Computers	Information, ob Zielhost - Lokal - Remote	IP
- IP-Adresse des entfernten Computers im eigenen Subnetz - IP-Adresse des entfernten Computers in einem anderen Subnetz	MAC-Adresse des Zielrechners MAC-Adresse des Routers	ARP ARP
Route für die Zustellung	Zustellung der Daten	- TCP: verbindungsorientiert zuverlässig TCP-Handshake langsam - UDP: verbindungslos unzuverlässig keine Sitzungseinrichtung schnell

UDP wird für Broadcast verwendet, was im Internet eigentlich nicht üblich ist. Daher verwenden die meisten Internetanwendungen nicht das Transportprotokoll UDP.

Wir als Administratoren haben keinerlei Einflussmöglichkeit, welche Programme TCP und welche UDP verwenden. Dies ist von den Programmierern festgelegt worden.

Zusammenfassung der Protokolle der Transportprotokollebene

In der folgenden Grafik sehen Sie die Protokolle der Transportprotokollebene zusammengefasst.

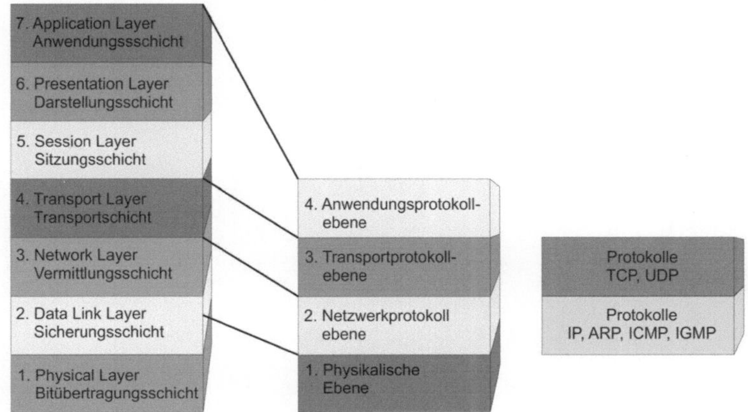

Abbildung 7.33: Protokolle der Transportprotokollebene

Damit sind die Daten an den Rechner zugestellt.

Die Anwendungsprotokollebene

Anwendungsprotokolle sind die Protokolle, an die TCP beziehungsweise UDP ausliefert. Anwendungsprotokolle können beispielsweise HTTP oder FTP sein, aber auch SMTP oder andere.

Nachdem die Daten zugestellt worden sind, egal ob mit TCP oder mit UDP, müssen sie noch an die Programme weitergegeben werden, mit denen sie bearbeitet oder gelesen werden können.

Die Schnittstelle zwischen den Transportprotokollen und den Anwendungsprotokollen sind die so genannten Ports. Man kann sie sich als Endpunkte der TCP/UDP Kommunikation vorstellen, als definierte Übergabevereinbarungen.

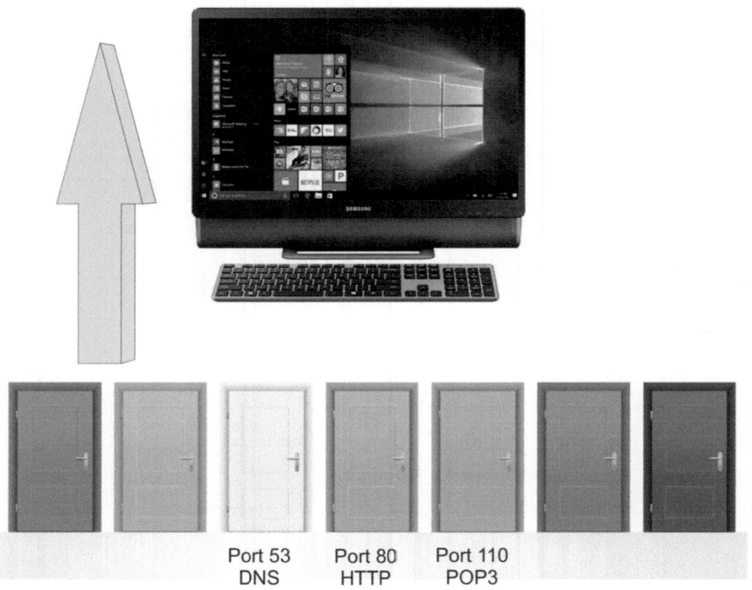

Abbildung 7.34: Übergabe der Daten an die Ports[3]

Es gibt Ports für UDP und für TCP, wobei beide Protokolle häufig die gleichen Ports benutzen. Die Ports von 0 bis 1023 werden die Well-Known Ports genannt, sie sind definiert. Eine genaue Aufstellung finden Sie im RFC 1700.

Ab Port Nummer 1024 werden die Ports als „Registered Ports" bezeichnet, sie sind nicht mehr zentral geregelt.

Die wichtigsten Ports sollten Sie kennen.

Eine Aufstellung häufig benutzter Ports:

[3] Bildnachweis: iStockphoto.com PeterHermesFurian

Port	Schlüsselwort	TCP	UDP	Beschreibung
20	ftp-data	X	X	File Transfer (default Data)
21	ftp	X	X	File Transfer (Control)
23	telnet	X	X	Telnet
25	smtp	X	X	Simple Mail Transfer
37	time	X	X	Time
42	nameserver	X	X	Host Name Server
53	domain	X	X	DNS
67	bootp	X	X	Bootstrap Protocol Server
68	bootp	X	X	Bootstrap Protocol Client
69	tftp	X	X	Trivial File Transfer Protocol
70	gopher	X	X	Gopher
80	http	X	X	http
88	kerberos	X	X	Kerberos
110	pop3	X	X	POP3
118	sqlserv	X	X	SQL Services
119	nntp	X	X	NNTP
137	netbios-ns	X	X	NETBIOS Name Service
138	netbios-dgm	X	X	NETBOIS Datagram Service
139	netbios-ssn	X	X	NETBIOS Session Service
150	sql-net	X	X	SQL-Net
156	sqlsrv	X	X	SQL Service
161	snmp	X	X	SNMP
389	ldap	X	X	LDAP
443	https	X	X	HTTPS

Tabelle 7.1:Auszug aus den Well-Known-Ports

Ich kenne	**Ich benötige**	**Wie ?**
IP-Adresse des entfernten Computers	Information, ob Zielhost - Lokal - Remote	IP
- IP-Adresse des entfernten Computers im eigenen Subnetz - IP-Adresse des entfernten Computers in einem anderen Subnetz	MAC-Adresse des Zielrechners MAC-Adresse des Routers	ARP ARP
Route für die Zustellung	Zustellung der Daten	- TCP: verbindungsorientiert zuverlässig TCP-Handshake langsam - UDP: verbindungslos unzuverlässig keine Sitzungseinrichtung schnell
Zustellung der Daten	Übergabe an die Anwendungs-programme	Ports

Der gesamte Weg eines Datenpakets

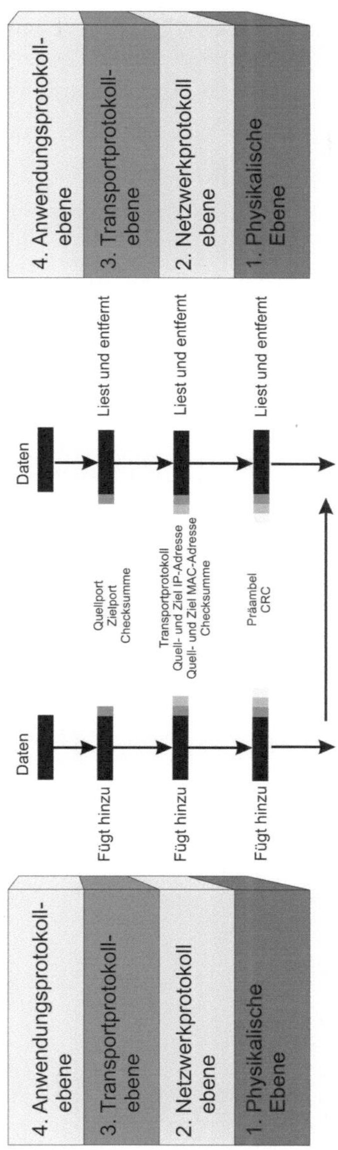

Abbildung 7.35: Der gesamte Verlauf der Kommunikation

Bisher haben wir das Prinzip der Datenübertragung betrachtet und uns mit allen Protokollen vertraut gemacht, die auf diesem Weg vorkommen.

Eine komplette Kommunikation jedoch beginnt bei den Daten der Anwendung und endet nachdem diese Daten auch wieder an die Anwendung am Zielcomputer abgegeben wurden.

Betrachten wir den gesamten Weg eines Datenpakets.

Quellcomputer Anwendungsprotokollebene

Hier beginnt der Kommunikationsvorgang. Daten werden an die Transportschicht weitergegeben.

Quellcomputer Transportprotokollebene

Wenn die Daten in der Transportprotokollebene des Quellcomputers angelangt sind, wählt diese Schicht das richtige Transportprotokoll, TCP oder UDP.

In jedem Fall werden dem Datenpaket einige Informationen hinzugefügt:

- Portnummer der Anwendung, die die Daten weitergegeben hat
- Checksumme

Falls TCP als Transportprotokoll zum Einsatz kommt, werden noch einige zusätzliche Informationen hinzugefügt, damit die verbindungsorientierte Kommunikation klappen kann:

- Sequenznummer
- Bestätigungsinformationen

Nun wird das Datenpaket, das nun einen Vorspann des Transportprotokolls erhalten hat, an die Netzwerkprotokollebene weitergegeben.

Quellcomputer Netzwerkprotokollebene

Die Netzwerkprotokollebene fügt einen eigenen Vorspann zum bestehenden Datenpaket hinzu.

Dieser Vorspann enthält:

- Quell IP-Adresse
- Ziel IP-Adresse
- Transportprotokoll (TCP oder UDP), das die Daten weitergegeben hat
- TTL (Time to live)
- Checksumme

Außerdem ist die Netzwerkprotokollebene auch noch zuständig, die IP-Adressen zu MAC-Adressen aufzulösen.

Danach wird das Paket an die physikalische Ebene weitergegeben.

Quellcomputer Physikalische Ebene

Die physikalische Ebene fügt dem Datenpaket noch eine „Präambel" hinzu. Dies ist eine Folge von Bytes, die den Beginn eines Datenrahmens definiert.

Außerdem wird eine CRC (Cyclic Redundancy Check) kalkuliert. Eine CRC ist eine Prüfsumme, die eine Überprüfung des Datenrahmens erlaubt.

Nun wird das Datenpaket auf das Kabel geschickt.

Zielcomputer Physikalische Ebene

Nachdem das Datenpaket an der Netzwerkschnittstelle des Zielcomputers angekommen ist, wird die Präambel gelöscht. Sofort danach wird die CRC kalkuliert. Nur wenn die neu kalkulierte CRC mit der ursprünglichen CRC übereinstimmt, wird das Datenpaket weiterbearbeitet, andernfalls wird es verworfen.

Bei Übereinstimmung der CRC wird die MAC-Adresse überprüft. Wenn es sich um die richtige Adresse oder um eine Broadcast-Adresse handelt, wird das Datenpaket an die Netzwerkprotokollebene weitergegeben.

Zielcomputer Netzwerkprotokollebene

In der Netzwerkprotokollebene wird das Datenpaket erneut überprüft, die eigene Checksumme wird kalkuliert. Danach wird das Datenpaket an das richtige Transportprotokoll weitergeleitet.

Zielcomputer Transportprotokollebene

Auch in dieser Ebene wird das Datenpaket erneut auf Richtigkeit überprüft und die eigene Checksumme kalkuliert. Dann wird das Datenpaket an den richtigen Port des Anwendungsprotokolls weitergegeben.

Zielcomputer Anwendungsprotokollebene

Das Datenpaket ist nun im Programm angekommen und der Kommunikationsablauf ist beendet.

Übung 7.2.5

- Gehen Sie auf die Website http://laue-net.de/index.php/downloads/uebungen
- Wählen Sie dort das Online-Quiz „Die TCP-IP Protokollsuite“ und lösen Sie es

7.2.7 Die Namenauflösung

Bis jetzt haben wir immer den Kommunikationsverlauf betrachtet, der direkt mit einer IP-Adresse initiiert wird.

Dies ist aber nicht der Normalfall. Im Generellen sprechen wir entfernte Computer nicht mit der uns meistens unbekannten IP-Adresse an, sondern mit dem Namen.

Leider hat der Name, der für uns so leicht zu merken ist, für die Kommunikation nur geringe Bedeutung, er erleichtert nur uns Menschen die Identifikation des Computers. Wie wir bereits wissen, findet die Kommunikation immer über die IP-Adresse statt.

Aus diesem Grund ist in den meisten Kommunikationsfällen ein weiterer Schritt zu berücksichtigen, die Namenauflösung. Diese findet am Anfang des Kommunikationsvorgangs statt und ist ein völlig eigenständiger Vorgang.

Namenauflösung bedeutet immer, einen Computernamen zu einer IP-Adresse aufzulösen, also die Umwandlung des benutzerfreundlichen Namens zu einer IP-Adresse, mithilfe derer die Kommunikation stattfinden kann.

Local Host Name

Zunächst überprüft er, ob er nicht selber der Computer ist, der angesprochen werden soll.

HOSTS

Die nächste Station der Namenauflösung ist die Datei „HOSTS“. Auch diese befindet sich im Ordner %SYSTEMROOT%\System32\drivers\etc, mit dem einzigen Unterschied, dass in dieser Datei ausschließlich Hostnamen eingetragen werden, also keine NetBIOS Namen.

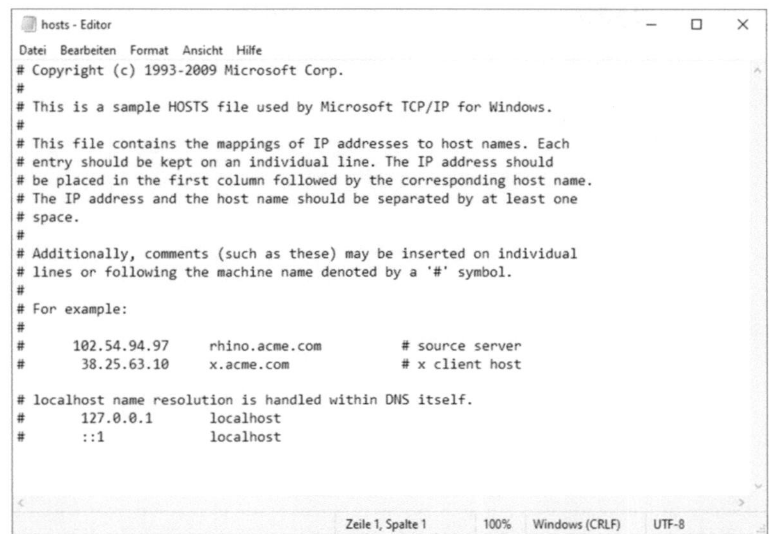

Abbildung 7.36: Die Datei „HOSTS“

DNS

Die nächste Station, an der nach einer Namenauflösung gesucht wird, ist die Datenbank DNS.

Auch DNS ist ein Dienst, der genau wie WINS installiert werden muss. DNS ist die zentrale Zuordnung von Hostnamen zu IP-Adressen, also ist für alle Hosts, was WINS für die NetBIOS Rechner ist.

DNS existiert schon sehr lange, es stammt aus der UNIX-Welt.

Net Bios Namenscache

Nun sucht der Client in seinem eigenen NetBIOS Namenscache. Hier stehen immer dann Zuordnungen, wenn mit dem entsprechenden Zielrechner bereits eine Kommunikation stattgefunden hat. Wenn er die IP-Adresse hier findet, ist die Namenauflösung bereits beendet.

Sie können den NetBIOS Namenscache betrachten. Dazu gibt es ein Dienstprogramm „NBTSTAT“ (NetBIOS over TCP/IP Statistiken).

Wenn Sie an der Eingabeaufforderung „NBTSTAT“ eingeben, erhalten Sie eine komplette Aufstellung der entsprechenden Parameter.

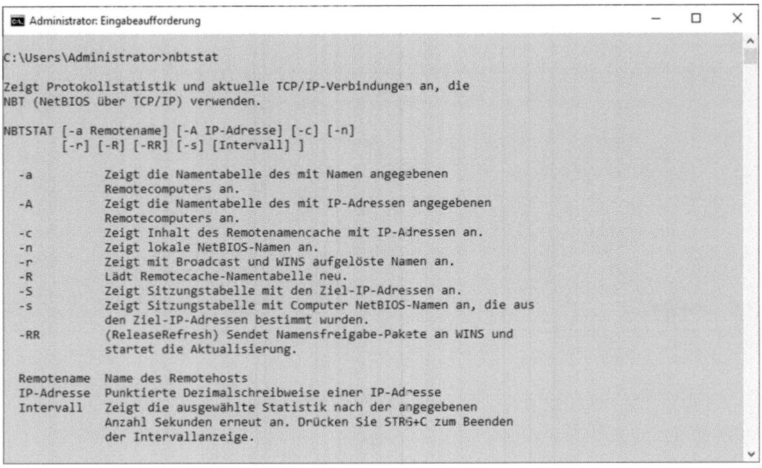

```
Administrator: Eingabeaufforderung

C:\Users\Administrator>nbtstat

Zeigt Protokollstatistik und aktuelle TCP/IP-Verbindungen an, die
NBT (NetBIOS über TCP/IP) verwenden.

NBTSTAT [-a Remotename] [-A IP-Adresse] [-c] [-n]
        [-r] [-R] [-RR] [-s] [-S] [Intervall] ]

  -a          Zeigt die Namentabelle des mit Namen angegebenen
              Remotecomputers an.
  -A          Zeigt die Namentabelle des mit IP-Adressen angegebenen
              Remotecomputers an.
  -c          Zeigt Inhalt des Remotenamencache mit IP-Adressen an.
  -n          Zeigt lokale NetBIOS-Namen an.
  -r          Zeigt mit Broadcast und WINS aufgelöste Namen an.
  -R          Lädt Remotecache-Namentabelle neu.
  -S          Zeigt Sitzungstabelle mit den Ziel-IP-Adressen an.
  -s          Zeigt Sitzungstabelle mit Computer NetBIOS-Namen an, die aus
              den Ziel-IP-Adressen bestimmt wurden.
  -RR         (ReleaseRefresh) Sendet Namensfreigabe-Pakete an WINS und
              startet die Aktualisierung.

  Remotename  Name des Remotehosts
  IP-Adresse  Punktierte Dezimalschreibweise einer IP-Adresse
  Intervall   Zeigt die ausgewählte Statistik nach der angegebenen
              Anzahl Sekunden erneut an. Drücken Sie STRG+C zum Beenden
              der Intervallanzeige.
```

Abbildung 7.37: nbtstat

Die Information, ob eine IP-Adresse bereits im Cache ist, erhalten Sie mit dem Befehl „NBTSTAT –C“.

WINS

Falls der Rechner in seinem NetBIOS Namenscache nichts gefunden hat, versucht er im nächsten Schritt, die gewünschte Information im WINS-Server zu erhalten.

WINS ist ein Dienst, der auf jedem Windows Server installiert werden kann. Alle NetBIOS Rechner tragen sich beim Systemstart mit ihren NetBIOS Namen im WINS-Server ein, wenn sie für die Benutzung von WINS konfiguriert worden sind.

WINS ist also eine dynamische Datenbank, in der immer die aktiven NetBIOS Rechner zu finden sind.

Eine WINS-Abfrage ist eine sehr effiziente Art, Namen aufzulösen, da eine gezielte Abfrage einer Datenbank sehr wenig Netzwerkverkehr hervorruft.

Wie Sie in der Grafik erkennen können, sind hier die NetBIOS Namen und ebenfalls das letzte Zeichen zu erkennen, das die entsprechenden Dienste identifiziert.

Broadcast

Sollte der Rechner auch im WINS-Server keine Information gefunden haben, schickt er einen Broadcast, um den Namen zur IP-Adresse aufzulösen.

Dieser Broadcast ist in den meisten Fällen nicht von Erfolg gekrönt, da größere Netzwerke meistens geroutet sind und auf diese Art der Name nur im eigenen Segment aufgelöst werden kann.

Außerdem ist ein Broadcast eine sehr ineffiziente Methode zur Namenauflösung, da das Netzwerk stark belastet wird.

Die Reihenfolge von WINS und Broadcast

Sie haben die Möglichkeit, die Reihenfolge zu beeinflussen, in der dieser Schritt der Namenauflösung stattfindet. Diese Reihenfolge wird „Knotentyp“ genannt. Es gibt vier Knotentypen:

Knotentyp	Beschreibung
B-Knoten	**Broadcast-Knoten** Es wird nur ein Broadcast geschickt und niemals der WINS-Server abgefragt. Dieser Knoten kann nicht konfiguriert werden, wenn ein WINS-Server aktiv ist.
P-Knoten	**Peer-to-Peer** Mit diesem Knoten wird nur der WINS-Server abgefragt und niemals ein Broadcast geschickt. Das Netzwerk wird sehr wenig belastet, aber möglicherweise werden einige Namen nicht aufgelöst.
M-Knoten	**Mixed** Die Reihenfolge der Namenauflösung ist hier zuerst der Broadcast und dann erst WINS. Dies ist keine gute Lösung, da in jedem Fall ein Broadcast gesendet wird.
H-Knoten	**Hybrid** Bei einem H-Knoten wird zuerst versucht, den Namen über WINS aufzulösen, erst dann wird ein Broadcast geschickt. Dies ist der gebräuchlichste Knoten.

Standardmäßig sind alle Windows Server 2022 Rechner mit dem B-Knoten konfiguriert und werden zum H-Knoten, sobald sie einen WINS-Server eingetragen haben, den sie benutzen sollen.

LMHOSTS

Der nächste Schritt ist, falls die Namenauflösung bis jetzt nicht erfolgreich war, das Auslesen der statischen Datei „LMHOSTS“. In diese Datei können manuell die Zuordnungen von NetBIOS Namen zu IP-Adressen eingetragen werden.

ACHTUNG!

Die LMHOSTS ist nur eine statische Zuordnung für NetBIOS Namen, nicht für Hostnamen!

Diese Datei stammt noch aus einer Zeit, als die Netzwerke nur wenige Rechner beherbergt haben und es auch noch keine Notebooks gab. Eine statische Datei ist natürlich in der heutigen Zeit kaum noch einsetzbar, da sie laufend gepflegt werden müsste.

Eine Beipieldatei für die „LMHOSTS“ finden Sie im %SYSTEMROOT%\System32\drivers\etc. Hier ist die Datei „LMHOSTS.SAM“ gespeichert. Sie beinhaltet einen großen Textteil, in dem die Benutzung dieser Datei ausführlich erklärt wird.

Wenn Sie die „LMHOSTS“ benutzen wollen, müssen Sie sie natürlich editieren und umbenennen. Sie darf für die Benutzung nur noch „LMHOSTS“ heißen.

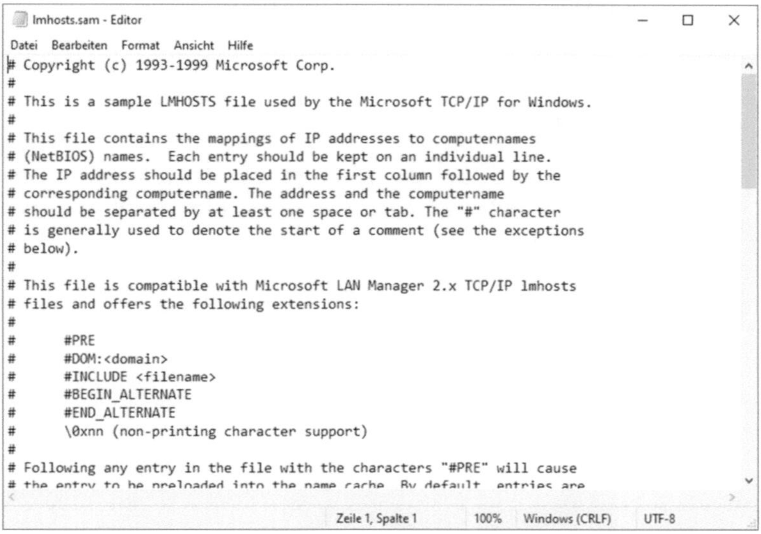

```
lmhosts.sam - Editor
Datei  Bearbeiten  Format  Ansicht  Hilfe
# Copyright (c) 1993-1999 Microsoft Corp.
#
# This is a sample LMHOSTS file used by the Microsoft TCP/IP for Windows.
#
# This file contains the mappings of IP addresses to computernames
# (NetBIOS) names.  Each entry should be kept on an individual line.
# The IP address should be placed in the first column followed by the
# corresponding computername. The address and the computername
# should be separated by at least one space or tab. The "#" character
# is generally used to denote the start of a comment (see the exceptions
# below).
#
# This file is compatible with Microsoft LAN Manager 2.x TCP/IP lmhosts
# files and offers the following extensions:
#
#      #PRE
#      #DOM:<domain>
#      #INCLUDE <filename>
#      #BEGIN_ALTERNATE
#      #END_ALTERNATE
#      \0xnn (non-printing character support)
#
# Following any entry in the file with the characters "#PRE" will cause
# the entry to be preloaded into the name cache. By default, entries are
Zeile 1, Spalte 1    100%    Windows (CRLF)    UTF-8
```

Abbildung 7.38: LMHOSTS.SAM

Allerdings hat die Datei LMHOSTS doch einige Vorteile, die in Netzwerken gern genutzt werden.

So ist es möglich, den statischen Einträgen bestimmte Schlüsselwörter vorauszustellen, die nachfolgenden Zuordnungen werden dann anders behandelt.

Beispielsweise werden alle Einträge, denen das Schlüsselwort „#PRE“ vorangestellt ist, beim Systemstart bereits in den Cache geladen. Damit ist die Namenauflösung dieser Rechner besonders schnell.

Zusammenfassung der Namenauflösung

Die Namenauflösung allgemein ist sehr wichtig für die Effizienz eines Netzwerkes. Jeder Computer muss Namen auflösen und jeder Computer macht diese Namenauflösung in seiner Reihenfolge, auf die er keinen Einfluss hat.

So sucht ein Windows NT 4.0 Client nach einer IP-Adresse in einer anderen Reihenfolge, als ein Windows XP Client.

Hier die Reihenfolge der Namenauflösung in einer Zusammenfassung:

1. **Local Host Name**
2. **Datei „Hosts"**
3. **DNS-Server**
4. **NetBios Namenscache**
5. **WINS**
6. **Broadcast**
7. **Datei „LMHosts"**

Abbildung 7.39: Das Prinzip der Namenauflösung

Übung 7.2.7

- Gehen Sie auf die Website http://laue-net.de/index.php/downloads/uebungen
- Wählen Sie dort das Online-Quiz „Die Namenauflösung" und lösen Sie es.

8 Die IP-Adressierung

Gestern haben wir uns über die Grundlagen der Protokolle und der Kommunikation im Netzwerk unterhalten.

Heute wollen wir uns genauer mit den IP-Adressen beschäftigen.

Wir haben bereits gesehen, dass bei den IP-Adressen zwei Komponenten existieren:

- Netzwerkanteil
- Hostanteil

Heute werden Sie die Regeln kennen lernen, nach denen die IP-Adressierung vorgenommen wird.

8.1 IP-Adressklassen

IP-Adressen setzen sich aus 4 Zahlenblöcken zusammen. Jeder Zahlenblock wird auch „Oktett" genannt, da in binärer Schreibweise bis zu acht Stellen möglich sind.

Die Zahl 8 hat in der EDV ja eine besondere Bedeutung. 8 Bit geben 1 Byte, so kann man im Fall der IP-Adressen auch sagen, sie setzen sich aus 4 Byte zusammen.

In dezimaler Schreibweise liegt der Bereich der einzelnen Blöcke zwischen 0 und 255. Dies ergibt sich daraus, dass die größte Zahl, die mit 8 Bit dargestellt werden kann, die 255 ist (binäre Schreibweise: 11111111).

Die dezimale Schreibweise dient nur für die Schnittstelle Mensch-Maschine, denn intern benutzt jeder Computer immer das binäre System.

Auch die Punkte, die wir zu unserer Erleichterung zwischen die einzelnen Blöcke eingefügt haben, werden vom Computer nicht beachtet.

Als die IP-Adressierung entwickelt wurde, war man sehr darauf bedacht, die verschiedenen IP-Adressen gut zu strukturieren. Aus diesem Grunde wurden verschiedene Adressklassen geschaffen.

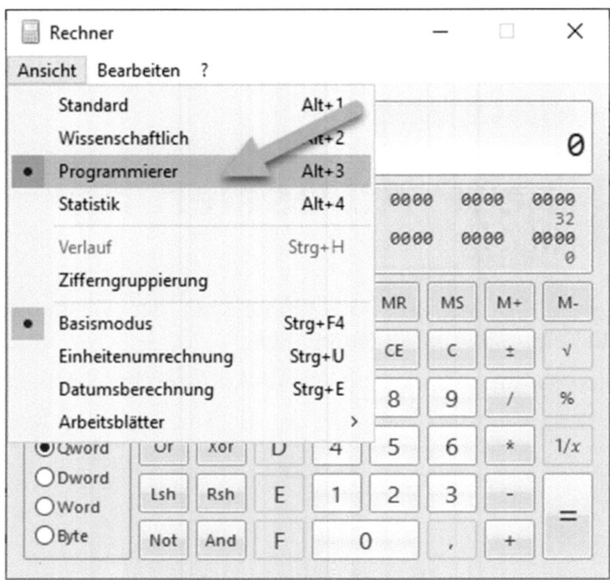

Abbildung 8.1: Windows Rechner

Das Umrechnen von dezimale in binäre Schreibweise kann man im einfachsten Fall mit dem integrierten Windows Taschenrechner vornehmen.

Dazu öffnen Sie den Rechner, den Sie im „Windows-Zubehör" finden und schalten die Ansicht auf „Programmierer".

Nun können Sie Zahlen von Dezimal in Binär (und umgekehrt) umwandeln.

Normalerweise ist unser Zahlensystem das dezimale. Aus diesem Grund steht auch die Auswahl auf „Dez".

Geben Sie nun den dezimalen Wert ein, den Sie umwandeln wollen und wählen Sie danach „Bin". Nun wird Ihnen die Zahl binär dargestellt.

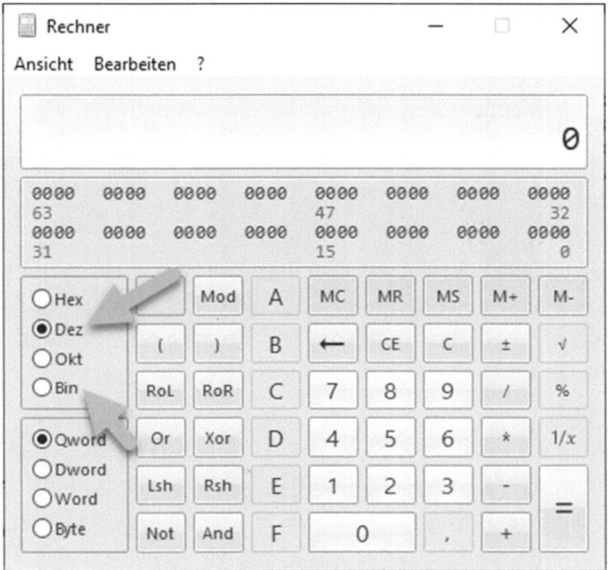

Abbildung 8.2: Auswahl des Zahlensystems

8.1.1 Klasse A

Ein Netzwerk der Klasse A hat im ersten Oktett immer einen Zahlenwert zwischen 1 und 126, die Oktette 2 bis 4 sind beliebig.

Außerdem ist die Subnetzmaske eines Klasse A Netzes immer 255.0.0.0.

IP-Adresse: **1-126.X.Y.Z**

Subnetzmaske: **255.0.0.0**

Wie wir bereits wissen, gibt die Subnetzmaske an, welcher Teil der IP-Adressen der Netzwerkanteil und welcher Teil der Hostanteil ist.

In einem Klasse A Netz ist es immer folgendermaßen:

Netzwerkanteil	Hostanteil	Hostanteil	Hostanteil
1-126	X	Y	Z

Subnetzmaske:

255	0	0	0

Wenn Sie das erste Oktett in binäre Schreibweise umwandeln, sehen Sie, dass alle möglichen Zahlenwerte im ersten Oktett eine Gemeinsamkeit haben: Das erste Bit ist immer 0.

In einem Klasse A Netzwerk ist nur das erste Byte (das erste Oktett) der Netzwerkanteil, das zweite, dritte und vierte Byte (Oktett) stehen für den Hostanteil.

Aus diesem Grund gibt es weltweit genau 126 Klasse A Netzwerke. In einem Klasse A Netzwerk kann es über 16.000.000 Hosts geben, was natürlich nicht realistisch ist, da bei dieser Anzahl von Hosts der Broadcast nicht mehr verwaltbar wäre.

Bei Klasse A Netzwerken gibt es eine Besonderheit: Das erste Byte darf nicht 127 sein, obwohl diese Zahl in das Schema passen würde.

Alle diese Adressen sind ausgenommen, da sie für Testzwecke benutzt werden.

Die Adresse 127.0.0.1 ist die sogenannte „Loopback-Adresse", mit der Sie die Funktionalität Ihres Protokollstacks überprüfen können.

Geben Sie an der Eingabeaufforderung ein:

Ping 127.0.0.1

```
Administrator: Eingabeaufforderung
Microsoft Windows [Version 10.0.20348.169]
(c) Microsoft Corporation. Alle Rechte vorbehalten.

C:\Users\Administrator>ping 127.0.0.1

Ping wird ausgeführt für 127.0.0.1 mit 32 Bytes Daten:
Antwort von 127.0.0.1: Bytes=32 Zeit<1ms TTL=128
Antwort von 127.0.0.1: Bytes=32 Zeit<1ms TTL=128
Antwort von 127.0.0.1: Bytes=32 Zeit<1ms TTL=128
Antwort von 127.0.0.1: Bytes=32 Zeit<1ms TTL=128

Ping-Statistik für 127.0.0.1:
    Pakete: Gesendet = 4, Empfangen = 4, Verloren = 0
    (0% Verlust),
Ca. Zeitangaben in Millisek.:
    Minimum = 0ms, Maximum = 0ms, Mittelwert = 0ms

C:\Users\Administrator>
```

Abbildung 8.3: Ping 127.0.0.1

Sie bekommen in jedem Fall vier Antworten, wenn Ihre Protokolle richtig funktionieren.

8.1.2 Klasse B

Ein Klasse B Netzwerk ist immer nach folgendem Schema aufgebaut:

IP-Adresse: **128-191.X.Y.Z**
Subnetzmaske: **255.255.0.0**

Auch hier können wir aus den obigen Angaben erkennen, welche Bytes der Netzwerkanteil und welche der Hostanteil sind.

Netzwerkanteil	Netzwerkanteil	Hostanteil	Hostanteil
128-191	X	Y	Z

Subnetzmaske:

255	255	0	0

Wenn Sie das erste Oktett in binäre Schreibweise umwandeln, sehen Sie, dass alle möglichen Zahlenwerte im ersten Oktett eine Gemeinsamkeit haben: Die ersten Bit sind immer 10.

In einem Klasse B Netzwerk sind die ersten beiden Bytes (das erste und das zweite Oktett) der Netzwerkanteil, das dritte und vierte Byte (Oktett) stehen für den Hostanteil.

Aus diesem Grund gibt es weltweit mehr als 16.000 Klasse B Netzwerke. In einem Klasse B Netzwerk kann es über 65.000 Hosts geben. Auch dieser Wert ist noch sehr hoch.

8.1.3 Klasse C

Ein Klasse C Netzwerk ist immer nach folgendem Schema aufgebaut:

IP-Adresse: **192-223.X.Y.Z**
Subnetzmaske: **255.255.255.0**

Auch hier können wir aus den obigen Angaben erkennen, welche Bytes der Netzwerkanteil und welche der Hostanteil sind.

Netzwerkanteil	Netzwerkanteil	Netzwerkanteil	Hostanteil
192-223	X	Y	Z

Subnetzmaske:

255	255	255	0

Wenn Sie das erste Oktett in binäre Schreibweise umwandeln, sehen Sie, dass alle möglichen Zahlenwerte im ersten Oktett eine Gemeinsamkeit haben: Die ersten Bit sind immer „110".

In einem Klasse C Netzwerk sind die ersten drei Bytes (das erste, zweite und dritte Oktett) der Netzwerkanteil, das vierte Byte (Oktett) steht für den Hostanteil.

Aus diesem Grund gibt es weltweit mehr als 2.000.000 Klasse C Netzwerke. In einem Klasse C Netzwerk kann es 254 Hosts geben. Dieser Wert ist in der Praxis gebräuchlich und einsetzbar.

8.1.4 Klasse D

Jedes Klasse D Netzwerk sieht folgendermaßen aus:

IP-Adresse: **224-239.X.Y.Z**
Subnetzmaske: **255.255.255.255**

Auch hier können wir aus den obigen Angaben erkennen, welche Bytes der Netzwerkanteil und welche der Hostanteil sind.

Netzwerkanteil	Netzwerkanteil	Netzwerkanteil	Netzwerkanteil
224-239	X	Y	Z

Subnetzmaske:

255	255	255	255

Wenn Sie das erste Oktett in binäre Schreibweise umwandeln, sehen Sie, dass alle möglichen Zahlenwerte im ersten Oktett eine Gemeinsamkeit haben: Die ersten Bit sind immer „1110".

Diese Netzwerke haben also keinen Hostanteil, alle vier Bytes (Oktette) stellen den Netzwerkanteil dar.

Dieses Phänomen wird für die Multicastadressen benötigt.

Wie bereits besprochen, ist Multicast eine Art der Kommunikation, wobei mehrere Rechner zu einer Multicastgruppe zusammengefasst werden. Dafür erhalten Sie zusätzlich zu ihrer individuellen IP-Adresse noch eine gemeinsame Multicastadresse.

8.1.5 Klasse E

Zuletzt betrachten wir noch die Klasse E Netzwerke. Sie sind alle nach folgendem Schema aufgebaut:

IP-Adresse: **240-247.X.Y.Z**

Subnetzmaske: **255.255.255.255**

Auch hier können wir aus den obigen Angaben erkennen, welche Bytes der Netzwerkanteil und welche der Hostanteil sind.

Netzwerkanteil	Netzwerkanteil	Netzwerkanteil	Netzwerkanteil
240-247	X	Y	Z

Subnetzmaske:

255	255	255	255

Wenn Sie das erste Oktett in binäre Schreibweise umwandeln, sehen Sie, dass alle möglichen Zahlenwerte im ersten Oktett eine Gemeinsamkeit haben: Die ersten Bit sind immer „11110“.

Diese Netzwerke haben also keinen Hostanteil, alle vier Bytes (Oktette) stellen den Netzwerkanteil dar.

Dieser Adressbereich ist reserviert für zukünftige Anwendungen.

Hier noch mal alle Adressklassen in einer Zusammenfassung:

Klasse	Bereich des ersten Bytes	Binäre Wertigkeit des ersten Bytes	Netzwerk/ Hostanteil	Ca. Netzwerke weltweit	Ca. Anzahl der möglichen Hosts
A	1-126	0	N-H-H-H	126	16.000.000
B	128-191	10	N-N-H-H	16.000	65.000
C	192-223	110	N-N-N-H	2.000.000	254
D	224-239	1110	N-N-N-N	15	--
E	240-247	11110	N-N-N-N	7	--

8.1.6 Private Netzwerke

Ein Teil dieser IP-Adressen ist aber für den offiziellen Bereich ausgenommen.

Die IANA (Internet Assigned Numbers Authority), eine Einrichtung zur Vergabe der Internet Adressen, hat beschlossen, dass alle Unternehmen die Möglichkeit haben sollten, intern einen IP-Adressbereich zu benutzen, der im Internet nicht sichtbar ist. Diese Adressen können im privaten Netzwerk uneingeschränkt benutzt werden, können dort geroutet werden und haben die volle Funktionalität, jedoch werden sie im Internet nicht benutzt und können auch im Internet nicht geroutet werden.

Diese Adressbereiche sind folgende:

Klasse	Bereich	
A	**10**.0.0.0	bis **10**.255.255.255
B	**172.16**.0.0	bis **172.31**.255.255
C	**192.168**.0.0	bis **192.168**.255.255

ACHTUNG!

Immer wieder liest man, dass die privaten Netzwerkadressen „nicht routingfähig“ sind.

Dies ist insoweit korrekt, als diese Adressen nicht im Internet geroutet werden können. Für ein Routing im privaten Netzwerk sind sie jedoch einwandfrei geeignet!

8.2 Unterteilen eines Firmennetzes (Subnetting)

Als Netzwerkadministrator ist es von größter Bedeutung, dass Sie jederzeit genau alle Details über Ihr Firmennetzwerk wissen und dass es schnell und effizient arbeitet.

Dazu gehört unter anderem, dass Sie das Segmentieren des Netzwerks vornehmen.

Segmentieren bedeutet, dass Sie ein großes Netzwerk in mehrere kleine Netzwerke unterteilen und mit Routern wieder verbinden.

Diese Unterteilung bringt mehrere Vorteile:

- Broadcast wird vermindert, da Broadcast einen Router nicht überwinden kann
- An Routern können Filterregeln definiert werden, so dass Sie den Datenverkehr in bestimmte Segmente steuern können
- Mit Routern können Sie bestimmte Teile des Firmennetzes, das physikalisch getrennt ist, an das bestehende Netzwerk anbinden

Ein Beispiel:

Sie haben ein einziges Netzwerk, in dem Sie alle Rechner verwalten. Sie haben sich für ein privates Netzwerk entschieden, mit der Netzwerk-ID 192.168.1.0, Subnetzmaske 255.255.255.0.

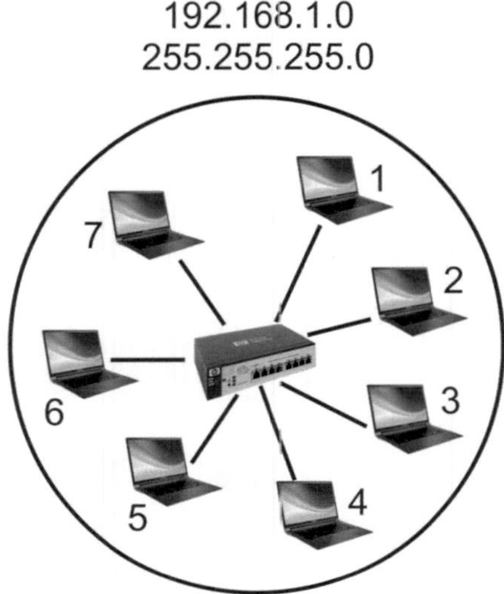

Abbildung 8.4: Netzwerk ohne Segmentierung

Nun häufen sich die Beschwerden, dass der Netzwerkverkehr zu langsam ist. Außerdem sollen weitere 20 Computer in Betrieb genommen werden.

Nun müssen Sie das Netzwerk segmentieren.

Dazu machen Sie aus einem Netzwerk zwei oder mehrere Netzwerke, die Sie mit einem Router verbinden.

Um diese Aufgabe richtig zu lösen, müssen Sie einige Regeln beherzigen:

- Innerhalb eines Netzwerks müssen alle Rechner die gleiche Netzwerk-ID haben
- Zwei verschiedene Netzwerke müssen zwei verschiedene Netzwerk-ID haben
- Der Router muss in jedem Netzwerk, das er verbindet, eine gültige IP-Adresse haben
- Alle Host-ID müssen im jeweiligen Netzwerk eindeutig sein

Diese einfachen Regeln helfen Ihnen, eine Segmentierung richtig durchzuführen.

Ein mögliches Ergebnis Ihrer Aufgabe ist folgendes:

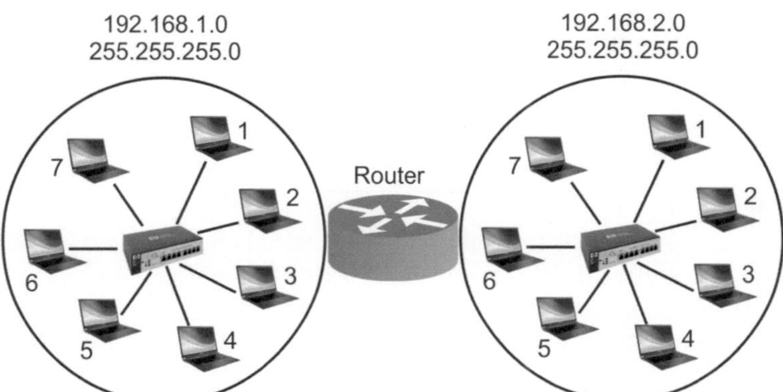

Abbildung 8.5: Ein Netzwerk mit Segmentierung

In diesem Ergebnis haben Sie Ihre Rechner auf zwei Netzwerke verteilt und mit einem Router verbunden.

Alle Rechner im ersten Segment haben eine Netzwerk-ID von 192.168.1.0 (Subnetzmaske 255.255.255.0), alle Rechner im zweiten Segment haben eine Netzwerk-ID von 192.168.2.0 (Subnetzmaske 255.255.255.0).

Alle Hosts haben einen eindeutigen Wert im eigenen Segment.

Der Router verbindet zwei Netzwerke, hat deshalb auch zwei Schnittstellen. Jede Schnittstelle hat im Segment eine gültige IP-Adresse.

8.2.1 Regeln für die Vergabe von IP-Adressen

Für die Vergabe von gültigen IP-Adressen gibt es ebenfalls Regeln, die zu beachten sind.

Die erste Zahl in der Netzwerk-ID darf nicht 127 sein

Diese Regel ist uns bereits bekannt. Die 127 x.y.z. ist die Loopbackadresse und zum Testen der Protokolle bestimmt. Keine gültige IP-Adresse darf diesen Wert annehmen.

Die Host-ID darf nicht nur aus Nullen bestehen

Die Host-ID ist immer der Wert, der über den Bytes der Subnetzmaske mit dem Wert 0 steht.

Wie Sie oben sehen, werden komplette Netzwerke immer mit allen Bytes der Netzwerk-ID geschrieben und die restlichen Bytes werden mit dem Wert 0 aufgefüllt. Man kann also sagen, wenn die Host-ID auf 0 steht, ist dies die Netzwerkkennung.

Aus diesem Grund darf die Host-ID nicht den Wert 0 annehmen.

Allerdings ist es in einem Klasse B Netzwerk möglich, dass die Host-ID den Wert „X.0“ oder „0.X“ annimmt. In diesem Fall besteht die Host-ID aus zwei Byte und es ist möglich, dass eines dieser Bytes 0 ist. Es ist nur nicht möglich, dass die komplette Host-ID 0 wird, denn das ist ja, wie erwähnt, die Netzwerkkennung.

Die Host-ID darf nicht aus Wiederholungen des Wertes 255 bestehen

Diese Regel ist ebenfalls nur auf die Host-ID bezogen.

Wenn die Host-ID auf den Wert 255 gesetzt ist, ist dies die Broadcastadresse. In einer gerichteten Kommunikation muss es auch eine Möglichkeit geben, alle Hosts auf einmal anzusprechen, also einen Broadcast zu senden. Dazu muss eine bestimmte Adresse reserviert sein.

Der Hostanteil dieser Adresse ist in einem Klasse C Netzwerk die 255, beziehungsweise im Klasse B Netzwerk die 255.255 und im Klasse A Netzwerk die 255.255.255.

Der an diese Adresse gerichtete Datenverkehr wird als Broadcast identifiziert und aus diesem Grund darf natürlich kein Host diese Adresse haben.

8.2.2 Vorgehensweise beim Vergeben von IP-Adressen

Damit Sie beim Vergeben von IP-Adressen so viele Fehlerquellen wie möglich ausschließen können, sollten Sie sehr systematisch vorgehen und alle Schritte genau dokumentieren.

Zuweisen von Netzwerk-ID

Der erste Schritt sollte die Zuweisung von Netzwerkkennungen sein. Sie sollten sich mithilfe einer Skizze für die Netzwerk-ID entscheiden, die Sie in Ihrem Netzwerk benutzen wollen.

Zuweisen der Host-ID

Nun können Sie sich über die Zuweisung der Host-ID Gedanken machen.

Hier sollten Sie großen Wert auf eine Strukturierung legen.

Die strukturierte Vergabe der Host-ID ist eine große Hilfe im täglichen Leben. Sie könnten beispielsweise folgende Kategorien festlegen:

Router:	Host-ID	1-9
Server:	Host-ID	10-29
Drucker:	Host-ID	30-49
Clients:	Host-ID	101-200

Diese Festlegung hilft Ihnen, IP-Adressen auch später richtig zuzuweisen und erleichtert Ihnen die Fehlersuche.

Wenn Sie beispielsweise einen neuen Server in Betrieb nehmen möchten und Sie wissen nicht, welche IP-Adressen für diesen Server frei sind, können Sie einfach die Überprüfung bei der Host-ID 10 beginnen und dann nach oben fortsetzen.

Wenn Sie einen Router überprüfen möchten, können Sie in diesem Beispiel immer sagen, dass der Router eines Netzwerks die Host-ID 1 hat, also können Sie auch das Routing testen.

Gewöhnen Sie sich hier unbedingt eine strukturierte Vorgehensweise an!

8.2.3 Erkennen einer lokalen oder einer Remote Adresse

Manchmal müssen Sie auch anhand der IP-Adressen erkennen, ob sich diese Adresse im eigenen Netzwerk befindet oder ob sie in einem Remote Netzwerk zu finden ist.

Diese Aufgabe ist genauso zu lösen, wie oben besprochen:

Sie errechnen die Netzwerk-ID beider IP-Adressen und vergleichen diese. Sind sie gleich, befinden sich beide Rechner im gleichen Netzwerk. Sind sie nicht gleich, müssen die beiden Rechner durch mindestens einen Router getrennt sein.

Ein Beispiel:

Sie möchten wissen, ob sich die beiden Rechner mit den folgenden IP-Adressen im gleichen Netzwerk befinden:

IP-Adresse 1:	**192.168.1.1**
Subnetzmaske 1:	**255.255.255.0**
IP-Adresse 2:	**10.10.10.110**
Subnetzmaske 2:	**255.0.0.0**

Dieses Beispiel ist sehr einfach. Es ergeben sich folgende Netzwerkkennungen:

IP-Adresse 1:	192.168.1.1
Subnetzmaske 1:	255.255.255.0
Netzwerk-ID	**192.168.1.0**

IP-Adresse 2:	10.10.10.110
Subnetzmaske 2:	255.0.0.0
Netzwerk-ID	**10.0.0.0**

Also können diese beiden Rechner nicht im gleichen Netzwerk liegen, sondern sie müssen durch mindestens einen Router getrennt sein.

ACHTUNG!

Sollten sich diese beiden Rechner trotzdem im gleichen Netzwerk befinden, können sie im Normalfall niemals miteinander kommunizieren! Wie wir beim IP Protokoll gelernt haben, errechnet das IP eben diese Netzwerk-ID. Sollte IP eine Netzwerk-ID als „Remote“ erkennen, wird das Datenpaket in jedem Fall zum Router geschickt, da IP keine Möglichkeit der direkten Zustellung erkennt. Damit ist das Datenpaket für das lokale Netzwerk verloren. Ein Datenpaket, das einmal zu einem Router geschickt worden ist, kann nicht mehr in das absendende Netzwerk zurückkommen.

Aus diesem Grund müssen Sie auf korrekte IP-Adressierung achten.

8.3 Nicht-klassenbasierte IP-Adressierung

Die IP-Adressen sind durch die Klassen in ein relativ starres Schema gepresst.

Nicht immer ist es möglich, sich an diese Einteilung zu halten und auch nicht immer sinnvoll.

Die „Nicht klassenbasierte IP-Adressierung“ gehört mittlerweile zum Standardwerkzeug jedes Administrators, der sich mit effizienter IP-Adressierung beschäftigen muss.

Ein bekannter Begriff aus diesem Bereich ist „CIDR“ (Classless Inter Domain Routing), was bedeutet, dass die Klassenbasierung der IP-Adressen aufgehoben wird.

8.3.1 Die Verschwendung von IP-Adressen

Die TCP/IP Protokollsuite ist zwischen 1969 und 1982 vom DOD (Department of Defence), also dem amerikanischen Verteidigungsministerium entwickelt worden.

Zu diesem Zeitpunkt konnte sich niemand vorstellen, dass dieses Protokoll sich durchsetzen würde und dadurch ein weltweites Netzwerk aufgebaut werden würde.

Deswegen war es auch nicht nötig, auf die Effizienz der vergebenen Adressen zu achten.

Betrachten wir einmal eine normale Firma, die fünf Subnetze mit jeweils 100 Rechnern betreibt.

Diese Firma benötigt IP-Adressen, mit denen jedem Mitarbeiter ein Internetzugriff gewährt werden kann.

Wenn diese Firma nun öffentliche IP-Adressen beantragt, erfolgt die Adressvergabe anhand der Daten

- Fünf Subnetze
- 100 Rechner pro Subnetz

Daraus ergibt sich, dass diese Firma fünf verschiedene IP-Bereiche benötigt, damit alle fünf Subnetze miteinander kommunizieren können.

Für 100 Rechner pro Subnetz werden also fünf Netzwerke Klasse C benötigt.

Daraus ergibt sich folgendes Szenario:

	Klasse	Zur Verfügung stehende Hosts	Benötigte Hosts	Verschwendete Adressen
Subnetz 1	C	254	100	154
Subnetz 2	C	254	100	154
Subnetz 3	C	254	100	154
Gesamt:		762	300	462

Tabelle 8.1: Verschwendung von IP-Adressen

Dies ist natürlich keine akzeptable Lösung, um sparsam mit IP-Adressen umzugehen.

Es steht fest, dass die IP-Adressen weltweit knapp werden. Solche Verschwendungen, wie oben gezeigt, darf es nicht mehr geben.

Zur Vermeidung der Verschwendung gibt es mehrere Möglichkeiten.

Verwenden von privaten IP-Adressen

Dies ist die einfachste Möglichkeit, um IP-Adressen zu sparen. Sie verwenden im internen Firmennetzwerk keine öffentlichen IP-Adressen, sondern Adressen aus dem Bereich der privaten Adressen. Damit können Sie unregistrierte Adressen benutzen, lediglich die Computer, die direkt im Kontakt mit dem Internet stehen, wie z.B. ein Proxyserver benötigt eine oder mehrere öffentliche IP-Adressen.

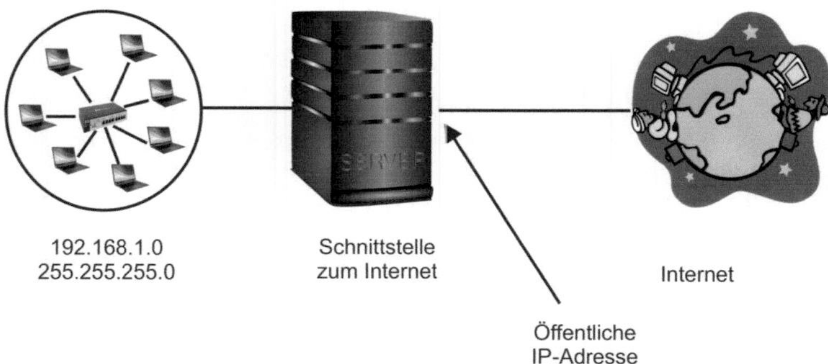

Abbildung 8.6: Lösung: Benutzen von privaten Adressen

In den meisten Firmen werden Sie diese Lösung antreffen. Hier wird sehr effizient mit den öffentlichen IP-Adressen umgegangen.

Unterteilen der Klassen in kleinere Netzwerke

Eine weitere Möglichkeit ist es, die starre Einteilung der Klassen aufzulösen und z.B. eine Klasse B, die über 65.000 Hosts beinhalten kann, in kleinere Netzwerke aufzuteilen. Diese Möglichkeit nennt sich „VLSM“ (Variable Length Subnet Mask) und wird in Folge behandelt.

Zusammenfügen von mehreren Klasse C Netzwerken zu der gewünschten Zahl an Hosts

Jedes Klasse C Netzwerk kann 254 Host-ID zur Verfügung stellen.

Wenn nun ein Netzwerk 500 IP-Adressen benötigt, müsste ein Klasse B Netzwerk benutzt werden. Mit dieser Lösung würden aber etwa 64.500 Adressen vergeudet werden.

Einfacher wäre es, zwei Klasse C Netzwerke zu benutzen, denn hier läge die Verschwendung nur bei 8 Hosts.

Leider wird durch diese Vorgehensweise die Leistung der Router herabgesetzt, da für jedes der Netzwerke ein Routingeintrag erstellt werden müsste.

Supernetting

Supernetting bedeutet, dass bereits von der Stelle, die die IP-Adressen vergibt, ein maßgeschneiderter Block von IP-Adressen an die Firma vergeben wird.

8.4 Umrechnung von Dezimalzahlen ins Binärformat und umgekehrt

Wir haben bereits gelernt, wie man die dezimale Schreibweise der Oktette (Bytes) in die binäre Schreibweise mithilfe des Windows-Rechners vornehmen kann.

Es gibt jedoch noch eine andere Möglichkeit, die Umrechnung ohne Taschenrechner vorzunehmen.

8.4.1 Grundlagen

Das uns bekannte Dezimalsystem befasst sich mit den Zehnerpotenzen. Die Zahl 128 beispielsweise setzt sich aus 3 Stellen der Zehnerpotenzen zusammen.

Stelle	10^2	10^1	1^0
Wert	100	10	1
Wie oft?	**1**	**2**	**8**

Wir betrachten diese Zusammenhänge im Alltag nicht, da uns das Dezimalsystem sehr gut bekannt ist und wir über die Werte der Zahlen nicht mehr nachdenken müssen.

Aber auch alle anderen Zahlensysteme funktionieren nach dem gleichen System.

Das binäre Zahlensystem benutzt nicht die Zahl 10, sondern die Zahl 2 als Basis. Dadurch ergeben sich an den verschiedenen Stellen andere Werte.

Die gleiche Zahl, 128, wird im binären Zahlensystem folgendermaßen dargestellt:

10000000

Wie ergibt sich dieser Wert?

Wir machen den gleichen Aufbau, der uns das dezimale Zahlensystem erklärt hat.

Stelle	2^7	2^6	2^5	2^4	2^3	2^2	2^1	2^0
Wert	128	64	32	16	8	4	2	1
Wie oft?	**1**	**0**	**0**	**0**	**0**	**0**	**0**	**0**

8.4.2 Umrechnen dezimal – binär

Die einfachste Möglichkeit, eine Umrechnung einer Dezimalzahl in eine binäre Zahl vorzunehmen, ist das Anfertigen einer Tabelle, die die Zweierpotenzen darstellt.

128	64	32	16	8	4	2	1

Dann betrachten Sie die dezimale Zahl, die Sie umwandeln möchten. Als Beispiel nehmen wir hier die Zahl 131.

Nun gehen wir die Tabelle von vorne nach hinten durch.

Wie oft kann die Zahl 131 durch die Zahl 128 geteilt werden?

1 mal mit dem Rest 3

Wir tragen also oberhalb der Zahl 128 eine 1 ein

1							
128	64	32	16	8	4	2	1

Mit dem Rest, der Zahl 3, rechnen wir weiter.

Wie oft kann die Zahl 3 durch die Zahl 64 geteilt werden?

0 mal mit dem Rest 3

Wir tragen also oberhalb der Zahl 64 eine 0 ein

Mit dem Rest, der Zahl 3, rechnen wir weiter.

1	0						
128	64	32	16	8	4	2	1

Wie oft kann die Zahl 3 durch die Zahl 32 geteilt werden?

0 mal mit dem Rest 3

Wir tragen also oberhalb der Zahl 32 eine 0 ein

Mit dem Rest, der Zahl 3, rechnen wir weiter.

1	0	0					
128	64	32	16	8	4	2	1

Wie oft kann die Zahl 3 durch die Zahl 16 geteilt werden?

0 mal mit dem Rest 3

Wir tragen also oberhalb der Zahl 16 eine 0 ein

Mit dem Rest, der Zahl 3, rechnen wir weiter.

1	0	0	0				
128	64	32	16	8	4	2	1

Wie oft kann die Zahl 3 durch die Zahl 8 geteilt werden?

0 mal mit dem Rest 3

Wir tragen also oberhalb der Zahl 8 eine 0 ein

Mit dem Rest, der Zahl 3, rechnen wir weiter.

1	0	0	0	0			
128	64	32	16	8	4	2	1

Wie oft kann die Zahl 3 durch die Zahl 4 geteilt werden?

0 mal mit dem Rest 3

Wir tragen also oberhalb der Zahl 4 eine 0 ein

Mit dem Rest, der Zahl 3, rechnen wir weiter.

1	0	0	0	0	0		
128	64	32	16	8	4	2	1

Wie oft kann die Zahl 3 durch die Zahl 2 geteilt werden?

1 mal mit dem Rest 1

Wir tragen also oberhalb der Zahl 2 eine 1 ein

Mit dem Rest, der Zahl 1, rechnen wir weiter.

1	0	0	0	0	0	1	
128	64	32	16	8	4	2	1

Wie oft kann die Zahl 1 durch die Zahl 1 geteilt werden?

1 mal mit dem Rest 0

Wir tragen also oberhalb der Zahl 1 eine 1 ein

1	0	0	0	0	0	1	1
128	64	32	16	8	4	2	1

Das Ergebnis ist also 10000011

Auf diese Art können Sie alle dezimalen Zahlen in das Binärformat umwandeln.

ACHTUNG!

Natürlich kann eine binäre Zahl sehr viele Stellen haben, aber für unsere Anwendungszwecke kann sie nur maximal 8 Stellen lang sein, da die größte Zahl, die für eine IP-Adresse zulässig ist, die 255 ist, also 8 Bit.

Hier ein weiteres Beispiel:

Dezimale Zahl: 202

1	1	0	0	1	0	1	0
128	64	32	16	8	4	2	1

8.4.3 Umwandeln binär – dezimal

Das Umwandeln einer binären Zahl in das Dezimalformat kann mithilfe der gleichen Tabelle geschehen.

Ein Beispiel:

Sie haben die binäre Zahl 111000. Diese soll dezimal dargestellt werden.

Sie erstellen sich wieder die bekannte Umrechnungstabelle.

128	64	32	16	8	4	2	1

Nun tragen Sie in die obere Zeile die binären Werte ein.

0	0	1	1	1	0	0	0
128	64	32	16	8	4	2	1

Der nächste Schritt ist, dass Sie alle Werte der unteren Zeile addieren, wenn in der obereren Zeile eine 1 steht, ansonsten lassen Sie den unteren Wert unberücksichtigt.

In unserem Fall heißt das:

32 + 16 + 8 = 56

Der dezimale Wert der binären Zahl 111000 ist also 56.

Auf diese Art können Sie in kurzer Zeit alle Umwandlungen schnell und einfach vornehmen.

8.5 Unterteilen der Klassen in kleinere Netzwerke (VLSM)

VLSM (Variable Length Subnet Mask) ist eine Methode, ein Netzwerk, beispielsweise ein Klasse C Netzwerk, in mehrere kleinere Netzwerke zu unterteilen.

8.5.1 Die Bedeutung der Punkte zwischen den Bytes

In der dezimalen Schreibweise sind alle IP-Adressen durch Punkte getrennt dargestellt.

Diese Schreibweise hat für die Bearbeitung der Adressen durch das Protokoll IP keinerlei Bedeutung.

Im Gegenteil, wenn die Bytes in binäre Schreibweise umgewandelt worden sind, liest das Protokoll IP diese Werte als Gesamtheit von 32 Bit und nicht als 4 Byte.

Dies gibt uns die Möglichkeit, die starre Klasseneinteilung zu umgehen.

Nehmen wir als Beispiel ein Klasse C Netzwerk, das einer Firma offiziell zur Verfügung gestellt worden ist, das Netzwerk 194.107.1.0 mit der Subnetzmaske 255.255.255.0.

Zunächst einmal werden wir diese Adresse in binäre Schreibweise umwandeln.

Dezimal:

IP-Adresse:	194	107	1	0
Subnetzmaske	255	255	255	0

Binär:

IP-Adresse:	11000010	01101011	00000001	00000000
Subnetzmaske	11111111	11111111	11111111	00000000

Was wir hier deutlich sehen können, ist die Tatsache, dass die Subnetzmaske immer aus einer kontinuierlichen Abfolge aus Einsen besteht und erst die letzten Bit bestehen aus Nullen.

Eine Klasse C Subnetzmaske besteht also aus 24 Einsern und 8 Nullen.

Diese Tatsache erlaubt uns eine neue Schreibweise für eine IP-Adresse.

Bisher mussten wir eine Adresse oder ein Netzwerk immer angeben mit

IP-Adresse (bzw. IP Netzwerk) und Subnetzmaske.

Die gleiche Aussagekraft hat aber die Darstellung

IP-Adresse (bzw. IP Netzwerk)/Anzahl der Einser-Bit der Subnetzmaske.

In unserem Fall wäre die Schreibweise also:

194.107.1.0/24

Diese Schreibweise ist viel schneller und hat sich mittlerweile durchgesetzt.

8.5.2 Das binäre Berechnen der Netzwerk-ID

Wie zuvor bereits besprochen, errechnet das Protokoll IP die eigene Netzwerk-ID und die des Remoterechners und vergleicht diese beiden IDs.

Bisher haben wir uns auf die klassenbasierte Vereinfachung beschränkt, nun aber betrachten wir, wie das IP wirklich vorgeht.

Das IP-Protokoll addiert die beiden Werte (IP-Adresse und Subnetzmaske) binär, um so die Netzwerk-ID zu errechnen.

Um diesen Rechenvorgang nachzuvollziehen, schreibt man die Werte untereinander, wie wir es auch vom dezimalen Addieren kennen.

Ein Beispiel:

Wir möchten die Netzwerk-ID der IP-Adresse 194.107.1.1/24 berechnen.

	194	107	1	1
IP-Adresse:	11000010	01101011	00000001	00000001
Subnetzmaske	11111111	11111111	11111111	00000000

Nun wird jedes einzelne Bit addiert („binäres Anding").

Die Berechnung der binären Netzwerk-ID erfolgt nach zwei einfachen Rechenregeln:

X+1=X

X+0=0

X+1=X:

Diese Regel bedeutet, dass der Wert der Netzwerk-ID gleich dem Wert der IP-Adresse bleibt, wenn in der Subnetzmaske eine 1 steht.

Dies zeigt sich in den ersten 3 Oktetten. Hier entsteht durch „Anding" die Netzwerk-ID, die den Werten der IP-Adresse gleich ist.

	194	107	1	1
IP-Adresse:	11000010	01101011	00000001	00000001
Subnetzmaske	11111111	11111111	11111111	00000000
Netzwerk-ID	**11000010**	**01101011**	**00000001**	
	194	107	1	

X+0=0:

Diese zweite Rechenregel bedeutet, dass der Wert der Netzwerk-ID 0 wird, wenn in der Subnetzmaske eine 0 steht.

Das ist in unserem Beispiel im vierten Oktett der Fall.

	194	107	1	1
IP-Adresse:	11000010	01101011	00000001	00000001
Subnetzmaske	11111111	11111111	11111111	00000000
Netzwerk-ID	**11000010**	**01101011**	**00000001**	**00000000**
	194	107	1	0

Auf diese Art errechnet das IP die Netzwerk-ID beider Computer und stellt dann fest, ob der Zielrechner im gleichen Netzwerk liegt oder eine andere Netzwerk-ID hat und somit durch mindestens einen Router getrennt ist.

8.5.3 Die Verteilung der Bit

Im obigen Beispiel haben wir gesehen, dass die Länge der Subnetzmaske genau definiert, wie die Netzwerk-ID lautet.

Einen öffentlichen IP Adressbereich bekommen wir häufig klassenbasiert zugeteilt, die Subnetzmasken lauten also /8, /16 oder /24.

Wenn wir also einen IP Adressbereich erhalten haben der 194.107.1.0/24 lautet, bedeutet dies, dass die ersten 24 Bit festgelegt sind und wir an ihnen natürlich nichts ändern dürfen. Dieser Teil ist der öffentliche Bereich.

Die letzten 8 Bit dagegen sind eigentlich für 254 Hosts gedacht, für die wir die Host-IDs frei vergeben können.

Momentan haben wir also folgenden Zustand:

IP-Adresse (dezimal): Subnetzmaske(dezimal):	194 255	107 255	1 255	0 0
IP-Adresse (binär): Subnetzmaske (binär):	11000010 11111111	01101011 11111111	00000001 11111111	00000000 00000000
	offizieller Anteil, vorgegeben, kann nicht geändert werden			freier Anteil, kann geändert werden

Abbildung 8.7: IP-Bereich nach der offiziellen Zuteilung

Im Normalfall werden wir in diesem Beispiel also die letzten 8 Bit komplett für die Host-ID nutzen.

Dies ist aber nicht zwingend vorgeschrieben, wir können mit den letzten 8 Bit verfahren, wie wir wollen.

Ein Beispiel:

Wir haben ein Firmennetz, das drei Subnetze umfasst, die jeweils 50 Rechner beinhalten.

Von der Menge der Hosts würde ja dieses Klasse C Netzwerk genügen, aber leider benötigen wir ja drei Netzwerke, die verschiedene Netzwerk-IDs haben, um eine funktionierende Netzwerkumgebung zu erhalten.

Für die Hosts stehen uns 8 Bit zur Verfügung. Aber werden für diese Aufgabe überhaupt 8 Bit benötigt?

Wir sollten einmal berechnen, wie viele Bit benötigt werden, um 50 Rechner eindeutig zu kennzeichnen.

Dezimal: **50**

Binär: **110010**

Um die Zahl 50 in binärer Schreibweise darzustellen, benötigen wir also nur 6 Bit, das siebente und achte Bit wird für die Darstellung der Hosts nicht mehr benötigt.

Daraus ergibt sich für uns eine logische Schlussfolgerung:

Wenn nur 6 Bit benötigt werden, um 50 Rechner darzustellen, könnte man doch die anderen zwei Bit benutzen und die Netzwerk-ID in den frei zur Verfügung stehenden Bereich verschieben.

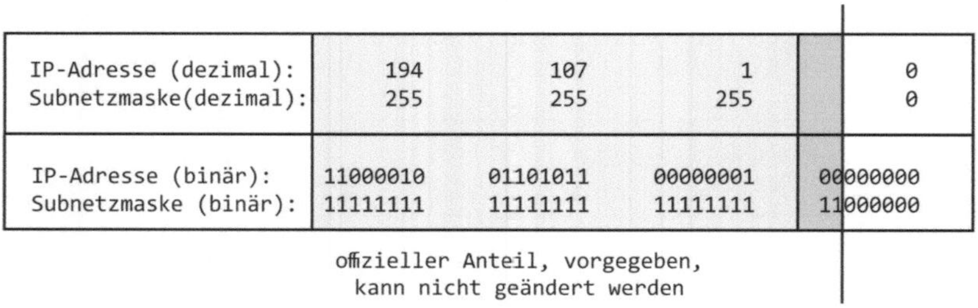

IP-Adresse (dezimal):	194	107	1	0
Subnetzmaske(dezimal):	255	255	255	0
IP-Adresse (binär):	11000010	01101011	00000001	00000000
Subnetzmaske (binär):	11111111	11111111	11111111	11000000

offizieller Anteil, vorgegeben, kann nicht geändert werden

Abbildung 8.8: Verschieben der Netzwerk-ID

Was würde das bringen?

Wenn die Netzwerk-ID um zwei Stellen nach hinten verschoben wird, erhalten wir die Möglichkeit, aus einem einzigen Netzwerk, das 254 Hosts beherbergen kann, mehrere Netzwerke zu machen, die zwar weniger Hosts beherbergen, aber dafür mehrere verschiedene Netzwerk-IDs haben, also genau den Zweck erfüllen, den wir benötigen.

In unserem Beispiel würde das erste mögliche Netzwerk nun lauten

194.107.1.0/**26**

Die Subnetzmaske hat sich verändert, da wir ein Bit des frei zur Verfügung stehenden vierten Oktetts benutzen.

Wir haben damit die Verteilung von Netzwerkanteil und Hostanteil verschoben. Für den Netzwerkanteil benutzen wir nun 26 Bit, für den Hostanteil dagegen nur noch 6 Bit.

Diese Verschiebung ist möglich und gebräuchlich, da durch diese Maßnahme mehrere kleinere Subnetze geschaffen werden können.

Bevor wir nun das Netzwerk in kleinere Subnetze unterteilen, müssen wir noch die Regeln für die IP-Adressierung überarbeiten. Diese Regeln haben wir ohne Kenntnisse der binären Schreibweise aufgestellt und nun können wir diese verfeinern und präzisieren. Die relevanten zwei Regeln sind folgende:

8.5.4 Die Host-ID darf nicht nur aus Nullen bestehen

Die Host-ID ist immer der Wert, der über den Bytes der Subnetzmaske mit dem Wert 0 steht.

Die Host-ID kann nur dann auf Null stehen, wenn die Subnetzmaske nur aus Nullen besteht, denn nur der Anteil der Subnetzmaske, der aus Einsern besteht, definiert die Netzwerk-ID.

Wenn die Host-ID komplett aus Nullen besteht, ist dies die ausgeschriebene Netzwerk-ID, die durch das „binäre Anding“ entstanden ist.

8.5.5 Die Host-ID darf nicht aus Wiederholungen des Wertes 255 bestehen

Diese Regel war stark vereinfacht. Wir wissen mittlerweile, dass in einer klassenbasierten Einteilung der Wert 255 aus 8 Einsern besteht.

Diese Regel müsste nach unseren neuen Kenntnissen eigentlich lauten: Die Host-ID darf in binärer Schreibweise nicht nur aus Einsern bestehen, egal, wie lang der Hostanteil ist.

Wenn der Hostanteil aus lauter Einsern besteht, ist dies die Broadcastadresse, die natürlich keinem Host zugewiesen werden darf.

Classless Subnetting

Betrachten wir nun das erste Netzwerk, das uns somit zur Verfügung gestellt wird.

Binäre Schreibweise				Bezeichnung	Dezimale Schreibweise
11000010	01101011	00000001	00|000000	Ausgangsnetzwerk	194 107 1 0
11111111	11111111	11111111	11|000000	Subnetzmaske	255 255 255 192
11000010	01101011	00000001	00|000000	Erstes Netzwerk	194 107 1 0
11111111	11111111	11111111	00|000001	Erste gültige IP-Adresse	194 107 1 1
11111111	11111111	11111111	00|111110	Letzte gültige IP-Adresse	194 107 1 62
11111111	11111111	11111111	00|111111	Eroadcastadresse	194 107 1 63
11111111	11111111	11111111	01|000000	Zweites Netzwerk	194 107 1 64
11111111	11111111	11111111	01|000001	Erste gültige IP-Adresse	194 107 1 65
11111111	11111111	11111111	01|111110	Letzte gültige IP-Adresse	194 107 1 126
11111111	11111111	11111111	01|111111	Broadcastadresse	194 107 1 127

Abbildung 8.9: Erstellen von neuen Subnetzen

Das erste Netzwerk, das wir benutzen können, hat die binäre Schreibweise

11000010 01101011 00000001 00 | 000000
11111111 11111111 11111111 11 | 000000

Wie wir sehen, stehen alle 6 Bit, die für den Hostanteil stehen auf 0, was

den Regeln der IP-Adressierung entspricht.
Die erste gültige IP-Adresse ist in diesem Fall die kleinste Zahl, die für den Hostanteil möglich ist.

Dies ist die

11000010 01101011 00000001 00 | 000001

Die letzte gültige IP-Adresse ist die größte Zahl, die vor der Broadcastadresse kommt:

11000010 01101011 00000001 00 | 111110

Die Broadcastadresse ist die Adresse, bei der alle Host-Bit auf 1 stehen:

11000010 01101011 00000001 00 | 111111

Die nächste Adresse ist bereits wieder die Netzwerkadresse des zweiten Subnetzes:

11000010 01101011 00000001 01 | 000000

Auch hier ist die erste gültige IP-Adresse die kleinste Zahl, die für den Hostanteil möglich ist:

11000010 01101011 00000001 01 | 000001

Die letzte gültige IP-Adresse ist die größte Zahl, die vor der Broadcastadresse kommt:

11000010 01101011 00000001 01 | 1111110

Die Broadcastadresse ist die Adresse, bei der alle Host-Bit auf 1 stehen:

11000010 01101011 00000001 01 | 1111111

und so weiter. Diese Rechnung lässt sich beliebig fortführen.

8.5.6 Erkennen einer lokalen oder einer Remote - Adresse

Wenn die Ausführungen richtig waren, müsste der Vergleich zweier IP-Adressen aus jeweils einem oben berechneten Subnetz ja auch unterschiedliche Netzwerk-IDs ergeben.

Machen wir die Überprüfung.

Wir vergleichen die erste gültige IP-Adresse aus dem ersten Bereich mit der ersten gültigen IP-Adresse aus dem zweiten Bereich.

Erste gültige IP-Adresse aus dem ersten Bereich:

194.107.1.1/26

Erste gültige IP-Adresse aus dem zweiten Bereich:

194.107.1.65/26

Erste gültige IP-Adresse aus dem ersten Bereich:

IP-Adresse:	11000010	01101011	00000001	00000001
Subnetzmaske	11111111	11111111	11111111	11000000
Netzwerk-ID	**11000010**	**01101011**	**00000001**	**00000000**

Erste gültige IP-Adresse aus dem zweiten Bereich:

IP-Adresse:	11000010	01101011	00000001	01000001
Subnetzmaske	11111111	11111111	11111111	11000000
Netzwerk-ID	**11000010**	**01101011**	**00000001**	**01000000**

Wie Sie sehen, sind diese beiden Netzwerk-IDs eindeutig unterschiedlich, somit liegen beide Rechner in verschiedenen Subnetzen.

Dies ist die Standardvorgehensweise, wenn Sie die Kommunikation kontrollieren müssen. Sie haben zwei IP-Adressen und Sie wissen nicht, ob sich diese zwei Adressen im gleichen Netzwerk befinden oder nicht.

Oft ist es für die Fehlersuche nötig, zunächst einmal diese Möglichkeit zu überprüfen.

Ein Beispiel:

Sie haben ein Netzwerk mit einem Subnetz. Hier haben Sie zwei Computer, die nicht miteinander kommunizieren können.

Die Rechner haben folgende IP-Adressierung:

10.217.123.7/20

10.217.131.3/20

Hier ist nicht auf den ersten Blick erkennbar, ob sich diese beiden Rechner im gleichen Subnetz befinden.

Also müssen Sie die Netzwerk-IDs ausrechnen.

Computer 1:

IP-Adresse:	00001010	00001010	00001010	00000111
Subnetzmaske	11111111	11111111	11110000	00000000
Netzwerk-ID	**00001010**	**11011001**	**01110000**	**00000000**

Computer 2:

IP-Adresse:	00001010	11011001	10000011	00000011
Subnetzmaske	11111111	11111111	11110000	00000000
Netzwerk-ID	**00001010**	**11011001**	**10000000**	**00000000**

Hier sind die Netzwerk-IDs der beiden Computer eindeutig unterschiedlich.

Was können Sie tun, nachdem Sie dieses Problem erkannt haben?

Sie sollten nun die Netzwerk-IDs anderer Rechner im gleichen Subnetz betrachten, genauso wie die Netzwerk-ID des Routers. Stimmen sie alle mit einer der beiden Netzwerk-IDs überein, so ist diejenige, die sich unterscheidet, falsch und muss durch eine gültige IP-Adresse ersetzt werden.

Ein weiteres Anwendungsbeispiel

Sie haben ein Netzwerk mit den Daten

194.107.0.0/20

Sie möchten gerne die ersten 10 gültigen Adressen für Router reservieren, die letzten 10 gültigen Adressen dagegen für die Server.

Welcher Bereich bleibt Ihnen für die Clients übrig, welches ist dafür die erste und die letzte gültige IP-Adresse?

Auch hier machen Sie eine Aufstellung.

Sie ermitteln wieder zunächst die Netzwerkadresse (alle Host-Bit auf den Wert 0 setzen).

Danach können Sie leicht die ersten gültigen IP-Adressen errechnen.

Nun wissen Sie schon, wo der Bereich für die Clients beginnt, nämlich bei

194.107.0.11.

Das Ende des Clientbereichs errechnen Sie durch Herunterrechnen von der Broadcastadresse aus.

Bei der Broadcastadresse sind alle Host-Bit auf 1 gesetzt. Die Broadcastadresse ist also die

194.107.15.255.

Daraus ergibt sich die letzte gültige IP-Adresse (194.107.15.254) und der Bereich, der für die Server reserviert bleiben soll (194.107.15.245 – 194.107.15.254).

Nun kennen Sie auch die letzte IP-Adresse des Clientbereichs:

194.107.15.244.

Die Lösung dieser Aufgabe ist also folgender Bereich:
194.107.1.11 – 194.107.15.244

8.5.7 Supernetting

Eine weitere Möglichkeit, die Verschwendung von IP-Adressen zu minimieren, ist eine Methode, die das genaue Gegenteil der eben erklärten Methode ist.

Bei VLSM haben wir Klassen, die „zu groß“ waren, in kleinere Bereiche unterteilt. Dabei wurden natürlich nur die Bit geändert, die als privater Anteil zur Verfügung stehen.

Beim Supernetting dagegen werden kleinere Netzwerke logisch zusammengefasst, so dass sie ein einziges größeres Netzwerk ergeben.

Supernetting unterscheidet sich vom Subnetting, indem Netzwerk-IDs „ausgeliehen" werden und als Host-IDs „getarnt" werden, um ein effizientes Routing zu ermöglichen.

Supernetting erfolgt nach den gleichen Regeln, die wir bei VLSM kennen gelernt haben.

Da sich aber bei Supernetting die Veränderung der Netzwerk-ID und der Host-ID bereits in einem Oktett abspielt, das nicht privat genutzt werden kann, kann Supernetting natürlich nur von der Instanz gemacht werden, die die IP-Adressen vergibt. Meistens sind das die IANA, die DENIC oder der Internet Service Provider (ISP).

8.6 IPv6

Wie Sie sehen, ist das TCP/IP, das wir kennen gelernt haben, mit einigen Problemen behaftet.

In einigen Jahren, wenn auch Menschen anderer Länder, die momentan noch keinen Internetzugang haben, das Internet benutzen wollen, ist das bekannte IP-System nicht mehr praktikabel.

Die größten Probleme sind

- Zu wenige Adressen
- Komplexe Konfiguration
- Wenig implementierte Sicherheit
- Keine Möglichkeit der Datenpriorisierung

Aus diesem Grund gibt es bereits einen Nachfolger für das IPv4: IPv6.

Dieser Standard wurde bereits 1994 empfohlen.

Übrigens: IPv5 hat es nie gegeben, mit der Versionsnummer 6 sollte gezeigt werden, wie revolutionär der Fortschritt gegenüber dem IPv4 ist.

Im Gegensatz zu den 32 Bit, die bei einer IPv4 Adresse zur Verfügung stehen, stellt IPv6 128 Bit zur Verfügung.

Dies würde bedeuten, dass es nicht mehr nur vier Oktette geben kann, sondern es könnte 16 Oktette geben.

Eine mögliche Adresse unter IPv6 wäre also

63.254.4.0.2.128.0.0.0.0.0.0.0.0.0.1

Dies ist nicht mehr verwaltbar. Aus diesem Grund wird die Schreibweise auf hexadezimal umgestellt. In hexadezimaler Schreibweise können 16 Stellen dargestellt werden. So können jeweils 2 Oktette von IPv6 als eine hexadezimale Stelle dargestellt werden.

Dafür werden die dezimalen Werte zweier Oktette zusammengeschrieben und dann in einen hexadezimalen Wert umgerechnet.

<table>
<tr><td>63</td><td>254</td><td>4</td><td>0</td><td>2</td><td>128</td><td>0</td><td>0</td><td>0</td><td>0</td><td>0</td><td>0</td><td>0</td><td>0</td><td>0</td><td>1</td></tr>
<tr><td colspan="2">3FFE</td><td colspan="2">400</td><td colspan="2">280</td><td colspan="2">0</td><td colspan="2">0</td><td colspan="2">0</td><td colspan="2">0</td><td colspan="2">1</td></tr>
</table>

Diese Schreibweise benutzt als Trennzeichen keine Punkte mehr, sondern Doppelpunkte.

3FFE:400:280:0:0:0:0:1

Als Besonderheit können wiederholte Nullen durch zwei Doppelpunkte dargestellt werden.

3FFE:400:280::1

Durch die Umstellung der IP-Adressierung werden wir 340.282.366.920.938.463.463.374.607.431.768.211.456 mögliche Adressen zur Verfügung haben.

Dies ist eine unvorstellbar große Zahl, mit der theoretisch jeder Quadratkilometer der Erdoberfläche mit 665.570.793.348.866.943.898.599 Adressen abgedeckt werden könnte.

8.6.1 Die Adressbereiche von IPv6

Microsoft unterstützt IPv6 seit Windows XP SP2 nativ. Mit einem aktuellen Microsoft Betriebssystem sind Sie für die Herausforderung der Umstellung gut gerüstet.

Natürlich gibt es auch in IPv6 bestimmte Adressbereiche die für bestimmte Gegebenheiten benutzt werden.

Alle IPv6-Adressen haben, wie die IPv4 Adressen einen Netzwerkanteil und einen Hostanteil. Der Netzwerkanteil wird „Prefix" genannt, der Hostanteil „Suffix". Allerdings gibt es hier keine Subnetzmaske, eine IPv6 Adresse wird immer in der CIDR-Schreibweise dargestellt.

Die Adressen haben normalerweise folgendes Format:

2001:DB8:3F:2AO::/64

Das bedeutet, diese IPv6-Adresse hat ein Prefix von 64 Bit, was gleichbedeutend ist mit einem Netzwerkanteil von 64 Bit.

ACHTUNG!

Alle IPv6 Adressen haben ein Prefix von 64 Bit!

IPv6 kennt folgende Adressbereiche:

- Unicast
- Multicast
- Anycast

Sie sehen, der klassische Broadcast wird nicht mehr unterstützt.

Unicast

Betrachten wir die Unicast-Adressen genauer.

Hier gibt es auch eine Unterteilung

- Global Unicast (entspricht etwa den öffentlichen IPv4 Adressen)
- Link Local Unicast (entspricht etwa der APIPA-Adresse)
- Site Local und Unique Local (entspricht etwa den privaten IP-Adressen)

Global Unicast

Eine Global Unicast Adresse setzt sich folgendermaßen zusammen:

3 bit	45 bit	16 bit	64 bit
001	**Global Routing Prefix**	**Subnet ID**	**Interface ID**

Abbildung 8.10: Global Unicast

Die ersten 3 Bit

Der Wert der ersten drei Bit ist 001.

Global Routing Prefix

Das ist ein Wert, der zusammen mit den ersten drei Bit zusammen 48 Bit darstellt. Er wird einem Teil einer Organisation zugewiesen.

Subnet ID

Diese 16 Bit können verwendet werden, um individuelle Subnets zu bilden.

Interface ID

Die letzten 64 Bit sind der Hostanteil der Adresse.

Diese Äquivalente der öffentlichen IP-Adressen werden auf absehbare Zeit genügen.

Link-Local Adresse

Eine Link-Local Adresse ist zwar ebenfalls eine Unicast-Adresse, hat aber eine völlig andere Zielausrichtung.

Mit ihnen kann eine Kommunikation innerhalb eines Segments vorgenommen werden, sie sind nicht routingfähig.

Link-Local-Adressen werden automatisch zugewiesen. Damit entsprechen sie etwa der automatischen APIPA-Adresse.

Link- Local Adressen haben folgenden Aufbau:

10 bit	54 bit	64 bit
	00..00	**Interface ID**

111 111 10

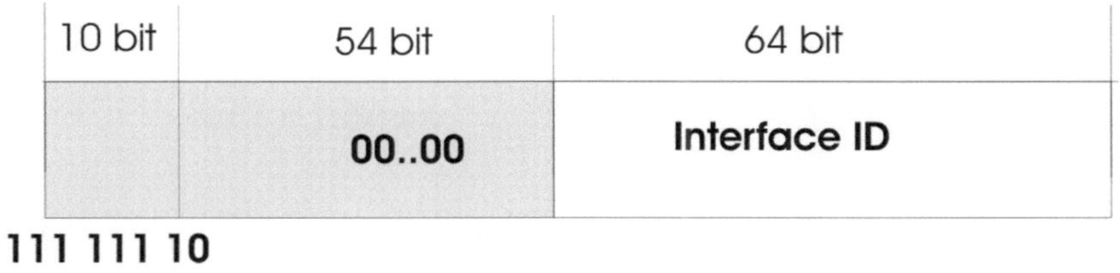

Abbildung 8.11: Link-Local

Diese Link-Local Adressen beginnen immer mit

FE80::/64

Site-Local Adressen

Site-Local Adressen sind in etwa mit den früheren privaten IP-Adressen zu vergleichen.

Sie haben folgenden Aufbau:

10 bit	54 bit	64 bit
	Subnet ID	**Interface ID**

1111 1110 11

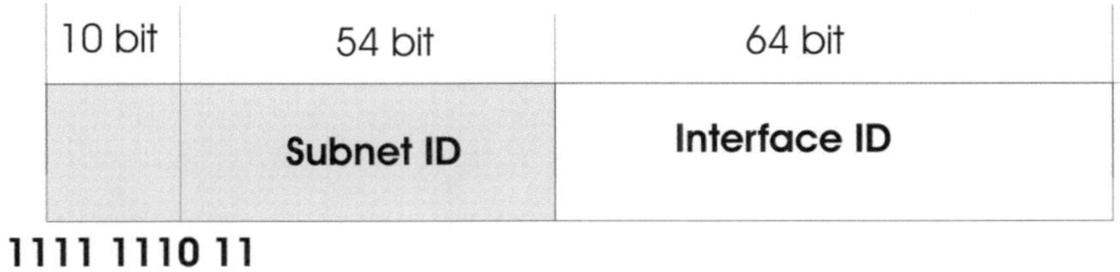

Abbildung 8.12: Site-Local Adresse

Site-Local Adressen beginnen immer mit

FECO::

Unique Local Adressen

Da die Site-Local Adressen leider in der Konfiguration relativ komplex sind, wurde eine zweite Definition der privaten Adressen eingeführt, die Unique Local Adressen.

Diese sind einfacher zu konfigurieren und sollten deswegen benutzt werden.

Der Aufbau ist folgender:

7 bit
40 bit
16 bit
64 bit
Global ID
Subnet ID
Interface ID
1111 110

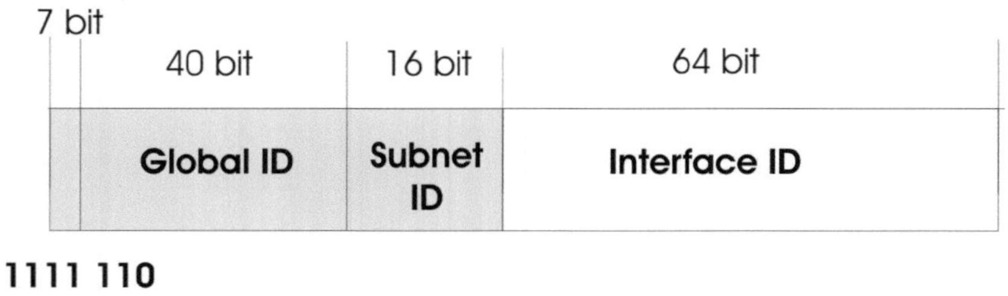

Abbildung 8.13: Unique Local Adresse

Die Unique Local Adressen beginnen immer mit

FC00::

Multicast IPv6 Adressen

Die Multicast Adressen sind natürlich auch in IPv6 notwendig.

Der Aufbau ist folgender:

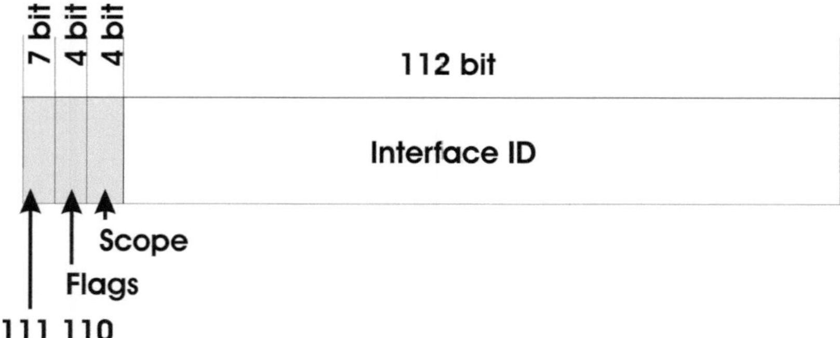

Abbildung 8.14: Multicast Adresse

Flags:

Hier werden diverse Flags angegeben, laut RFC.

Scope:
Hier wird der Multicast-Bereich festgelegt. Auch hierfür gibt es einen RFC (RFC 4291).

Anycast IPv6 Adresse

Die letzte relevante Adresse ist die Anycast Adresse. Sie wird mehreren Schnittstellen zugewiesen und spielt beim Routing eine Rolle.

Sie sehen, die IPv6 Adressen sind zwar unterschiedlich von den IPv4 Adressen, aber auch hier finden wir gewisse Regelmäßigkeiten und Vorschriften, wie sie einzusetzen sind.

8.6.2 Anpassung der Protokolle für IPv6

Auch die Protokolle müssen natürlich dem neuen IP-Adressmodell angepasst werden, da sie nun mit einer völlig neuen Adressenstruktur umgehen müssen.

Neighbor Discovery (ND)

Das Neighbor Discovery Protokoll ersetzt in erster Linie das Protokoll ARP. Auch ICMP wird zum Teil ersetzt.

Multicast Listener Discovery (MLD)

Dies ist der Ersatz für IGMP.

8.7 IP-Adressierung mit der PowerShell

Zum Schluss möchte ich nicht versäumen, Ihnen die wichtigsten PowerShell Cmdlets der IP-Adressierung darzustellen.

Cmdlet	**Beschreibung**
Get-NetIPAddress	Zeigt Informationen über die IP-Adressierung
Get-NetIPInterface	Zeigt Informationen über die Eigenschaften der Schnittstelle

Get-NetIPv4Protocol	Zeigt Informationen über die IPv4 Konfiguration
Get-NetIPv6Protocol	Zeigt Informationen über die IPv6 Konfiguration
Get-NetRoute	Zeigt die Routing-Tabelle
Get-NetTCPSetting	Zeigt Informationen über die TCP Konfiguration
New-NetIPAddress	Erstellt eine IP-Adresse mit Einstellungen
New-NetRoute	Erstellt einen Eintrag in der Routing Tabelle
Remove-NetIPAddress	Entfernt eine IP-Adresse mit ihren Einstellungen
Remove-NetRoute	Entfernt Einträge aus der Routingtabelle
Set-NetIPAddress	Ändert die Einstellungen einer vorhandenen IP-Adresse
Set-NetIPInterface	Ändert die Einstellungen einer Schnittstelle
Set-NetIPv4Protocol	Ändert die IPv4 Protokollkonfiguration
Set-NetRoute	Ändert Einträge in der Routingtabelle

Übung 8.7

- Gehen Sie auf die Website http://laue-net.de/index.php/downloads/uebungen
- Wählen Sie dort das Online-Quiz „IP-Adressklassen“ und lösen Sie es

8.8 Hilfsprogramme

Zum Überprüfen der IP-Adressierung stehen Ihnen einige Hilfsprogramme zur Verfügung.

8.8.1 IPCONFIG

Das bekannteste Tool ist das Tool IPCONFIG. Mit ihm können Sie die IP- Konfiguration anzeigen.

IPCONFIG gibt es mit mehreren Parametern.

IPCONFIG /ALL

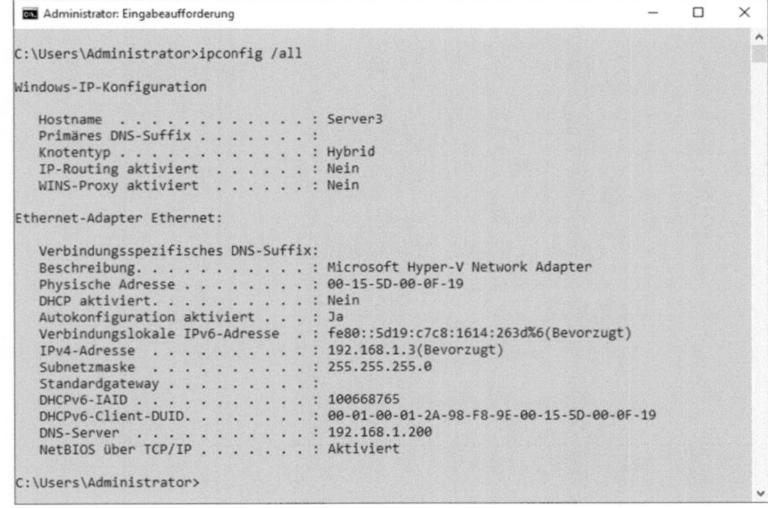

```
Administrator: Eingabeaufforderung

C:\Users\Administrator>ipconfig /all

Windows-IP-Konfiguration

   Hostname  . . . . . . . . . . . . : Server3
   Primäres DNS-Suffix . . . . . . . :
   Knotentyp . . . . . . . . . . . . : Hybrid
   IP-Routing aktiviert  . . . . . . : Nein
   WINS-Proxy aktiviert  . . . . . . : Nein

Ethernet-Adapter Ethernet:

   Verbindungsspezifisches DNS-Suffix:
   Beschreibung. . . . . . . . . . . : Microsoft Hyper-V Network Adapter
   Physische Adresse . . . . . . . . : 00-15-5D-00-0F-19
   DHCP aktiviert. . . . . . . . . . : Nein
   Autokonfiguration aktiviert . . . : Ja
   Verbindungslokale IPv6-Adresse  . : fe80::5d19:c7c8:1614:263d%6(Bevorzugt)
   IPv4-Adresse  . . . . . . . . . . : 192.168.1.3(Bevorzugt)
   Subnetzmaske  . . . . . . . . . . : 255.255.255.0
   Standardgateway . . . . . . . . . :
   DHCPv6-IAID . . . . . . . . . . . : 100668765
   DHCPv6-Client-DUID. . . . . . . . : 00-01-00-01-2A-98-F8-9E-00-15-5D-00-0F-19
   DNS-Server  . . . . . . . . . . . : 192.168.1.200
   NetBIOS über TCP/IP . . . . . . . : Aktiviert

C:\Users\Administrator>
```

Abbildung 8.15: ipconfig /all

Mit dem Befehl ipconfig /all können Sie sich alle Parameter der IP-Adressierung anzeigen lassen, nicht nur die IP-Adresse, Subnetzmaske und Standardgateway.

IPCONFIG /RELEASE

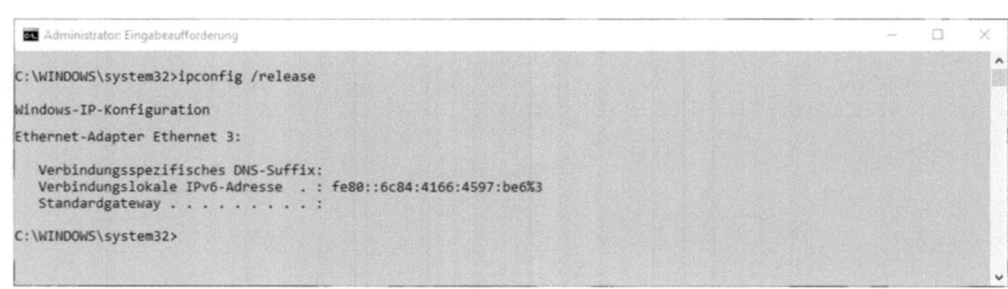

Abbildung 8.16: ipconfig /release

Mit ipconfig /release können Sie eine IP-Adresse, die Sie per DHCP erhalten haben, zurückgeben. Dies tun Sie, wenn Ihre IP-Adresse nicht ordentlich funktioniert.

ACHTUNG!

Zum Ausführen vieler dieser Befehle benötigen Sie erhöhte Rechte, das heißt, Sie müssen die Eingabeaufforderung als Administrator öffnen!

IPCONFIG /RENEW

Anschließend holen Sie sich mit dem Befehl ipconfig /renew eine neue IP-Adresse vom DHCP-Server.

IPCONFIG /REGISTERDNS

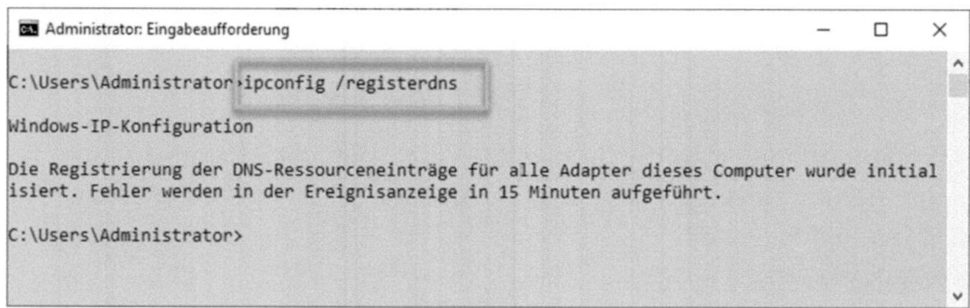

Abbildung 8.17: ipconfig /registerdns

Dieser Befehl zwingt Ihren Computer, seine IP-Adresse im DNS-Server zu registrieren. Falls andere Computer Ihren Computer nicht finden können, da er im DNS nicht eingetragen ist, ist dieser Befehl die Lösung.

IPCONFIG /FLUSHDNS

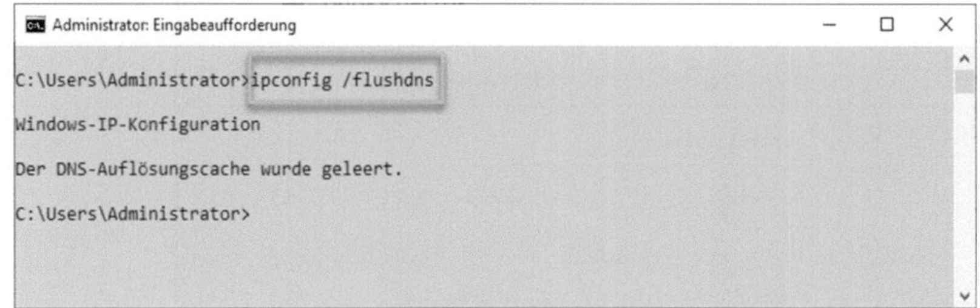

Abbildung 8.18: ipconfig /flushdns

Ihr Computer speichert die Zuordnung von Computernamen zu IP-Adressen in einem DNS-Cache zwischen.

Falls nun ein Computer eine andere IP-Adresse erhalten hat, zum Beispiel durch DHCP, stimmt der Eintrag in Ihrem DNS-Cache nicht mehr und Sie können den Computer nicht mehr erreichen.

Wenn ein solches Problem auftaucht, müssen Sie den DNS-Cache leeren und das tun Sie mit dem Befehl ipconfig /flushdns.

8.8.2 PING

Mit dem Befehl „Ping“ können Sie untersuchen, ob Sie einen Rechner erreichen können.

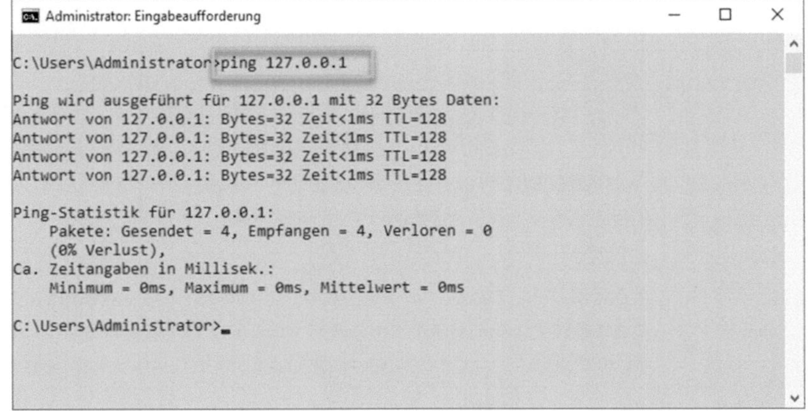

Abbildung 8.19: Ping

Wenn Sie den Namen anpingen, testen Sie auch gleich die Namenauflösung.

8.8.3 NBTSTAT

NBTSTAT zeigt Ihnen Statistiken über NetBios Namenauflösungen an. NBTSTAT muss mit Parametern benutzt werden.

Parameter	Bedeutung
/?	Zeigt die Hilfe an der Eingabeaufforderung an
-a Remotename	Zeigt die NetBIOS-Namentabelle eines Remotecomputers an, wobei Remotename dem NetBIOS-Computernamen des Remotecomputers entspricht. Die NetBIOS-Namentabelle ist die Liste der NetBIOS-Namen, die auf diesem Computer ausgeführten NetBIOS-Anwendungen entsprechen
-A IP-Adresse	Zeigt die NetBIOS-Namentabelle eines Remotecomputers an, der durch die IP-Adresse des Remotecomputers (in punktierter Dezimalschreibweise) angegeben wird
-c	Zeigt den Inhalt des NetBIOS-Namenzwischenspeichers, die Tabelle der NetBIOS-Namen und deren aufgelöste IP-Adressen an
-n	Zeigt die NetBIOS-Namentabelle des lokalen Computers an. Der Status „Registriert“ zeigt an, dass der Name entweder durch Broadcast oder auf einem WINS-Server registriert ist
-r	Zeigt NetBIOS-Namenauflösungsstatistiken an. Auf einem Computer unter Windows XP, der zur Verwendung von WINS konfiguriert wurde, gibt dieser Parameter die Anzahl der Namen zurück, die über Broadcast und WINS registriert sind
-R	Löscht den Inhalt des NetBIOS-Namenzwischenspeichers und lädt dann erneut die durch #PRE gekennzeichneten Einträge aus der Datei Lmhosts
-RR	Gibt NetBIOS-Namen für den lokalen Computer frei, der auf WINS-Servern registriert ist und aktualisiert sie dann

-s	Zeigt NetBIOS-Client- und -Serversitzungen an und versucht dabei, die Ziel-IP-Adresse in einen Namen zu konvertieren
-S	Zeigt NetBIOS-Client- und -Serversitzungen an, wobei für Remotecomputer nur die IP-Adresse aufgelistet wird

Tabelle 2.2: Parameter nbtstat

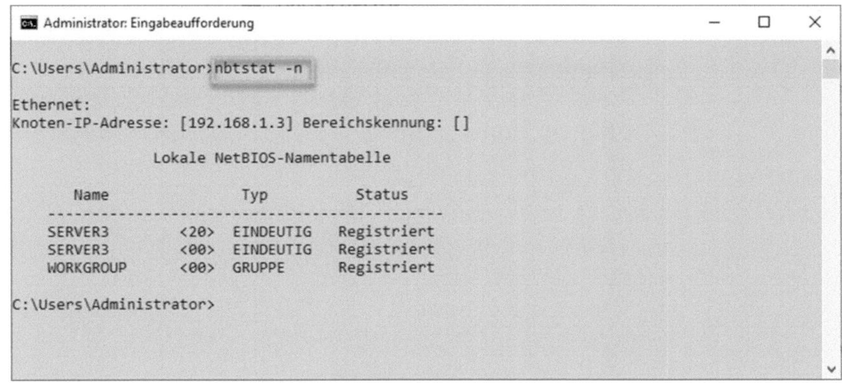

Abbildung 8.20: nbtstat -n

8.8.4 NETSTAT

Netstat zeigt Ihnen eine Netzwerkstatistik an. Sinnvolles Benutzen des Befehls ist nur mit Parametern möglich.

Parameter	**Bedeutung**
/?	Zeigt Hilfe an der Eingabeaufforderung an
-a	Zeigt alle aktiven TCP-Verbindungen sowie die TCP- und UDP-Anschlüsse an, an denen der Computer empfangsbereit ist
-e	Zeigt Ethernet-Statistiken an, beispielsweise die Anzahl gesendeter und empfangener Bytes und Pakete. Dieser Parameter kann mit -s kombiniert werden
-n	Zeigt aktive TCP-Verbindungen an. Die Adressen und Anschlussnummern werden jedoch in numerischer Form angezeigt und es wird nicht versucht, Namen zu ermitteln

-o	Zeigt aktive TCP-Verbindungen an und enthält die Prozess-ID (PID) für jede Verbindung. Sie können die Anwendung anhand der PID auf der Registerkarte Prozesse im Windows Task-Manager finden. Dieser Parameter kann mit -a, -n und -p kombiniert werden
-p Protokoll	Zeigt Verbindungen für das in Protokoll angegebene Protokoll an. Mögliche Werte für Protokoll sind hier tcp, udp, tcpv6 oder udpv6. Wird dieser Parameter zusammen mit -s zur Anzeige von Statistiken nach Protokollen verwendet, kann für Protokoll tcp, udp, icmp, ip, tcpv6, udpv6, icmpv6 oder ipv6 angegeben werden
-s	Zeigt Statistiken nach Protokollen an. Standardmäßig werden Statistiken für die Protokolle TCP, UDP, ICMP und IP angezeigt. Wenn das IPv6-Protokoll für Windows XP installiert ist, wird die Statistik für die Protokolle TCP über IPv6, UDP über IPv6, ICMPv6 und IPv6 angezeigt. Mit dem Parameter -p können Sie eine Gruppe von Protokollen angeben
-r	Zeigt den Inhalt der IP-Routingtabelle an. Dieser Parameter entspricht dem Befehl route print

Tabelle 2.3: Die Parameter von netstat

Ein häufig benutzter Befehl ist netstat –r. Hierbei können Sie sich die Routingtabelle betrachten.

Was Sie hier sofort erkennen können, ist das eingetragene Standardgateway, an das alle Pakete geschickt werden, die nicht im eigenen Netzwerk aufgelöst werden können.

Abbildung 8.21: netstat -r

8.8.5 TRACERT und PATHPING

Mit den Befehlen tracert und pathping können Sie eine Route zu einem anderen Rechner verfolgen.

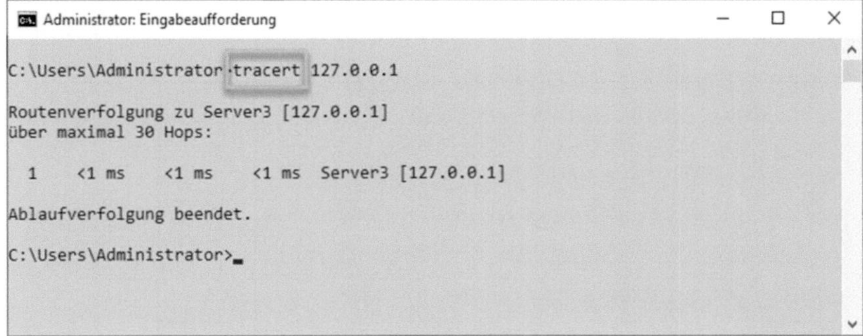

Abbildung 8.22: tracert

```
Administrator: Eingabeaufforderung

C:\Users\Administrator>pathping 127.0.0.1

Routenverfolgung zu "Server3" [127.0.0.1]
über maximal 30 Hops:
  0  Server3 [127.0.0.1]
  1  Server3 [127.0.0.1]

Berechnung der Statistiken dauert ca. 25 Sekunden...
            Quelle zum Abs.  Knoten/Verbindung
Abs. Zeit   Verl./Ges.=   %  Verl./Ges.=   %  Adresse
  0                                           Server3 [127.0.0.1]
                                0/ 100 =  0%   |
  1    0ms     0/ 100 =  0%     0/ 100 =  0%  Server3 [127.0.0.1]

Ablaufverfolgung beendet.

C:\Users\Administrator>_
```

Abbildung 8.23: pathping

Übung 8.8

- Benutzen Sie auf „Server3“ ein Hilfsprogramm, mit dem Sie die komplette IP-Konfiguration des Rechners anzeigen können
- Betrachten Sie die Informationen genau
- Geben Sie nun einen Befehl ein, mit dem Sie den Computer zwingen, seine Adresse im DNS-Server zu registrieren
- Leeren Sie nun den DNS-Cache
- Überprüfen Sie, ob Sie Ihren eigenen Rechner über die IP-Adresse mit dem Befehl „ping“ erreichen können
- Zeigen Sie die NetBIOS-Namentabelle des lokalen Computers an
- Geben Sie die Befehle „Tracert 127.0.0.1“ und „Pathping 127.0.0.1“ ein. Überlegen Sie, welche Ergebnisse Sie sehen

9 Wie finden sich die Rechner im Netzwerk?

Nachdem wir nun alles über die Kommunikation im Netzwerk mit TCP/IP wissen, stellt sich die Frage, wie sich die Rechner im Netzwerk finden.

Wir haben schon von der Namenauflösung gehört, dem standardisierten Vorgehen, wie Rechner die IP-Adresse des Kommunikationspartners finden.

In diesem Zusammenhang war auch schon der DNS-Server ein Thema.

Mit diesem werden wir uns nun genauer beschäftigen.

9.1 Der DNS-Server

Im DNS-Server ist die Zuordnung von Namen zu IP-Adressen gespeichert.

Er steht in der normalen Reihenfolge der Namenauflösung an dritter Stelle, und wenn man die beiden vorherigen Schritte betrachtet (Check, ob es der eigene Name ist und Nachsehen in einer statischen Datei, die nicht gepflegt wird), steht eigentlich fest, dass der DNS-Server die wichtigste Stelle der Namenauflösung ist.

Ein DNS-Server hat eine interne Aufteilung in eine Forward-Lookupzone und in eine Reverse-Lookupzone. Diese beiden Zonen besprechen wir noch im Detail.

Außerdem ist die Ereignisanzeige für die DNS-Ereignisse hier noch einmal eingegliedert.

1. **Local Host Name**
2. **Datei „Hosts“**
3. **DNS-Server**
4. **NetBios Namenscache**
5. **WINS**
6. **Broadcast**
7. **Datei „LMHosts“**

Abbildung 9.1: Die Reihenfolge der Namenauflösung

9.2 Forward-Lookupzone

Die Forward-Lookupzone löst die Namen zu IP-Adressen auf. Ähnlich wie in einer Telefonbuchliste ist jedem Namen eine Nummer zugeordnet.

Dies ist der Normalfall. Wenn mit dem Computer im Netzwerk gearbeitet wird, sprechen wir die Computer, die wir erreichen möchten, immer mit dem Namen an.

Das Protokoll IP benötigt aber zum Routen die IP-Adresse. Also wird in der Namenauflösung der Name zu einer IP-Adresse aufgelöst.

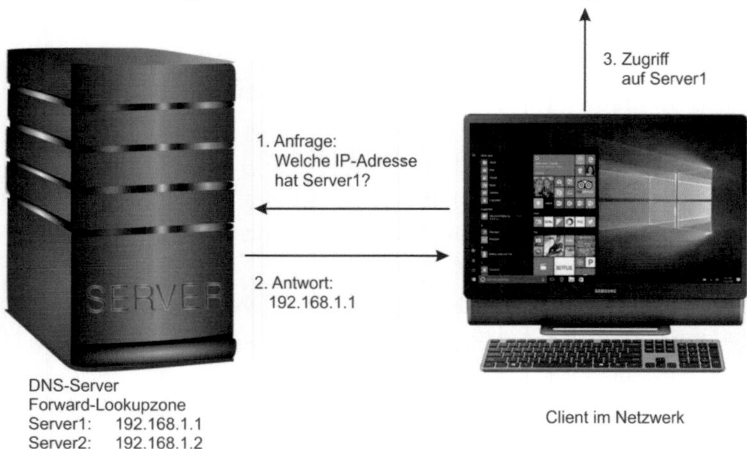

Abbildung 9.2: Namenauflösung mit DNS

9.3 Reverse-Lookupzone

Die Reverse-Lookupzone ist genau das Gegenteil: Sie löst IP-Adressen zu Namen auf.

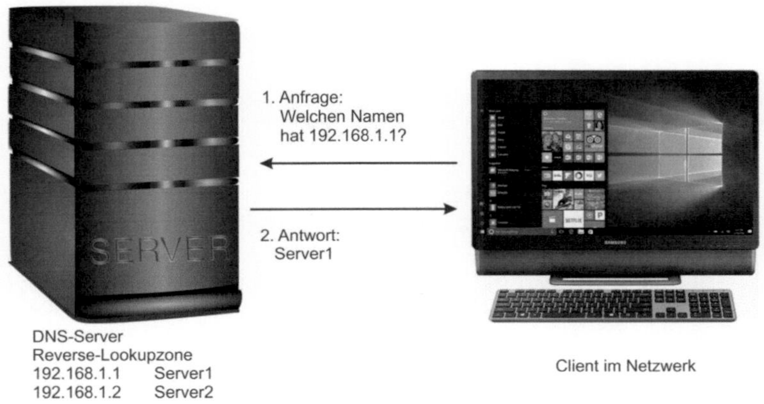

Abbildung 9.3: Reverse-Lookupzone

Die Reverse-Lookupzone wird für den normalen Arbeitsalltag nicht benötigt. Sie wird nur zur Kontrolle und zum Testen benötigt, da normalerweise nicht nach Namen gefragt wird.

Auch einige Anwendungen benötigen eine Reverse-Lookupzone, falls sie Clients mit Namen analysieren müssen.

Falls Sie eine Serveranwendung installieren, und danach eine Fehlermeldung bekommen, dass die Anwendung Clients nicht mit Namen analysieren kann, ist in den meisten Fällen das Einrichten einer Reverse-Lookupzone nötig!

9.3.1 Der DNS Namensraum

Der DNS Namensraum ist im ganzen Internet gleich. Die Namen werden von hinten nach vorne ergänzt.

Was im Kleinen funktioniert, ist im Großen das gleiche Prinzip. Auch im Internet wird mit dieser Abstufung der Namen gearbeitet.

Es ist verständlich, dass nicht ein einzelner DNS-Server in der Lage ist, alle diese Namen aufzulösen.

Meistens sind viele DNS-Server an der Auflösung der Namen beteiligt. Wenn ein Server die Antwort nicht kennt, leitet er die Abfrage an einen anderen DNS-Server weiter.

Für die Art und Weise der Antwort gibt es zwei verschiedene Möglichkeiten.

In der Domäne Meistertrainer.info, die ja unser Schulungsbeispiel ist, kann der Namensraum folgendermaßen dargestellt werden:

Stammdomäne	**.**
Topleveldomain	**info**
Domäne der zweiten Ebene	**Meistertrainer**
Untergeordnete Domäne	**Nord**
Host	**sub**

Sub.Nord.Meistertrainer.info
=
FQDN

Abbildung 9.4: Der DNS Namensraum

Iterative und rekursive Abfragen

Jeder DNS-Server beherrscht zwei Arten, wie er auf Anfragen der Clients antworten kann.

Iterative Abfrage

Bei der „Iterativen Abfrage“ gibt der DNS-Server die beste Antwort zurück, die er selber geben kann.

Wenn er die gewünschte Information liefern kann, bekommt der Client diese. Wenn der DNS-Server allerdings die Antwort nicht liefern kann, bekommt der Client einen Verweis auf einen weiteren DNS-Server, den er dann kontaktieren kann.

Rekursive Abfrage

Bei einer „Rekursiven Abfrage“ sendet der DNS-Server dem Client die vollständige Antwort auf seine Anfrage.

9.4 Installieren eines DNS-Servers und Erstellen von Zone

Betrachten wir nun, wie ein DNS-Server installiert wird, und wie funktionsfähige Zonen eingerichtet werden.

9.4.1 Installieren des Dienstes

DNS ist ein Netzwerkdienst, und muss dementsprechend installiert werden. Auf Domänencontrollern ist er in den meisten Fällen nach der Installation bereits vorhanden, und eine Forward-Lookupzone ist bereits eingerichtet.

Sollten Sie allerdings den DNS-Dienst auf einem anderen Server installieren wollen, muss er manuell nachinstalliert werden.

DNS ist eine Rolle, die Sie im Servermanager hinzufügen können.

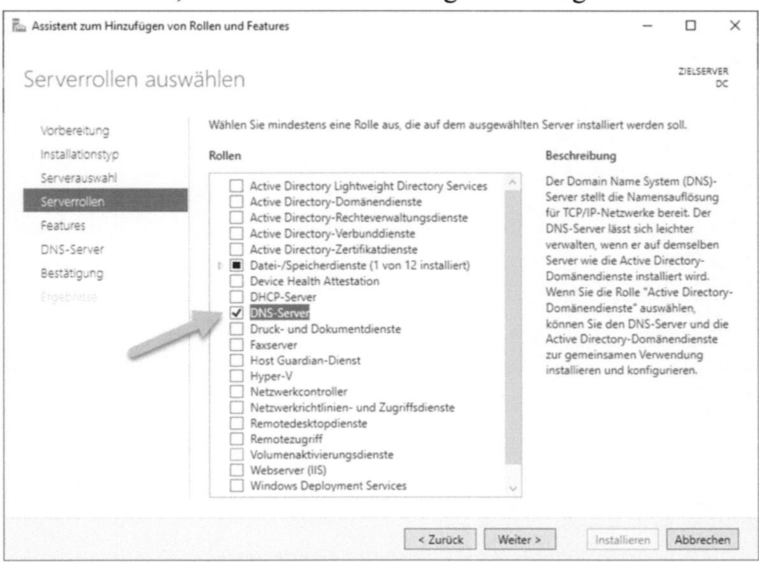

Abbildung 9.5: Installation der DNS-Rolle

Das PowerShell Cmdlet dafür lautet:

```
Install-WindowsFeature DNS
```

Nach der erfolgreichen Installation steht Ihnen die DNS-Verwaltungskonsole jetzt in der „Verwaltung“ zur Verfügung.

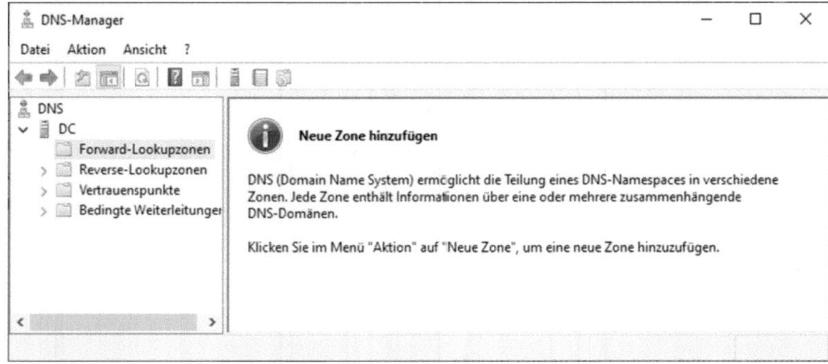

Abbildung 9.6: DNS ist verfügbar

Übung 9.4.1

- Installieren Sie auf der virtuellen Maschine „DC“ die Rolle „DNS-Server“

9.4.2 Erstellen von Zonen

Nach der Installation können Sie neue Zonen erstellen. Wir werden dies in unserem Beispiel auf einem Domänencontroller vornehmen, damit Sie den vollen Funktionsumfang sehen können.

Um eine neue Forward-Lookupzone zu erstellen, klicken Sie mit der rechten Maustaste auf „Forward-Lookupzone“ und wählen „Neue Zone“.

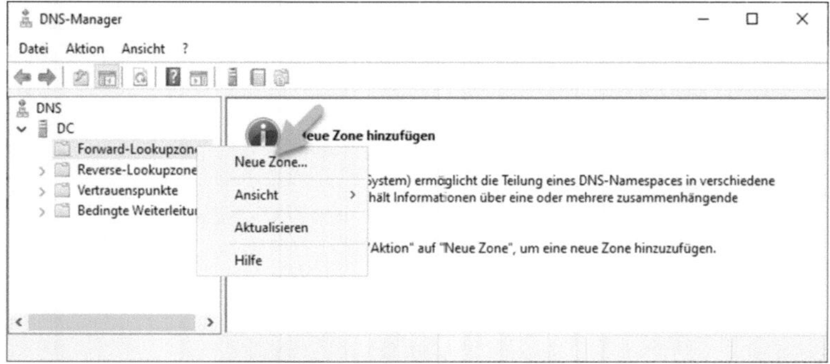

Abbildung 9.7: Neue Zone erstellen

Ein Assistent startet und hilft Ihnen, die Zone einzurichten.

Auf der ersten Seite müssen Sie wählen, welchen Zonentyp Sie für Ihre Forward-Lookupzone benutzen möchten.

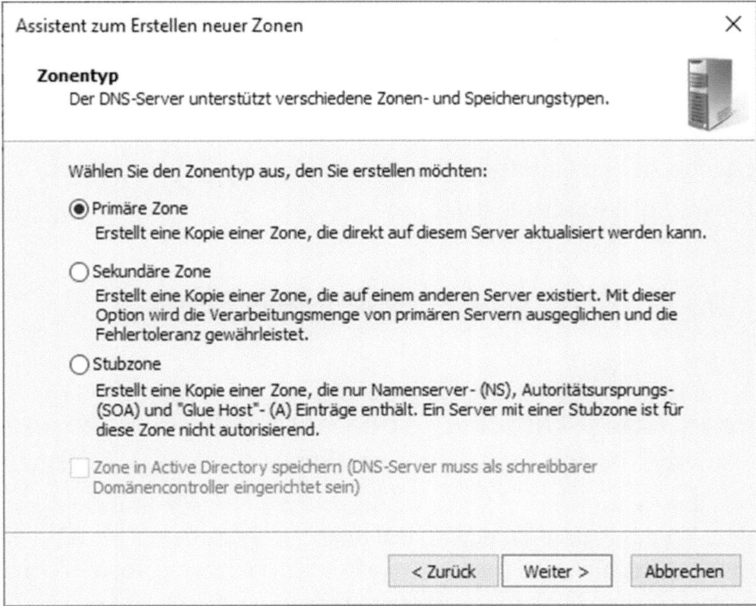

Abbildung 9.8: Auswahl der Zone

Primäre Zone

Eine primäre Zone speichert die Daten in einer Textdatei. Diese Textdatei wird auf dem lokalen Server gespeichert, und ist jederzeit editierbar.

Das PowerShell Cmdlet lautet:

ADD-DNSSERVERPRIMARYZONE

Sekundäre Zone

Eine sekundäre Zone ist eine Textdatei, die von einem DNS-Server mit einer primären Zone kopiert wird, und mit Schreibschutz belegt ist.

Eine sekundäre Zone dient zur Lastenverteilung und zur Fehlertoleranz, sie kann im Fehlerfall der primären Zone alle Anfragen beantworten. Lediglich Änderungen der Daten können an ihr nicht vorgenommen werden, da sie schreibgeschützt ist.

Das PowerShell Cmdlet lautet:

ADD-DNSSERVERSECUNDARYZONE

Stubzone

Eine Stubzone enthält Informationen zu delegierten Namenservern.

Das PowerShell Cmdlet lautet:

ADD-DNSSERVERSTUBZONE

Zone in Active Directory speichern (DNS-Server muss als schreibbarer Domänencontroller eingerichtet sein)

Dieser Haken kann bei primären Zonen und bei einer Stubzone gesetzt werden, sobald Active Directory installiert ist. In diesem Fall werden die Informationen nicht in einer Textdatei gespeichert, sondern in die Datenbank Active Directory aufgenommen.

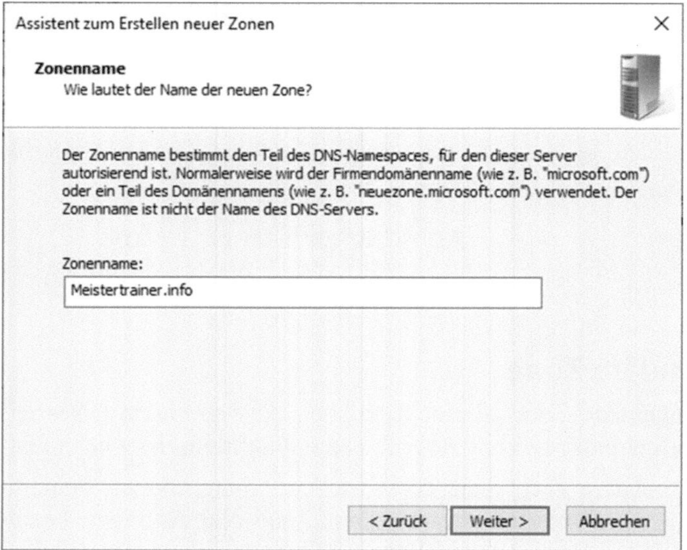

Abbildung 9.9: Name der Zone

Wenn wir uns mit Active Directory beschäftigt haben, kommen wir auf dieses Thema noch detailliert zurück.

Nun geben Sie der neuen Zone einen Namen.

Da dies die erste Zone ist und deswegen natürlich eine primäre Zone, werden die Informationen in einer Textdatei gespeichert.

Normalerweise hat diese Textdatei immer die Form

<NameDerZone>.dns

Abbildung 9.10: Auswahl der Textdatei

Auf der nächsten Seite legen Sie fest, ob Sie den dynamischen Eintrag der Computer in den DNS-Server möchten, oder ob Sie den DNS-Server lieber statisch betreiben möchten.

Dynamisches Update bedeutet, dass sich die Computer im Netzwerk eigenständig in die Datenbank des DNS-Servers eintragen können, und diese Arbeit nicht von Hand vorgenommen werden muss.

Nur sichere dynamische Updates zulassen

Diese Funktion ist nur anwählbar, wenn die Zone Active Directory integriert ist. Dies ist die sicherste Form der dynamischen Updates. Hier werden nur Einträge in die Datenbank von DNS akzeptiert, die von

Computern stammen, die ein Computerkonto in der Domäne haben. Andere Einträge werden verweigert. Wird ein Computer aus der Domäne entfernt, wird auch sofort sein DNS-Eintrag entfernt.

Nicht sichere und sichere dynamische Updates zulassen

In diesem Fall wird die Dynamik zwar aktiviert, aber die Sicherheitsfunktion wird außer Kraft gesetzt. Das bedeutet, dass nicht überprüft wird, ob der Computer, der sich in die Datenbank eintragen möchte, ein Konto in einer Domäne hat oder nicht.

Ohne eine Domäne ist dies die richtige Option, wenn wir nicht alle Einträge mit der Hand vornehmen wollen.

Dynamische Updates nicht zulassen

Mit dieser Auswahl setzen Sie Ihren DNS-Server statisch. Das bedeutet, dass Sie alle Einträge, die Sie in der DNS-Datenbank haben möchten, manuell erstellen müssen.

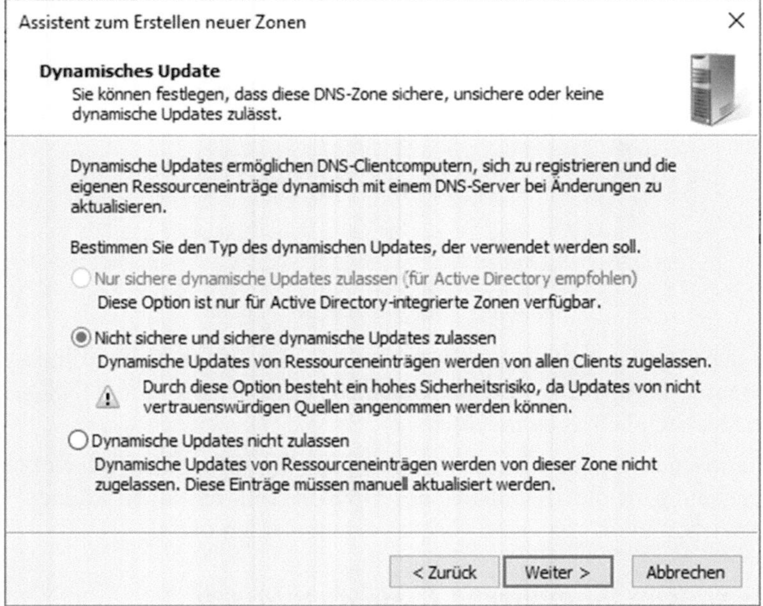

Abbildung 9.11: Dynamische Updates

Nach dieser Auswahl ist der Assistent abgeschlossen, und die neue Zone wird erstellt.

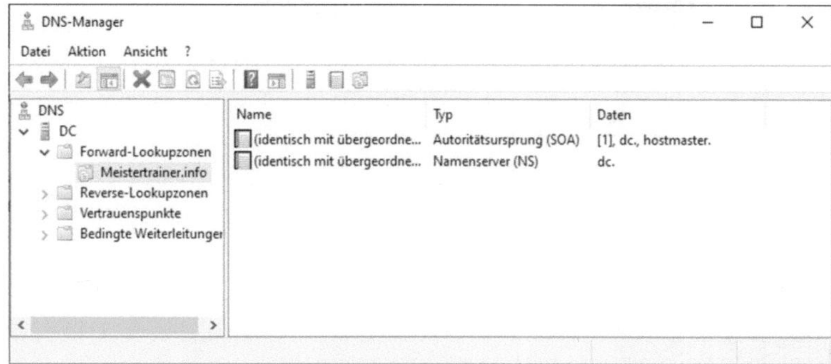

Abbildung 9.12: Zone ist erstellt

9.4.3 Reverse-Lookupzone

Auf die gleiche Art können Sie auch eine Reverse-Lookupzone erstellen. Hier müssen Sie lediglich den IP-Bereich der entsprechenden Forward-Lookupzone eingeben.

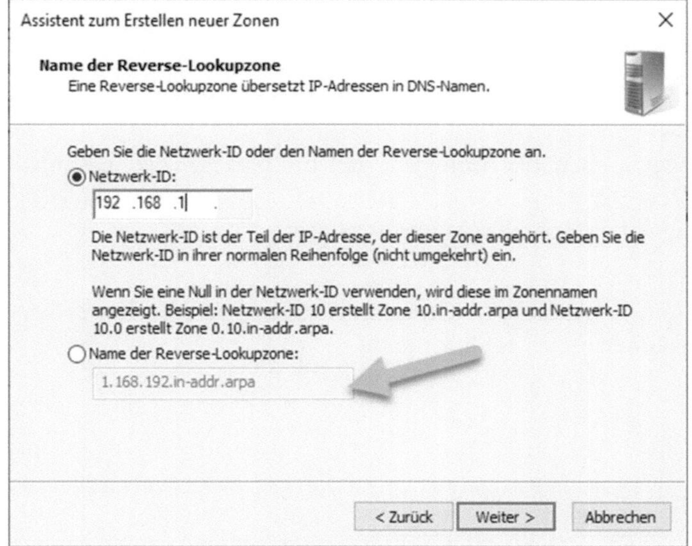

Abbildung 9.13: Reverse-Lookupzone

Durch die Angabe des IP-Bereichs wird automatisch eine Textdatei erstellt, die die ersten drei Oktette in umgekehrter Reihenfolge im Namen hat und als Endung „in-addr.arpa“.

In diesem Beispiel wird für das IP-Netz „192.168.1.0“ eine Textdatei für die Reverse-Lookupzone mit Namen „1.168.192.in-addr.arpa“ erstellt.

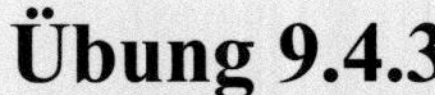

- o Richten Sie im zuvor installierten DNS-Server eine Forward-Lookupzone mit Namen „Meistertrainer.info“ ein
- o Lassen Sie dynamische Updates zu
- o Richten Sie für den IPv4-Bereich 192.168.1.0 eine Reverse-Lookupzone ein
- o Lassen Sie auch hier dynamische Updates zu

9.5 Konfiguration der Zonen

Nachdem die Zonen erstellt sind, können Sie noch einige Feineinstellungen vornehmen.

Registerkarte „Allgemein“

Hier können Sie im Betrieb noch den Zonentyp und die Art der Dynamik ändern.

Sie können ebenfalls festlegen, ob Einträge in der Datenbank eine Ablaufzeit haben sollen, und ob sie nach Ablauf dieses Alterungsintervalls gelöscht werden sollen.

Hier können Sie auch noch einmal wählen, ob die Zone dynamische Updates unterstützen soll oder nicht.

Abbildung 9.14: Allgemein

Außerdem haben Sie hier die Möglichkeit, die Alterung zu definieren.

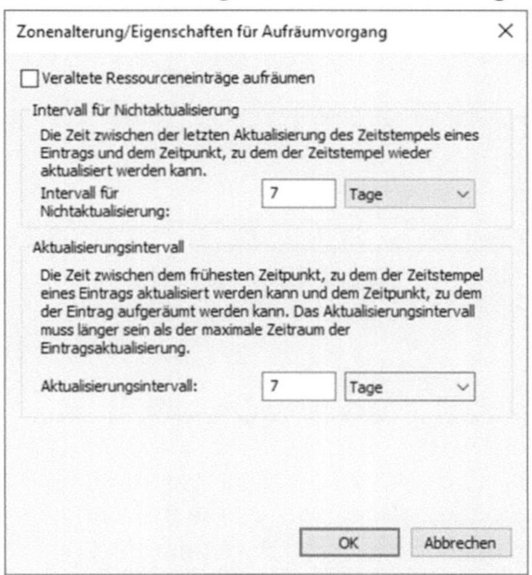

Abbildung 9.15: Alterungsintervalle

Das Alterungsintervall ist die Zeit, in der ein Eintrag im DNS-Server bleibt, auch wenn der entsprechende Rechner nicht mehr im Netzwerk ist.

Normalerweise ist ein Aktualisierungsintervall von 7 Tagen gut, aber wenn Sie viele wechselnde Notebookbenutzer haben, kann es richtig sein, das Alterungsintervall zu verkürzen.

Registerkarte „Autoritätsursprung (SOA)"

Mit dem SOA Eintrag (Start of Authority, Autoritätsursprung) können Sie festlegen, wie oft und wann die Zonenübertragungen stattfinden.

Abbildung 9.16: SOA

Seriennummer

Die Seriennummer bezeichnet den aktuellen Stand der Datenbank. Bei jeder Zonenübertragung wird die Seriennummer erhöht. Somit ist der Aktualitätsstand einfach zu verfolgen, indem die Seriennummern verglichen werden.

Primärer Server

Hier steht der FQDN des Servers, der die primäre Zone hostet.

Aktualisierungsintervall

Nach der hier eingestellten Zeit fragt der sekundäre Server beim primären Replikationspartner (Masterserver) die neuen Einträge ab. Die Standardeinstellung ist 15 Minuten.

Wiederholungsintervall

Falls der primäre Server nicht zu erreichen ist, gibt das Wiederholungsintervall die Zeit an, die der sekundäre Server wartet, bevor er einen neuen Verbindungsversuch unternimmt. Hier ist die Standardeinstellung 10 Minuten.

Läuft ab nach

Falls der sekundäre Server keinen Kontakt mit dem primären Server bekommt, haben seine Einträge nur noch eine begrenzte Gültigkeit. Diese wird hier festgelegt. Der Standard ist 1 Tag.

Minimum TTL

Die TTL ist die Zeit, die ein Eintrag im Cache gehalten wird. Hier liegt der Standardeintrag bei 1 Stunde.

TTL für diesen Eintrag

Dies ist die TTL für den aktuellen Server.

Registerkarte „Namenserver“

Auf dieser Karteikarte können Sie alle Namenserver eintragen, mit denen Sie Kommunikation und Zonenabgleich erlauben möchten.

Abbildung 9.17: Namenserver

Registerkarte „WINS“

WINS hat nicht mehr die Bedeutung, die es in früheren Windows-Versionen hatte, nur noch selten wird die NetBIOS Namenauflösung über den Dienst WINS gemacht.

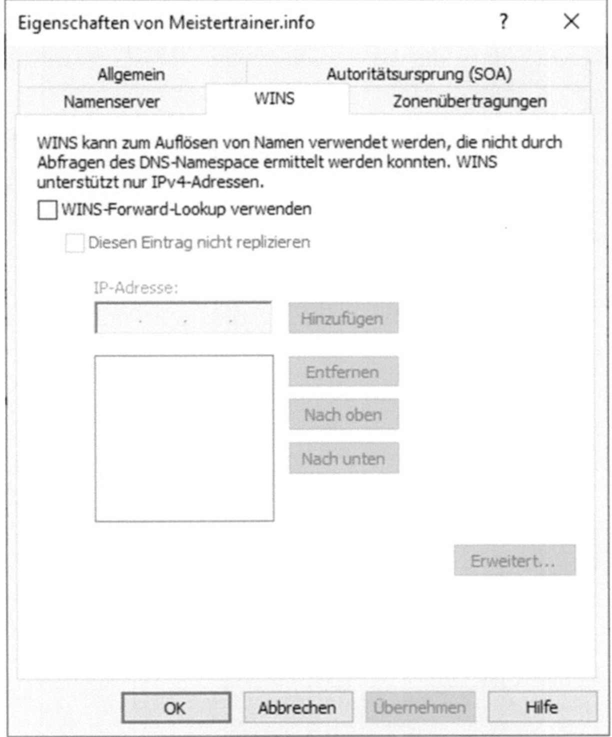

Abbildung 9.18: WINS

Sollten Sie aus irgendeinem Grund, wie beispielsweise einer Software, die den WINS-Server benötigt, noch einen solchen Server im Netzwerk betreiben, sollten Sie den Haken vor bei „WINS-Forward-Lookup verwenden" setzen und die IP-Adresse Ihres WINS-Servers eintragen.

Damit können Sie die Namenauflösung beschleunigen.

Registerkarte „Zonenübertragungen"

In dieser Karteikarte können Sie festlegen, ob Sie überhaupt Zonenübertragungen an sekundäre Zonen zulassen möchten. Wenn hier der Haken nicht gesetzt ist, können keinerlei Informationen an die sekundären Zonen weitergegeben werden!

Sie können hier noch wählen, an welche Server Sie Zonenübertragungen zulassen möchten.

An jeden Server

Unsichere Einstellung, da jeder anfragende DNS-Server Informationen erhält.

Nur an Server, die in der Registerkarte „Namenserver" aufgeführt sind

Hier können Sie alle Server mit Informationen versorgen, die Sie in der entsprechenden Karte eingetragen haben.

Nur an folgende Server

Spezielle Auswahl einzelner Server, die Sie mit der IP-Adresse bestimmen.

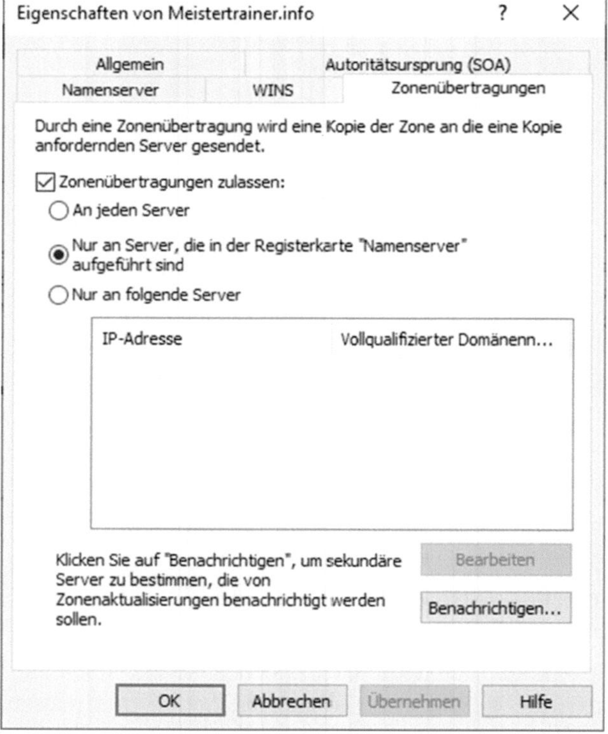

Abbildung 9.19: Zonenübertragungen

9.5.1 Eintragen der IP-Konfiguration

Nachdem Sie eine neue DNS Zone erstellt haben, und sie entsprechend konfiguriert haben, sollten Sie noch Ihre IP-Konfiguration anpassen, damit Sie auch diesen DNS-Server benutzen können.

Tragen Sie die IP-Adresse des DNS-Servers ein, den Sie in Zukunft benutzen wollen.

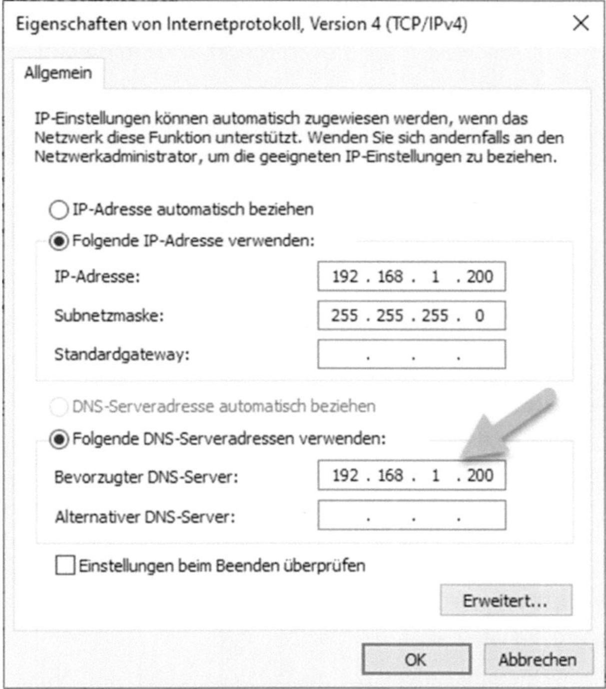

Abbildung 9.20: Eintrag DNS-Server

Das PowerShell Cmdlet lautet:

SET-DNSCLIENTSERVERADRESS

Damit die Einträge so schnell wie möglich im DNS-Server erscheinen, sollten Sie nun eine Registrierung der Einträge Ihres Computers erzwingen. Dazu benutzen Sie den Befehl:

IPCONFIG /REGISTERDNS

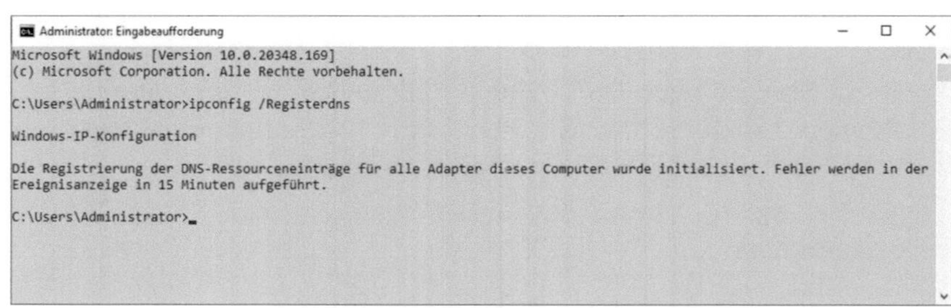

Abbildung 9.21: IPCONFIG /REGISTERDNS

So, nun sollte im DNS-Server die Zuordnung vom Namen zur IP-Adresse in der Forward-Lookupzone „Meistertrainer.info“ eingetragen sein.

Wir überprüfen das.

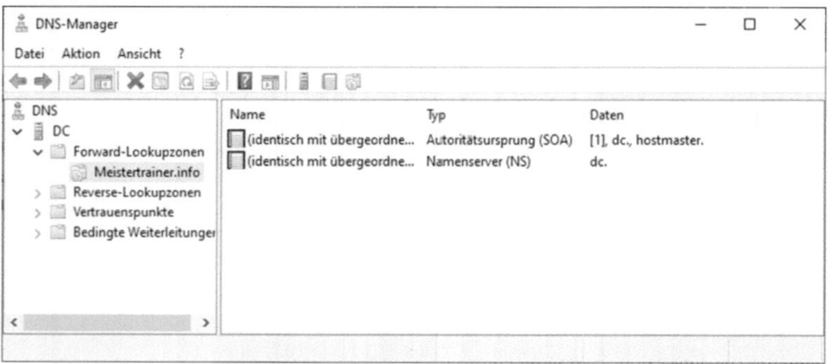

Abbildung 9.22: Forward-Lookupzone

Das sieht aber nicht danach aus, dass die Eintragungen geklappt hätten.

Was haben wir falsch gemacht?

Wenn wir logisch nachdenken, ist die Antwort ganz einfach.

Wir haben festgelegt, dass die Zone den Namen „Meistertrainer.info“ trägt, aber woher sollten die Rechner das wissen?

Wir haben ihnen niemals mitgeteilt, dass diese Zone für sie gedacht ist und dass sie ihre Namen und IP-Adressen dort eintragen sollen.

Die Rechner wissen lediglich, dass ein DNS-Server mit der IP-Adresse 192.168.1.200 zur Verfügung steht, aber nicht, dass sie sich in der Zone „Meistertrainer.info“ befinden und sich dort eintragen sollen.

Also müssen wir den Rechnern diese Information noch zukommen lassen.

Wir beginnen mit dem Rechner, auf dem der DNS-Server installiert ist.

Im Servermanager - lokaler Server ändern wir die Eigenschaften des Computernamens.

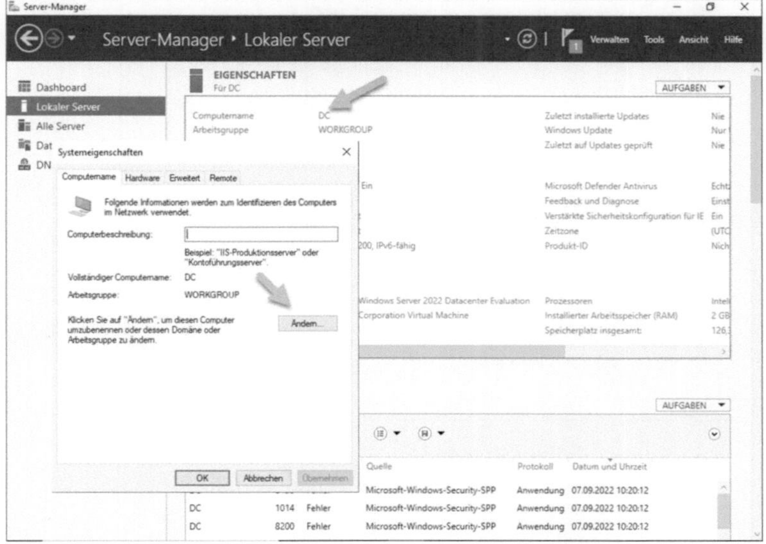

Abbildung 9.23: Eigenschaften des Computernamens

Sie sehen nun, dass der vollständige Computernamen momentan „DC“ lautet, ohne ein weiteres Suffix.

Hier klicken wir noch einmal auf „Ändern“.

In dem nun erscheinenden Fenster sehen wir „Primäres DNS-Suffix des Computers“. Dieses Feld ist leer.

Wir tragen hier das Suffix „Meistertrainer.info“ ein.

Damit ändert sich der Computernamen von

- DC

auf

- DC.Meistertrainer.info

Das ist die benötigte Mitteilung, welche DNS-Zone für den Computer vorgesehen ist.

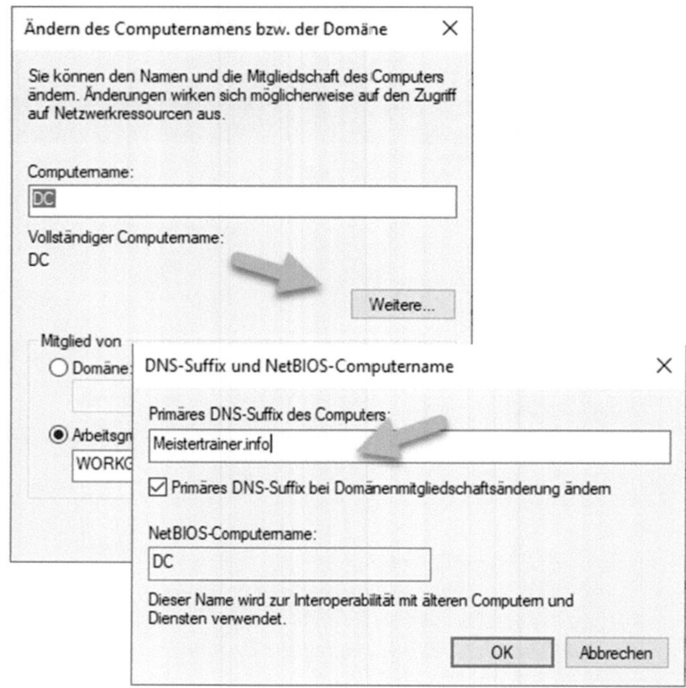

Abbildung 9.24: Primäres DNS-Suffix

Nach dieser Änderung wird ein Neustart verlangt, und danach finden wir endlich einen Eintrag im DNS-Server.

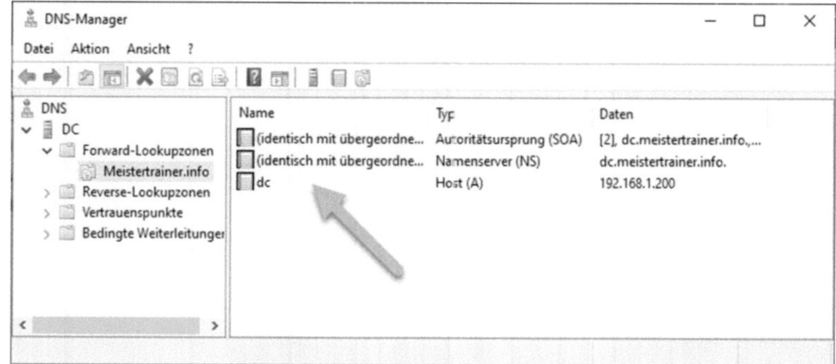

Abbildung 9.25: Eintrag ist vorhanden

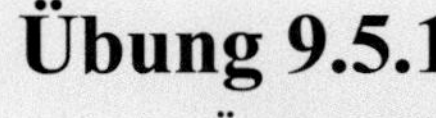

- Ändern Sie bei der virtuellen Maschine „DC“ das DNS-Suffix auf „Meistertrainer.info“
- Überprüfen Sie, ob die Maschine jetzt im DNS-Server eingetragen ist
- Ändern Sie bei der virtuellen Maschine „W11“ das DNS-Suffix auf „Meistertrainer.info“
- Erzwingen Sie den Eintrag im DNS-Server mit „IPCONFIG /REGISTERDNS“
- Überprüfen Sie, ob die Maschine jetzt im DNS-Server eingetragen ist

9.6 Überprüfen der DNS-Konfiguration

Nach der Einrichtung eines neuen DNS-Servers müssen Sie die Funktionalität überprüfen.

NSLOOKUP

NSLOOKUP ist das bekannteste Tool zur Überprüfung des DNS-Servers. Sie geben an der Eingabeaufforderung ein

NSLOOKUP <NameDesRechners>

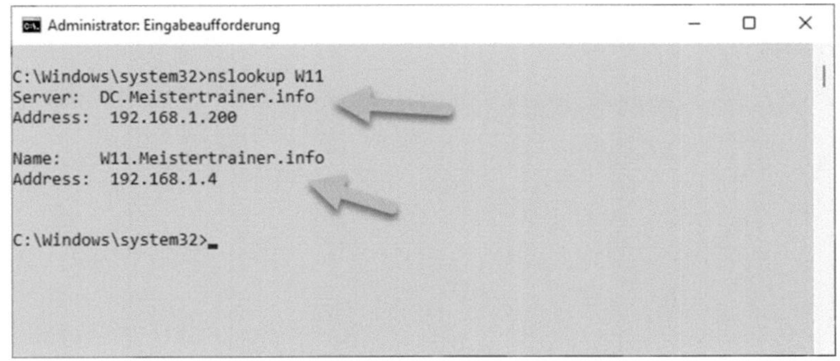

Abbildung 9.26: NSLookup Rechnername

Mit diesem Befehl testen Sie die Forward-Lookupzone.

Im oberen Teil erkennen Sie den antwortenden DNS-Server, im unteren

Teil wird die richtige Antwort angezeigt.

Wenn Sie eingeben

NSLOOKUP <IP-AdresseDesRechners>

testen Sie die Reverse-Lookupzone.

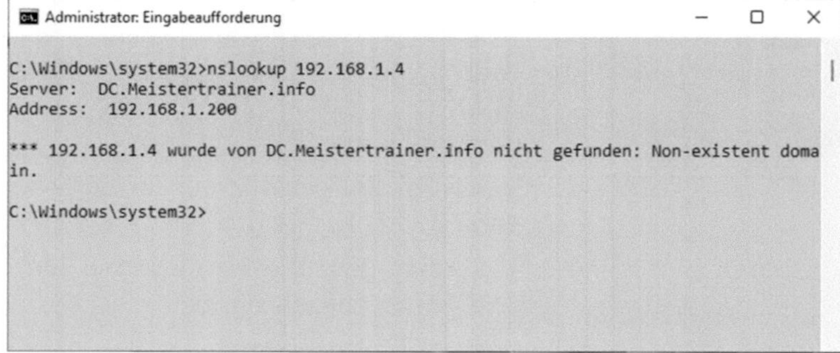

Abbildung 9.27: NSLookup IP-Adresse

Auch hier erhalten Sie im oberen Teil die Angaben zum auflösenden DNS-Server.

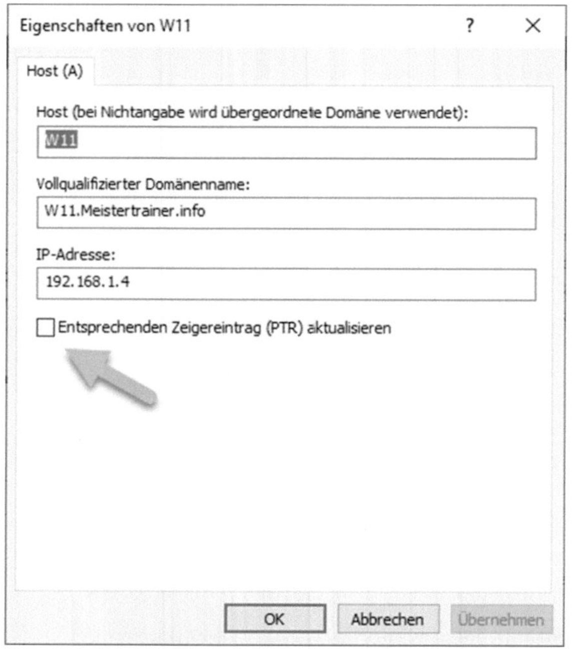

Abbildung 9.28: PTR-Eintrag

Allerdings sehen Sie im unteren Teil eine Fehlermeldung.

Bedeutet das, dass die Reverse-Lookupzone nicht funktioniert?

Fast richtig.

Normalerweise wird zwar der Eintrag in der Forward-Lookupzone automatisch vorgenommen, nicht aber der Eintrag in der Reverse-Lookupzone.

Um diesen zu erzwingen, bearbeiten Sie in der DNS-Konsole die Eigenschaften des entsprechenden Eintrags.

Setzen Sie den Haken vor „Entsprechenden Zeigereintrag (PTR) aktualisieren“.

Danach funktioniert auch die Abfrage der Reverse-Lookupzone.

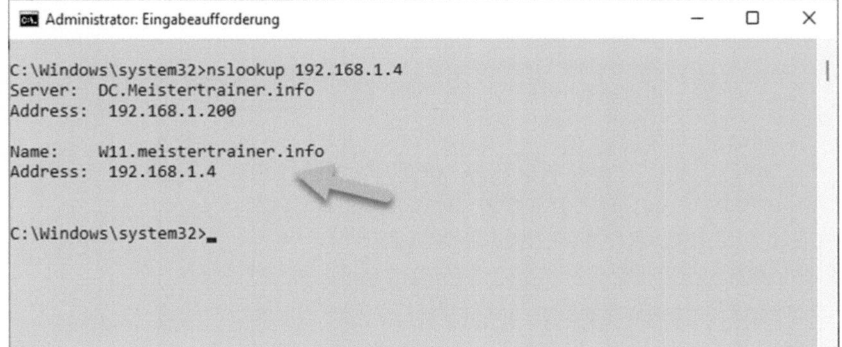

Abbildung 9.29: Auflösung funktioniert

Übung 9.6

- Überprüfen Sie von Client „W11“ aus mit NSLookup, ob die Forward- und die Reverse-Lookupzone für den Eintrag „W11“ mit der IP-Adresse 192.168.1.4 funktioniert
- Aktivieren Sie den PTR-Eintrag für „W11“
- Überprüfen Sie erneut mit NS-Lookup, ob nun die Reverse-Lookupzone für den Eintrag „W11“ funktioniert

9.7 Weitere Konfiguration des Servers

Für den gesamten Server können noch weitere Einstellungen gemacht werden.

Registerkarte „Schnittstellen"

Hier legen Sie fest, auf welchen Schnittstellen der DNS-Server Anfragen bearbeitet.

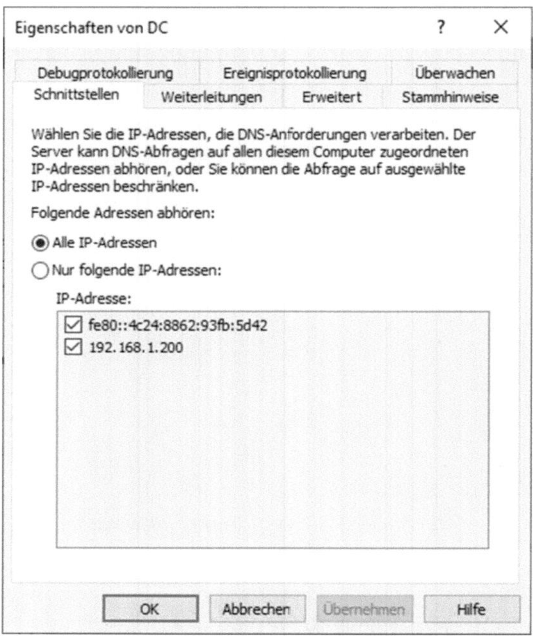

Abbildung 9.30: Schnittstellen

Registerkarte „Weiterleitungen"

In jeder Zone kann eine Weiterleitung eingerichtet werden. Wenn der DNS-Server eine Anfrage erhält, die er nicht auflösen kann, kann ihm ein DNS-Server mitgeteilt werden, den er in diesem Fall befragen soll.

Dies ist eine sehr effiziente Möglichkeit, Namenauflösung zu betreiben, ohne andere Zonen selber verwalten zu müssen.

Abbildung 9.31: Weiterleitungen

Hier ist die Möglichkeit gegeben, dass Anfragen an verschiedene Domänen an verschiedene DNS-Server weitergeleitet werden können.

Registerkarte „Erweitert“

In dieser Karteikarte können Sie beispielsweise einen BIND-Server als sekundäre Zone zulassen.

Sehr interessant ist auch „Round Robin“.

Round Robin ist ein Mechanismus zum Lastenausgleich. Falls Sie in Ihrer DNS-Datenbank einen Servernamen mit mehreren IP-Adressen eingetragen haben, was beispielsweise häufig bei Webservern der Fall ist, sorgt ein aktiviertes Round Robin dafür, dass alle IP-Adressen gleichmäßig ausgegeben werden.

Außerdem können Sie an dieser Stelle die Rekursion verbieten. Dies kann die Sicherheit erhöhen, denn ohne Rekursion ist der DNS-Server nicht für bestimmte Angriffe aus dem Internet verfügbar.

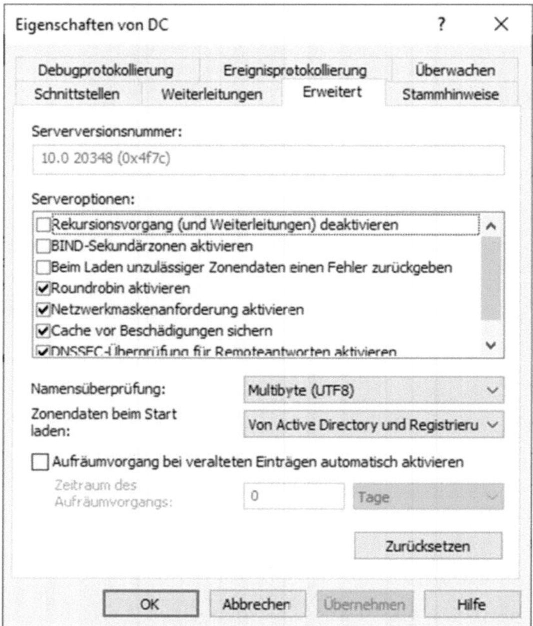

Abbildung 9.32: Erweiterte Einstellungen

Auch DNSSEC können Sie hier einstellen, ein Tool, das die Sicherheit der DNS-Abfragen erhöht.

Registerkarte „Stammhinweise“

An dieser Stelle sind die Rootserver mit ihren IP-Adressen eingetragen.

Die Rootserver sind diejenigen Server, die gefragt werden, wenn kein anderer DNS-Server die Anfrage auflösen kann.

Wenn Sie möchten, dass die Stammhinweise nicht verwendet werden, klicken Sie auf „Entfernen“. In diesem Fall findet keine Namenauflösung außerhalb der bekannten Zone mehr statt.

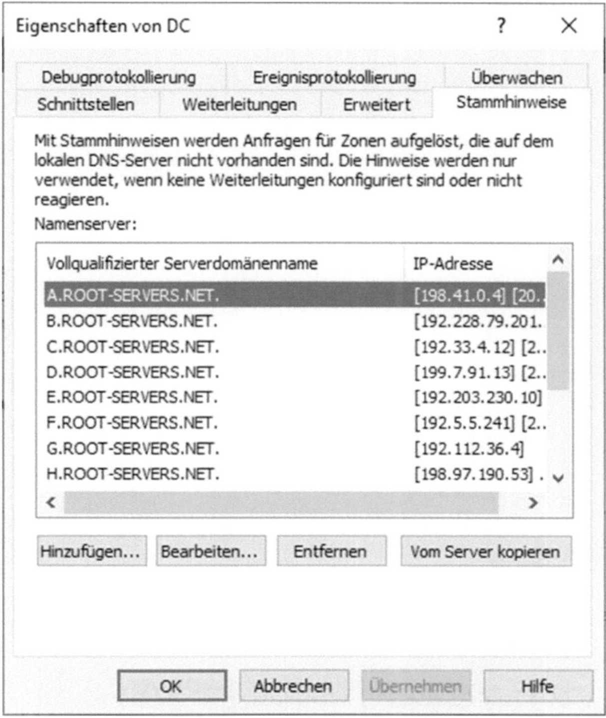

Abbildung 9.33: Stammhinweise

Das PowerShell Cmdlet hierfür ist:

SET-DNSSERVERFORWARDER –USEROOTHINTS $FALSE

Registerkarte „Debugprotokollierung“

Hier legen Sie fest, ob eine Debugprotokollierung stattfinden soll, und können dafür die Parameter festlegen. Mit der Debugprotokollierung können Sie erfahren, ob Zonenübertragungen stattfinden.

Abbildung 9.34: Debugprotokollierung

Registerkarte „Ereignisprotokollierung“

Hier bestimmen Sie, welche Einträge ins Ereignisprotokoll übernommen werden sollen.

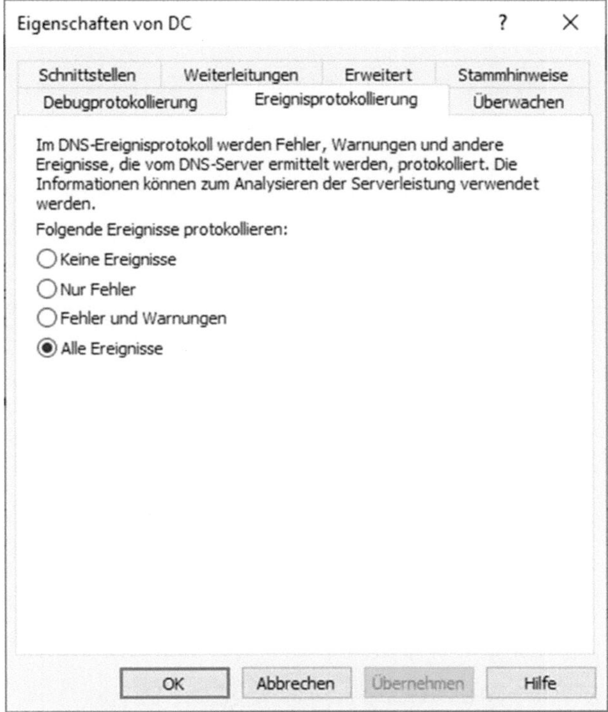

Abbildung 9.35: Ereignisprotokollierung

Registerkarte „Überwachen"

Auf dieser Karte können Sie einen einfachen DNS-Funktionstest machen.

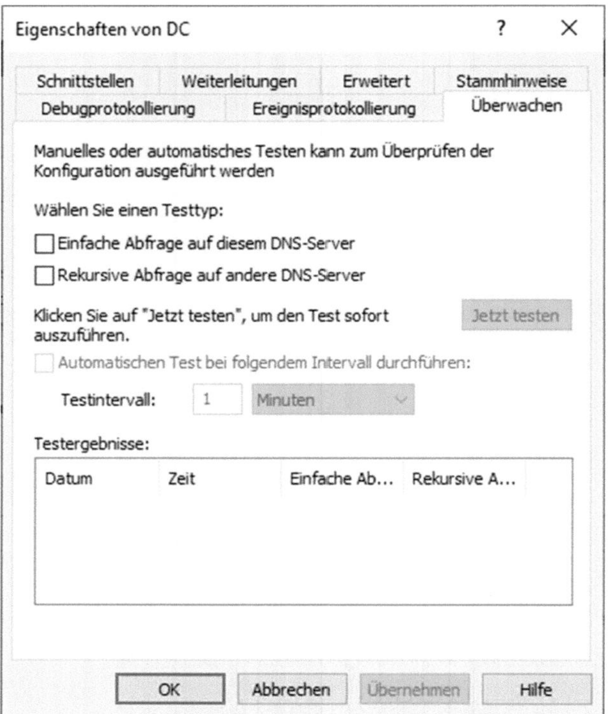

Abbildung 9.36: Überwachung

Übung 9.7

- Setzen Sie alle virtuellen Maschinen auf den Prüfpunkt „Tag 4“ zurück

10 Wie werden IP-Adressen verwaltet?

Jeder Computer und jedes erreichbare Netzwerkgerät benötigen eine IP-Adresse.

Diese IP-Adressen müssen jedem Gerät zuverlässig und fehlerfrei zur Verfügung gestellt werden.

Prinzipiell gibt es dafür zwei Optionen:

- Manuelle Zuweisung
- Automatische Zuweisung

Das manuelle Zuweisen der IP-Adressen ist zwar sehr einfach, hat aber diverse Nachteile:

- Man kann sich vertippen
- Adressen können versehentlich doppelt vergeben werden
- Der administrative Aufwand ist sehr groß

In größeren Netzwerken ist es nicht möglich, allen Clients IP-Adressen manuell zuzuweisen.

Aus diesen Gründen gibt es eine Möglichkeit, IP-Adressen automatisch zuweisen zu lassen.

Dies ist der Netzwerkdienst DHCP (Dynamic Host Configuration Protocol).

10.1 DHCP Grundlagen

DHCP ist ein Netzwerkdienst, der in fast allen Umgebungen benutzt wird.

Damit dies funktionieren kann, müssen zwei Voraussetzungen erfüllt sein:

1. Auf mindestens einem Server im Unternehmen muss ein Dienst mit Namen „DHCP“ installiert sein und einen Pool von IP-Adressen verwalten.
2. Die Computer, die IP-Adressen automatisch empfangen sollen, müssen als „DHCP-Clients“ konfiguriert sein.

Die Clients stellen beim Systemstart fest, dass sie DHCP-Clients sind, und schicken nun einen Broadcast los, mit dem sie um eine IP-Adresse bitten (DHCP-Discover).

Ein DHCP-Server, der diesen Ruf empfängt, schickt einen Broadcast mit einem Angebot einer IP-Adresse zurück (DHCP-Offer).

Der Client empfängt dieses Angebot und möchte es akzeptieren. Dafür sendet er einen weiteren Broadcast, in dem er um Bestätigung dieser Adresse bittet (DHCP-Request).

Als letzter Broadcast wird vom DHCP-Server die Bestätigung geschickt, mit der er diese Adresse als ab sofort mit dem Status „vergeben“ registriert (DHCP-Acknowledge).

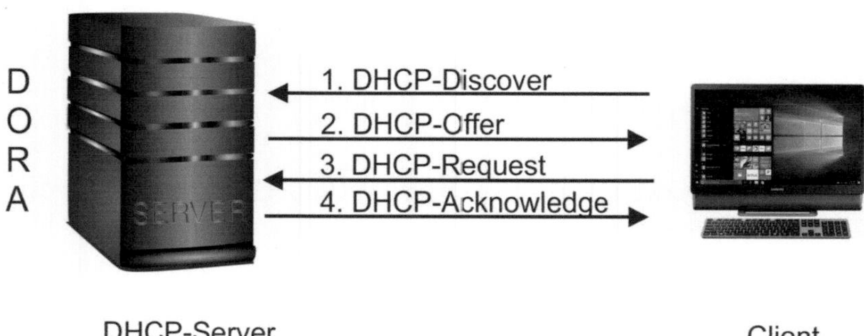

Abbildung 10.1: Client bekommt eine IP-Adresse durch DHCP

ACHTUNG!

Die vier Schritte der Adressbeschaffung kann man sich sehr gut mit den Anfangsbuchstaben der Vorgänge merken: DORA (Discover, Offer, Request, Acknowledge).

10.2 Installation von DHCP

DHCP wird von Windows Server 2022 als Rolle betrachtet und wird deswegen im Server-Manager installiert.

Wählen Sie „Rollen und Features hinzufügen", und entscheiden Sie sich für die Rolle „DHCP-Server".

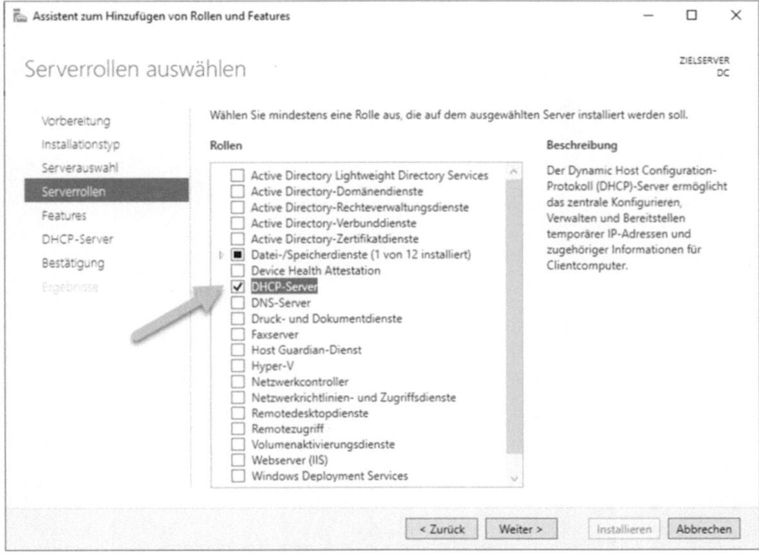

Abbildung 10.2: DHCP-Server

Der Dienst wird nun installiert.

Nach der Installation muss der Dienst noch fertig konfiguriert werden.

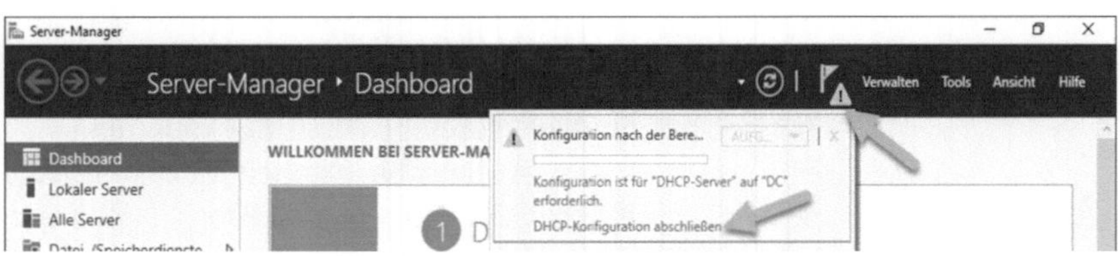

Abbildung 10.3: Konfiguration

In einer Umgebung ohne Active Directory beschränkt sich diese Konfiguration auf das Anlegen der benötigten Sicherheitsgruppen.

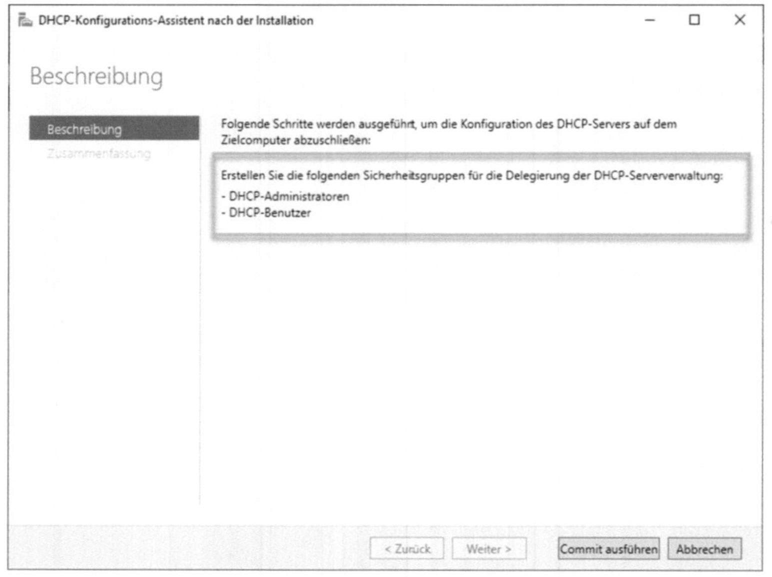

Abbildung 10.4: Anlegen der Sicherheitsgruppen

Danach steht die Konsole „DHCP" für Sie als Tool bereit.

Übung 10.2

- Installieren Sie auf der virtuellen Maschine „DC" die Rolle DHCP-Server

10.3 IP-Adressbereiche einrichten

Nachdem der Dienst nun aktiviert ist, können Sie dafür sorgen, dass IP-Adressen für die Clients bereitgestellt werden.

10.3.1 DHCP-Bereiche

Sie müssen für jedes Subnetz einen eigenen Adresspool bereitstellen. Dies ist notwendig, da jeder Client eine für ihn gültige IP-Adresse erhalten muss.

Wenn Sie mehrere IP-Subnetze betreiben, müssen Sie einen Pool an IP-Adressen für jedes Subnetz bereitstellen, dies sind die DHCP-Bereiche.

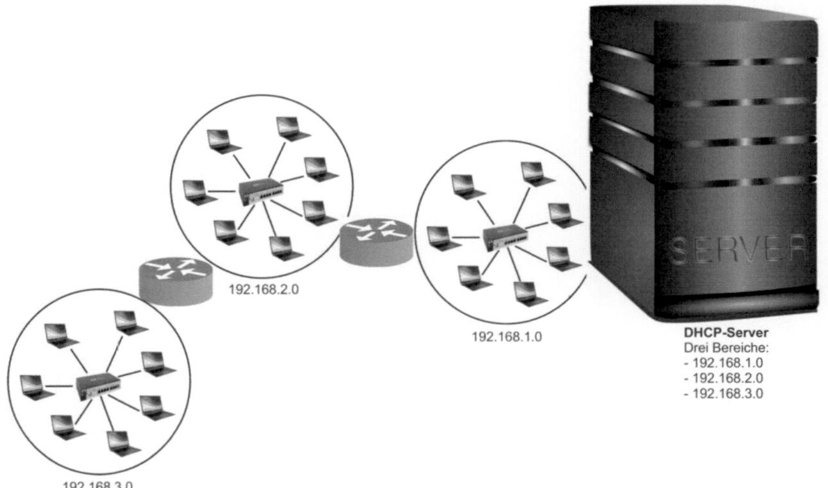

Abbildung 10.5: Das Prinzip der Bereiche

Erstellen von Bereichen

Wenn Sie Bereiche erstellen möchten, sehen Sie in der Konsole, dass es die Unterteilung von IPv4 und IPv6 gibt.

Das liegt an der Tatsache, dass Microsoft IPv6 aktiv unterstützt.

Um das zu betrachten, klicken Sie auf „Tools“ und wählen „DHCP“.

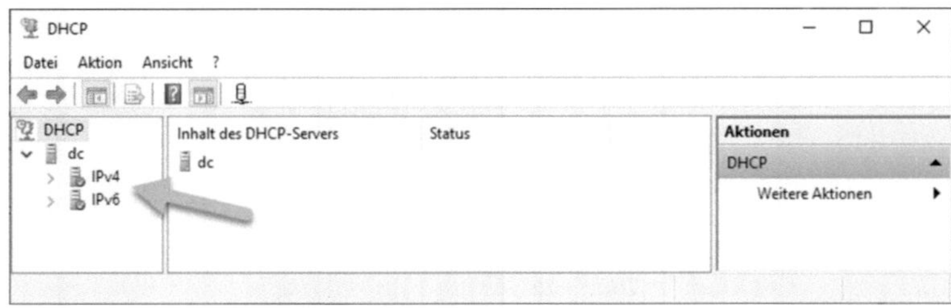

Abbildung 10.6: IPv4 und IPv6

Da wir aber in der nächsten Zeit noch mehr mit IPv4 als mit IPv6 zu tun haben werden, beginnen wir mit der Betrachtung im Bereich von IPv4.

Zum Erstellen eines Bereichs klicken Sie mit der rechten Maustaste auf „IPv4" und wählen „Neuer Bereich…".

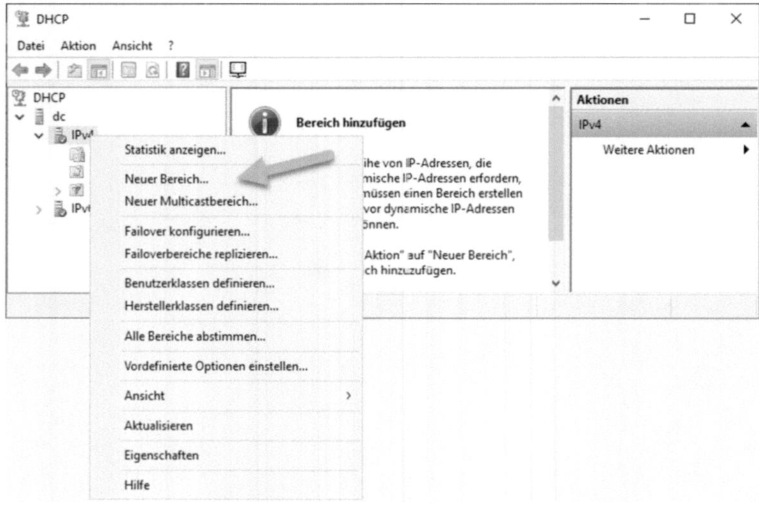

Abbildung 10.7: Neuen Bereich erstellen

Es startet ein Assistent, der Ihnen hilft, einen Bereich einzurichten.

Zunächst legen Sie einen Namen für den Bereich fest.

Nun geben Sie den Bereich ein, aus dem Sie die IP-Adressen zur Verfügung stellen möchten.

Auch die Subnetzmaske muss hier eingegeben werden.

Abbildung 10.8: IP-Adressbereich

Interessanterweise stehen Ihnen für die Subnetzmaske zwei Eingabemöglichkeiten zur Verfügung: die herkömmliche, in der Form „255.x.y.z“ oder die CIDR Schreibweise, in der Sie die Anzahl der Einsen in der Subnetzmaske angeben.

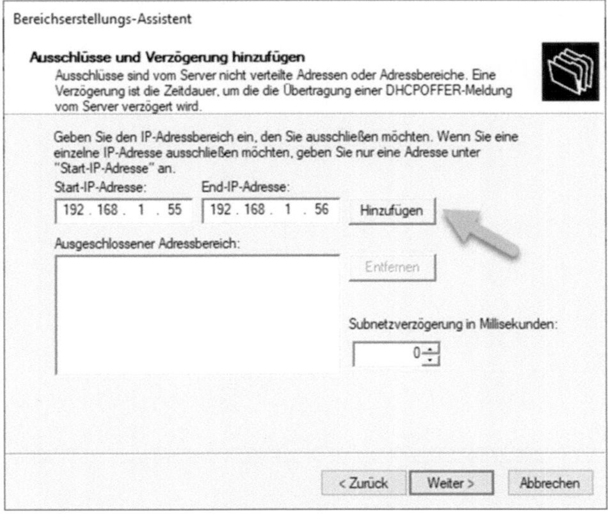

Abbildung 10.9: Ausschlüsse

Falls Sie aus dem soeben definierten Bereich einige Adressen ausnehmen möchten, können Sie die ausgeschlossenen Adressen hier angeben.

ACHTUNG!

Sie müssen unbedingt auf die Schaltfläche „Hinzufügen" klicken, da der Bereich sonst nicht ausgenommen wird!

Nun können Sie die Leasedauer definieren.

Dies ist die Zeit, für die die IP-Adresse dem Client zur Verfügung steht, und nicht anderweitig verwendet werden kann.

ACHTUNG!

Wenn Sie wenige IP-Adressen zur Verfügung haben, sollten Sie überlegen, ob eine kürzere Leasedauer Ihnen nicht helfen könnte, vergebene IP-Adressen schnell wieder zur Verfügung zu haben. Dies kann dann wichtig sein, wenn Sie viele Mitarbeiter mit Notebooks haben, die nur gelegentlich im Büro sind, und dann aber für längere Zeit eine IP-Adresse blockieren.

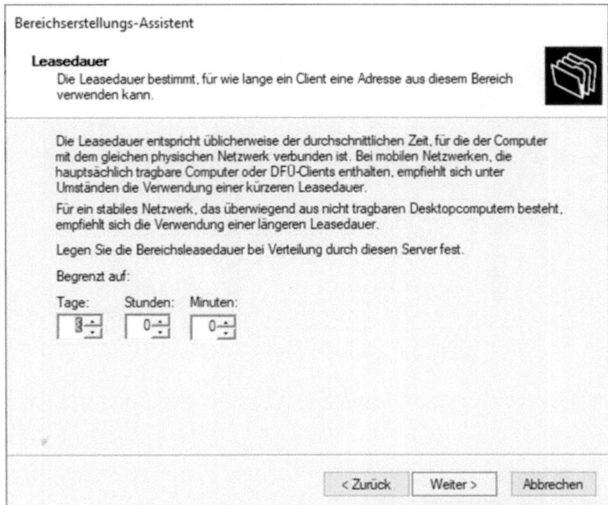

Abbildung 10.10: Leasedauer

Im nächsten Fenster können Sie die Optionen definieren.

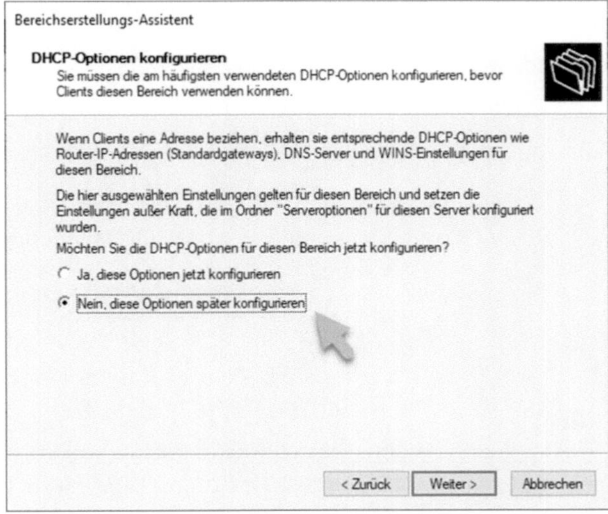

Abbildung 10.11: Optionen

Die Optionen besprechen wir an anderer Stelle, deswegen beenden wir hier die Konfiguration des DHCP-Bereichs.

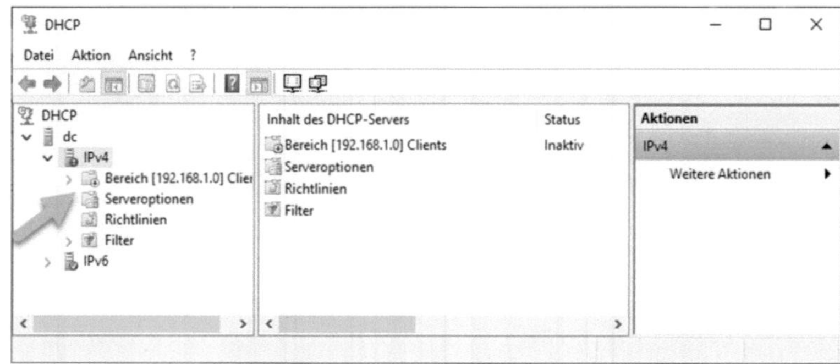

Abbildung 10.12: Bereich ist erstellt

Nun ist der Bereich erstellt, und Sie können ihn in der DHCP-Konsole erkennen.

Der Bereich ist aber noch nicht benutzbar. Auch hier sehen wir wieder den nach unten gerichteten Pfeil.

Also müssen wir den Bereich aktivieren, damit er benutzt werden kann.

- Rechte Maustaste auf den Bereich
- Aktivieren

Nun ist kein Pfeil mehr zu sehen, das bedeutet, dass der Bereich jetzt benutzt werden kann.

Übung 10.3.1.a

- o Erstellen Sie auf der virtuellen Maschine „DC“ einen IPv4-DHCP Bereich mit Namen „Clients“
- o Er soll die IP-Adressen für alle Clients enthalten, die Sie jetzt oder später haben werden und den IP-Range 192.168.1.50/24 bis 192.168.1.120/24 abdecken
- o Innerhalb dieses Bereichs soll ein Ausschluss für den IP-Range 192.168.1.80/24 bis 192.168.1.90/24 eingerichtet werden
- o Die Leasedauer soll 7 Tage betragen
- o Optionen werden später konfiguriert
- o Aktivieren Sie den Bereich

Bereichsgruppierungen

Bereichsgruppierungen werden dann benutzt, wenn mehrere IP-Bereiche zu einem größeren Bereich zusammengefasst werden sollen.

Wenn Sie bereits mehrere IP-Bereiche erstellt haben, können Sie diese zusammenfassen, also gruppieren.

Dadurch bekommen die Clients eine beliebige IP-Adresse aus dieser Gruppierung. Sie haben also Ihre Anzahl an IP-Adressen erhöht.

Für eine Gruppierung klicken Sie mit der rechten Maustaste auf IPv4.

Wählen Sie „Neue Bereichsgruppierung…“.

Ein Assistent startet, um Ihnen die Gruppierung zu erleichtern.

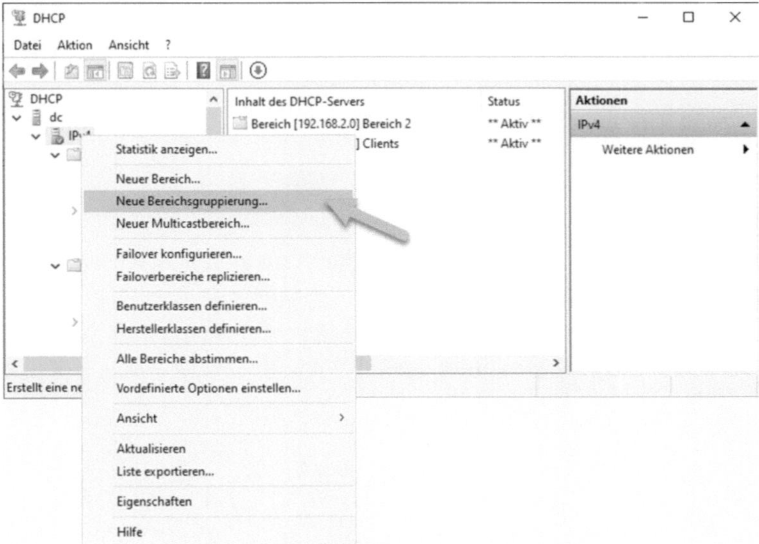

Abbildung 10.13: Bereichsgruppierung

Zunächst müssen Sie den Namen der Bereichsgruppierung angeben.

Nun wählen Sie die Bereiche aus, die Sie zusammenfassen wollen.

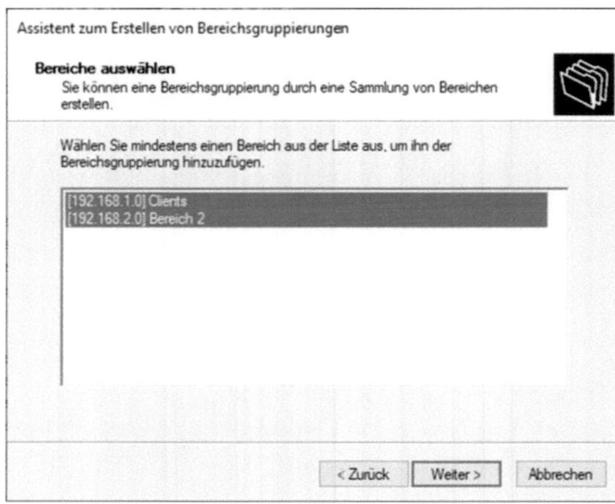

Abbildung 10.14: Bereiche

Die Bereichsgruppierung ist damit abgeschlossen.

Entfernen eines Bereichs aus der Bereichsgruppierung

Natürlich können Sie auch einzelne Bereiche wieder aus der Bereichsgruppierung entfernen.

Wählen Sie den Bereich aus, den Sie aus der Gruppierung entfernen möchten, und klicken Sie ihn mit der rechten Maustaste an.

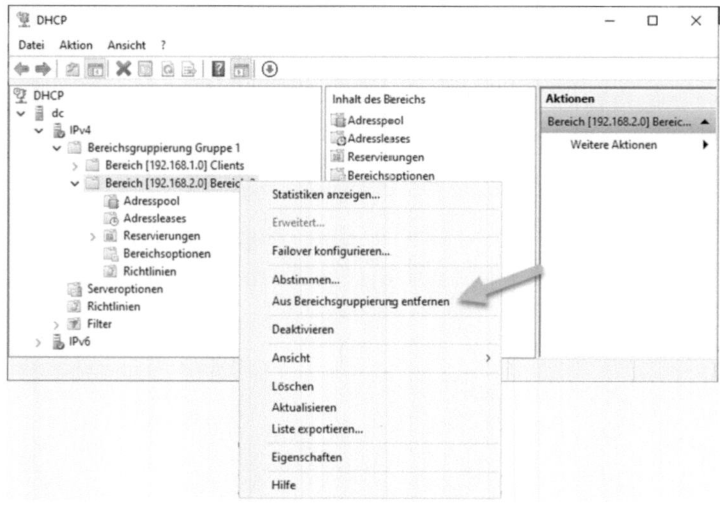

Abbildung 10.15: Bereich entfernen

Wählen Sie „Aus Bereichsgruppierung entfernen“.

Der Bereich wird entfernt, aber nicht gelöscht. Er wird als eigener Bereich weitergeführt.

Wenn dieser Bereich der letzte in einer Bereichsgruppierung ist, wird die Bereichsgruppierung gelöscht.

Übung 10.3.1.b

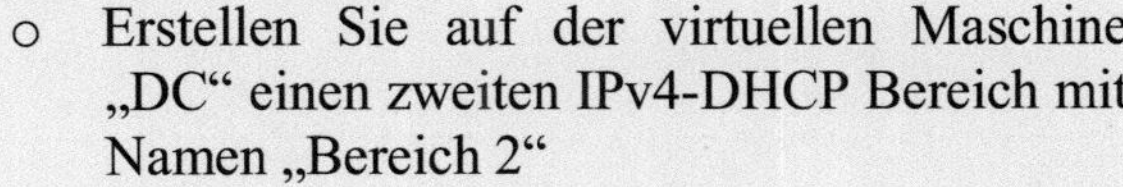

- Erstellen Sie auf der virtuellen Maschine „DC“ einen zweiten IPv4-DHCP Bereich mit Namen „Bereich 2“
- Er soll die IP-Adressen für alle Clients enthalten, die Sie jetzt oder später haben werden und den IP-Range 192.168.2.20/24 bis 192.168.2.30/24 abdecken
- Die weiteren Einstellungen sollen im Standard belassen werden
- Optionen werden später konfiguriert
- Aktivieren Sie den Bereich
- Gruppieren Sie nun diese beiden Bereiche zu einer Gruppierung mit Namen „Gruppe 1“
- Entfernen Sie beide Bereiche wieder aus „Gruppe 1“

Multicastbereiche

Auch Multicastbereiche können in der DHCP-Konsole erstellt werden.

Multicastbereiche werden benötigt, um Gruppierungen von Computern eine gemeinsame Adresse zuzuweisen, damit eine Kommunikation über Multicast stattfinden kann.

Auch hierfür wird ein Assistent gestartet.

Wie immer, müssen Sie zunächst einen Namen definieren.

Nun definieren Sie den Multicastbereich, der sich selbstverständlich im gültigen Bereich befinden muss (224.0.0.0 bis 239.255.255.255).

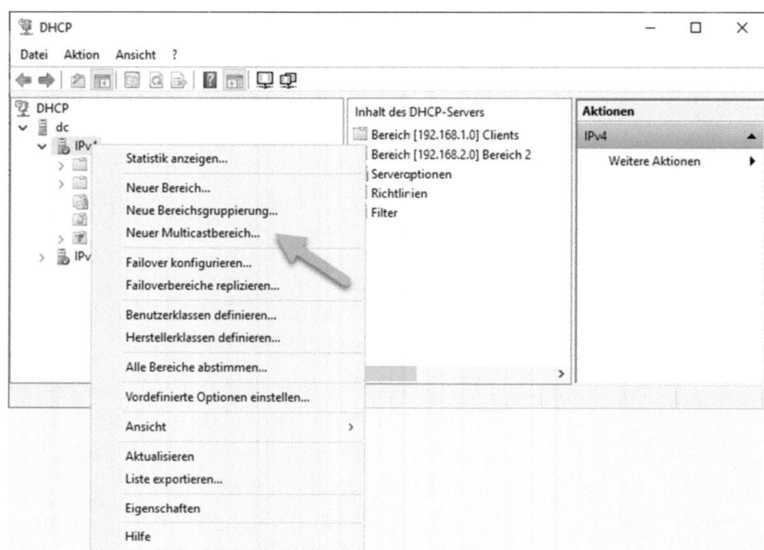

Abbildung 10.16: Multicastbereich

Es muss keine Subnetzmaske definiert werden, da in einem Multicastbereich die Subnetzmaske immer 255.255.255.255 ist.

Nur die TTL muss definiert werden.

Übung 10.3.1.c

- Erstellen Sie auf der virtuellen Maschine „DC" einen Multicastbereich mit Namen „Multicast 01"
- Er soll von 224.1.1.1 bis 224.1.1.9 gehen und eine TTL von 30 haben
- Die weiteren Einstellungen sollen im Standard belassen werden
- Optionen werden später konfiguriert
- Aktivieren Sie den Bereich

10.3.2 Client-Reservierungen

Manchmal ist es nötig, dass ein bestimmtes Gerät immer die gleiche IP-Adresse erhält. Dies lässt sich natürlich mit einer statischen IP-Adresse lösen, aber auch mit einer Reservierung für einen bestimmten Client.

Bei einer Reservierung bekommt ein Gerät mit einer bestimmten MAC-Adresse immer dieselbe IP-Adresse.

Wenn Sie eine Reservierung festlegen möchten, können Sie auch dies in der DHCP-Konsole machen.

Sie suchen sich den Bereich, in dem Sie die Reservierung erstellen wollen.

ACHTUNG!

Die Reservierung muss natürlich im richtigen Bereich sein, sonst kann der Client die reservierte IP-Adresse nicht erhalten!

Klicken Sie mit der rechten Maustaste auf „Reservierungen".

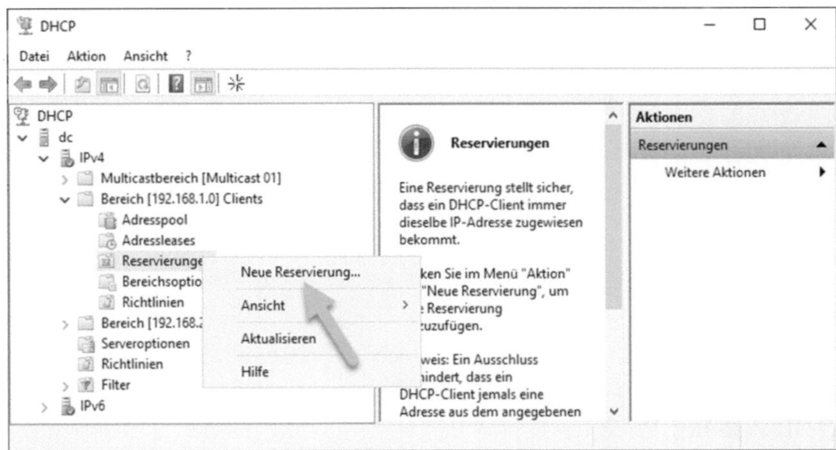

Abbildung 10.17: Reservierung

Wählen Sie „Neue Reservierung…".

Hier geben Sie die relevanten Daten ein.

Abbildung 10.18: Daten der Reservierung

Reservierungsname

Geben Sie einen aussagekräftigen Namen ein.

IP-Adresse

Tragen Sie hier die IP-Adresse ein, die der Client bekommen soll.

MAC-Adresse

Hier tragen Sie die MAC-Adresse des zu reservierenden Clients ein. Anhand dieser Adresse kann der Client immer identifiziert werden.

Beschreibung

Hier können Sie eine Beschreibung eintragen.

Unterstützte Typen

Hier können Sie zwischen BOOTP, DHCP und beiden Typen wählen.

BOOTP und DHCP funktionieren nahezu gleich, jedoch ist BOOTP das ältere Protokoll, das von älteren Rechnern noch verwendet werden kann. DHCP, das von Windows Server 2022 verwendet wird, ist die optimierte Weiterentwicklung.

Nachdem Sie alle relevanten Daten eingetragen haben, ist diese IP-Adresse für den Client reserviert.

Übung 10.3.2

- Erstellen Sie im DHCP-Bereich „Clients“ eine neue Reservierung mit Namen „Reservierung 1“ für die MAC-Adresse für die IP-Adresse 192.168.1.70

10.4 Optionen

Zusätzlich zu IP-Adresse und Subnetzmaske ist es möglich, weitere Informationen an die Clients zu übermitteln. Dies ist eine äußerst praktische Möglichkeit, beispielsweise DNS-Server und Standardgateway zentral zuweisen zu lassen.

Windows Server 2022 unterstützt mehrere Möglichkeiten, Optionen an die Clients zu übergeben.

Einige Optionen sind möglicherweise für alle Clients relevant, egal, in welchem Bereich sie liegen. Dies kann beispielsweise ein DNS-Server sein, auf den alle Clients zugreifen sollen.

Einige andere Optionen sind individuell für jeden Bereich verschieden. Ein sehr gutes Beispiel hierfür ist der Standardgateway. Dieser ist natürlich für jedes Subnetz und damit für jeden Bereich verschieden.

Manchmal sollen einige individuelle Optionen in Abhängigkeit von einer bestimmten Klassifizierung der Clients zugewiesen werden. So ist es möglich, älteren Windows-Clients andere Optionen mitzugeben, als den späteren Clients.

Die letzte Möglichkeit einer Optionenzuweisung ist die Zuweisung für einen reservierten Client. Jede Reservierung kann eigene Optionen bekommen.

Die meisten Administratoren nutzen die Möglichkeit, den Clients auf diese Weise automatisiert Optionen mitgeben zu können. Es bedeutet eine große Arbeitserleichterung, wenn die einzelnen Einstellungen nicht noch zusätzlich auf jedem Client konfiguriert werden müssen. Außerdem ist jeder manuelle Eingriff eine potentielle Fehlerquelle.

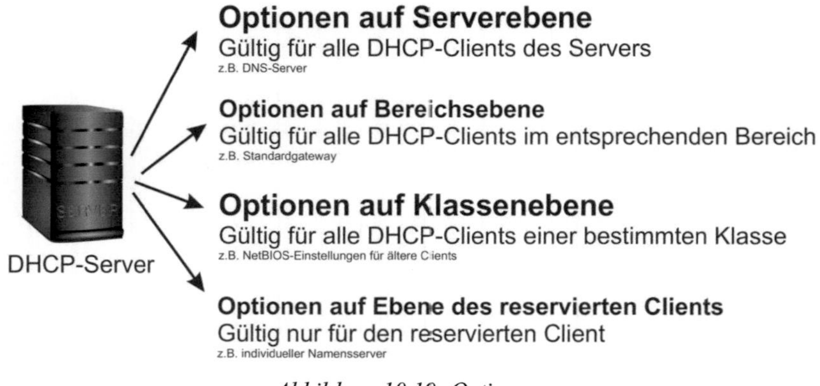

Abbildung 10.19: Optionen

10.4.1 Serveroptionen

Beginnen wir mit den Optionen, die für alle DHCP-Clients gelten, die auf diesem Server verwaltet werden.

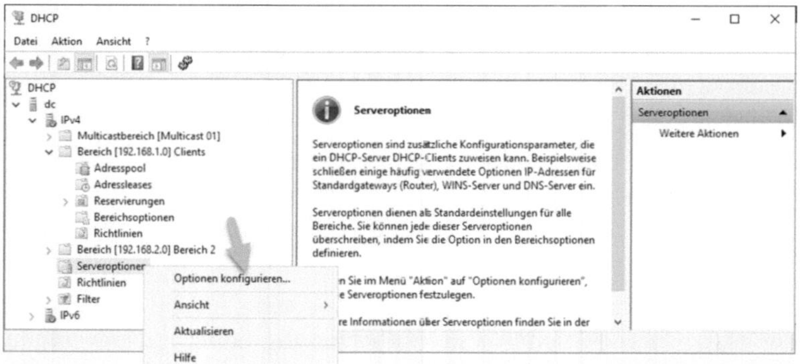

Abbildung 10.20: Serveroptionen

Diese legen Sie direkt auf Serverebene fest.

Ein Beispiel aus der Praxis ist die Definition eines DNS-Servers.

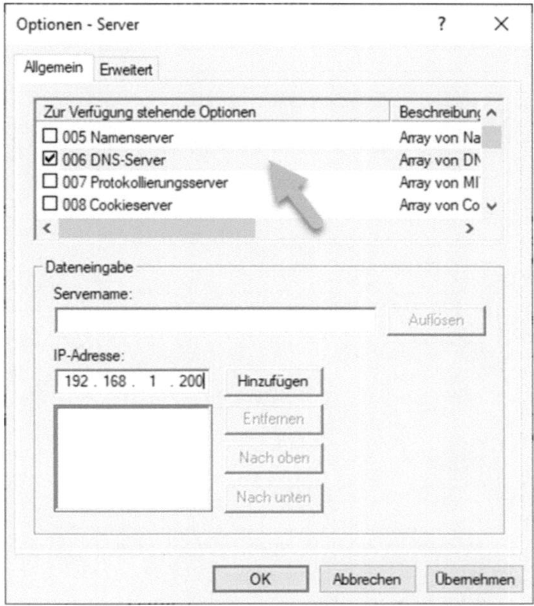

Abbildung 10.21: DNS-Server

In den meisten Firmen ist der DNS-Server für alle Clients gültig, egal, in welchem Subnetz sie sich befinden.

10.4.2 Bereichsoptionen

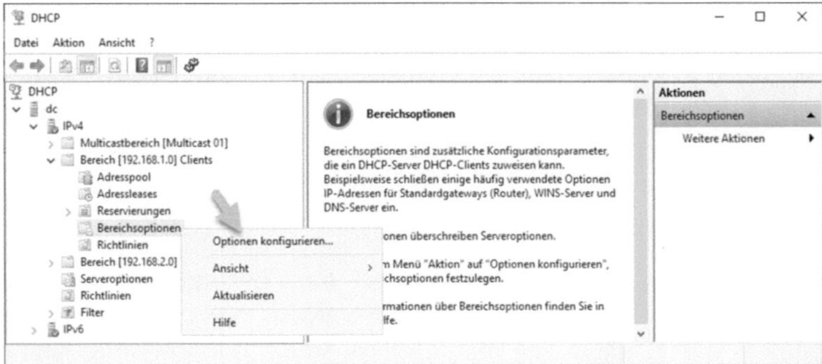

Abbildung 10.22: Bereichsoptionen

Bereichsoptionen sind ebenfalls häufig genutzte Optionen. Sie werden für alle Clients in einem bestimmten Bereich definiert.

Die Konfiguration der Bereichsoptionen wird natürlich im Bereich getätigt.

Definieren Sie nun die gewünschten Optionen.

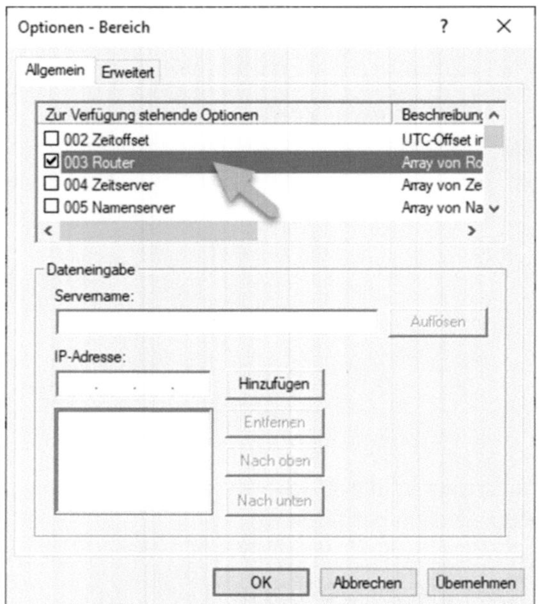

Abbildung 10.23: Option Router

Ein sinnvolles Beispiel für Bereichsoptionen ist das Standardgateway, also der Router, da diese für jedes Subnetz individuell ist.

10.4.3 Klassenoptionen

Klassenoptionen sind Optionen, die nur bestimmten Computern zugewiesen werden. Diese Computer wurden zuvor zu einer Klasse zusammengefasst. Beispiele für Klassen sind „Windows 98 Rechner“ oder „Windows 2000 Rechner“.

Standardklassen

Windows Server 2022 hat bereits einige vordefinierte Standardklassen, die Sie benutzen können. Hierbei gibt es

- Benutzerklassen
- Herstellerklassen

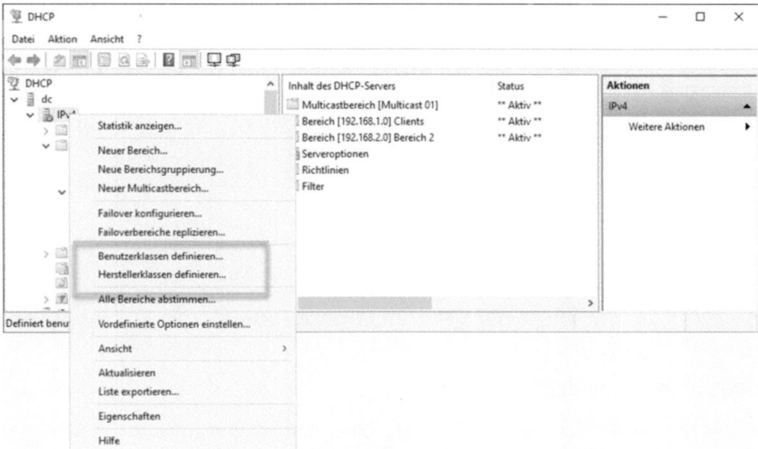

Abbildung 10.24: Benutzerklassen und Herstellerklassen

Auch, wenn Sie hier die Möglichkeit haben, eigene Klassen zu definieren, werden Sie doch in den meisten Fällen die vordefinierten Klassen benutzen.

Benutzerklassen

Wenn Sie diese Konsole öffnen, sehen Sie, dass es zwei vordefinierte Benutzerklassen gibt.

- Standardrouting- und RAS Klasse
- Standard BOOTP-Klasse

ACHTUNG!

Bei Betrachtung dieser Klassen sieht man, dass diese beiden Klassen sehr gut gewählt sind.

So ist es beispielsweise möglich, dass die BOOTP-Clients einige Optionen zugewiesen bekommen, was sicherlich sinnvoll ist.

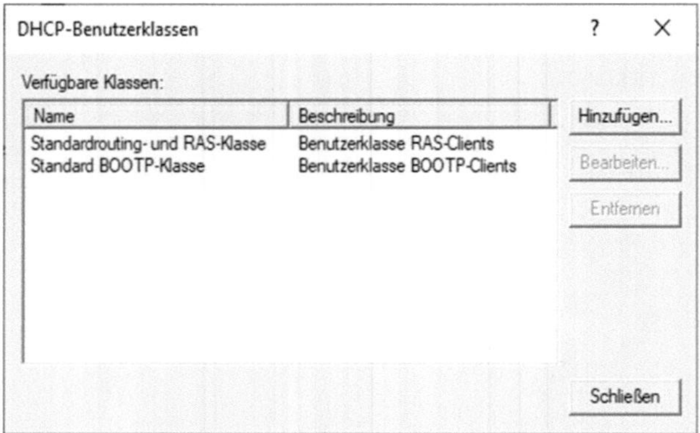

Abbildung 10.25: Benutzerklassen

Herstellerklassen

Bei den Herstellerklassen fällt auf, dass sie sich rein auf Windows als Hersteller beziehen.

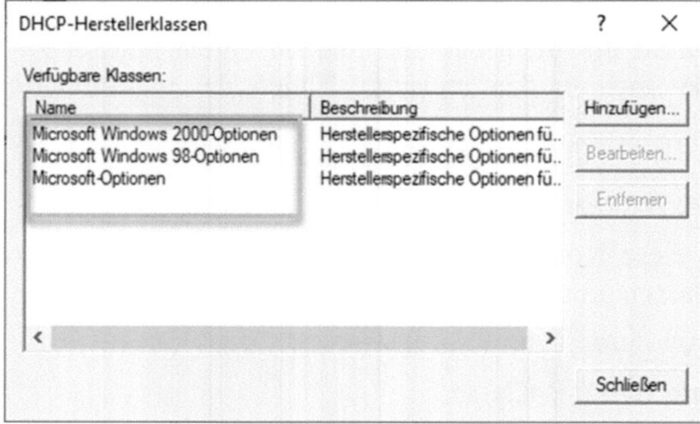

Abbildung 10.26: Herstellerklassen

Aber auch das ist eine gute Wahl, denn für den Fall, dass Sie ältere Microsoft-Clients im Netzwerk haben, können Sie diesen dadurch eigene Optionen zuweisen.

Definieren von Optionen

Nun können Sie Optionen definieren, die Sie den Klassen zuweisen möchten.

Auch diese Optionen werden auf der Serverebene definiert. Es ist die gleiche Konsole, wie die Definition der Serveroptionen, aber Sie wählen hier die entsprechende Klasse aus.

Dies ist logisch, da die Clients der Klassen sich im gesamten Geltungsbereich befinden können.

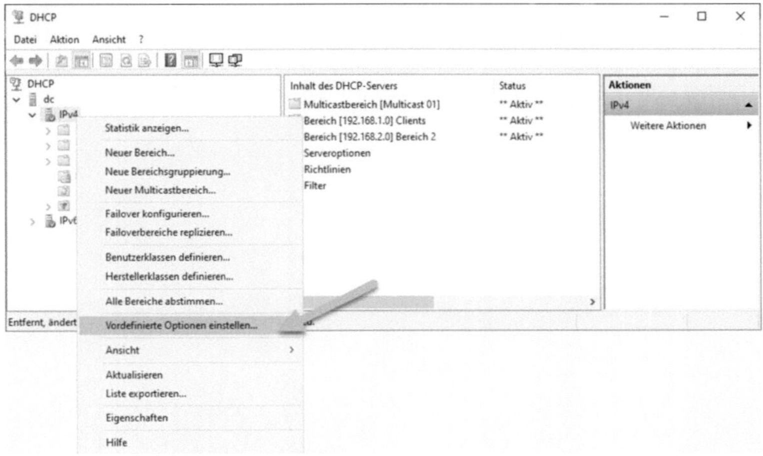

Abbildung 10.27: Optionen definieren

Sie können hier Optionen erstellen, die Sie benötigen.

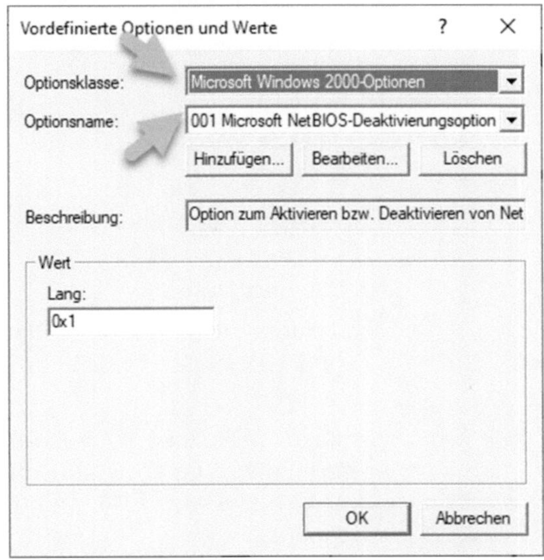

Abbildung 10.28: Auswahl der Klassen und Optionen

In dieser Konsole wählen Sie sowohl die Klassen aus, für die die Optionen angewendet werden sollen, als auch die dazugehörigen Optionen.

10.4.4 Optionen des reservierten Clients

Die letzte Möglichkeit, Clients Optionen zuzuweisen, ist die Ebene des reservierten Clients.

Diese Einstellungen werden natürlich direkt bei der reservierten IP-Adresse ausgeführt.

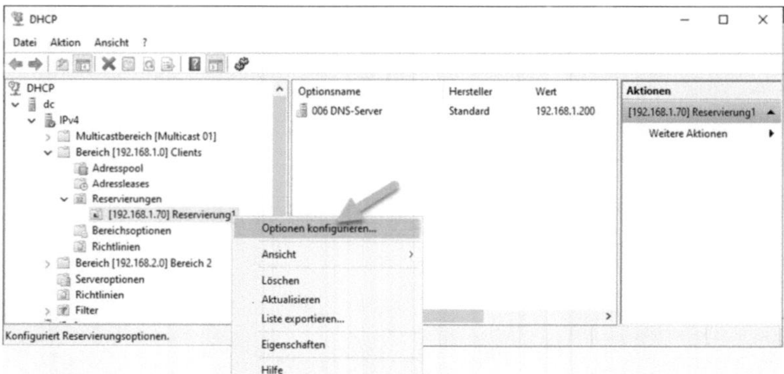

Abbildung 10.29: Optionen auf Ebene des reservierten Clients

Alle Einstellungen, die Sie hier machen, überschreiben die anderen Optionen.

Übung 10.4

- Erstellen Sie für den DHCP-Server eine Option auf Serverebene, die allen Clients die IP-Adresse des DNS-Servers 192.168.1.200 zukommen lässt
- Ignorieren Sie die Fehlermeldung, die besagt, dass der DNS-Server nicht gefunden werden kann
- Erstellen Sie eine Option für den zuvor reservierten Client. Er soll einen Zeitserver mit der IP-Adresse 192.168.1.200 zugeteilt bekommen

10.5 Die Leasedauer: Hintergründe

Nachdem wir nun bereits einen guten Einblick in die IP-Adressierung mit DHCP erhalten haben, möchte ich Ihnen noch eine wichtige Hintergrundinformation geben, die Ihnen später bei der Fehlersuche in einem Netzwerk helfen kann.

Was passiert eigentlich, wenn der Client eine IP-Adresse mit einer bestimmten Leasedauer hat?

Nach 50% der Leasedauer versucht der Client, den DHCP-Server zu kontakten, von dem er die IP-Adresse erhalten hat.

Wenn er ihn erreichen kann, wird er seine Lease erneuern, und hat somit mit einem Unicast wieder die volle Leasedauer. Dies ist der Idealfall.

Wenn der Client nach 50% der Leasedauer „seinen" DHCP-Server nicht erreichen kann, verwendet er seine IP-Adressierung weiter, ohne Kontakt mit einem anderen DHCP-Server aufzunehmen.

Erst nach 87,5% der Leasedauer versucht er erneut, Kontakt mit einem DHCP-Server aufzunehmen, diesmal aber mit Broadcast, um möglichst alle verfügbaren DHCP-Server zu erreichen.

10.6 Clients für die dynamische IP-Adressierung konfigurieren

Wenn die Clients eine automatische Zuweisung einer IP-Adresse bekommen sollen, müssen sie dafür konfiguriert werden.

Dafür wählen Sie

- IP-Zuweisung: Automatisch (DHCP)
- DNS-Serverzuweisung: Automatisch (DHCP)

Sie können natürlich in diesem Fall die IP-Adresse nicht in dieser Maske sehen, deswegen müssen Sie sich die IP-Adressierung mit der Eingabeaufforderung betrachten.

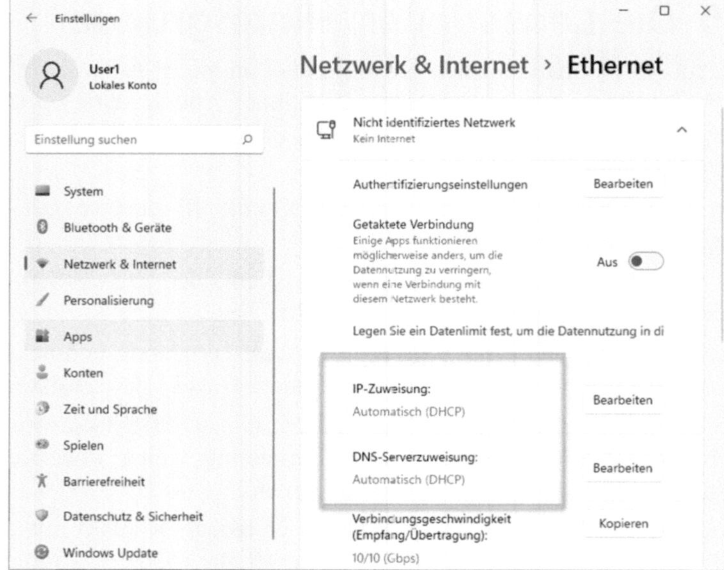

Abbildung 10.30: DHCP-Client

10.6.1 Alternative Konfiguration

Manchmal werden Computer in mehreren Netzwerken benutzt. Dieser Fall tritt häufig bei Notebooks ein. Ein Mitarbeiter reist mit dem Notebook in eine andere Filiale, und möchte dort dem Netzwerk beitreten.

Wenn in beiden Netzwerken mit DHCP gearbeitet wird, ist dies aus Sicht der IP Adressierung kein Problem. Der Client fordert eben in jedem Netzwerk beim Systemstart eine IP-Adresse an und erhält jeweils eine gültige IP-Adresse.

Sollte aber in einem der beiden Netzwerke mit statischen IP-Adressen gearbeitet werden, wird der DHCP-Client in diesem Netzwerk nicht funktionieren.

Aus diesem Grund stellt Microsoft eine alternative IP-Adressierung zur Verfügung.

Wenn der Client auf DHCP-Client konfiguriert ist, existiert eine zweite Karteikarte mit Namen „alternative Konfiguration“.

Hier können Sie statische Werte eintragen, die dann verwendet werden, wenn kein DHCP-Server erreicht werden kann.

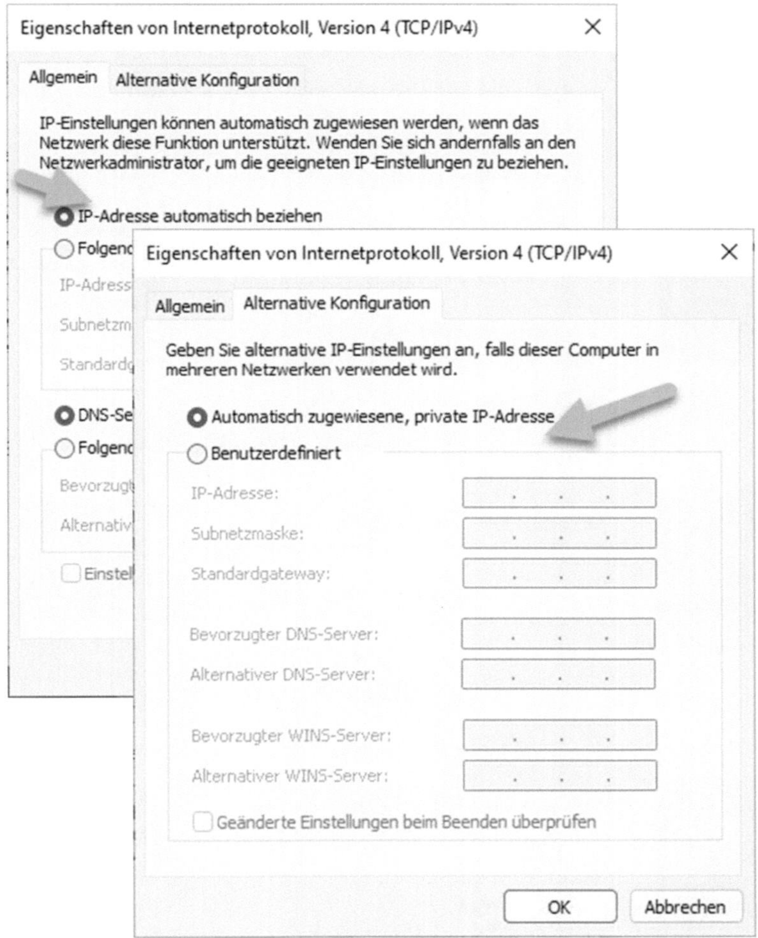

Abbildung 10.31: Alternative Konfiguration

10.6.2 DHCP-Server ist nicht erreichbar

Leider kommt es in Netzwerken manchmal vor, dass der DHCP-Server nicht zu erreichen ist. Dafür kann es viele Gründe geben, so kann beispielsweise der DHCP-Server ausgefallen sein, oder es besteht ein Netzwerkproblem.

Auch ist es möglich, dass bei einem gerouteten Netzwerk kein DHCP-

Relay-Agent konfiguriert worden ist, und somit die Clients im entfernten Netzwerk keine IP-Adresse zugewiesen bekommen können.

In diesem Fall gibt es die APIPA Adressierung (Automatic Privat IP Adressing).

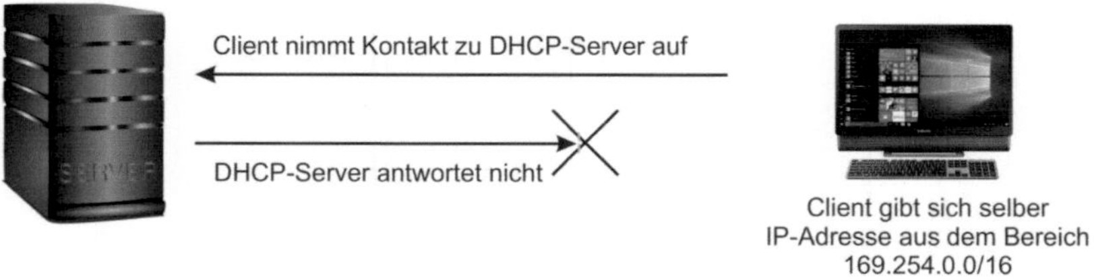

Abbildung 10.32: Die Möglichkeiten des DHCP-Clients

Der Client versucht, eine IP-Adresse zu bekommen. Gelingt ihm das nicht, versucht er eine alternative, statische Adresse zu benutzen. Erst wenn keine alternative Adresse definiert ist, macht er APIPA.

Er gibt sich selber eine IP-Adresse aus dem Bereich 169.254.0.0 / 16.

Das hat natürlich Auswirkungen. Sollte es nicht beabsichtigt sein, dass kein DHCP- Server verfügbar ist, erhält der Client keine Fehlermeldung, sondern eine gültige IP- Adresse aus dem APIPA Bereich.

Da wahrscheinlich alle Server IP-Adressen aus einem anderen Bereich haben, kann der Client keine Netzwerkressource erreichen.

Sollte dieser Fall auftreten, und ein Client in Ihrem Netzwerk kann keinen Server erreichen, sollten Sie immer die IP-Adressierung überprüfen. Häufig liegt es an einer APIPA Adressierung.

ACHTUNG!

Der Grundgedanke bei APIPA ist, dass jeder ein Netzwerk mit TCP/IP aufbauen kann, ohne tiefere Kenntnisse über die IP-Adressen zu haben. Wenn man in einem Netzwerk alle Clients als DHCP-Clients konfiguriert, aber keinen DHCP-Server installiert, bekommen alle Clients eine APIPA Adresse. In diesem Fall können sie wieder miteinander kommunizieren, da sich alle Clients im gleichen Netzwerk befinden.

10.6.3 Konfigurieren von IPv6 Bereichen

Die Konfiguration von IPv6 Bereichen funktioniert nicht anders als die Konfiguration der IPv4 Bereiche.

Auch hier klicken Sie mit der rechten Maustaste auf „IPv6“ und wählen „Neuer Bereich…“.

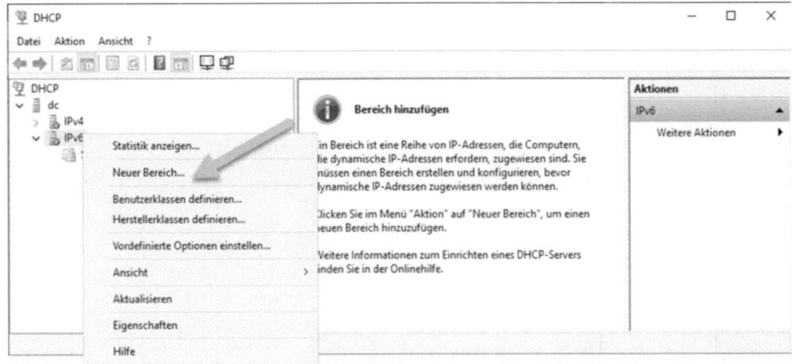

Abbildung 10.33: Neuer IPv6 Bereich

Zunächst wählen Sie ein IPv6 Präfix aus.

Abbildung 10.34: Präfix

Danach können Sie ebenfalls Ausschlüsse und die Leasedauer festlegen.

10.6.4 DHCP mit der PowerShell

Natürlich kann DHCP auch mit der PowerShell bearbeitet werden.

Hier sehen Sie eine Auswahl der wichtigsten Cmdlets.

Add-Cmdlets (hinzufügen)

Cmdlet	Bedeutung
Add-DhcpServerInDC	Fügt den DHCP-Server zur Liste der autorisierten DHCP-Server hinzu
Add-DhcpServerv4Class	Fügt eine Klasse hinzu
Add-DhcpServerv4ExclusionRange	Fügt IPv4 Ausschlüsse hinzu
Add-DhcpServerv4Failover	Fügt eine Failover-Beziehung hinzu
Add-DhcpServerv4Scope	Fügt einen IPv4 Bereich hinzu

Get-Cmdlets (anzeigen)

Cmdlet	**Bedeutung**
Get-DhcpServerDatabase	Zeigt die Parameter des DHCP-Servers an
Get-DhcpServerInDC	Zeigt eine Liste der autorisierten DHCP-Server
Get-DhcpServerv4DnsSetting	Zeigt die Einstellungen eines Bereichs
Get-DhcpServerv4Failover	Zeigt die Failover-Beziehungen an
Get-DhcpServerv4Lease	Zeigt die ausgegebenen IP-Adressen an

Set-Cmdlets (ändern)

Cmdlet	Bedeutung
Set-DhcpServerDatabase	Ändert die Einstellungen des DHCP-Dienstes
Set-DhcpServerv4Class	Ändert die Einstellungen einer Klasse
Set-DhcpServerv4Failover	Ändert die Einstellungen einer Failover-Beziehung
Set-DhcpServerv4Scope	Ändert die Eigenschaften eines Bereichs
Set-DhcpServerv4Reservation	Ändert die Einstellungen einer Reservierung

Übung 10.6

- Konfigurieren Sie den Client „W11“ als DHCP-Client und kontrollieren Sie die IP-Konfiguration
- Setzen Sie alle virtuellen Maschinen auf den Prüfpunkt „Tag 4“ zurück

11 Was ist das Active Directory?

Kommen wir nun zum Kernstück einer Serververwaltung mit Windows Server 2022: dem Active Directory.

Active Directory ist der Verzeichnisdienst von Windows Server 2022. Ein Verzeichnisdienst ist eine Datenbank, die die Anmeldeinformationen speichert, und für einen sicheren Zugriff auf die Ressourcen sorgt. Es gibt auch von anderen Herstellern Verzeichnisdienste, die aber bei Weitem keine so große Bedeutung haben, wie das Active Directory.

Active Directory kann in Firmen mit verschiedener Größe eingesetzt werden, und bietet aus diesem Grund verschiedene Modelle, die sich an die Größe und Bedürfnisse des Unternehmens anpassen.

11.1 Autorisierung und Authentifizierung

Wenn Sie sich an einen Computer setzen und sich anmelden, findet zunächst eine Authentifizierung statt.

Die Begriffe „Authentifizierung“ und „Autorisierung“ werden oft verwechselt.

Authentifizierung

Dies ist die Überprüfung der Identität des Benutzers. Für diese Überprüfung werden die Anmeldeinformationen des Benutzers (häufig Benutzername und Kennwort) mit einer Liste von bekannten Daten abgeglichen. Wenn die Anmeldeinformationen korrekt sind, wird der Benutzer authentifiziert, andernfalls nicht.

Autorisierung

Dieser Vorgang findet nach der Authentifizierung des Benutzers statt und entscheidet über die Berechtigungen des Benutzers innerhalb der Anwendung.

11.1.1 Konzepte der Authentifizierung

Es gibt verschiedene Arten der Authentifizierung, Sie können sich innerhalb einer Arbeitsgruppe befinden oder an einer Domäne.

Authentifizieren innerhalb einer Arbeitsgruppe

Eine Arbeitsgruppe ist ein Zusammenschluss mehrerer gleichberechtigter Computer. Alle Computer sind über ein Netzwerk miteinander verbunden.

Abbildung 11.1: Computer in einer Arbeitsgruppe

Meistens haben die Computer in einer Arbeitsgruppe ein Clientbetriebssystem wie Windows 10 oder Windows 11.

Arbeitsgruppen haben viele Vorteile:

- Zugriff auf Daten, die sich auf anderen Rechnern befinden, ist möglich
- Geräte, wie Drucker, können gemeinsam genutzt werden
- Der Zugang zum Internet kann für alle zur Verfügung gestellt werden

Aber leider haben Arbeitsgruppen auch einen gravierenden Nachteil.

Alle professionellen Clientbetriebssysteme erfordern eine Anmeldung. Sie müssen Benutzername und Kennwort eingeben, um sich anmelden zu können.

Diese Daten werden nun mit den in einer Datenbank gespeicherten Daten verglichen und so wird festgestellt, ob Sie das Recht haben, sich anzumelden.

In einer Arbeitsgruppe ist diese Datenbank lokal auf jedem Computer gespeichert. Sie heißt Security Account Manager (SAM).

Wenn Sie nun Zugriff auf einen anderen Computer über das Netzwerk nehmen, wird auch auf diesem Computer überprüft, ob Sie das Recht haben, Ressourcen auf diesem Computer zu benutzen.

Aus diesem Grund müssen Ihre Benutzerinformationen nicht nur auf dem eigenen Computer gespeichert werden, sondern auch auf allen anderen Computern der Arbeitsgruppe, auf die Sie zugreifen möchten. Natürlich ist auch die Authentifizierung mit einem anderen Account möglich.

Diese Vorgehensweise ist natürlich eine große Fehlerquelle. Wenn Sie Ihr Kennwort ändern möchten, müssen Sie es auf allen Computern der Arbeitsgruppe ändern.

Eine Arbeitsgruppe ist aus diesem Grund nur für ein kleines Netzwerk akzeptabel, die Größenordnung liegt bei etwa fünf Computern. Bei größeren Netzwerken ist der administrative Aufwand viel zu groß.

Authentifizieren an einer Domäne

In einer Domäne ist mindestens ein ausgewählter Computer nur dafür da, dass er eine Datenbank speichert, auf der alle Anmeldeinformationen von allen Benutzern zentral gespeichert sind.

Dieser Computer muss ein Serverbetriebssystem haben, wie Windows Server. Er wird Domänencontroller genannt und beinhaltet den LDAP-konformen Verzeichnisdienst Active Directory.

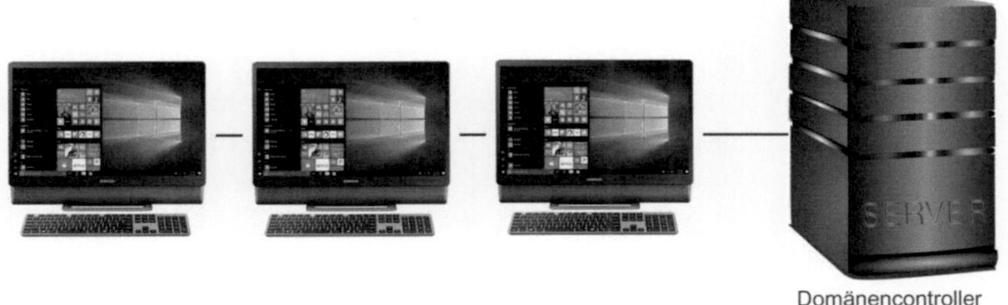

Abbildung 11.2: Die Domäne

Wenn eine Domäne eingerichtet worden ist, besteht die Möglichkeit, dass sich die Benutzer nicht lokal an der Maschine anmelden, also die Datenbank SAM benutzen, sondern sich „über das Netzwerk" anmelden und die Datenbank des Active Directory benutzen.

Da sich in diesem Fall alle Benutzer an einer Datenbank verifizieren, entfällt das mehrfache Pflegen der Anmeldeinformationen.

Für größere Netzwerke ist die Domäne die einzig praktikable Möglichkeit.

11.2 Domänen - Strukturen - Gesamtstrukturen

Active Directory ist eine Datenbank, die den verschiedensten Anforderungen gerecht werden muss. Active Directory muss sowohl in kleinen Firmen effizient arbeiten, als auch eine Lösung für große Firmen anbieten, die eventuell Geschäftsstellen in mehreren Ländern haben, und mehrere tausend Benutzer verwalten müssen.

11.2.1 Domäne

Die Basiseinheit der Verwaltung ist die Domäne. Eine Domäne ist ein Zusammenschluss mehrerer Computer zu einer administrativen Einheit.

Ein Beispiel:

Die Firma „Meistertrainer“ möchte alle Benutzeranmeldungen an einer zentralen Stelle verwalten. Um dies zu erreichen, wird ein Domänencontroller installiert. Damit ist die Domäne definiert.

ACHTUNG!

Bei der Installation eines Domänencontrollers werden Sie nach dem Namen der Domäne gefragt. Bei Angabe eines Namens ist dies die Definition der Domäne. Dieser Name kann später nur noch mit erhöhtem Aufwand geändert werden.

Nun müssen nur noch die relevanten Konten (Benutzerkonten und Computerkonten) im Active Directory, dem Verzeichnisdienst, angelegt werden, damit die Arbeit an einer Domäne begonnen werden kann.

Abbildung 11.3: Domäne

11.2.2 Struktur (Tree)

Nun ist es aber möglich, dass eine Domäne nicht ausreicht, dies kann der Fall sein, wenn eine Firma Filialen in mehreren Ländern hat, und sich dadurch Probleme ergeben, wie:

- Verschiedene Sprachen
- Verschiedene Anforderungen an die Sicherheit
- Teure WAN-Verbindungen

In diesen Fällen geht man oft dazu über, mehrere Domänen zu benutzen. Windows Server 2022 bietet hierzu ein Modell an, den Domänen-Tree. Der deutsche Ausdruck hierfür ist „Struktur".

In einem Tree werden untergeordnete Domänen angelegt, die den Namen der übergeordneten Domäne führen, und einen eigenen Namen vorangestellt haben. Auch dies ist das Namensprinzip des Internets, in dem untergeordnete Domänen stets ihren eigenen Namen vorangestellt haben.

Alle Domänen in einem Tree teilen sich einen gemeinsamen Namensraum. Ein Namensraum bedeutet, dass der Name der übergeordneten Domäne in allen untergeordneten Domänen mitgeführt wird. Der Name der untergeordneten Domäne wird dem Stammnamen vorausgestellt. Diese Art von Namensraum ist aus dem Internet bekannt, wo auch die untergeordneten Domänen dem Namen vorangestellt werden.

Die Domänen sind untereinander mit Vertrauensstellungen verbunden.

Vertrauensstellungen sind Verbindungen, die einen Zugriff auf die Ressourcen der anderen Domäne prinzipiell ermöglichen. Natürlich müssen die Ressourcenzugriffe noch mit Zugriffsrechten gesteuert werden, aber durch Vertrauensstellungen wird erst die Möglichkeit geschaffen, dass Benutzer auf Ressourcen anderer Domänen zugreifen können.

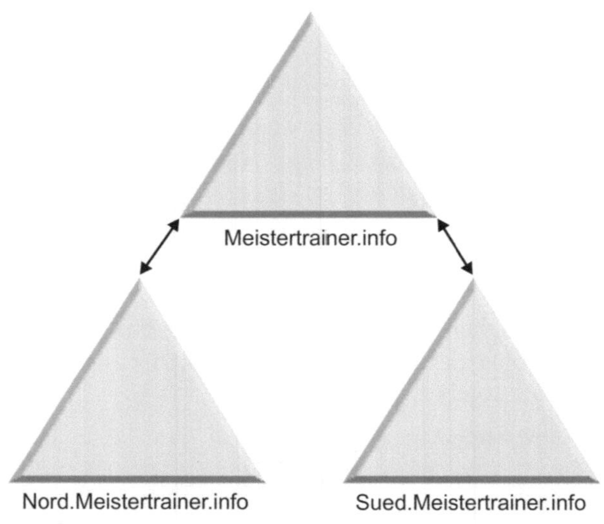

Abbildung 11.4: Domänen-Tree oder Struktur

11.2.3 Gesamtstruktur (Forest)

Als größtes Modell der Domänenverwaltung existiert noch der Forest. Der deutsche Ausdruck ist „Gesamtstruktur“.

In einem Forest sind wir nicht auf einen Namensraum begrenzt, sondern es können mehrere Namensbereiche zusammengefasst werden. Dies kann nötig sein, wenn verschiedene Firmen fusioniert sind, aber ihren eigenständigen Namen behalten möchten.

In unserem Beispiel gibt es einen Tree mit Namen „Meistertrainer.info“. Wenn nun die Firma „Schulung“ integriert werden soll, wäre das innerhalb der Struktur nur möglich, indem eine untergeordnete Domäne erstellt wird. Diese würde aber in jedem Fall den Namensraum „Meistertrainer“ benutzen.

Möglicherweise ist dies aber nicht erwünscht. Die einzige Lösung ist es nun, einen neuen Namensraum zu erstellen, diesen aber in den vorhandenen Tree einzugliedern, und somit einen „Forest“ (eine Gesamtstruktur) zu erstellen.

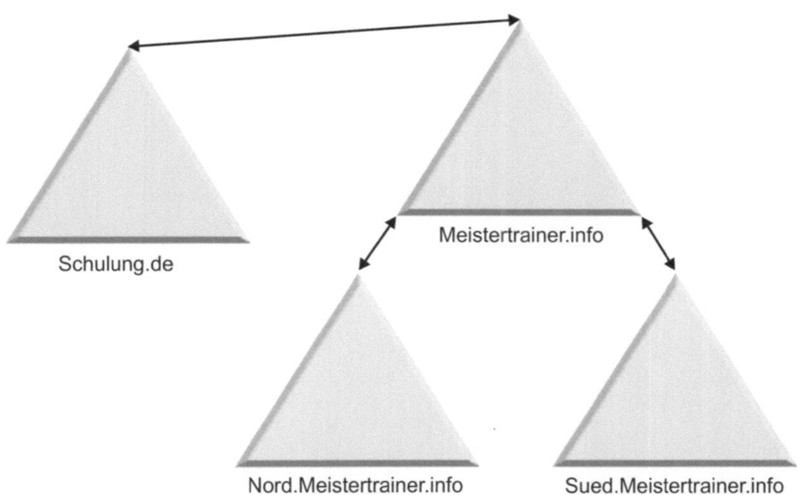

Abbildung 11.5: Forest oder Gesamtstruktur

ACHTUNG!

Die englischen Begriffe sind viel anschaulicher als die deutschen. Aus diesem Grund werden in den meisten Fällen auch die englischen Namen verwendet.

11.2.4 Gemeinsamkeiten innerhalb einer Gesamtstruktur

Egal, ob sich die Domänen in einer Struktur oder einer Gesamtstruktur befinden, sie haben in jedem Fall einige Gemeinsamkeiten.

Bidirektionale, transitive Vertrauensstellungen

Wie bereits erwähnt, sind die einzelnen Domänen innerhalb eines Trees oder eines Forests mit Vertrauensstellungen verbunden. Diese Vertrauensstellungen sind bidirektional und transitiv.

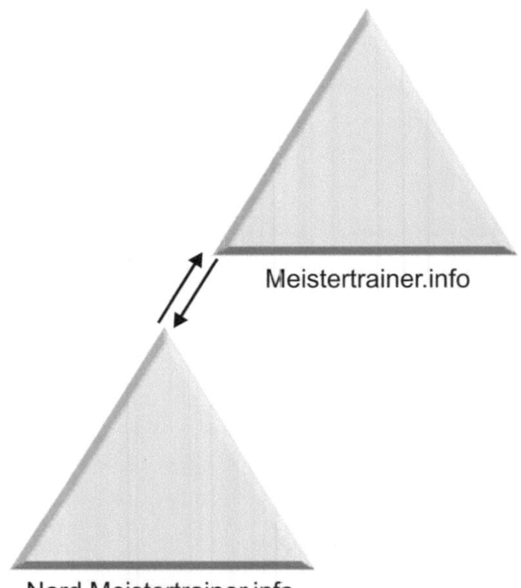

Abbildung 11.6: Bidirektionale Vertrauensstellung

Bidirektional

Bidirektional bedeutet, dass die Vertrauensstellung in beide Richtungen geht. Genau genommen setzt sich eine bidirektionale Vertrauensstellung aus zwei unidirektionalen Vertrauensstellungen (Vertrauensstellungen in nur eine Richtung) zusammen.

Bidirektionale Vertrauensstellungen sind die Standardvertrauensstellungen bei der Installation eines Trees oder Forests.

Transitiv

Vertrauensstellungen, die bei der Installation eines Trees oder Forests erstellt werden, sind transitiv.

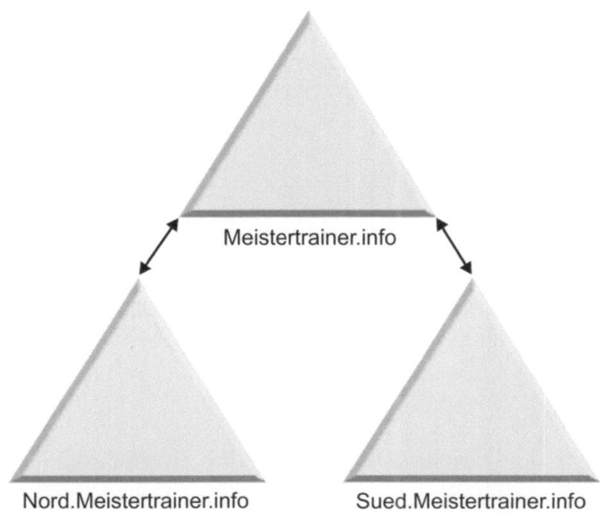

Abbildung 11.7: Transitive Vertrauensstellungen

Transitiv bedeutet „weiterleitend". In unserem Fall bedeutet die Transitivität, dass Benutzer der Domäne „Nord.Meistertrainer.info" auch auf Ressourcen der Domäne „Sued.Meistertrainer.info" zugreifen können, obwohl es keine direkte Vertrauensstellung zwischen diesen beiden Domänen gibt.

Die beiden existierenden Vertrauensstellungen sind ausreichend, da sie transitiv sind, und Anfragen weiterleiten können.

ACHTUNG!

Die Transitivität vermindert auch die benötigte Anzahl an Vertrauensstellungen. Es wird immer nur eine Vertrauensstellung zur nächsten übergeordneten Domäne benötigt, damit eine komplette Kommunikation stattfinden kann.

Gemeinsames Schema

Jede Datenbank hat einen internen Aufbau, der festlegt, wie die Daten in dieser Datenbank gespeichert werden. Active Directory ist eine Datenbank, aus diesem Grund muss auch Active Directory eine Grundstruktur haben. Diese Grundstruktur wird „Schema" genannt.

Bei einfachen Datenbanken ist dieses Schema eine Tabelle. In komplexeren Datenbanken ist das Schema objektorientiert.

Active Directory verwaltet das Schema mit

- Klassen und
- Attributen

Klassen

Eine Klasse ist ein Oberbegriff für eine Sammlung von Objekten. Klassen können zum Beispiel sein:

- Benutzer
- Drucker
- Computer

Man kann sich die Definition der Klassen als „Umriss" der Eingabemaske vorstellen.

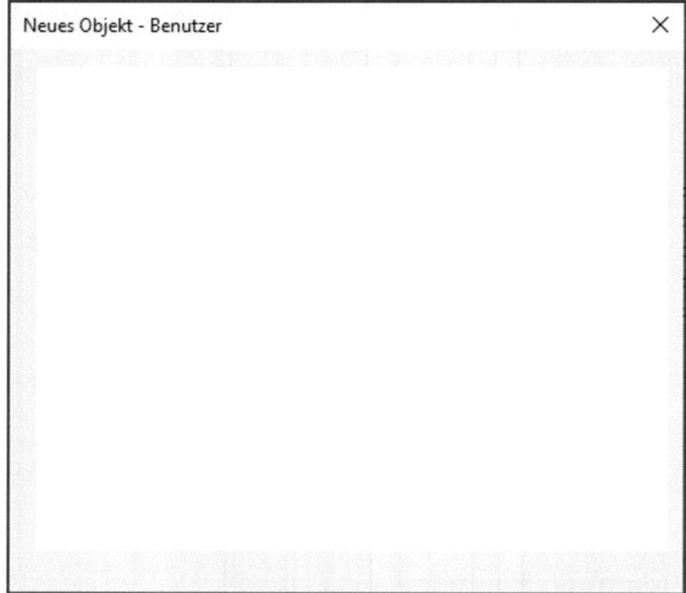

Abbildung 11.8: Klassen

Attribute

Attribute sind Elemente, die benutzt werden, damit die Klassen Inhalte bekommen können. Attribute sind also die „Füllungen" in den Klassen.

Abbildung 11.9: Attribute

Verwaltung von Klassen und Attributen

Die Struktur einer Datenbank mit Klassen und Attributen ist sehr effizient. Sie können neue Klassen und Attribute definieren und können diese dann zuweisen.

Dies hat den Vorteil, dass Attribute zu mehreren Klassen zugewiesen werden können.

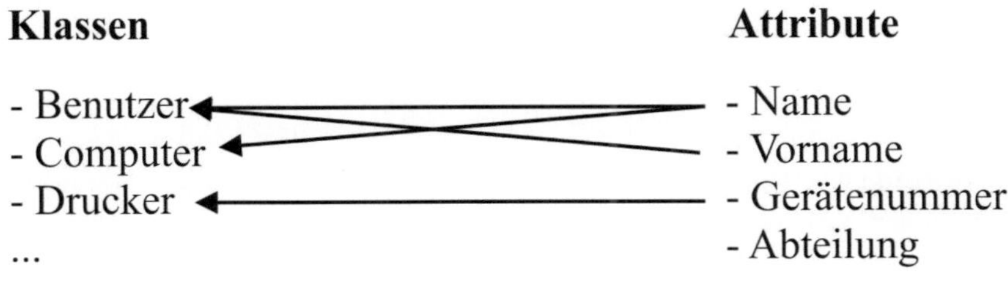

Abbildung 11.10: Klassen und Attribute

Die Änderungen am Schema können nur Mitglieder der Gruppe „Schema-Administratoren“ vornehmen.

Gemeinsamer „Globaler Katalog“

Alle Domänen im Tree oder Forest haben also das gleiche Schema. Daraus ergibt sich die Möglichkeit, dass ein gemeinsamer „Suchindex“ erstellt wird.

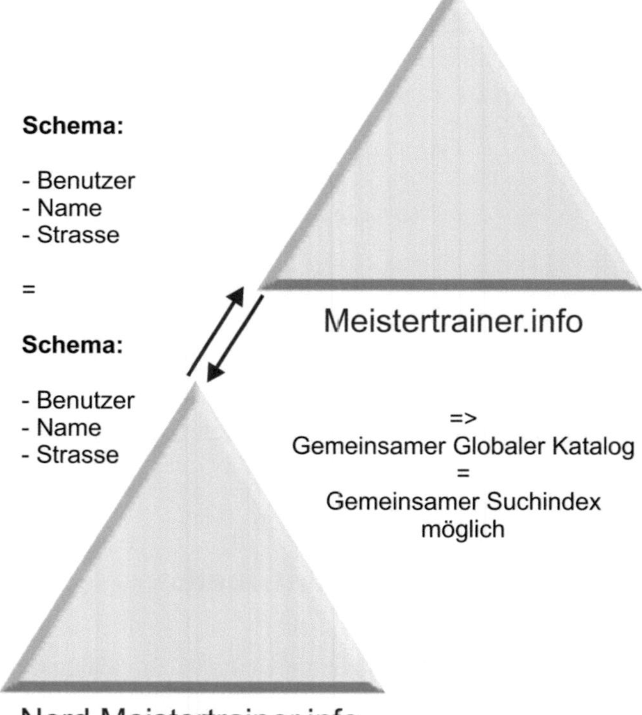

Abbildung 11.11: Prinzip eines „Globalen Katalogs“

Dieser Index gibt Ihnen die Möglichkeit, alle Objekte in allen Domänen der Gesamtstruktur zu suchen. Er nennt sich „Globaler Katalog“ und wird auf ausgewählten Domänencontrollern gespeichert.

So ein gemeinsamer Suchindex erleichtert das Auffinden von Objekten in einer beliebigen Domäne in Tree oder Forest.

Der „Globale Katalog“ enthält alle Objekte aller Domänen, mit allen

Klassen, aber nur einem Teil der Attribute. Dies verkleinert die Größe des „Globalen Katalogs“ erheblich und erhöht die Effizienz. Dies erst erlaubt das Einsetzen des „Globalen Katalogs“ in der Praxis.

Es werden nur die Attribute in den „Globalen Katalog“ aufgenommen, nach denen auch in den meisten Fällen gesucht wird.

Ein Beispiel:

Die Klasse „Benutzer“ enthält sehr viele Attribute. Diese sind zum Beispiel:

- Name
- Vorname
- Strasse
- PLZ
- Ort
- Profilpfad
- RAS-Einstellungen

...

Welche dieser Attribute würden wahrscheinlich in einem Suchvorgang benutzt werden? Dies sind wohl wesentlich weniger, beispielsweise

- Vorname
- Name
- Ort

Wenn nur diese Attribute verwendet werden, wird die Datenbank, die der „Globale Katalog“ benötigt, sehr viel kleiner.

11.3 Installation von Active Directory

Sie können Active Directory auf jedem Server installieren, der mindestens die Version Windows Server 2022 Standard Edition benutzt. Auch eine Deinstallation ist jederzeit wieder möglich.

Da die Anforderungen verschieden sein können, gibt es auch verschiedene Möglichkeiten, Active Directory zu installieren.

11.3.1 „Normale“ Installation

Die „normale“ Installation von Active Directory bedeutet, dass das Installationsprogramm aufgerufen wird, und zwar ohne Parameter.

Vorarbeiten

Nach einer Standardinstallation eines Servers sind einige Details noch nicht optimal konfiguriert, und Sie müssen sich zunächst einmal mit der Grundkonfiguration des Servers beschäftigen, bevor Sie Active Directory installieren können.

Dazu gehört natürlich, dass Sie dem Server zunächst einen aussagekräftigen Namen geben. Während der Installation erhält er einen systemgenerierten Namen, der aber in aller Regel nicht geeignet ist.

Nach dem Neustart geben Sie dem zukünftigen Domänencontroller eine gültige statische IP-Adresse. Dazu wählen Sie „Netzwerkverbindungen anzeigen“.

Installation der Active Directory Domänendienste

Nun sind die Vorarbeiten abgeschlossen, und wir können endlich das Active Directory installieren.

Also, da das Active Directory natürlich eine Rolle ist, müssen wir auch eine Rolle installieren.

Dazu wählen Sie im Servermanager „Rollen“ und wechseln dann zu „Rollen hinzufügen“.

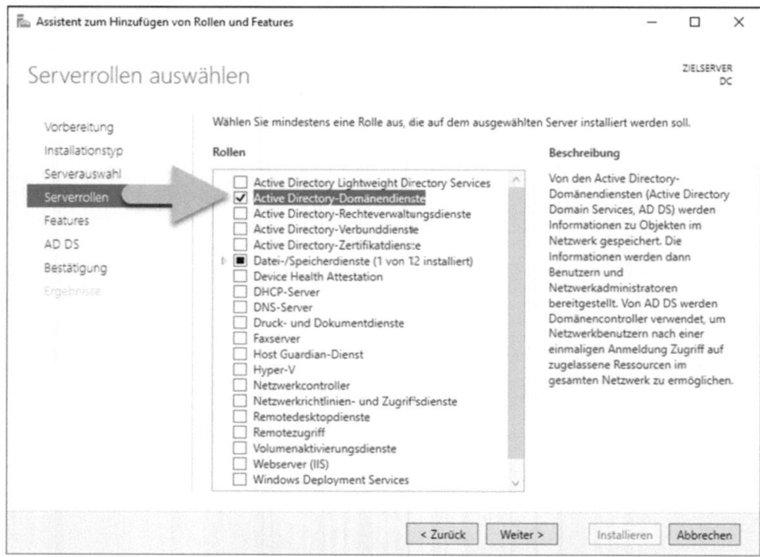

Abbildung 11.12: Rollen hinzufügen

Ein Assistent startet, in dem Sie „Active Directory-Domänendienste“ wählen.

Diese werden installiert.

Mit der PowerShell können Sie dies mit folgendem Cmdlet machen:

```
Install-WindowsFeature AD-domain-services
```

Allerdings ist der Server nun noch kein Domänencontroller, da das Active Directory noch nicht vollständig installiert ist. Sie müssen noch in jedem Fall im oberen Bereich des Servermanagers auf das Ausrufezeichen klicken, und dann wählen „Server zu einem Domänencontroller heraufstufen“.

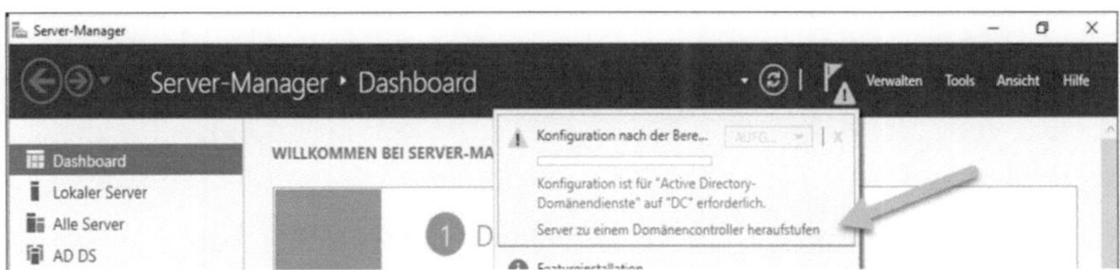

Abbildung 11.13: Server zu einem Domänencontroller heraufstufen

Auf der ersten Seite müssen Sie wählen, ob Sie eine bereits vorhandene Gesamtstruktur erweitern möchten, oder ob Sie eine neue Domäne in einer neuen Gesamtstruktur erstellen wollen.

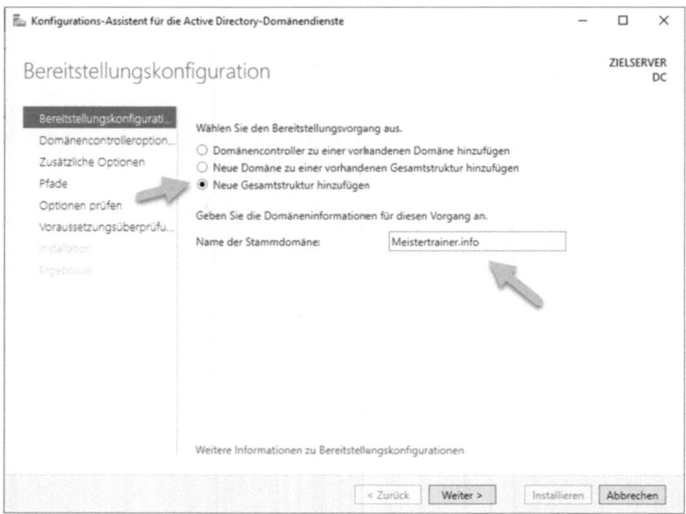

Abbildung 11.14: Auswahl

Wenn Sie einen replizierenden Domänencontroller in einer bestehenden Domäne einrichten wollen, wählen Sie den oberen Punkt.

Wenn Sie eine neue Domäne in einer vorhandenen Gesamtstruktur erstellen möchten, ist dies der zweite Punkt der Auswahl.

In diesen Fällen müssen Sie weitere Informationen angeben, die Sie als „berechtigt“ identifizieren, Objekte zu einer vorhandenen Gesamtstruktur hinzufügen zu dürfen, Sie müssen also administrative Rechte in der bestehenden Gesamtstruktur haben.

Wenn Sie dagegen wählen „Neue Gesamtstruktur hinzufügen“, dann benötigen Sie lediglich lokale administrative Rechte auf dem Server, denn Sie generieren ja eine völlig neue Gesamtstruktur.

Wenn Sie einen replizierenden Domänencontroller für eine Domäne installieren, wird das komplette Active Directory von einem vorhandenen Domänencontroller kopiert, sowohl das Schema als auch der Inhalt.

Wählen Sie dagegen „Neue Gesamtstruktur“, so müssen Sie in der Folge lediglich eine bestehende Domäne angeben, und natürlich die dementsprechenden administrativen Rechte haben.

In diesem Fall wird zwar das Schema kopiert, die Inhalte dagegen werden neu erstellt, da es sich ja um eine neue Domäne handelt.

In unserem Beispiel erstellen wir eine neue Domäne in einer neuen Gesamtstruktur, wir erstellen also die allererste Domäne.

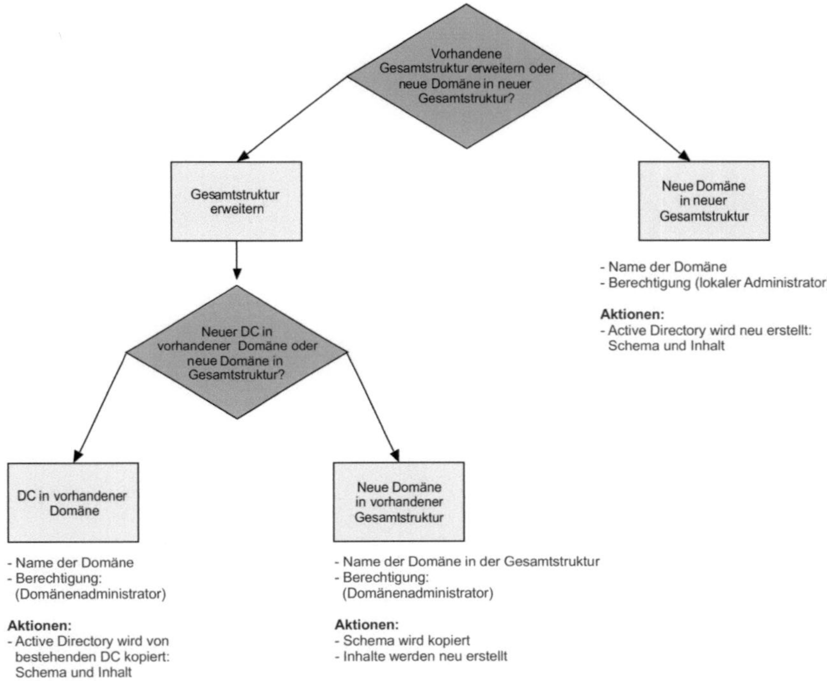

Abbildung 11.15: Entscheidungsdiagramm

Sie müssen noch den Namen der Domäne angeben.

Dieser Name muss den DNS-Namenskonventionen entsprechen. Er muss mindestens aus einer Toplevel-Domain und einer Domäne bestehen. Wir entscheiden uns für den Namen „Meistertrainer.info“.

ACHTUNG!

Dieser Name ist auf unseren Verlag registriert, deswegen können wir ihn auch ohne Bedenken verwenden!

Im nächsten Fenster legen Sie die Funktionsebenen fest.

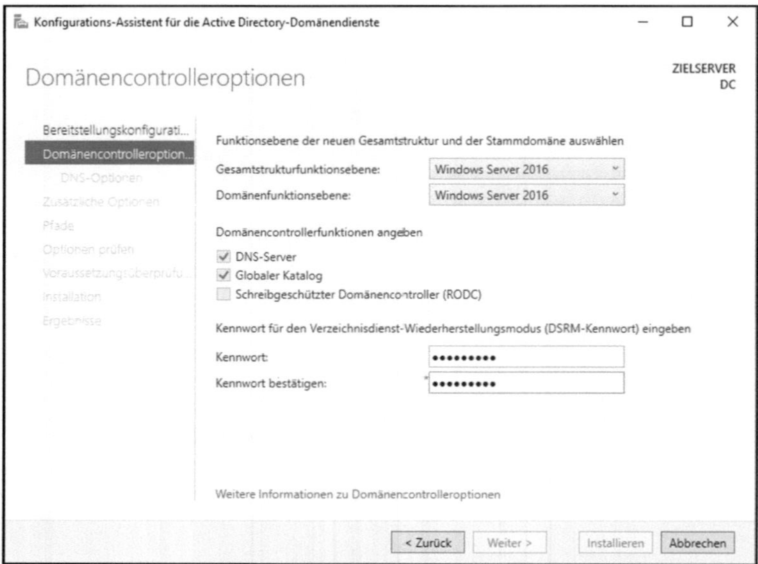

Abbildung 11.16: Funktionsebenen

Nun können wir die Funktionsebenen festlegen. Die Standardauswahl ist „Windows Server 2016", die Funktionsebenen haben seitdem keine neuen Funktionen erhalten.

An dieser Stelle sei nur gesagt, dass Sie sich überlegen sollten, welche Domänencontroller Sie im Netzwerk haben werden, denn der schwächste (älteste) Domänencontroller bestimmt, welche Funktionen verfügbar sein werden. Wenn Sie nur Domänencontroller ab Windows Server 2016 haben, können Sie an dieser Stelle bedenkenlos „Windows Server 2016" wählen.

In der Mitte des Fensters können Sie „Domänencontrollerfunktionen" angeben.

Da in unserem Beispiel der Domänencontroller der erste Domänencontroller ist, ist die Auswahl „Globaler Katalog" automatisch gesetzt. Auch kann der erste Domänencontroller kein RODC (Read only Domänencontroller) sein. Zu dieser Art der Domänencontroller hören wir später noch mehr.

Allerdings haben wir die Auswahlmöglichkeit, dass auf diesem Domänencontroller ein DNS-Server installiert wird.

Active Directory benötigt zwingend einen DNS-Server. Ohne einen funktionierenden DNS-Server kann Active Directory nicht installiert werden. Deswegen wird empfohlen, auf dem ersten Domänencontroller auch gleichzeitig einen DNS-Server installieren zu lassen.

Im unteren Teil des Fensters können Sie ein Kennwort für den „Verzeichnisdienst-Wiederherstellungsmodus“ wählen. Dies wird auch als „DSRM-Kennwort“ bezeichnet.

Dieses Kennwort müssen Sie für den Notfall festlegen.

Auf einem Domänencontroller existieren keine lokalen Konten. Die einzige Datenbank, die auf einem Domänencontroller läuft, ist das Active Directory. Wenn Sie sich an einem Domänencontroller „lokal“ anmelden, melden Sie sich immer mit einem Konto des Active Directory an.

Ein Domänencontroller sollte regelmäßig gesichert werden. Das Sicherungsprogramm von Windows Server 2022 erlaubt die Sicherung einer geöffneten Datenbank, deswegen können Sie einen Domänencontroller im laufenden Betrieb sichern.

Anders sieht es dagegen aus, wenn das Active Directory wiederhergestellt werden muss. Eine Datenbank kann nur wiederhergestellt werden, wenn sie nicht geöffnet ist.

Das stellt uns vor ein Problem: wie wir eben festgestellt haben, existiert auf einem Domänencontroller nur die Datenbank Active Directory. Wir müssen aber eine Möglichkeit finden, den Domänencontroller zu starten, ohne dass das Active Directory gestartet wird, um eine zerstörte Datenbank wiederherzustellen. Und selbst wenn wir es schaffen sollten, den Domänencontroller ohne Active Directory zu starten, wie können wir uns dann anmelden?

Die Lösung ist ein Konto, das nicht im Active Directory gespeichert wird, mit dem wir den Domänencontroller im Notfall starten können, um das Active Directory wiederherzustellen.

Dies ist das Konto, für das wir an dieser Stelle das Kennwort festlegen müssen. Dieses Konto wird lokal gespeichert, und steht nur zur Verfügung, wenn wir den Domänencontroller mit den erweiterten Startoptionen (F8) starten, und hier den „Verzeichnisdienstwiederherstellungsmodus“ wählen.

ACHTUNG!

Merken Sie sich dieses Kennwort gut, denn es kann nur sehr schwierig geändert werden! Für eine Änderung müssen Sie das Befehlszeilentool „NTDSUTIL“ benutzen.

Klicken Sie auf „Weiter“, wenn Sie alle Einstellungen gemacht haben.

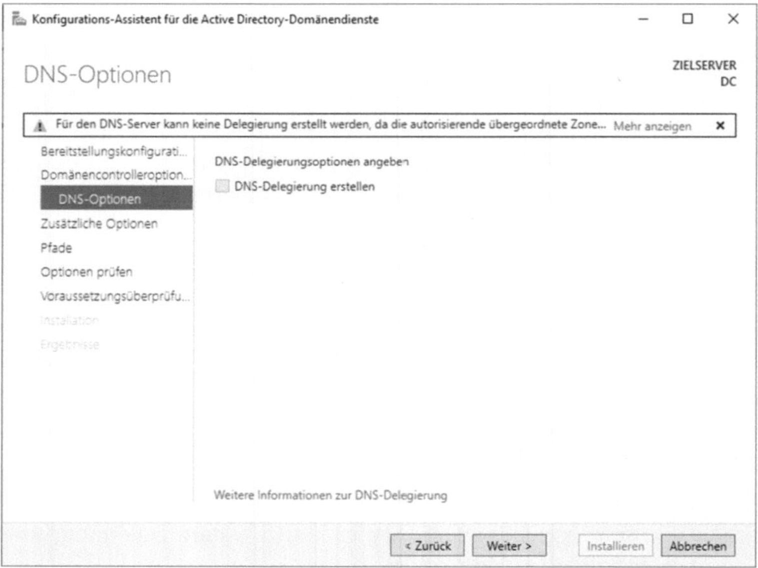

Abbildung 11.17: DNS-Optionen

Hier können Sie eine DNS-Delegierung erstellen, wenn Ihre Infrastruktur dies so vorsieht.

In den meisten Fällen müssen Sie hier keine Einstellungen machen und können auf „Weiter“ klicken.

Im nächsten Fenster wird Ihnen ein NetBIOS-Name für die Domäne vorgeschlagen.

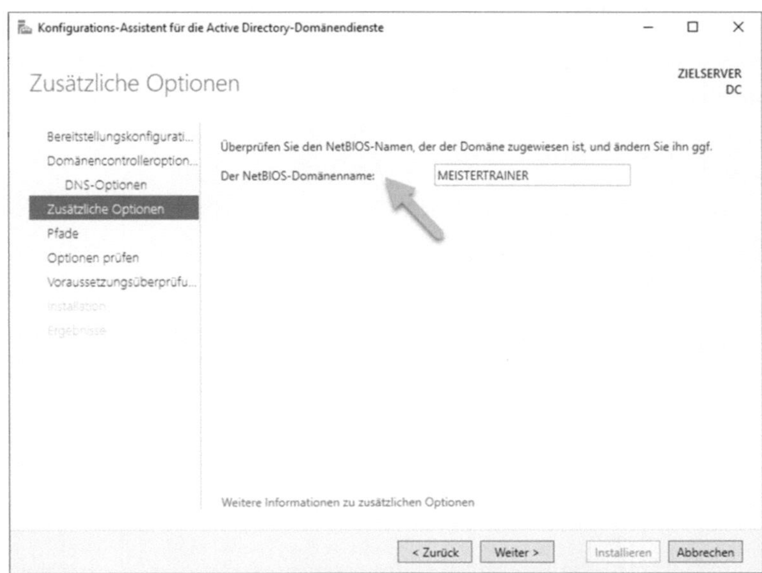

Abbildung 11.18: NetBIOS-Name

Sie können den vorgeschlagenen Namen fast immer akzeptieren.
Im nächsten Fenster legen Sie die Pfade für die Datenbank an.

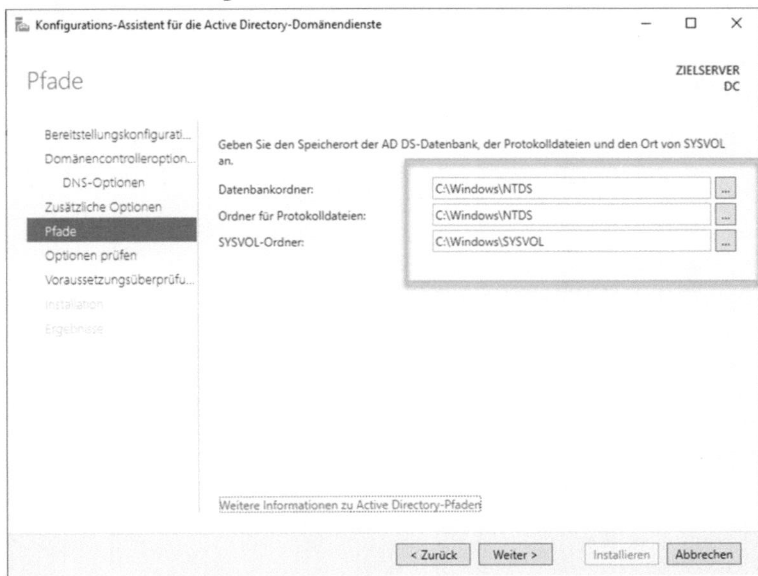

Abbildung 11.19: Speicherort der Dateien

Diese Auswahl können Sie akzeptieren. Allerdings ist es günstiger, die Datenbank und die Protokolldateien auf jeweils verschiedene Festplatten zu speichern, damit im Fehlerfall nicht beides verloren geht.

Auch der Speicherort für den Ordner „SYSVOL“ wird festgelegt.

Dieser Ordner ist eine Freigabe auf jedem Domänencontroller, in dem die Informationen für die Clients gespeichert werden. Jeder Client greift beim Anmeldevorgang auf diesen Ordner zu, und liest dort seine Informationen aus, wie beispielsweise die Gruppenrichtlinien.

Das nächste Fenster erlaubt Ihnen, die Angaben noch einmal zu überprüfen.

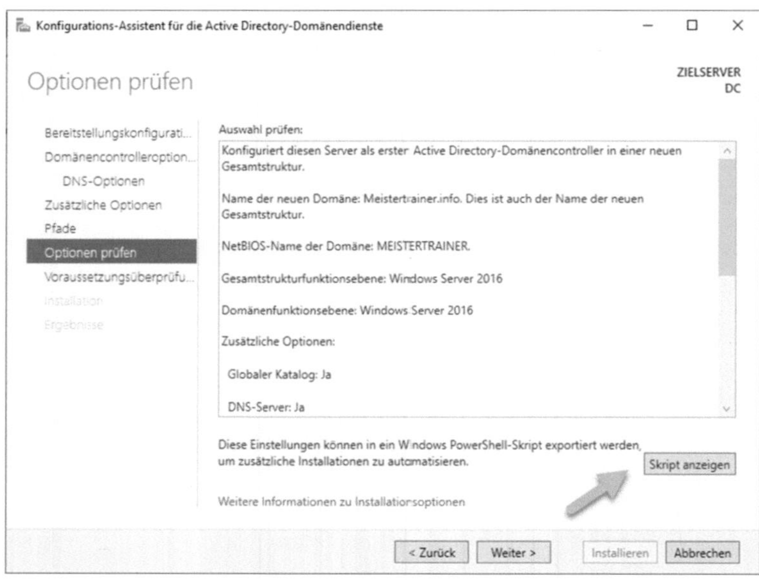

Abbildung 11.20: Optionen prüfen

Eine interessante Schaltfläche ist „Skript anzeigen“. Hier können Sie ein PowerShell Skript betrachten, mit dem Sie automatisiert installieren können.

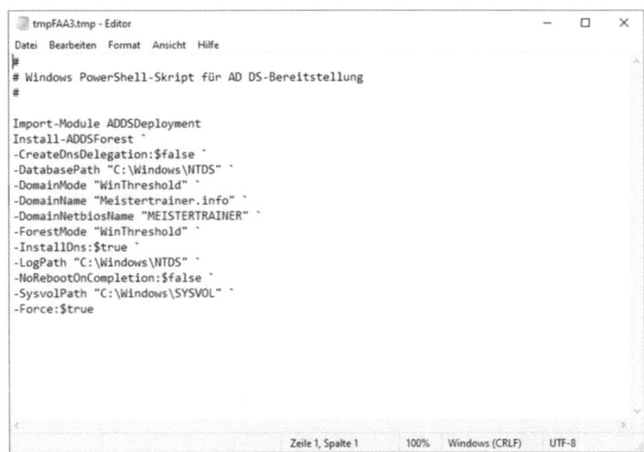

```
#
# Windows PowerShell-Skript für AD DS-Bereitstellung
#

Import-Module ADDSDeployment
Install-ADDSForest `
-CreateDnsDelegation:$false `
-DatabasePath "C:\Windows\NTDS" `
-DomainMode "WinThreshold" `
-DomainName "Meistertrainer.info" `
-DomainNetbiosName "MEISTERTRAINER" `
-ForestMode "WinThreshold" `
-InstallDns:$true `
-LogPath "C:\Windows\NTDS" `
-NoRebootOnCompletion:$false `
-SysvolPath "C:\Windows\SYSVOL" `
-Force:$true
```

Abbildung 11.21: Skript

Nun wird das Active Directory installiert.

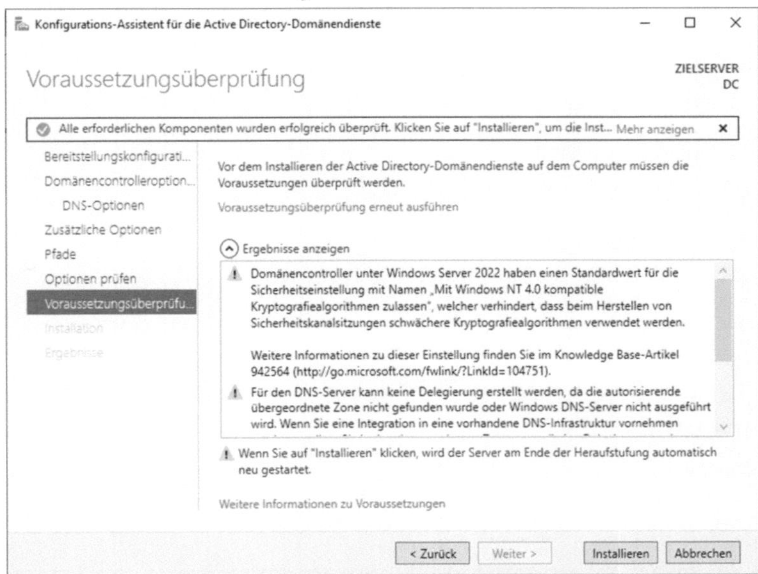

Abbildung 11.22: Installation startet

Nach einem Neustart können Sie sich an der Domäne anmelden.

Natürlich können Sie auch mit der PowerShell die Rolle installieren. Im ersten Schritt haben Sie auch hier die Binärdateien installiert.

Erstellen einer neuen Gesamtstruktur mithilfe der PowerShell

Nun müssen Sie den zweiten Teil der Installation vornehmen, in dem Sie sich für die Art der Installation entscheiden müssen.

Wenn Sie eine neue Gesamtstruktur erstellen möchten, lautet der Befehl

INSTALL-ADDSFOREST

Dieser Befehl funktioniert natürlich nur mit Optionen sinnvoll.

Hier Beispiele sinnvoller Optionen:

- CreateDnsDelegation:$false
- DatabasePath „C:\Windows\NTDS“
- DomainMode „Win2012R2“
- DomainName „Meistertrainer.info“
- DomainNetbiosName „Meistertrainer“
- ForestMode „Win2012R2“
- InstallDns:$true
- LogPath „C:\Windows\NTDS“
- NoRebootOnCompletion:$false
- SysvolPath „C:\Windows\SYSVOL“
- Force:$true

Erstellen eines neuen Domänencontrollers in einer bestehenden Domäne

Hierfür benutzen Sie das Cmdlet

INSTALL-ADDSDOMAINCONTROLLER

Auch dieser Befehl funktioniert nur mit Optionen.

Hier ein Beispiel:

- Domainname <DNS-Name der Domäne>
- SafeModeAdministratorPassword (read-host -prompt Kennwort -assecurestring)

Übung 11.3.1

- Richten Sie die Active Directory Domäne „Meistertrainer.info“ ein
- Stufen Sie dazu die virtuelle Maschine „DC“ zum Domänencontroller hoch, auf dem auch DNS installiert wird

11.3.2 Installation von einem Medium

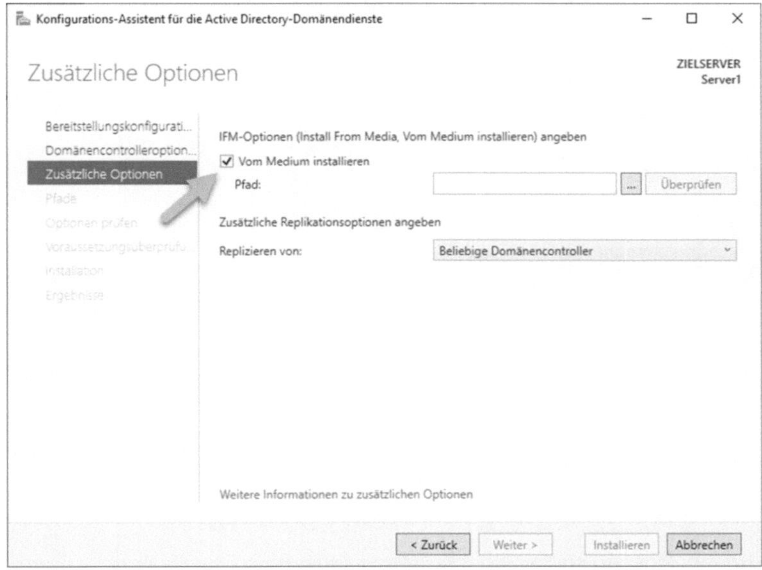

Abbildung 11.23: IFM

Wenn Sie einen replizierenden Domänencontroller an einem entfernten Standort installieren müssen, kann es sein, dass die WAN-Verbindung eine zügige Replikation verhindert. Im schlimmsten Fall kann eine Installation völlig unmöglich sein, denn die komplette Datenbank muss repliziert werden. Bei einer großen Datenbank kann das zu Problemen führen.

Deswegen bietet Windows Server 2022 die Möglichkeit, die benötigten Daten für eine Installation eines replizierenden Domänencontrollers von einem Sicherungsmedium zu benutzen. Diese Funktion nennt sich „Install from Media (IFM)“.

Die Voraussetzungen dafür sind:

- Sicherung ist nicht älter als 60 Tage (Tombstones)
- Der Domänencontroller, dessen Sicherung benutzt wird, muss in der gleichen Domäne sein
- Sie müssen die Sicherung auf dem neuen Server wiederherstellen, und zwar in ein alternatives Verzeichnis

Dann können Sie dieses Verzeichnis als Quelle für die Replikation benutzen.

Übung 11.3.2

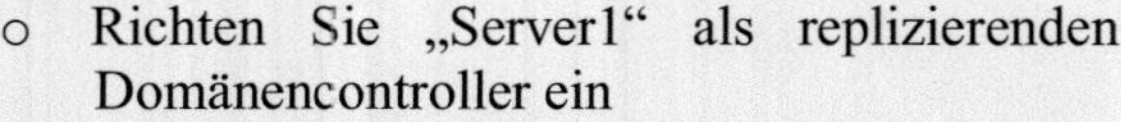

- Richten Sie „Server1“ als replizierenden Domänencontroller ein

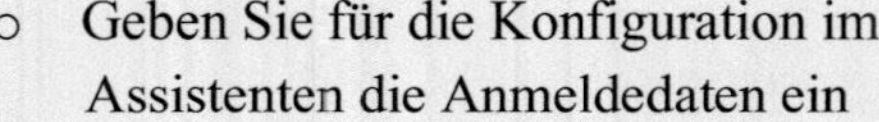

- Geben Sie für die Konfiguration im Assistenten die Anmeldedaten ein
  - Meistertrainer\Administrator
  - Kennw0rt!
- Der replizierende DC soll kein DNS-Server und kein Globaler Katalogserver sein
- Die Replikation soll von einem beliebigen Domänencontroller stattfinden

11.4 Beitreten zu einer Domäne

Nachdem Sie nun Active Directory installiert und überprüft haben, müssen Sie noch mit allen weiteren Servern und Clients der Domäne beitreten.

Das ist nötig, damit Sie die Funktionalität von Active Directory nutzen können.

Sowohl der Benutzer, als auch der Computer müssen in Active Directory ein Konto haben, damit Sie eine zentrale Verwaltung einrichten können.

Dieser Schritt wird „Domänenbeitritt“ genannt und ist glücklicherweise sehr einfach.

Bei einem Server wählen Sie im Server-Manager den Unterpunkt „Lokaler Server“ und ändern den Wert bei „Arbeitsgruppe“.

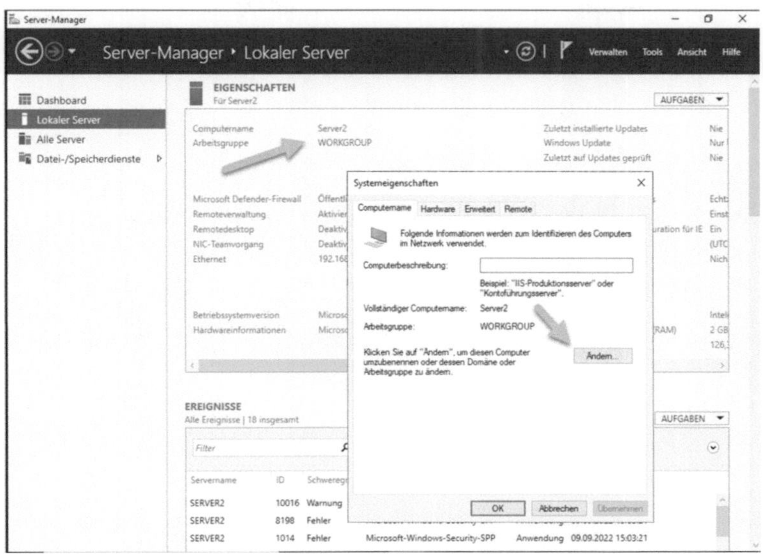

Abbildung 11.24: Ändern der Arbeitsgruppe / Domäne

Es erscheint ein Fenster, in dem Sie „Ändern" wählen.

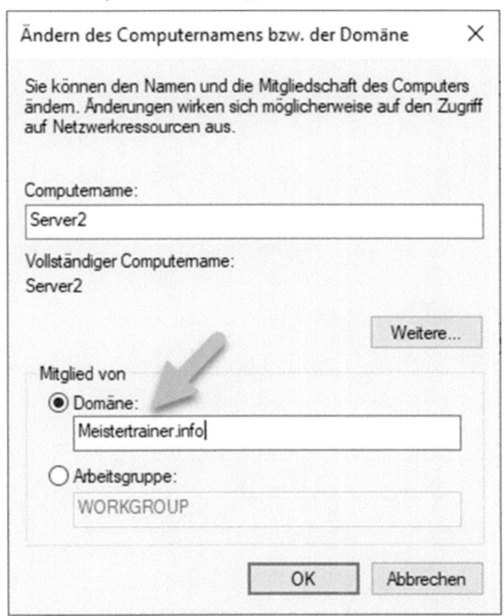

Abbildung 11.25: Ändern der Domäne

Nun können Sie die Arbeitsgruppe oder die Domäne ändern.

Sie müssen noch die Anmeldeinformationen eines Domänenmitglieds eingeben und den Rechner danach neu starten.

Bei einem Windows 11 Client wählen Sie zunächst das Systemmenü, scrollen bis zur Mitte und wählen dort „Domäne oder Arbeitsgruppe".

Die weitere Vorgehensweise ist wie bei einem Server.

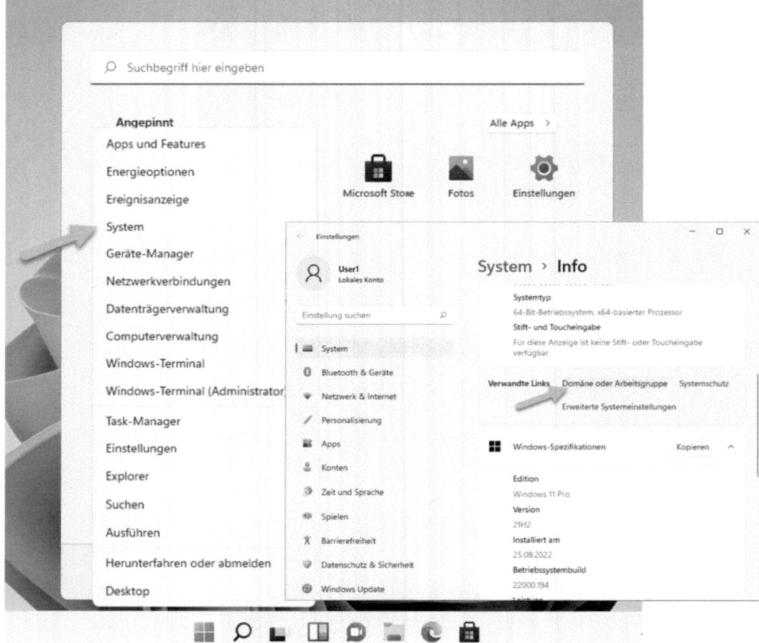

Abbildung 11.26: Domäne oder Arbeitsgruppe

Danach können Sie sich als Domänenmitglied anmelden und sind nun mit dem Computerkonto im Active Directory registriert.

Übung 11.4

- Treten Sie mit „Server2", „Server3" und „W11" der Domäne „Meistertrainer.info" bei
- Erstellen Sie für alle Maschinen einen Prüfpunkt mit Namen „Basis"

11.5 Nach der Installation

Egal, auf welche Art Sie das Active Directory installiert haben, Sie müssen nun überprüfen, ob die Installation funktioniert hat, und ob alle Parameter richtig umgesetzt worden sind.

11.5.1 Neue Snap-Ins

Nach der Installation finden Sie in der Verwaltungskonsole neue Snap-Ins.

Active Directory-Benutzer und –Computer

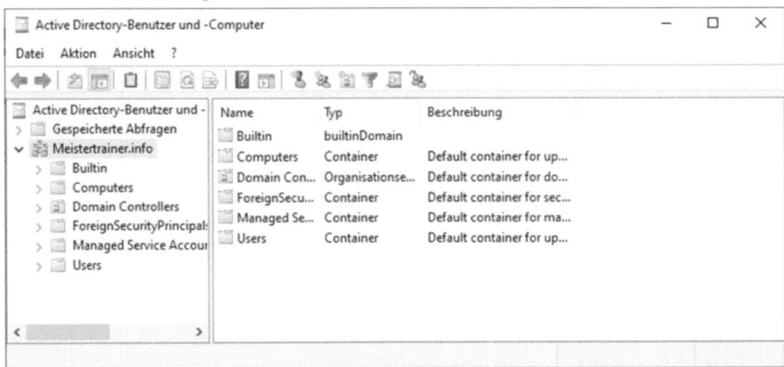

Abbildung 11.27: Active Directory-Benutzer und –Computer

Dieses Snap-In wird für die Verwaltung der Konten und Gruppen benutzt. Hier finden Sie nur Informationen, die ausschließlich diese Domäne betreffen. Informationen von anderen Domänen der Gesamtstruktur werden Sie hier nicht finden.

Leider ist die Ansicht dieses Snap-Ins in der Standardinstallation nicht vollständig.

Sie sollten im Menü „Ansicht“ wählen

„Erweiterte Features“

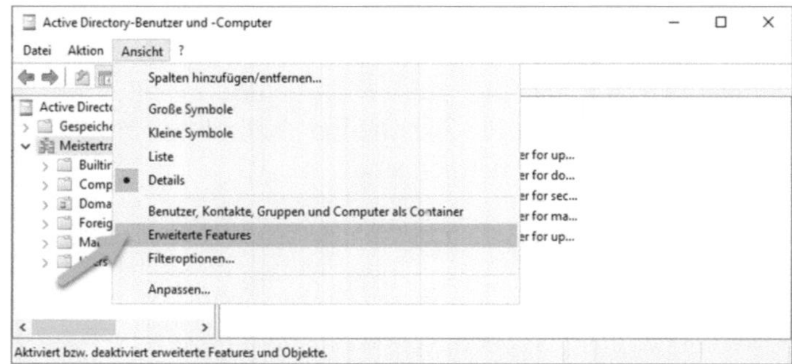

Abbildung 11.28: Erweiterte Features

Nun haben Sie alle Details der Konsole sichtbar gemacht.

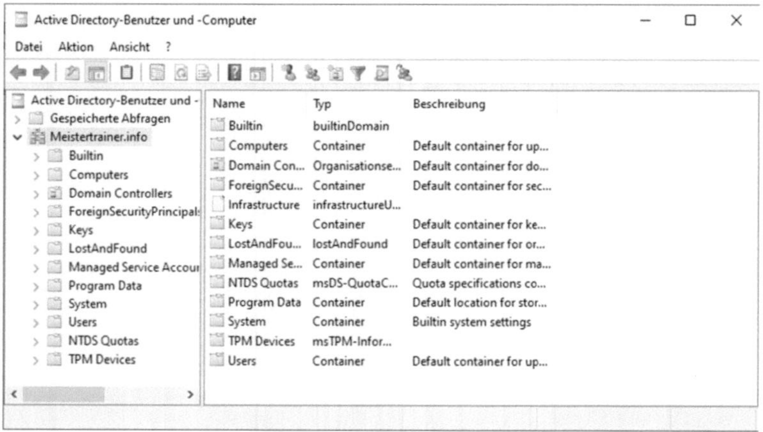

Abbildung 11.29: Alle Details

Betrachten Sie die einzelnen Container:

Builtin

In diesem Container finden Sie die meisten vordefinierten Gruppen.

Computers

Hier werden standardmäßig alle Computerkonten gespeichert, mit Ausnahme der Konten der Domänencontroller.

In unserem Beispiel sind hier alle Computer aufgeführt, die der Domäne beigetreten sind, also Server2, Server3 und der Client W11.

Domain Controllers

Hier sind die Computerkonten der Domänencontroller, also DC und Server1.

ForeignSecurityPrincipals

Hier werden die Sicherheitsobjekte gespeichert, die einen Zugriff auf diese Domäne von außen ermöglichen.

Keys

Hier werden alle benötigten Schlüssel gespeichert.

LostAndFound

Dieser Container enthält Objekte, die bei einem Replikationskonflikt verwaist sind, und in diesem Container aufgefangen werden.

Managed Service Accounts

Hier finden Sie verwaltete Dienstekonten.

Program Data

Im Container „Program Data" finden Sie alle Einträge für Programme, die Active Directory benutzen.

System

Hier sind alle Systemeinstellungen gespeichert, zum Beispiel die Gruppenrichtlinien.

Users

Dies ist der Standardcontainer für alle Benutzerkonten. Auch einige Gruppen sind hier gespeichert.

NTDS Quotas

Hier finden Sie die Einträge für die Quota Verwaltung.

TPM Devices

Hier finden Sie die Einträge für TPM Geräte.

Active Directory-Domänen und -Vertrauensstellungen

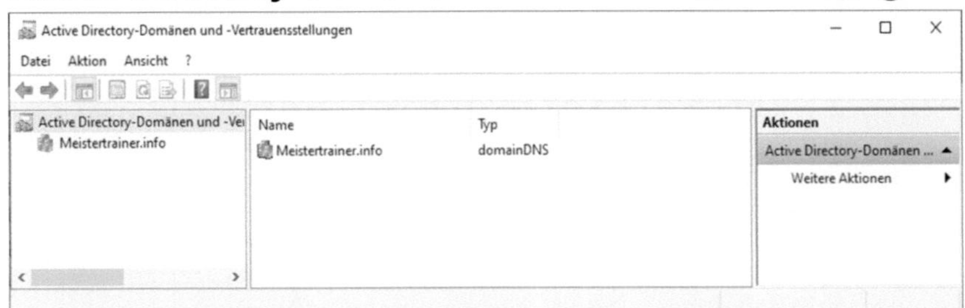

Abbildung 11.30: Active Directory-Domänen und -Vertrauensstellungen

Eine zweite Konsole heißt Active Directory-Domänen und -Vertrauensstellungen.

Hier finden Sie alle Informationen zu allen Domänen in der Gesamtstruktur. Auch die Vertrauensstellungen sind hier zu finden.

Active Directory-Modul für Windows PowerShell

Möchten Sie in Zukunft mit PowerShell Cmdlets arbeiten, die die Verwaltung des Active Directory betreffen, gibt es dafür eine spezielle Konsole.

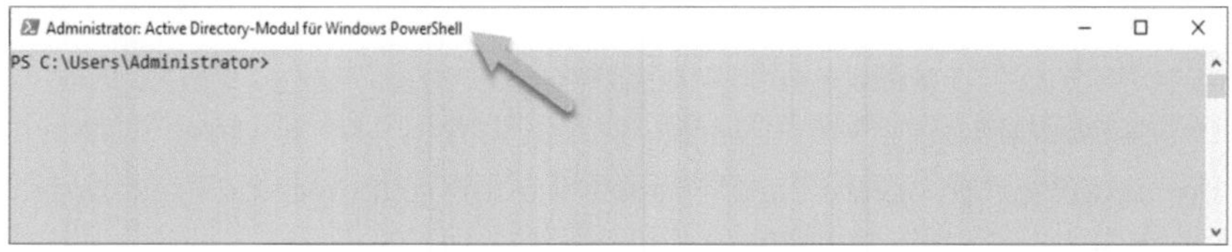

Abbildung 11.31: PowerShell

Active Directory-Standorte und -Dienste

Das Snap-In Active Directory-Standorte und -Dienste wird benötigt, um Standorte zu definieren, falls Sie in Ihrem Unternehmen mehrere Geschäftsstellen haben, die nur mit langsamen WAN-Verbindungen verbunden sind. Außerdem legen Sie in dieser Konsole den „Globalen Katalog“ fest.

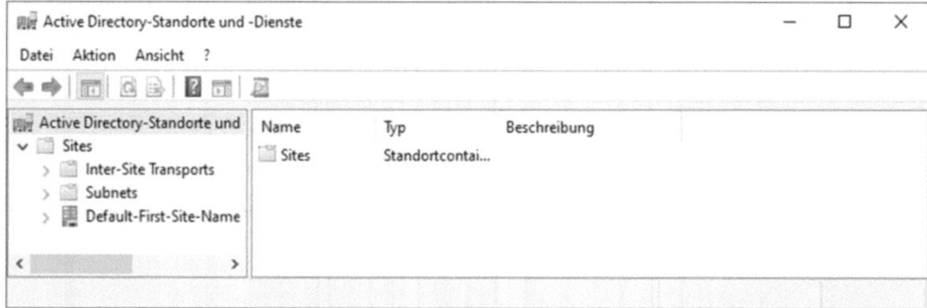

Abbildung 11.32: Active Directory-Standorte und –Dienste

Active Directory-Verwaltungscenter

Dies ist eine Oberfläche, in der Sie alle Tasks ausführen können.

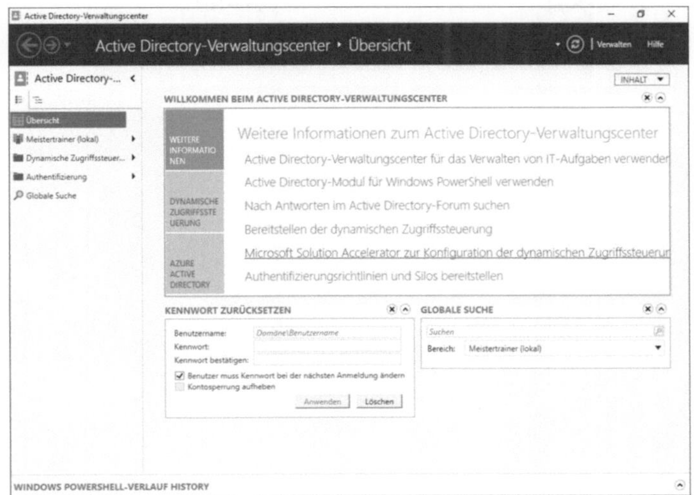

Abbildung 11.33: Active Directory Verwaltungscenter

11.5.2 Der Ordner „SYSVOL“

Nach der Installation von Active Directory finden Sie im SYSTEMROOT einen Ordner mit Namen „SYSVOL“.

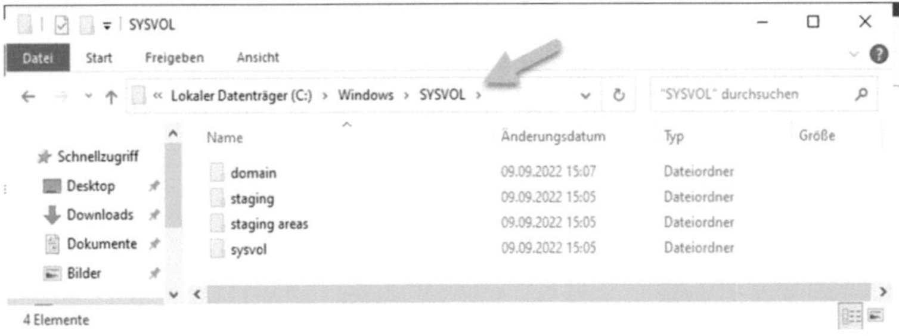

Abbildung 11.34: SYSVOL

Er hat vier Unterordner

- Domain
- Staging
- Staging areas
- Sysvol

Der Unterordner „sysvol“ muss eine Freigabe sein. In dieser Freigabe befinden sich die Ordner

- Policies
- Scripts

Der Ordner „scripts“ ist freigegeben, unter dem Namen „NETLOGON“.

Dies ist noch ein Relikt aus alten Zeiten und ist aus Gründen der Abwärtskompatibilität vorhanden. Moderne Clients benötigen diese Freigabe nicht mehr.

ACHTUNG!

In der Freigabe „SYSVOL“ finden Sie die Gruppenrichtlinien, die die Clients beim Start auslesen.

11.5.3 Domänendienst

Active Directory hat auch einen neuen Eintrag in der Dienstekonsole gemacht.

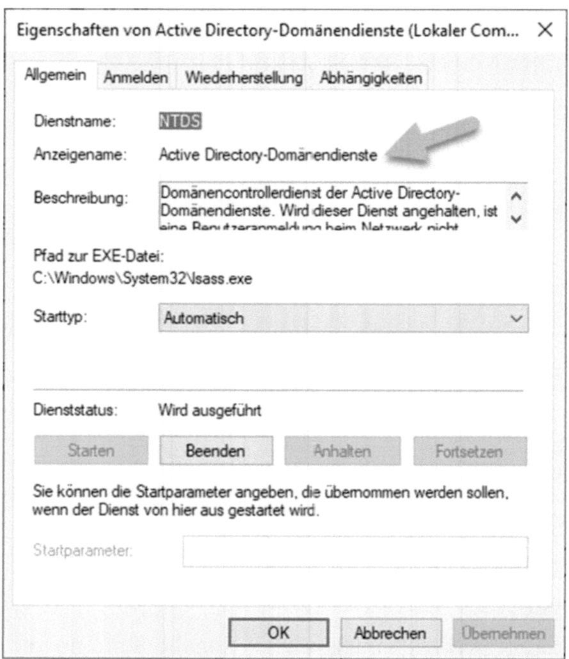

Abbildung 11.35: Active Directory-Domänendienste

Diese Dienste können auch beendet werden, um kleinere Wartungsarbeiten am Domänencontroller ausführen zu können. Direkt nach der Installation sollten sie aber natürlich gestartet sein.

11.5.4 DNS

Als letzter Schritt sollten Sie den DNS-Server überprüfen.

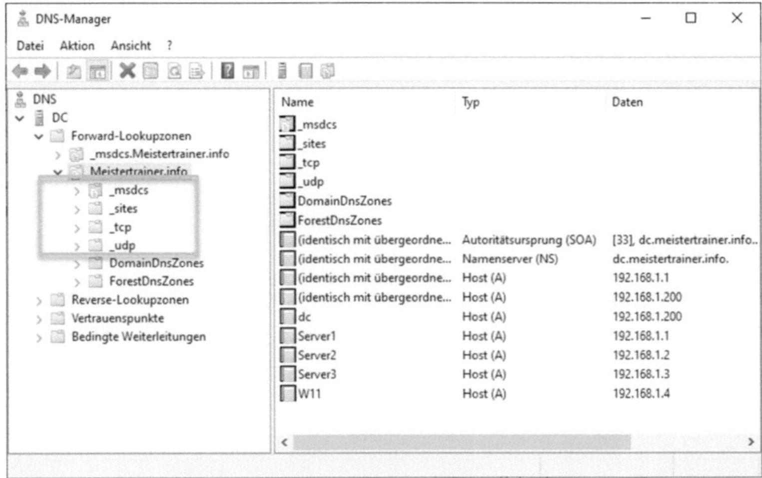

Abbildung 11.36: DNS-Server

Der DNS-Server wurde entweder bei der Installation von Active Directory erstellt, oder er war bereits verfügbar.

Der DNS-Server sollte außer den A-Einträgen der Rechner auf jeden Fall die Einträge

- _msdcs
- _sites
- _tcp
- _udp

enthalten. Diese Einträge wurden bei der Installation von Active Directory erstellt und werden für die Funktion benötigt.

ACHTUNG!

Überprüfen Sie auch, ob die TCP/IP Konfiguration des Domänencontrollers den korrekten DNS-Server beinhaltet. Viele Fehler entstehen, wenn der DNS-Server nicht richtig eingetragen ist.

Sie können die Einträge auch in einer Datei überprüfen, die der Anmeldedienst erstellt. Diese Datei heißt „netlogon.dns“ und Sie finden sie an folgendem Pfad:

%systemroot%\system32\config\netlogon.dns

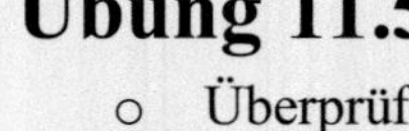

Übung 11.5

- Überprüfen Sie auf dem Domänencontroller „DC“, ob alle Snap-Ins der Installation von Active Directory richtig angelegt worden sind
- Überlegen Sie bei allen Konsolen, welche Informationen sie beinhalten
- Schalten Sie in der Konsole „Active Directory-Benutzer und –Computer“ die erweiterten Features ein
- Beurteilen Sie den Unterschied in der Darstellung
- Überprüfen Sie, ob die Active Directory-Domänendienste gestartet sind
- Überprüfen Sie, ob im DNS-Server zusätzliche Einträge erstellt worden sind

11.6 Active Directory und DNS

Sie haben jetzt gesehen, dass der DNS-Server offensichtlich ein zentraler Bestandteil von Active Directory ist.

Dieser Punkt ist sehr wichtig, und Sie sollten die Hintergründe dafür genau verstehen, um später bei Fehlern im Active Directory nach den Ursachen suchen zu können.

Machen wir einmal ein Gedankenexperiment:

Welche Informationen über das Netzwerk stehen dem Client beim Systemstart bereits zur Verfügung?

Das ist einfach, der Client hat beim Systemstart bereits alle Informationen, die in seiner IP-Konfiguration eingetragen sind. Dies sind

- IP-Adresse
- Subnetzmaske
- Eventuell Standardgateway
- Server für die Namenauflösung

Offensichtlich hat der Client keinerlei Informationen, wo er einen Domänencontroller finden kann.

Das würde bedeuten, er müsste für den Anmeldvorgang einen Broadcast senden, und hoffen, dass ein Domänencontroller antwortet.

Broadcast ist aber weder sicher, noch in einem professionellen Netzwerk erwünscht.

Das führt uns zur nächsten Frage:

Ist es möglich, die benötigten Informationen an einer Stelle zu speichern, die der Client sofort nach dem Systemstart kennt und erreichen kann?

Ja, da würde sich die Datenbank des DNS-Servers anbieten.

Sie könnte alle gewünschten Informationen beinhalten, und diese könnten beim Systemstart abgerufen werden, da der Client sowieso Kontakt zum DNS-Server aufnimmt.

Diese Vorgehensweise würde folgendermaßen aussehen:

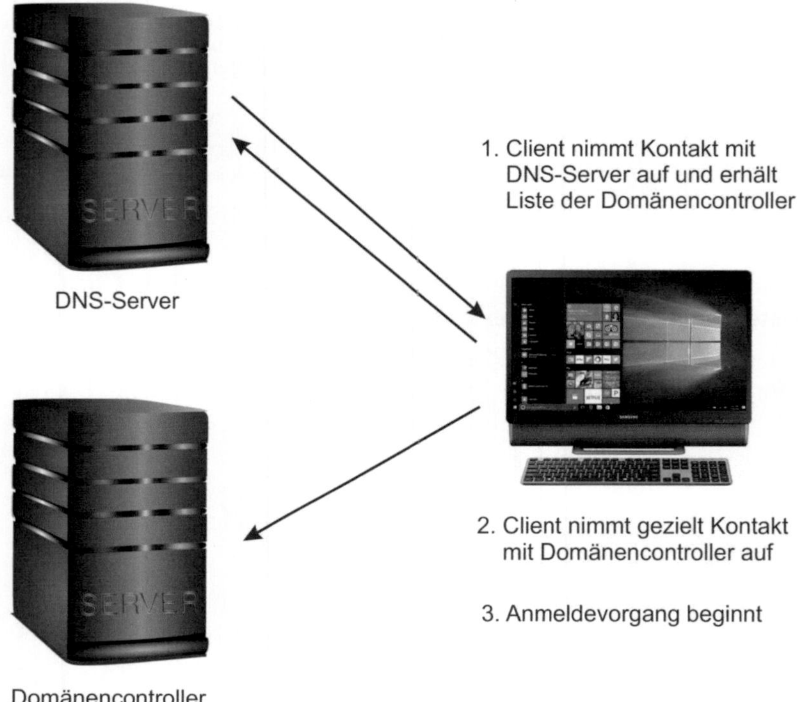

Abbildung 11.37: Anmeldevorgang in einer Windows Domäne

Tatsächlich ist genau dies die Vorgehensweise, die alle Windows-Computer seit Windows 2000 anwenden.

Bei jedem Anmeldevorgang eines Domänenmitglieds wird der DNS-Server nach einer Liste der Domänencontroller gefragt, die dort hinterlegt ist.

Dies geschieht durch das Anlegen sogenannter „SRV-Einträge (Service Resource Records)“.

SRV-Einträge

SRV-Einträge sind Dienstidentifizierungen, mit denen bestimmte Dienste im DNS-Server eingetragen werden können.

ACHTUNG!

Solche Diensteinträge gibt es schon lange, dies ist keine Erfindung für das Active Directory! Auch in anderen Umfeldern wird mit SRV-Einträgen gearbeitet.

Bei der Installation eines Domänencontrollers wird bereits der DNS-Server zwingend vorausgesetzt.

Dies hat den Grund, dass der Domänencontroller bereits bei der Installation bestimmte Einträge in den DNS-Server setzt.

Nun stellt sich die Frage, welche Dienste für die Identifikation eines Domänencontrollers relevant sind. Hier gibt es eigentlich nur zwei verschiedene Dienste zu nennen:

- Kerberos – Dienst für die Anmeldung
- LDAP – Dienst für die Abfrage des Verzeichnisdienstes

Wenn also ein Client einen Domänencontroller für die Anmeldung sucht, muss er eigentlich nur abfragen, auf welchem Computer der Dienst „Kerberos“ läuft.

Genauso ist es, wenn ein bereits angemeldeter Client eine weitere Abfrage des Verzeichnisdienstes vornehmen möchte. In diesem Fall muss er ebenfalls einen Domänencontroller finden, sucht aber diesmal nach einem anderen Dienst, nämlich LDAP.

Wenn Sie einen DNS-Server betrachten, der ein Active Directory verwaltet, werden Sie einige Einträge finden, die in einem „normalen“ DNS-Server nicht vorhanden sind:

_msdcs

_sites

_tcp

_udp

Dies sind die Einträge, die Active Directory bei der Installation hinzugefügt hat.

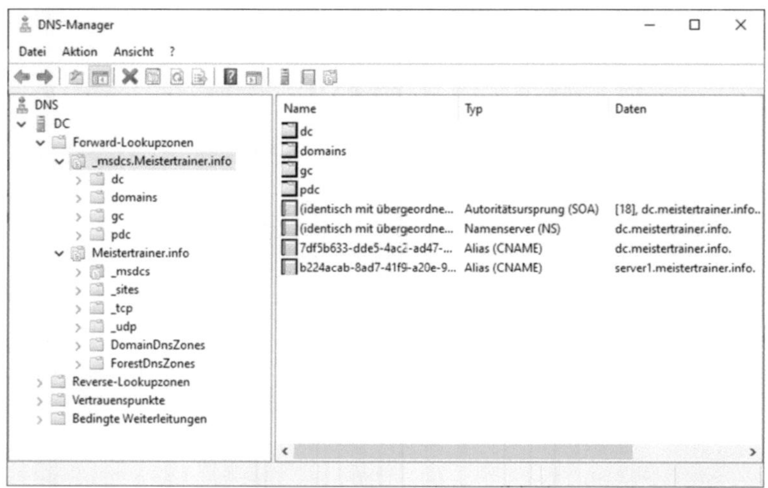

Abbildung 11.38: DNS-Server mit SRV-Einträgen

Der wichtigste neue Eintrag ist „_msdcs“.

Wenn Sie diesen Eintrag genauer betrachten, fällt Ihnen sicher auf, dass er in der Forward-Lookupzone delegiert ist.

Öffnen Sie _msdcs.

Hier sind alle relevanten Einträge vorhanden, nach denen ein Client suchen könnte.

- dc (Domänencontroller)
- domains (Domänen, die in der Gesamtstruktur vorhanden sind)
- gc (Globale Katalogserver)
- pdc (PDC-Emulator)

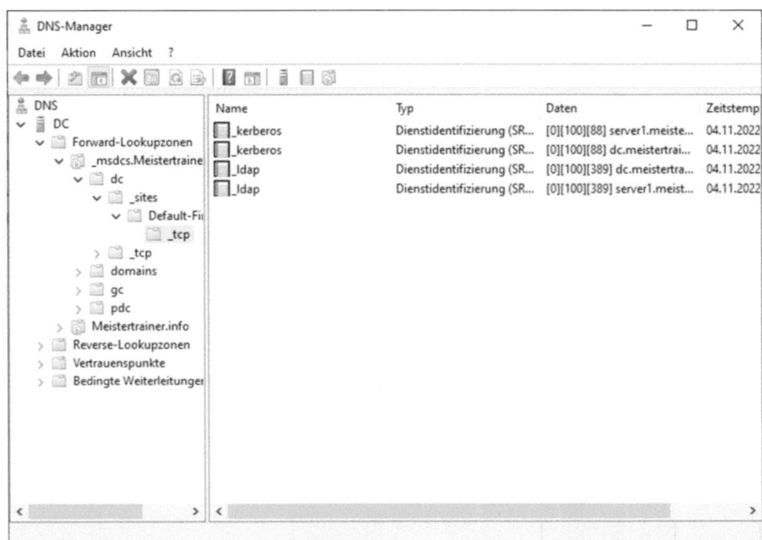

Abbildung 11.39: DNS-Server

Betrachten Sie die Einträge bei „dc“. Wenn Sie diesen Unterpunkt völlig öffnen, erkennen Sie die Einträge der Dienste.

_kerberos

_ldap

Die Computer, die diese Dienste verwalten, sind hier angegeben.

Troubleshooting

Leider kommen manchmal auch bei dieser Funktion Fehler vor. Sie sollten wissen, dass sich Clients nicht an der Domäne anmelden können, wenn die SRV-Einträge nicht vorhanden sind. In diesem Fall erwarten die Clients eine Liste mit Domänencontrollern, erhalten diese aber nicht.

Aus diesem Grund sollten Sie sofort die SRV-Einträge untersuchen, falls eine Verbindung mit der Domäne nicht möglich ist. Überprüfen Sie, ob die SRV-Einträge aller Domänencontroller vorhanden sind. Falls Einträge fehlen, müssen Sie dafür sorgen, dass dies schnell nachgeholt wird.

ACHTUNG!

Die Domänencontroller selber nehmen die Einträge im DNS-Server vor, um es genauer zu sagen, nimmt der „Anmeldedienst“ auf den Domänencontrollern den Eintrag vor.

Sollten also Einträge eines bestimmten Domänencontrollers im DNS-Server fehlen, starten Sie auf diesem Domänencontroller den Anmeldedienst neu, und kontrollieren Sie danach erneut die Einträge!

11.7 Der „Globale Katalog“

Eine Besonderheit ist der „Globale Katalog“.

Beim Anmeldevorgang ist der „Globale Katalog“ von großer Bedeutung.

Windows Server 2022 bietet die Mitgliedschaft in universalen Gruppen. Diese Gruppen können auch in anderen Domänen sein.

Wenn sich nun ein Benutzer anmeldet, findet der Anmeldevorgang folgendermaßen statt:

- Client nimmt Kontakt zu Domänencontroller auf
- Domänencontroller überprüft Informationen über den Benutzer
- Domänencontroller fragt GC, ob Benutzer Mitglied in universalen Gruppen anderer Domänen ist
- Domänencontroller erstellt Zugriffstoken und übermittelt dies an den Benutzer

Wie Sie an einer späteren Stelle des Kurses noch lernen werden, ist es möglich, im Active Directory Standorte zu definieren. Das macht immer dann Sinn, wenn Sie nicht alle Computer an einer Stelle und innerhalb eines internen Netzwerkes haben.

Ein Beispiel dafür ist, dass ein Teil der Firma in einer Stadt arbeitet, ein anderer Teil aber in einer anderen Stadt.

Wenn Sie nun aber den Fehler machen, einen Standort einzurichten, und keinen „Globalen Katalogserver“ am Standort zu definieren, muss bei jedem Anmeldevorgang eine WAN-Verbindung geöffnet werden, und dies ist oftmals sehr langsam.

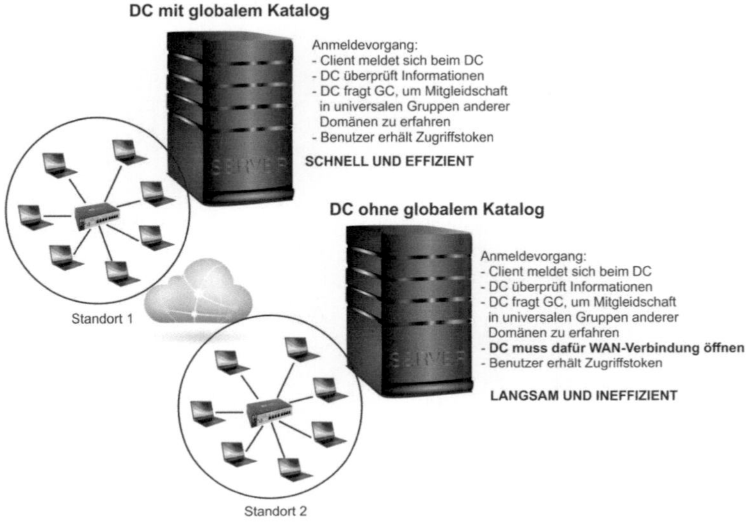

Abbildung 11.40: Anmeldevorgang

Aus diesem Grund sollten Sie in jedem Standort mindestens einen „Globalen Katalogserver" erstellen.

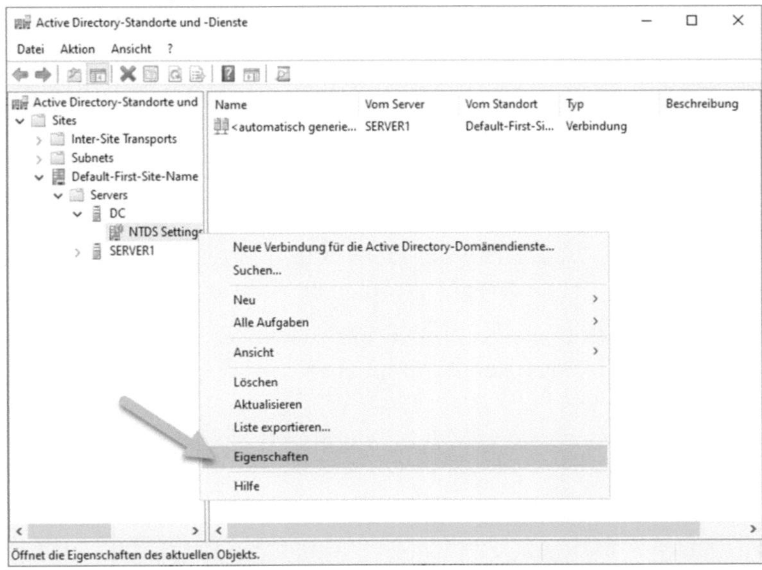

Abbildung 11.41: GC erstellen

Dies können Sie in der Konsole „Active Directory-Standorte und -Dienste“ machen.

Wechseln Sie zu dem Standort und dem Server, auf dem Sie den GC konfigurieren möchten. Wechseln Sie hier zu den „NTDS-Settings“, und öffnen Sie die „Eigenschaften“.

Hier setzen Sie einfach den Haken bei „Globaler Katalog“.

Abbildung 11.42: Globaler Katalog

Nun ist dieser Domänencontroller ein „Globaler Katalogserver“ und bekommt den „Globalen Katalog“ repliziert.

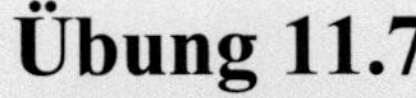

Übung 11.7

Dies ist keine verpflichtende Übung!

Sie sollten Sie durchführen, wenn Ihnen noch Zeit bleibt, oder wenn Sie den heutigen Stoff vertiefen möchten.

- Treten Sie mit „Server2“ aus der Domäne „Meistertrainer.info“ aus und in die Arbeitsgruppe „Workgroup“ ein
- Richten Sie eine untergeordnete Domäne mit Namen „Nord.Meistertrainer.info“ ein, mit „Server 2“ als Domänencontroller
- Setzen Sie alle virtuellen Maschinen auf den Prüfpunkt „Basis“ zurück

12 Die Active Directory Infrastruktur

In einer Windows Server 2022 Active Directory Domäne herrscht Gleichberechtigung unter den Domänencontrollern.

Alle Domänencontroller haben vollständig beschreibbare Datenbanken, und Änderungen können auf allen Domänencontrollern durchgeführt werden. Die Gefahr der Replikationskonflikte ist natürlich gegeben, die meisten Konflikte sind zwar ärgerlich, nicht aber gefährlich für die Stabilität der Firma.

Leider gibt es einige Funktionen in einer Domäne oder einer Gesamtstruktur, die auf keinen Fall Gefahr laufen dürfen, in einen Replikationskonflikt zu geraten. Konflikte bei diesen Dingen würde die Stabilität der Domäne oder sogar der Gesamtstruktur gefährden.

Solche Konflikte müssen auf jeden Fall vermieden werden.

12.1 Die fünf Betriebsmaster

Um solche gefährlichen Konflikte zu vermeiden, wird das Prinzip der Gleichberechtigung für einige unternehmenskritische Änderungen aufgehoben. In diesem Fall wird dieser Teil der Datenbank nur an einer Stelle zum Schreiben freigegeben, und auf allen anderen Domänencontrollern mit einem Schreibschutz belegt. So kann eine Änderung nur an einer Stelle durchgeführt werden, und ein Replikationskonflikt kann nicht stattfinden. Ein Domänencontroller, der einen solchen nicht schreibgeschützten Teil der Datenbank besitzt, wird „Betriebsmaster" genannt.

ACHTUNG!

Oft werden die Betriebsmaster auch als „FSMO" bezeichnet, „Flexibel Single Master Operator". Diese Bezeichnung soll verdeutlichen, dass das Token, das die Rolle des Betriebsmasters festlegt, flexibel auf andere Domänencontroller übertragen werden kann.

Es gibt fünf Betriebsmasterrollen:

Schemamaster

Auf dem Schemamaster werden die Änderungen des Schemas des Active Directory durchgeführt. Auf dem Schemamaster ist der Teil der Datenbank für das Schema nicht schreibgeschützt, auf allen anderen Domänencontrollern dagegen ist es schreibgeschützt.

So werden Änderungen, die Sie am Schema vornehmen, immer auf dem Schemamaster durchgeführt, und dann an alle anderen Domänencontroller repliziert.

Das Schema ist in der Gesamtstruktur identisch, deswegen gibt es auch nur einen Schemamaster in jeder Gesamtstruktur.

In einer Standardinstallation ist der Schemamaster der erste Domänencontroller in der ersten Domäne der Gesamtstruktur.

Domänennamensmaster

Der Domänencontroller, der das Token des Domänennamensmaster trägt, steuert das Hinzufügen und Entfernen von Domänen zur Gesamtstruktur.

Dieser Betriebsmaster ist nur einmal in der Gesamtstruktur vorhanden, da diese Funktion gesamtstrukturweit einmalig sein muss.

In einer Standardinstallation ist der Domänennamensmaster der erste Domänencontroller in der ersten Domäne der Gesamtstruktur.

PDC-Emulator

Der PDC-Emulator hat viele Funktionen.

Emulation des PDC

Diese Funktion hat keine Bedeutung mehr, sie war ursprünglich für die

Abwärtskompatibilität mit Windows-Rechnern vor Windows 2000 gedacht.

Zeitserver

Der PDC-Emulator ist in jeder Domäne derjenige Domänencontroller, der für alle Rechner in der Domäne die Zeit vorgibt. Der PDC-Emulator einer untergeordneten Domäne synchronisiert seine Zeit mit dem PDC-Emulator der übergeordneten Domäne. Nur in der Stammdomäne muss sich der PDC-Emulator mit einer externen Zeitquelle abgleichen.

Verringerung der Kennwortänderungsverzögerung

Ein Problem tritt in Domänen auf, die mit mehreren Domänencontrollern betrieben werden. Wenn ein Kennwort geändert wird, kann es eine Weile dauern, bis dieses Kennwort an alle Domänencontroller repliziert ist.

Sollte in dieser Zeit jemand versuchen, sich mit dem neuen Kennwort anzumelden, dieses Kennwort aber noch nicht auf den Domänencontroller repliziert ist, der bei der Anmeldung benutzt wird, müsste die Anmeldung abgelehnt werden.

Damit dieser Fall nicht eintreten kann, werden Kennwortänderungen sofort an den Domänencontroller mit dem Betriebsmastertoken „PDC-Emulator“ repliziert.

Sollte nun ein Anmeldeversuch mit dem neuen Kennwort gestartet werden, fragt der Domänencontroller, der den Anmeldeversuch verifizieren soll, zunächst den PDC-Emulator, ob dieser bereits dieses Kennwort kennt. Wenn ja, wird die Anmeldung durchgeführt. Erst wenn auch der PDC-Emulator das Kennwort nicht verifizieren kann, wird die Verbindung abgelehnt.

Der PDC-Emulator existiert in jeder Domäne der Gesamtstruktur. In der Standardinstallation ist der PDC-Emulator auf dem ersten Domänencontroller der Domäne.

RID-Master

Der RID-Master erzeugt IDs, die den Sicherheitsprinzipals zugeordnet werden können. Jedes Objekt, das im Active Directory erstellt wird, erhält eine eindeutige Kennung, eine SID. Der RID-Master stellt diese Kennungen zur Verfügung und zwar blockweise. Erst wenn jede SID des Blocks verbraucht ist, wird ein neuer Block generiert.

Auch der RID-Master existiert in jeder Domäne der Gesamtstruktur. In der Standardinstallation ist der RID-Master auf dem ersten Domänencontroller der Domäne.

Infrastrukturmaster

Der Infrastrukturmaster ist dafür zuständig, die Verweise zwischen Benutzern und Gruppen aktuell zu halten.

Beispielsweise können Mitglieder einer Gruppe umbenannt werden, oder in eine andere Gruppe verschoben werden. In diesen Fällen ist für eine kurze Zeit das Objekt scheinbar nicht existent.

Damit die Konsistenz wieder gewährt ist, werden die Daten nun mit dem Globalen Katalog abgeglichen. Der Infrastrukturmaster sucht nach veralteten Daten und fordert die aktualisierten Daten vom „Globalen Katalog“ an.

ACHTUNG!

Sie sollten in einer Domäne mit mehreren Domänencontrollern die Funktion des Infrastrukturmasters nicht auf einen Domänencontroller legen, der „Globaler Katalogserver“ ist. Wenn beide Funktionen auf dem gleichen Domänencontroller vorhanden sind, funktioniert der Infrastrukturmaster unter Umständen nicht! Änderungen werden deswegen nicht repliziert!

Auch der Infrastrukturmaster existiert in jeder Domäne einmal. Er ist in der Standardinstallation auf dem ersten Domänencontroller der Domäne zu finden.

12.1.1 Konfiguration der Betriebsmaster

Die Betriebsmaster sind relativ einfach zu finden, wenn man sich der Logik der Funktionen bewusst ist. Die Übernahme der entsprechenden Funktionen eines anderen Domänencontrollers kann an dieser Stelle vorgenommen werden.

Schema-Master

Der Schema-Master ist ein Betriebsmaster, den Sie in einer Standardkonfiguration nicht ändern können. Damit Sie diese Funktion

erhalten, müssen Sie zunächst ein DLL registrieren.
Geben Sie dafür an der Befehlszeile ein

REGSVR32.EXE SCHMMGMT.DLL

Wenn Sie sich nicht vertippt haben, erhalten Sie nun folgende Meldung:

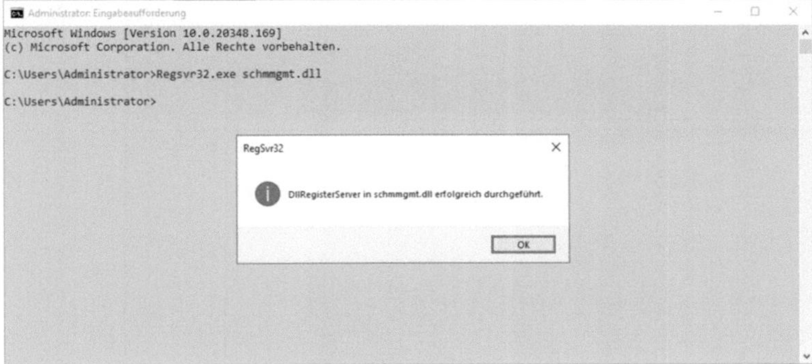

Abbildung 12.1: Erfolgsmeldung

Nun erscheint ein neues Snap-In, das Sie in einer MMC benutzen können.

Active Directory Schema

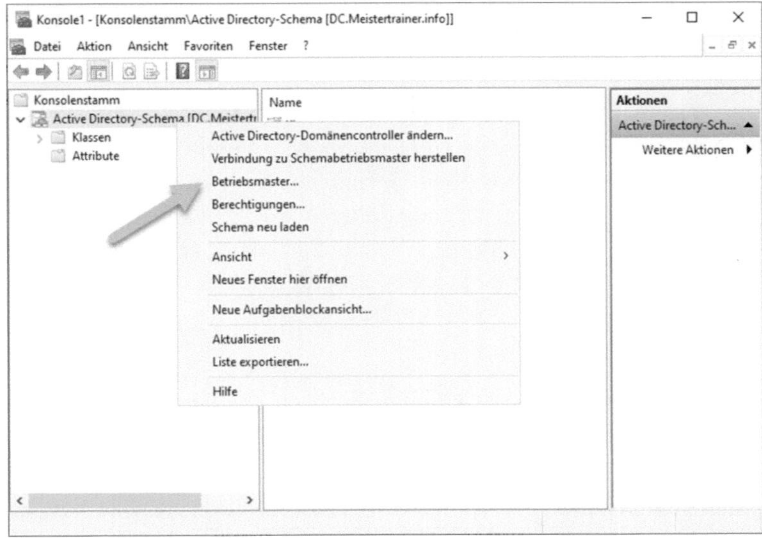

Abbildung 12.2: Active Directory Schema

Um zu erkennen, welcher Domänencontroller in der Gesamtstruktur das Betriebsmastertoken „Schema-Master“ hält, klicken Sie mit der rechten Maustaste auf die Zeile „Active Directory Schema“, und wählen Sie „Betriebsmaster“.

Nun können Sie den Domänencontroller erkennen, der momentan Schema-Master ist.

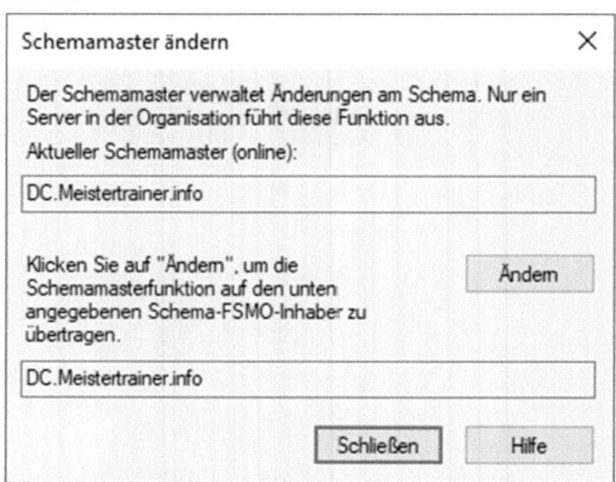

Abbildung 12.3: Momentaner Schema-Master

ACHTUNG!

Wenn Sie den Domänencontroller ändern möchten, der das Betriebsmastertoken „Schema-Master“ hält, müssen Sie Mitglied in der Gruppe „Schema-Admins“ sein. Nur diese Gruppe hat das Recht, Änderungen am Schema durchzuführen, wozu natürlich auch eine Änderung des Schema-Masters gehört. Die Gruppe „Schema-Admins“ existiert nur in der Stammdomäne, und ist eine universale Gruppe.

Übrigens: In dieser Konsole können Sie auch die Klassen und Attribute sehen. Nehmen Sie sich Zeit, und betrachten Sie das Schema, führen Sie aber keine Änderungen durch!

Der Schemamaster sollte immer in der Root-Domäne bleiben, da er einmalig im Forest ist, und in der Root-Domäne auf jeden Fall erreichbar ist!

Domänennamensmaster

Der Domänennamensmaster ist ein Betriebsmaster der Gesamtstruktur.

Es existiert bereits eine Konsole, die sich mit den Domänen der Gesamtstruktur befasst: Active Directory-Domänen und -Vertrauensstellungen.

Der Domänennamensmaster wird in dieser Konsole konfiguriert. Klicken Sie mit der rechten Maustaste auf „Active Directory-Domänen und -Vertrauensstellungen", und wählen Sie „Betriebsmaster".

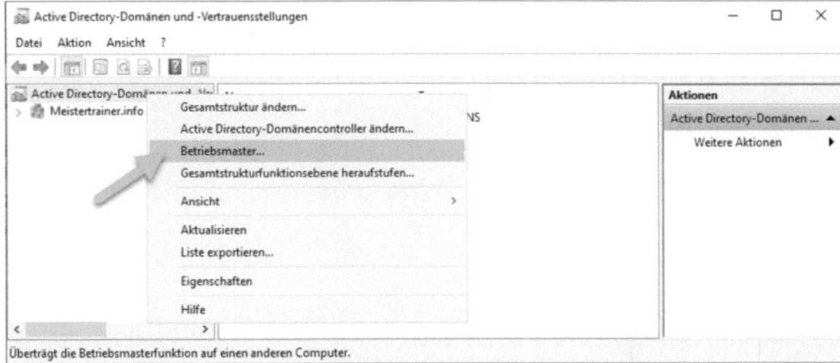

Abbildung 12.4: Domänennamensmaster

ACHTUNG!

Klicken Sie nicht auf eine einzelne Domäne, um den Betriebsmaster zu ändern. Dies ist eine Funktion der Gesamtstruktur, deswegen kann die Auswahl nicht in einer Domäne getroffen werden.

Nun können Sie die Funktion „Domänennamensmaster" auf einen anderen Domänencontroller übernehmen.

ACHTUNG!

Um das Betriebsmastertoken „Domänennamensmaster" zu verwalten, müssen Sie Mitglied der Gruppe „Organisation-Admins" sein. Diese Gruppe hat administrative Rechte in allen Domänen der Gesamtstruktur. Die Gruppe „Organisation-Admins" existiert nur in der Stammdomäne, und ist eine universale Gruppe.

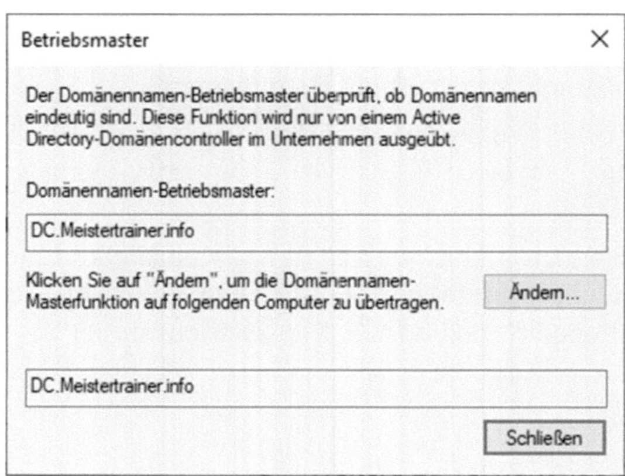

Abbildung 12.5: Momentaner Domänennamensmaster

Auch der Domänennamensmaster sollte in der Root-Domäne bleiben.

Master der Domäne

Die letzten drei Betriebsmaster sind in jeder Domäne zu finden. Auch hier existiert ein Active Directory Snap-In, das sich ausschließlich mit den Belangen der Domäne befasst: Active Directory-Benutzer und -Computer.

Alle drei Betriebsmaster der Domäne können hier konfiguriert werden.

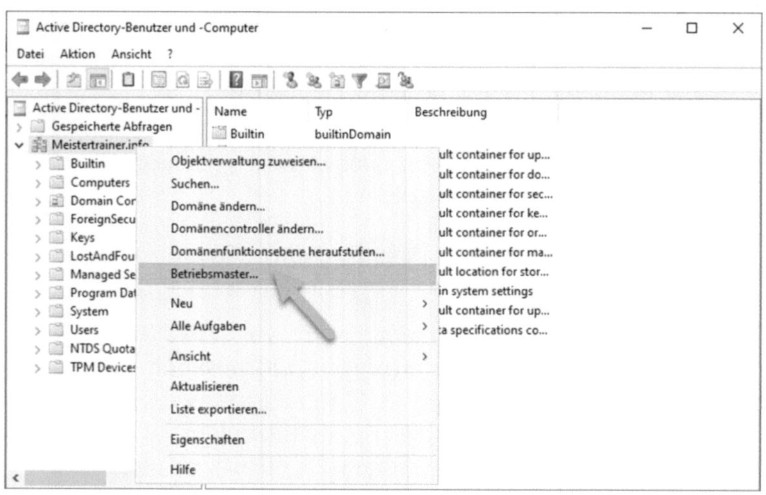

Abbildung 12.6: Master der Domäne

Klicken Sie im Snap-In „Active Directory-Benutzer und -Computer“ mit der rechten Maustaste auf die Domäne, und wählen Sie „Betriebsmaster“.

Nun können Sie alle drei Betriebsmaster der Domäne konfigurieren:

- RID-Master
- PDC-Emulator
- Infrastrukturmaster

ACHTUNG!

Um die Betriebsmaster der Domäne konfigurieren zu können, müssen Sie Mitglied der Gruppe „Domänen-Admins“ sein.

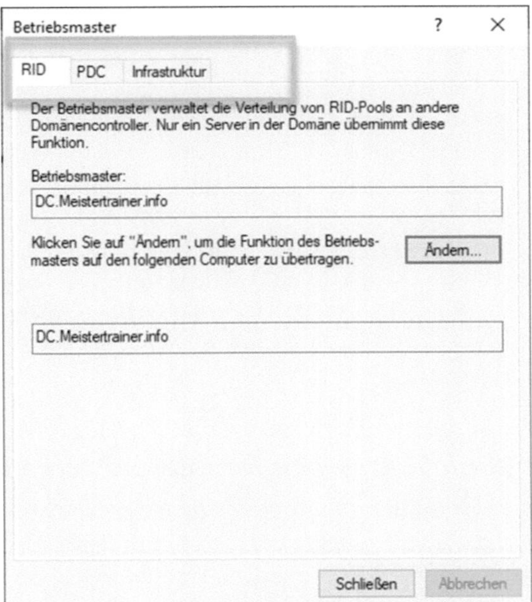

Abbildung 12.7: Die drei Master

Für die Übernahme des Tokens auf einen anderen Domänencontroller gilt immer:

Verbinden Sie sich immer mit dem Betriebsmaster, der später das Token halten soll. Die Funktionen werden immer „gezogen“, also vom Ziel aus übertragen!

ACHTUNG!

Um einen neuen Domänencontroller in einer bestehenden Domäne zu installieren, müssen natürlich alle drei Betriebsmaster der Domäne online sein!

Vorgehensregeln im Fehlerfall

Die Vorgehensweise der Übernahme einer Betriebsmasterfunktion ist dafür gedacht, die Betriebsmaster auf verschiedene Domänencontroller zu verteilen. Dies ist sehr sinnvoll, damit im Fehlerfall eines Domänencontrollers nur wenige Betriebsmasterfunktionen ausfallen.

ACHTUNG!

Eine gute Lösung ist, dass jeder Betriebsmaster auf einem eigenen Domänencontroller ausgeführt werden soll. Das bedeutet, dass in der Stammdomäne mindestens 5 Domänencontroller benötigt werden (Schema-Master, Domänennamensmaster, PDC-Emulator, RID-Master, Infrastrukturmaster). In den untergeordneten Domänen werden demzufolge mindestens 3 Domänencontroller benötigt (PDC-Emulator, RID-Master, Infrastrukturmaster).

Kritische und nicht kritische Betriebsmasterrollen

Leider kann der Fehlerfall nicht immer ganz ausgeschlossen werden. Aus diesem Grund muss eine Strategie existieren, mit deren Hilfe der Ausfall eines Betriebsmasters nicht zu einem Zusammenbruch der Firma führen darf.

Die erste Betrachtung, die gemacht werden muss, ist die Analyse, welche Betriebsmasterfunktion einen kritischen Ausfall bedeutet, und welche Betriebsmasterfunktion ein Ausfall ist, der nicht wirklich kritisch ist, und deswegen nicht sofort gehandelt werden muss.

Als kritisch ist ein Ausfall zu betrachten, der sich innerhalb kurzer Zeit negativ auf die tägliche Arbeit im Active Directory auswirkt. Eine kritische Funktion muss sofort von einem anderen Domänencontroller übernommen werden.

Nicht kritische Ausfälle sind Ausfälle, durch die die tägliche Arbeit in der Domäne nicht beeinflusst wird. Solche Ausfälle können eventuell einige Tage akzeptiert werden.

Schema-Master

Der Schema-Master wird nur benötigt, wenn eine Änderung am Schema vorgenommen werden muss. Dies ist selten der Fall. Aus diesem Grund ist der Ausfall des Schema-Masters

NICHT KRITISCH.

Domänennamensmaster

Der Domänennamensmaster verwaltet das Hinzufügen und Entfernen von Domänen in der Gesamtstruktur. Auch diese Funktion wird selten benötigt. Ein Ausfall des Domänennamensmasters ist deswegen

NICHT KRITISCH.

PDC-Emulator

Der PDC-Emulator hat viele Funktionen, die für den alltäglichen Betrieb nötig sind. Ein Ausfall des PDC-Emulators ist

KRITISCH.

RID-Master

Der RID-Master erzeugt Blöcke von SIDs. Er tritt erst wieder in Aktion, wenn diese Blöcke aufgebraucht sind. Dies ist sehr selten der Fall. Aus diesem Grund ist der Ausfall des RID-Masters

NICHT KRITISCH.

Infrastrukturmaster

Der Infrastrukturmaster sorgt für die ständige Aktualität der Zuordnungen. Diese Funktion wird im täglichen Betrieb benötigt und ist deswegen

KRITISCH.

Betriebsmaster mit der PowerShell

Mit der PowerShell ist es relativ einfach, die Betriebsmaster zu verschieben.

Hierfür wird das Cmdlet

MOVE-ADDIRECTORYSERVEROPERATIONMASTERROLE

benutzt.

Als Parameter geben Sie die gewünschte Rolle an.

ACHTUNG!

Wenn Sie eine Übernahme erzwingen wollen, müssen Sie auf jeden Fall noch den Parameter „Force“ angeben!

12.1.2 Gesamtzusammenfassung der Betriebsmaster

Zusammenfassend kann man diese Matrix für die Funktionen der Betriebsmaster erstellen:

Name	Funktion	Einmalig in Gesamtstruktur / Domäne	DC nach der Installation	Vorschrift	Wer darf ändern?	Wann wird Token konfiguriert?	Ausfall kritisch?
Schema-Master	Verwaltet Änderungen am Schema	G	Erster DC der Stammdomäne		Mitglied Schema-Admins	Snap-In Active Directory-Schema DLL registrieren	Neín
Domänennamens-master	Verwaltet Hinzufügen und Entfernen von Domänen in der Gesamtstruktur	G	Erster DC der Stammdomäne		Mitglied Organisations-Admins	Snap-In Active Directory-Domänen und -Vertrauensstellungen	Neín
PDC-Emulator	Zeitserver Verringert Kennwort-Replikations-verzögerung	D	Erster DC jeder Domäne		Mitglied Domänen-Admins	Snap-In Active Directory-Benutzer und -Computer	Ja
RID-Master	Erstellt Pools von SID	D	Erster DC jeder Domäne	Kein GC	Mitglied Domänen-Admins	Snap-In Active Directory-Benutzer und -Computer	Nein
Infrastruktur-master	Verwaltet Objekte und Gruppenzugehörigkeit	D	Erster DC jeder Domäne	Kein GC	Mitglied Domänen-Admins	Snap-In Active Directory-Benutzer und -Computer	Ja

Abbildung 12.8: Zusammenfassung der Betriebsmaster

Übung 12.1

- Ändern Sie die Funktion „Schema-Master" von der virtuellen Maschine „DC" auf den zweiten Domänencontroller in der Domäne „Server1"
- Ändern Sie die Funktion „Domänennamensmaster-Master" von der virtuellen Maschine „DC" auf den zweiten Domänencontroller in der Domäne „Server1"

12.2 RODC (Read only Domänencontroller)

Mit Windows Server 2008 wurde auch eine neue Art der Domänencontroller ins Leben gerufen, der RODC (Read only Domänencontroller). Dieser hat sich bis heute nicht wesentlich verändert.

Der RODC ist ein Domänencontroller, der in Standorten eingesetzt werden kann, die keine physische Sicherheit für den Domänencontroller bieten können, was bei vielen kleineren Standorten der Fall ist.

Der Kernpunkt eines RODC ist die Tatsache, dass auf ihm keine Änderungen vorgenommen werden können, er also schreibgeschützt ist. Er repliziert nur die Daten des Active Directory in eine Richtung, nicht aber zurück.

ACHTUNG!

Dieses Verhalten bietet noch einen anderen Vorteil: Dadurch wird die für die Replikation benötigte Bandbreite erheblich eingeschränkt! Das kann gerade bei Standorten wichtig sein, die nur eine schmale Anbindung haben.

Wenn an einem Standort mit RODC Änderungen durchgeführt werden, leitet der RODC die Änderungen an einen beschreibbaren Domänencontroller weiter.

Außerdem speichert ein RODC die Kennwörter der Benutzer nicht, was auch ein erheblicher Sicherheitszuwachs ist.

Die Kennwörter werden nur gecacht, das bedeutet, beim ersten Anmeldevorgang muss der RODC Kontakt zu einem beschreibbaren Domänencontroller aufnehmen, und von dort die Kennwörter abfragen, danach legt er sie in den lokalen Cache.

In der Standardeinstellung werden nur die Kennwörter einer definierten Gruppe gecacht, die Kennwörter der Administratoren dagegen werden jedesmal abgefragt und niemals in den Cache gelegt.

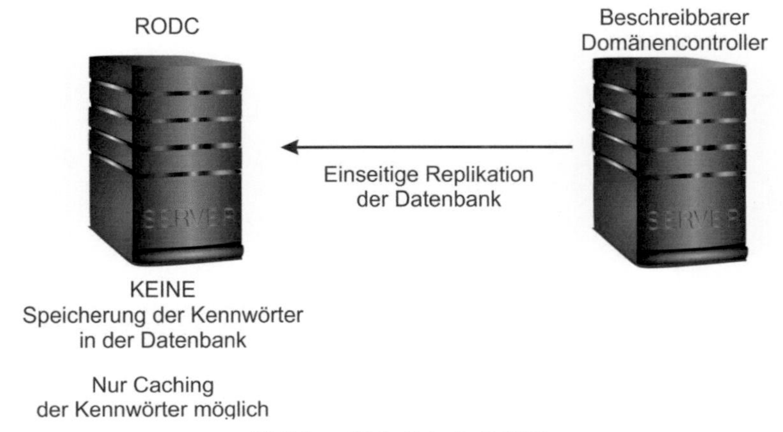

Abbildung 12.9: Prinzip RODC

12.2.1 Voraussetzungen für einen RODC

Um einen RODC installieren zu können, müssen gewisse Voraussetzungen erfüllt sein.

1. In der Domäne befindet sich zusätzlich mindestens ein beschreibbarer Domänencontroller
2. Die Windows-Firewall muss den Datenverkehr gestatten

Einschränkung eines RODC

Leider gibt es auf einem RODC auch eine Einschränkung:

Es kann keine Betriebsmasterrolle auf einem RODC eingerichtet werden.

12.2.2 Installation eines RODC

Die Installation eines RODC ist sehr einfach, da sie genauso wie die Installation eines beschreibbaren Domänencontrollers im Server-Manager durchgeführt wird.

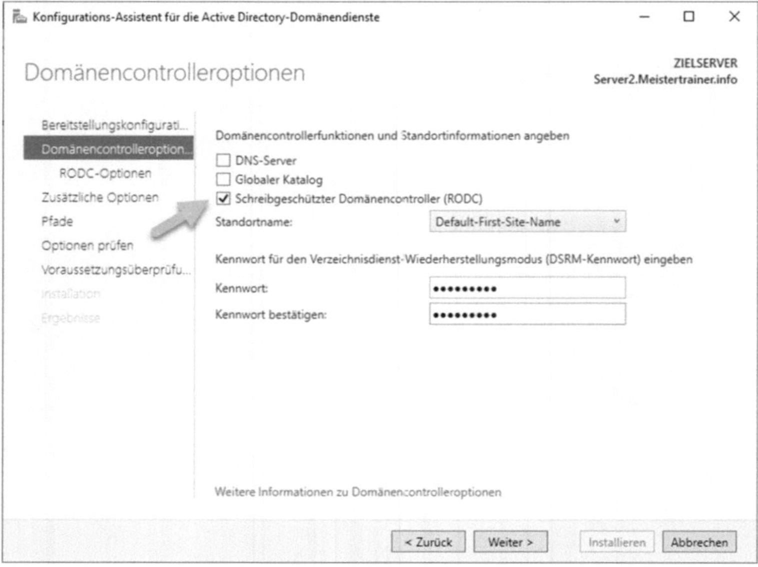

Abbildung 12.10: Beginn der Installation

Die Installation ist nicht anders, als die Installation eines beschreibbaren Domänencontrollers, der einzige Unterschied ist, dass Sie den Haken bei „RODC“ setzen müssen.

Im weiteren Verlauf der Installation erhalten Sie die Abfrage für die RODC-Optionen.

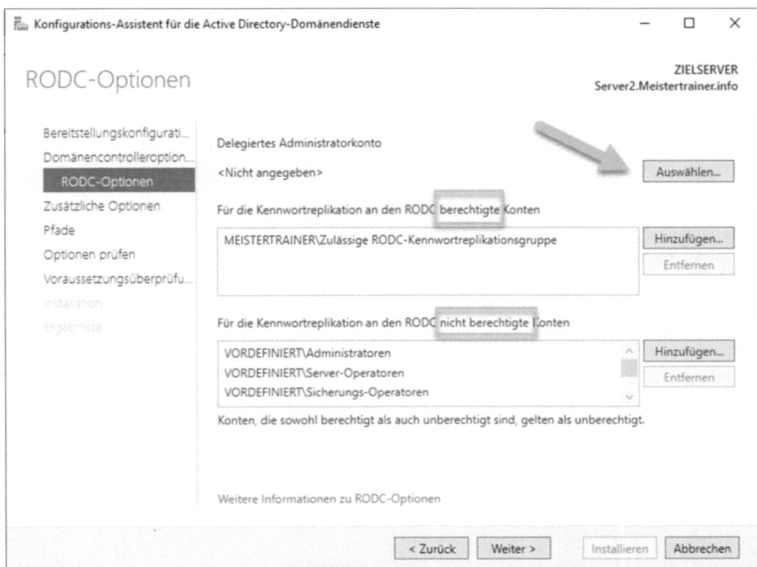

Abbildung 12.11: RODC-Optionen

Im oberen Teil können Sie ein Konto der Domäne wählen, dessen Besitzer dann administrativen Zugriff auf den RODC hat.

Das ist nicht ganz unwichtig, falls der RODC in einer Zweigstelle steht, an der es keine Domänenadministratoren gibt.

Auf einem Domänencontroller kann sich normalerweise ein „normaler" Benutzer nicht anmelden, und das würde heißen, dass immer ein Domänenadministrator vor Ort sein müsste, um irgendwelche Wartungsarbeiten am RODC vorzunehmen.

Deswegen gibt es hier die Möglichkeit, eine Person oder eine Gruppe sozusagen zum lokalen Administrator zu machen, der sich am RODC anmelden kann und lokale administrative Rechte hat.

Das Active Directory kann er aber nicht administrieren!

Im mittleren und unteren Teil sehen Sie, welche Gruppen die Berechtigungen haben, dass deren Kennwörter repliziert werden.

In diesem Fall heißt „replizieren" nicht das Speichern der Kennwörter in der Datenbank, sondern dass diese Kennwörter in den lokalen Cache gelegt werden.

Alle Kennwörter der Konten mit administrativen Rechten werden nicht einmal gecacht.

Sie können hier Anpassungen vornehmen, die Standardauswahl ist aber schon sehr sicher gewählt.

Nach einem Neustart steht der RODC in der Domäne zur Verfügung.

Im Snap-In „Active Directory-Benutzer und -Computer“ können Sie die Konfiguration des RODC nun auch sehen.

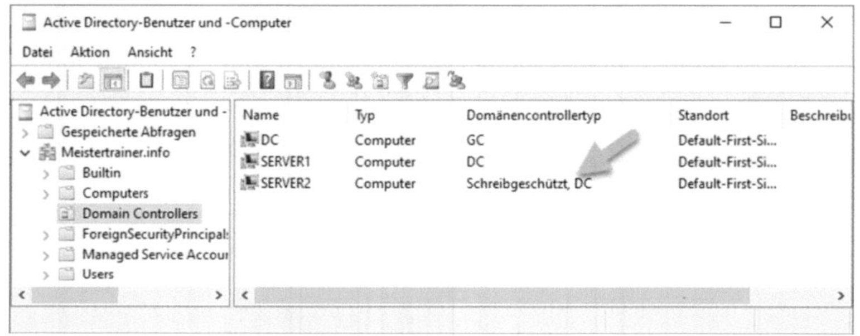

Abbildung 12.12: RODC

Wenn Sie die Eigenschaften des RODC öffnen, haben Sie natürlich auch hier die Möglichkeit, die Kennwortreplikationsrichtlinie zu ändern.

Abbildung 12.13: Kennwortreplikationsrichtlinie

Übung 12.2.2

- Richten Sie die virtuelle Maschine „Server2“ als RODC in der Domäne „Meistertrainer.info“ ein
- Geben Sie der Gruppe der Domänen-Benutzer die Berechtigung, den RODC lokal zu verwalten
  - **ACHTUNG!**
  - **Das ist für das wirkliche Leben keine gute Wahl, bitte nur als Beispiel in der Übungsumgebung betrachten!**
- Betrachten Sie, für welche Gruppen die Kennwörter gecacht werden und beurteilen Sie, ob das sinnvoll ist

12.2.3 Konto für RODC vorbereiten

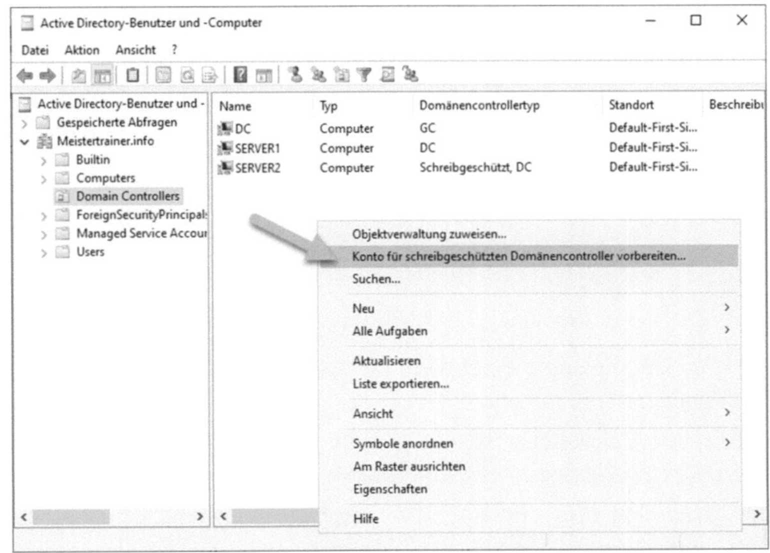

Abbildung 12.14: Erstellen eines RODC-Kontos

Es gibt auch die Möglichkeit, ein Computerkonto für einen RODC vorzubereiten, damit er später ohne größere Probleme im entfernten Büro installiert werden kann.

Dazu öffnen wir die Konsole „Active Directory-Benutzer und –Computer“ und wechseln zur OU „Domain Controllers“.

Hier wählen wir „Konto für schreibgeschützten Domänencontroller vorbereiten…“.

Der Assistent ist selbsterklärend.

Allerdings werden wir nach einem Benutzer oder einer Gruppe zum „Delegieren der Installation und Verwaltung des RODC“ gefragt.

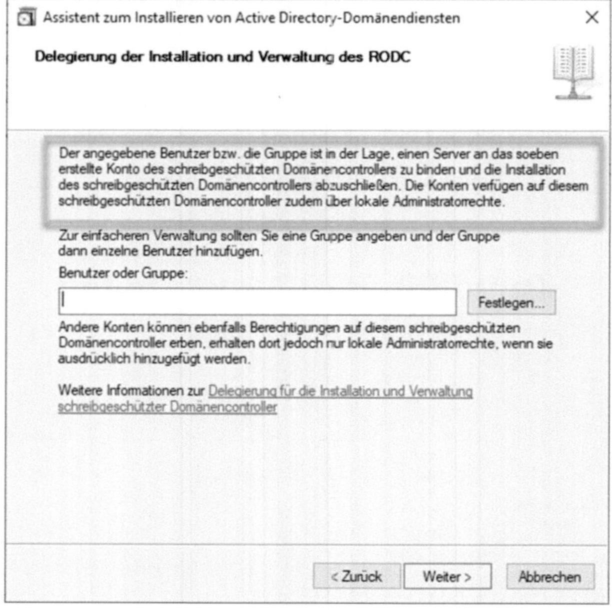

Abbildung 12.15: Benutzer oder Gruppe

Hier geben wir diejenige Person an, die den RODC später installieren soll und ihn auch verwalten kann.

Der Teil des Verwaltens ist uns ja schon bekannt, das entspricht dem vorher erklärten „Delegierten Administratorkonto“.

Aber warum hat diese Person oder diese Gruppe auch das Recht, den RODC zu dieser Funktion herauf zu stufen?

Im Prinzip ist es der gleiche Grund, nämlich die Abwesenheit der

Domänenadministratoren am Standort des RODC.

Wenn ein Domänenadministrator das Konto vorbereitet hat, kann es die „lokalen Administrationsrechte“ vergeben und damit einer fähigen Person vor Ort erlauben, die Installation zu einem RODC fertig zu stellen.

Nach der Installation sehen Sie das Konto als „ Nicht belegtes Domänencontrollerkonto (schreibgeschützt)“.

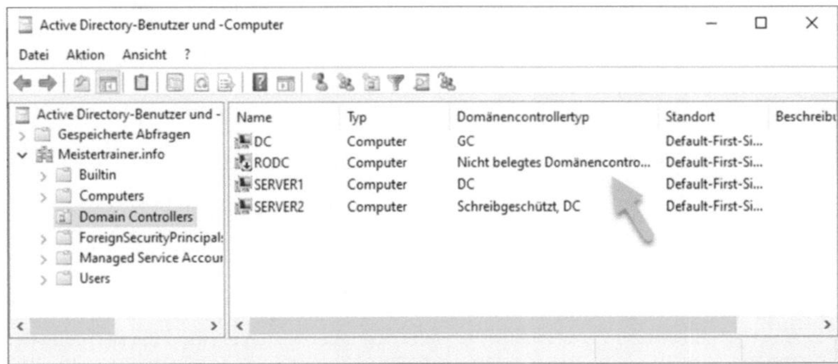

Abbildung 12.16: Erstelltes Konto

Erstellen eines lokalen Administrators

Wie oben erwähnt, kann beim Erstellen eines RODC Kontos ein lokaler Administrator angegeben werden.

Aber auch später haben Sie noch die Chance, Personen oder Gruppen als lokale Administratoren hinzuzufügen.

Der Befehl dazu lautet

DSMGMT.EXE

Die Anzeige geht nun in den interaktiven Modus.

An der Zeile

Dsmgmt.exe:

Geben Sie ein:

Local roles

Die Anzeige wechselt zu

Lokale Rollen

Hier geben Sie ein:

Add <Domäne\Benutzer> <lokale Gruppe>

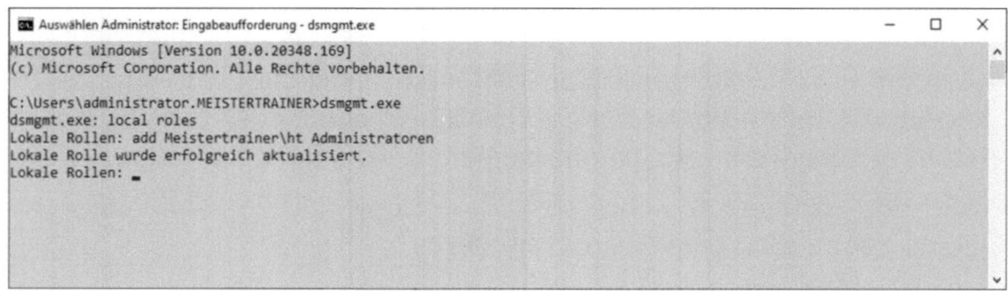

Abbildung 12.17: Hinzufügen eines lokalen Administrators

Damit haben Sie weitere lokale Administratoren erstellt.

Übung 12.2.3

- Bereiten Sie auf der virtuellen Maschine „DC“ ein Konto für einen RODC mit Namen „RODC“ vor
- Geben Sie der Gruppe der Domänen-Benutzer die Berechtigung, den RODC zu installieren und lokal zu verwalten
  - **ACHTUNG!**
  - **Das ist für das wirkliche Leben keine gute Wahl, bitte nur als Beispiel in der Übungsumgebung betrachten!**

12.3 Active Directory und die Netzwerkdienste

Wir müssen nun noch einen Blick auf die Netzwerkdienste werfen, denn diese haben sich mit der Installation von Active Directory etwas verändert.

Sie haben neue Funktionen erhalten, die ohne Active Directory nicht verfügbar waren, da dafür die Datenbank des Active Directory vorausgesetzt wird.

12.3.1 Änderungen bei DNS

Dass DNS ein zentraler Dienst für das Active Directory ist, haben wir bereits besprochen.

DNS wurde bei der Installation von Active Directory mit installiert, darum haben wir uns nicht gekümmert.

Nun öffnen wir die DNS-Konsole und betrachten die Eigenschaften der Forward-Lookupzone „Meistertrainer.info“.

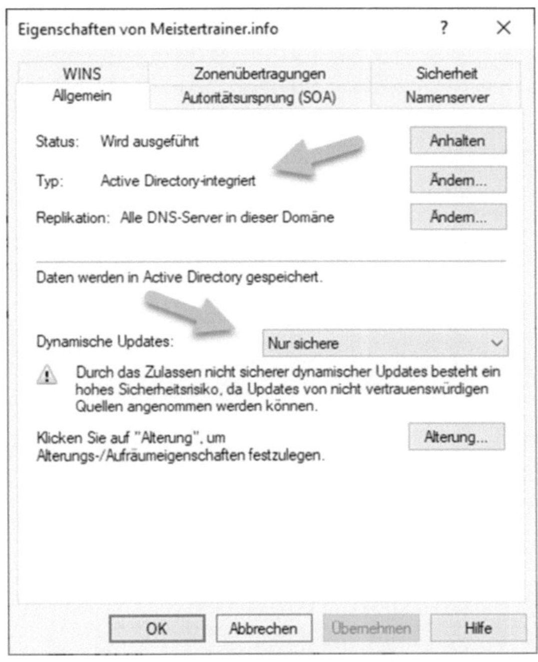

Abbildung 12.18: Eigenschaften der Forward-Lookupzone

Auf den ersten Blick erkennen wir, dass es hier einige Änderungen gibt.

Zonentyp: Active Directory integriert

Versuchen wir, zurückzudenken.

Bei der Einrichtung von DNS-Zonen haben wir eine primäre Zone eingerichtet, also eine Textdatei, in der die Informationen gespeichert werden.

Die Auswahl „Zone in Active Directory speichern“ war zu diesem Zeitpunkt nicht möglich, da das Active Directory noch nicht installiert war.

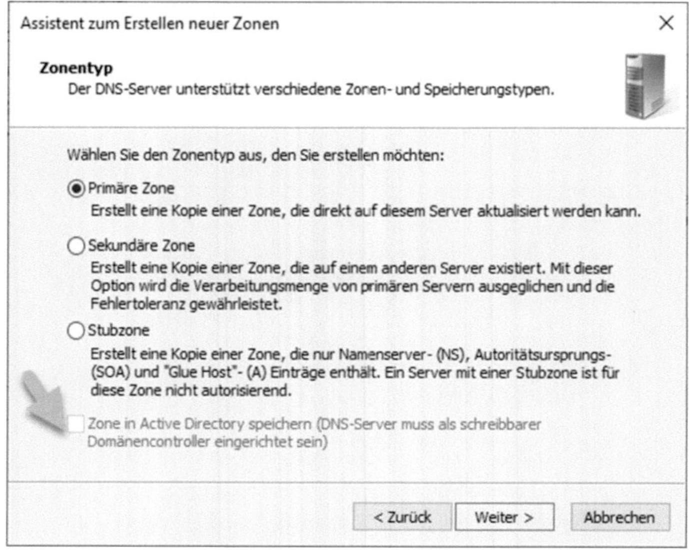

Abbildung 12.19: Zone in Active Directory speichern

Bei der automatischen Installation von DNS scheint genau dieser Haken gesetzt worden zu sein und dadurch ist der Speicherort nun nicht mehr eine Textdatei, sondern die Datenbank Active Directory.

Was bringt das?

Es bringt einige Vorteile:

- Die Active Directory Replikation kann benutzt werden, die Daten können sehr schnell an andere DNS-Server repliziert werden
- Es muss keine sekundäre Zone zur Fehlertoleranz eingerichtet werden, dadurch entfällt der Single Point of Failure
- Alle DNS-Server, die Active Directory integrierte Zonen haben, haben ein Original der Informationen, und alle Informationen können auf allen DNS-Servern geändert werden

Leider hat diese Auswahl auch einen Nachteil:

- Alle DNS-Server, die Active Directory integriert installiert werden, müssen sich auf einem Domänencontroller befinden, da nur auf einem Domänencontroller das Active Directory vorhanden ist
- Sie können für diese Art der Zone keinen RODC benutzen

Sie sollten immer eine Active Directory integrierte Zone wählen, wenn möglich.

12.3.2 Änderungen bei DHCP

Auch der Dienst DHCP profitiert von der Möglichkeit, das Active Directory benutzen zu können.

Das sehen wir, wenn wir den Dienst installieren und die zusätzlichen Aufgaben ausführen.

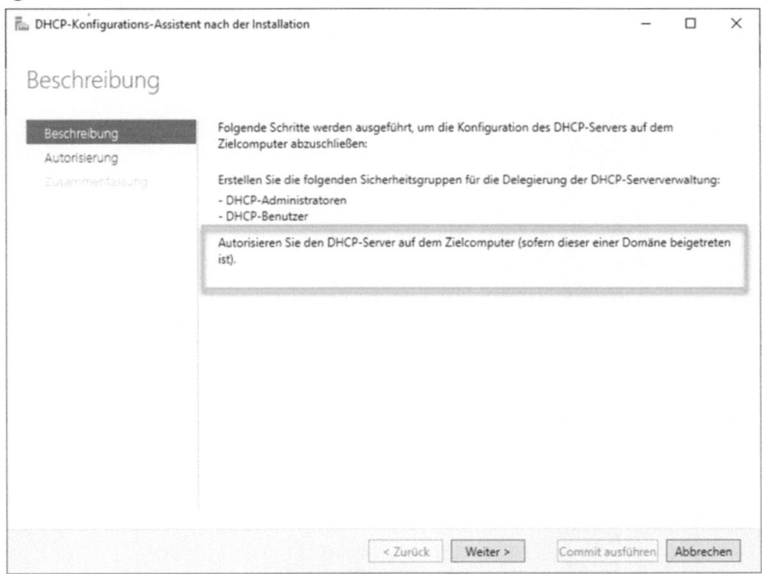

Abbildung 12.20: Autorisieren

Der Dienst DHCP wird also im Active Directory autorisiert.

Was bedeutet die Autorisierung im Active Directory?

Windows Server 2022 misst dem DHCP-Dienst eine zentrale Bedeutung für die Sicherheit des Netzwerks bei.

Durch die Verwendung von Active Directory existiert ein Steuerorgan, das alle Computer- und Benutzeraccounts der Domäne verwaltet.

Prinzipiell besteht die Gefahr, dass die Clients von allen DHCP-Servern IP-Adressen empfangen könnten, auch wenn diese DHCP-Server IP-Adressen anbieten, die in diesem Netzwerk ungültig sind.

Nun geht Microsoft den Weg, dass jeder DHCP-Server, der IP-Adressen vergeben soll, im Active Directory „angemeldet“ werden muss, damit Clients von ihm IP-Adressen empfangen dürfen. Dieser Vorgang nennt sich „autorisieren“.

DHCP-Server, die nicht im Active Directory autorisiert sind, dürfen Clients, die ein Computerkonto in der Domäne haben, keine IP-Adressen geben.

Active Directory überprüft, ob ein DHCP-Server autorisiert ist. Wenn ja, wird der Dienst gestartet. Wenn es keine Autorisierung gibt, wird der Dienst auf diesem DHCP-Server nicht gestartet, und die Clients erhalten keine IP-Adresse.

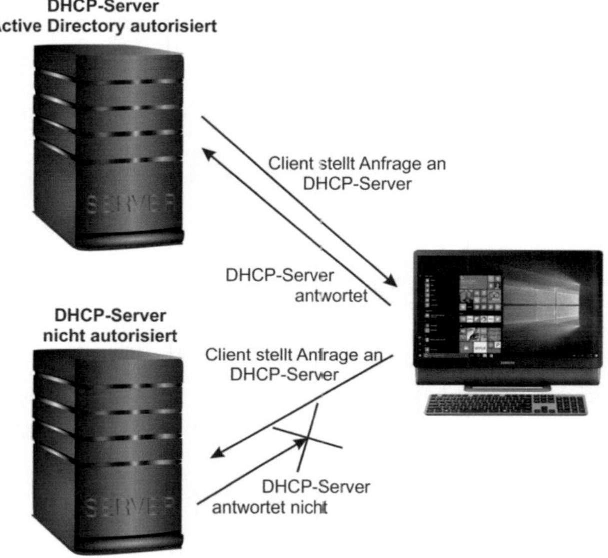

Abbildung 12.21: Prinzip des Autorisierens

Für das Autorisieren werden organisationsadministrative Rechte benötigt.

Übung 12.3

- Installieren Sie auf der virtuellen Maschine „DC" den Dienst „DHCP"
- Was ist der Unterschied zur Installation ohne Active Directory?
- Setzen Sie alle virtuellen Maschinen auf den Prüfpunkt „Basis" zurück

13 Wie werden Objekte im Active Directory verwaltet?

Nachdem das Active Directory erstellt ist, muss es mit „Leben“ gefüllt werden. Dazu gehören in erster Linie die Konten.

Das Anlegen und Verwalten dieser Objekte wird Sie täglich begleiten, und ist deswegen von essentieller Bedeutung.

13.1 Das Anlegen von Konten

Die Objekte, die Sie normalerweise im Active Directory anlegen, sind in erster Linie

- Benutzerkonten
- Computerkonten

13.1.1 Anlegen von Benutzerkonten

Eine der wichtigsten Aufgaben, die zu den Verwaltungstätigkeiten gehört, ist das Anlegen von neuen Benutzerkonten. Im Standardfall sind alle Benutzerkonten im Container „USER“ angelegt.

Konten legen Sie in der Konsole „Active Directory-Benutzer und – Computer“ an.

Um ein neues Benutzerkonto anzulegen, gehen Sie folgenden Weg:

- Rechte Maustaste auf „Users“
- Neu
- Benutzer

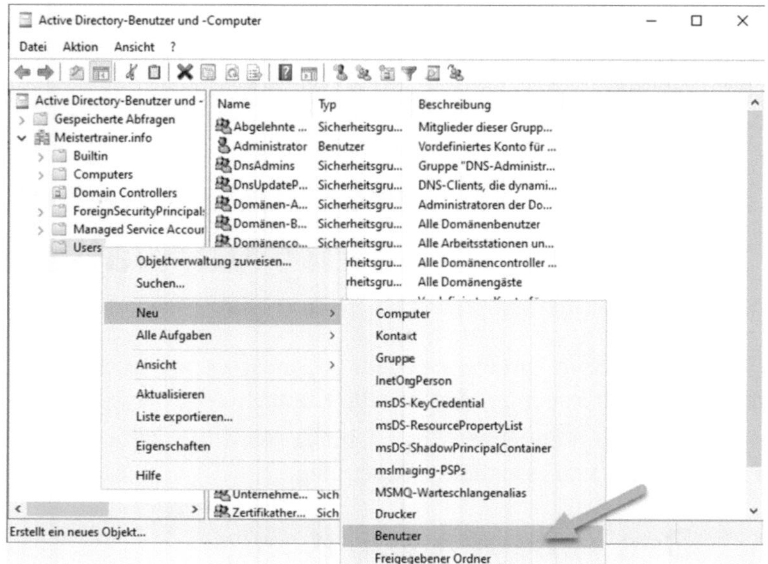

Abbildung 13.1: Anlegen eines neuen Benutzers

Hier können Sie nun die Daten des neuen Benutzers eintragen.

Abbildung 13.2: Eintragen der Daten des neuen Benutzers

Auf der dritten Seite legen Sie die Kennwortoptionen für das neue Benutzerkonto fest.

Abbildung 13.3: Kennwortoptionen

Geben Sie jedem neuen Benutzerkonto ein Kennwort.

Für das Kennwort können Sie noch zusätzliche Informationen festlegen:

Benutzer muss Kennwort bei der nächsten Anmeldung ändern

Dies ist die Standardeinstellung. Wenn Sie ein Konto anlegen, vergeben Sie ein Kennwort und teilen dies dem Benutzer mit. Mit diesem Kennwort kann er sich einmal anmelden, muss aber das Kennwort nach der Anmeldung sofort ändern. Dies ist der Normalfall.

Benutzer kann Kennwort nicht ändern

Hier verbieten Sie dem Benutzer, sein eigenes Kennwort zu ändern. Das sollten Sie nur in Ausnahmefällen tun, wenn beispielsweise ein Konto von mehreren Personen benutzt wird.

Kennwort läuft nie ab

Normalerweise müssen Kennwörter regelmäßig geändert werden. Diese Funktion können Sie als Administrator für alle Konten der Domäne festlegen. Aber manche Konten können das Kennwort nicht ändern, zum Beispiel Konten, die von Anwendungen benutzt werden, oder auch Dienstkonten. Für solche Konten sollte diese Option gesetzt werden.

Konto ist deaktiviert

Wenn Sie möchten, dass ein Konto vorübergehend nicht benutzt werden kann, können Sie diese Option wählen. Dies kann beispielsweise der Fall sein, wenn ein Mitarbeiter für längere Zeit abwesend ist.

Nur Benutzer, die ein Konto im Verzeichnisdienst Active Directory haben, können sich an der Domäne anmelden.

Mit der PowerShell legen Sie Benutzerkonten mit folgendem Cmdlet an:

NEW-ADUSER

Dieses Cmdlet ist nur mit Parametern sinnvoll zu verwenden, beispielsweise:

NEW-ADUSER -NAME <VOLLSTÄNDIGERNAME> -GIVENNAME <VORNAME> -SURNAME <NACHNAME >

13.1.2 Anlegen von Computerkonten

Das Computerkonto ist von großer Bedeutung, um den Computer zu identifizieren. Genau wie die Benutzer, muss auch ein Computer ein Konto im Active Directory haben, um sich an der Domäne anmelden zu können.

Es muss individuell für jeden Computer ein Computerkonto im Active Directory erstellt werden, und zusätzlich muss der Computer in seiner lokalen Registry einen Eintrag haben, dass er ein Domänenmitglied ist.

Der Start einer Workstation oder eines Mitgliedservers in einer Domäne geht folgendermaßen vonstatten:

- Der Computer beginnt die Startsequenz
- Der Computer liest in seiner lokalen Registry, dass er Mitglied einer Domäne ist
- Der Computer nimmt Kontakt mit einem Domänencontroller auf
- Der Domänencontroller überprüft, ob dieser Computer ein gültiges Computerkonto im Active Directory hat
- Das Anmeldefenster für die Benutzeranmeldung erscheint

Nur wenn der Domänencontroller das Computerkonto überprüft hat, und alles in Ordnung ist, erscheint das Anmeldefenster, mit dem Sie sich an der Domäne anmelden können. Computer, die kein Domänenkonto haben, bieten keine Möglichkeit, sich als Benutzer an der Domäne anzumelden.

Möglichkeiten, ein Computerkonto zu erstellen

Als Administratoren können Sie auswählen, wie Sie ein Computerkonto erstellen möchten. Prinzipiell stehen Ihnen zwei verschiedene Möglichkeiten zur Verfügung.

Manuelles Erstellen eines Computerkontos mit anschließender Aufnahme des Computers in die Domäne

Sie haben die Möglichkeit, ein Computerkonto manuell im Active Directory zu erstellen, bevor Sie den Computer in die Domäne aufnehmen. Diese Vorgehensweise kann angewendet werden, wenn Sie eine große Menge an Clients installieren möchten.

Computerkonten werden standardmäßig folgendermaßen erstellt:

- Active Directory-Benutzer und -Computer
- Rechte Maustaste auf den Container Computer
- Neu
- Computerkonto

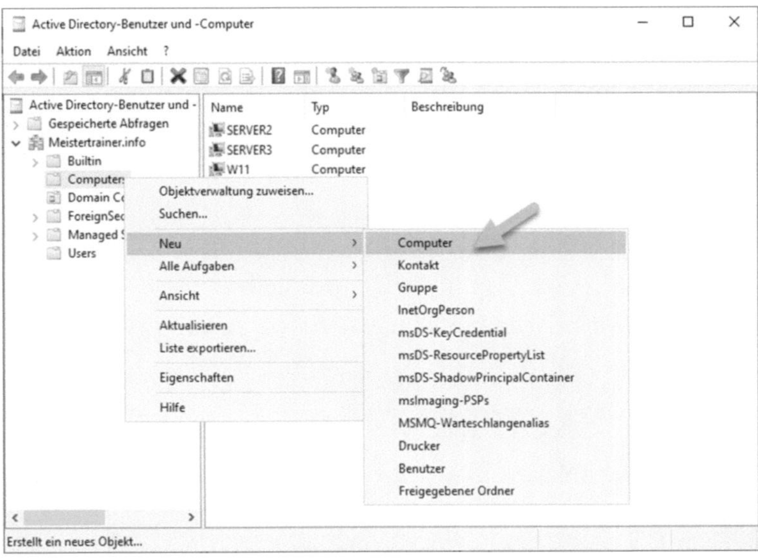

Abbildung 13.4: Anlegen eines Computerkontos

Das Computerkonto hat immer den Namen des Computers. Wenn Sie also für den Computer mit dem Namen „Hugo“ ein Computerkonto erstellen möchten, muss das Konto auch den Namen „Hugo“ tragen.

Abbildung 13.5: Das Konto wird angelegt

Sie tragen den Namen des Computers ein und klicken auf „OK“.

Anschließend können Sie den Computer in die Domäne aufnehmen, das Konto dafür ist ja bereits erstellt.

Automatisches Erstellen eines Computerkontos während der Aufnahme des Computers in die Domäne

Sie können auch ein Computerkonto automatisch erstellen lassen, während Sie einen Computer in die Domäne aufnehmen.

Die Vorgehensweise ist ansonsten identisch wie zuvor.

ACHTUNG!

Wenn Sie das Computerkonto während der Domänenaufnahme automatisch erstellen lassen, wird es immer im Container „Computers“ angelegt.

Mit der PowerShell benutzen Sie folgendes Cmdlet:

NEW-ADCOMPUTER

13.1.3 Erstellen einer OU

Wenn man die Verwaltungskonsole „Active Directory-Benutzer und -Computer“ betrachtet, erkennt man Ähnlichkeiten mit dem Windows Explorer. Diese Ähnlichkeit ist gewollt, da auch viele Verwaltungstätigkeiten ähnlich wie im Explorer gehandhabt werden.

Ein Beispiel: Alle Benutzer werden standardmäßig im Container „USER“ angelegt. Das mag bei wenigen Benutzern noch übersichtlich sein, bei großen Firmen ist dies nicht mehr verwaltbar.

Große Firmen lassen sich recht einfach in logische Verwaltungseinheiten aufteilen, ein Beispiel dafür sind die Abteilungen.

Als Beispiel wollen wir unsere Domäne „MEISTERTRAINER.INFO“ in verschiedene Abteilungen aufteilen.

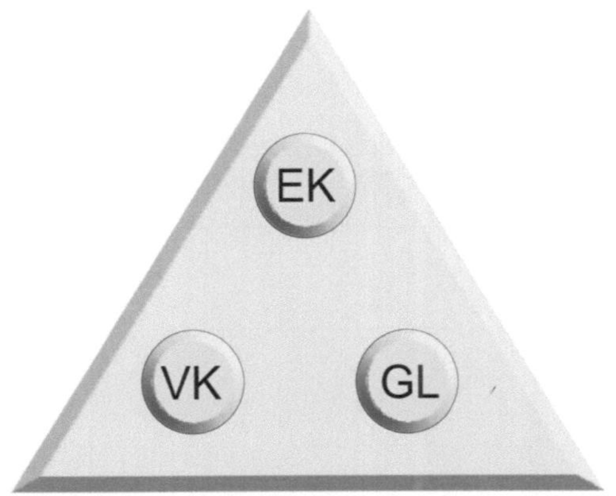

Abbildung 13.6: Domäne, aufgeteilt in Abteilungen

Diese Logik lässt sich leicht im Active Directory abbilden. Hier heißen solche logischen Unterteilungen „Organisational Units“ oder kurz „OU“.

Angelegt werden diese OUs genauso, wie wir es bereits vom Explorer her kennen:

- Rechte Maustaste auf „MEISTERTRAINER.INFO“
- Neu
- Organisationseinheit

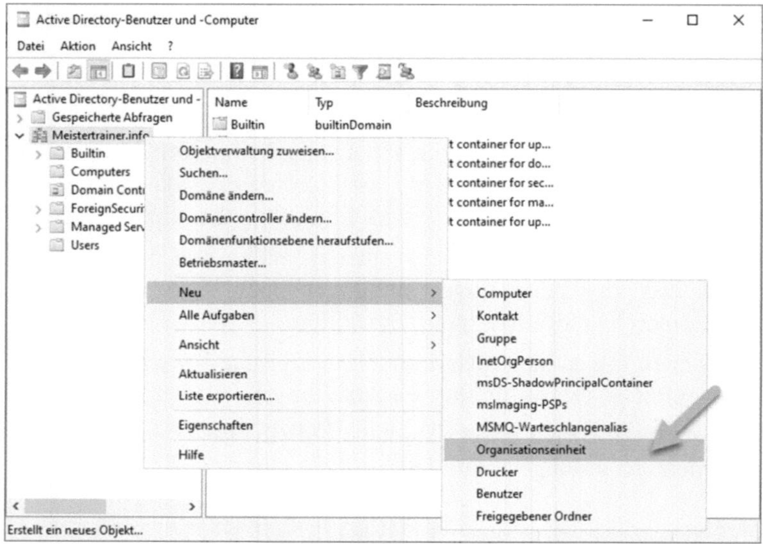

Abbildung 13.7: Das Anlegen einer OU

Geben Sie nun der OU noch einen aussagekräftigen Namen.

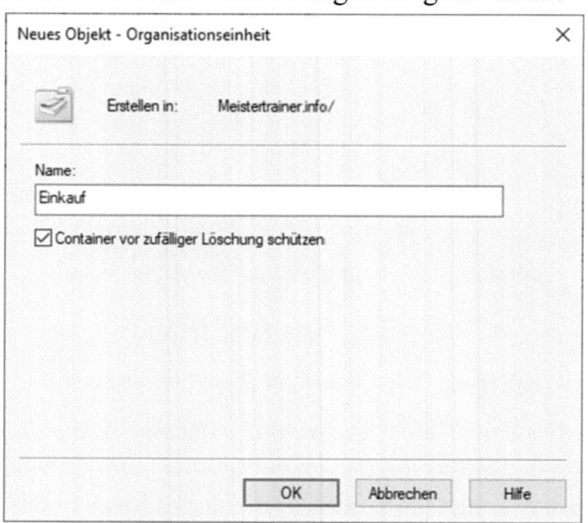

Abbildung 13.8: Der Name für eine OU

Den Haken „Container vor zufälliger Löschung schützen“ sollten Sie gesetzt lassen, denn dies ist ein Sicherheitsmerkmal!

So lässt sich leicht die interne Struktur der Firma durch OUs im Active Directory abbilden. Dies hat den Vorteil, dass die Daten leichter verwaltbar werden, da sie besser organisiert sind.

Auch können Unter-OUs erstellt werden, die Vorgehensweise ist identisch.

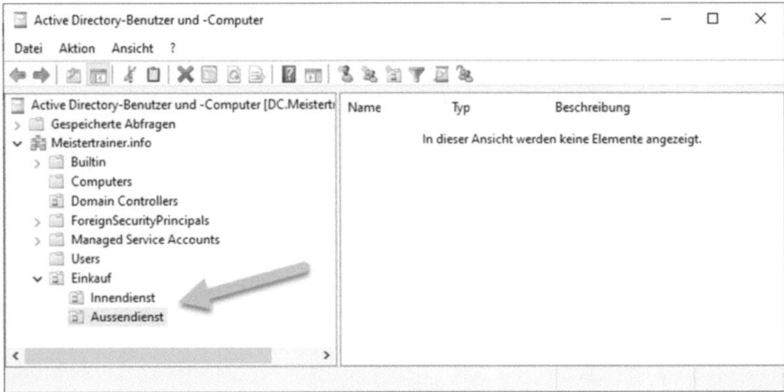

Abbildung 13.9: Unter-OUs

Das PowerShell Cmdlet lautet:

New-ADOrganizationalUnit

Übung 13.1

- Legen Sie auf dem Domänencontroller „DC“ im Container „Users“ ein Benutzerkonto für „Hans Test“ an
  - Der Benutzeranmeldename ist HT@meistertrainer.info
  - Das Kennwort soll nicht ablaufen
  - Die Änderung des Kennworts ist nicht nötig

- Legen Sie einen Benutzer mithilfe der PowerShell an
  - Vollständiger Name
    - Peter Pan
  - Vorname
    - Peter
  - Nachname
    - Pan
- Legen Sie auf dem Domänencontroller „DC“ im Container „Computers“ ein Computerkonto mit dem Namen „Client1“ an
- Legen Sie ein weiteres Computerkonto mit dem Namen „Client2“ mithilfe der PowerShell an
- Legen Sie auf dem Domänencontroller „DC“ auf der Domänenebene eine OU mit Namen „Einkauf“ an

13.2 Verwalten von Konten

Benutzerkonten anlegen und verwalten ist die alltägliche Aufgabe jedes Administrators. Deswegen sind solide Kenntnisse über diese Art von Konten sehr wichtig.

Zunächst einmal muss man sich Gedanken machen, wie sich die Benutzernamen zusammensetzen sollen. Eine Möglichkeit für Benutzernamen ist der Vorname und der erste Buchstabe des Nachnamens.

Was soll aber geschehen, wenn in der Firma mehrere Personen mit gleichen oder beinahe gleichen Namen arbeiten? Hierfür muss eine Richtlinie festgelegt worden sein. So könnte man in diesem Fall eine Zahl an den Benutzernamen anhängen.

Ein weiteres Problem sind die Kennwörter. Wer legt sie fest?

Wenn die Kennwörter vom Administrator festgelegt werden, sind sie wahrscheinlich komplex und sicher.

Leider ist es meistens so, dass die Benutzer sich solche Kennwörter nicht merken können, und sie notieren. Dies ist natürlich nicht im Sinne einer sicheren Domäne.

Wenn Sie dagegen die Benutzer die Kennwörter selber festlegen lassen, sind diese Kennwörter häufig sehr einfach, und deswegen nicht sicher.

Versuchen Sie in jedem Fall, die Problematik der Kennwörter zusammen mit Ihren Benutzern zu lösen.

Auch sollten Sie vor dem Anlegen der Benutzerkonten festlegen, wie die Hierarchie der OU geregelt sein soll. Im Idealfall können Sie hier die Struktur der Firma abbilden, was die Verwaltung der Konten sehr erleichtert.

13.2.1 Bearbeiten vorhandener Konten

Wenn ein Benutzerkonto angelegt ist, kann (und sollte) es noch konfiguriert werden.

Unter Windows Server 2022 gibt es sehr viele Möglichkeiten, das Konto zu konfigurieren. Viele dieser Möglichkeiten haben mit Remotesteuerung und Fernzugriff zu tun; diese Funktionen werden an anderer Stelle erklärt.

Um die Eigenschaften eines Kontos zu bearbeiten, setzen Sie einen Doppelklick auf das Konto.

Die Registerkarte „Allgemein“

Hier werden Ihnen noch einmal die Daten des Benutzers dargestellt. Der Anzeigename setzt sich aus Vor- und Nachname des Benutzers zusammen.

ACHTUNG!

Der Anzeigename wird Ihnen in der Konsole „Active Directory-Benutzer und -Computer“ nicht angezeigt! Der Name, der Ihnen in der Standardeinstellung angezeigt wird, setzt sich aus Vorname und Nachname zusammen, und kann nicht verändert werden, außer durch Änderung von Vor- bzw. Nachname.

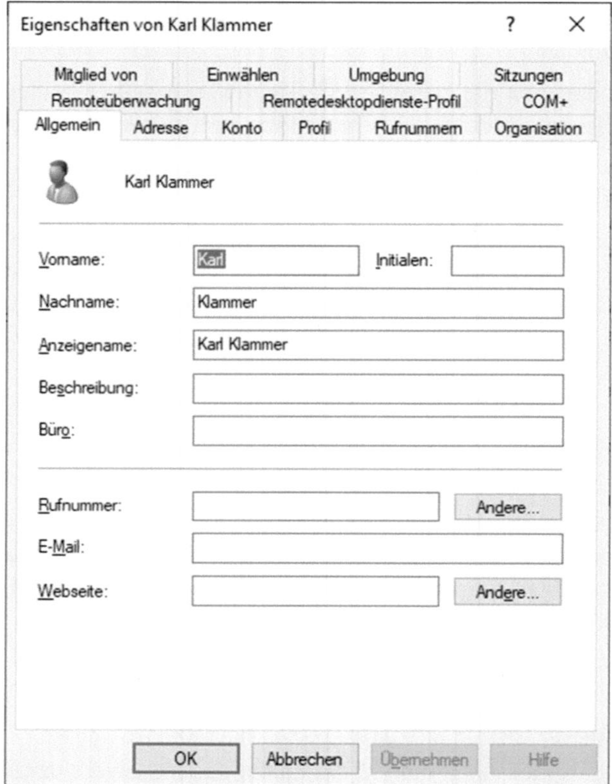

Abbildung 13.10: Registerkarte „Allgemein"

Wenn Sie den Anzeigenamen in der Konsole „Active Directory-Benutzer und -Computer" eingeblendet haben möchten, können Sie das folgendermaßen tun:

- Ansicht
- Spalten hinzufügen / entfernen

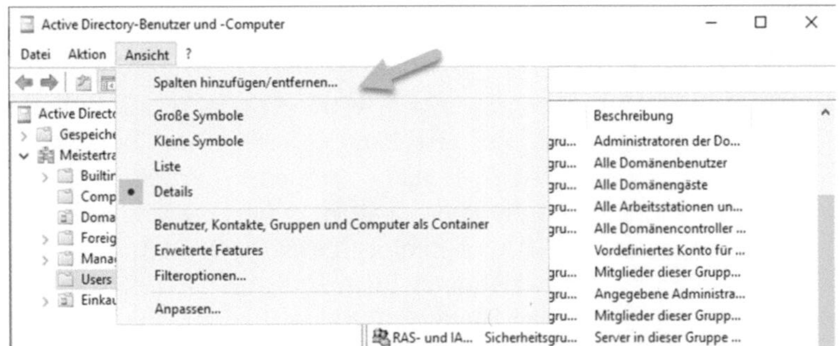

Abbildung 13.11: Ändern der Ansicht der Konsole

Nun können Sie wählen, welche Anzeigen Sie haben möchten. Hier können Sie beispielsweise den Anzeigenamen hinzufügen, oder auch die E-Mail-Adresse oder andere gewünschte Informationen.

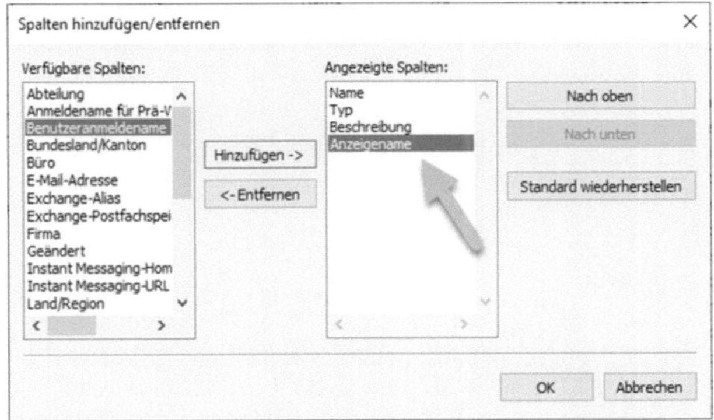

Abbildung 13.12: Auswahl der Anzeigefelder

Nachdem Sie die Auswahl getroffen haben, erhalten Sie eine individuell angepasste Konsole, in der Sie genau die Informationen sehen, die Sie benötigen.

Aber zurück zur Abbildung der Registerkarte „Allgemein“.

In dieser Registerkarte können Sie noch weitere Informationen zum Benutzer eintragen, wie Büro, Rufnummer, E-Mail Adresse und Webadresse.

Warum kann man hier so eine Vielfalt an Informationen eintragen, die doch eigentlich nichts mit dem Benutzerkonto zu tun haben?

Dafür gibt es zwei Gründe:

1. Wie bereits gesehen, können Sie verschiedene Spalten einblenden, nach denen Sie Ihre Konten sortieren können.
2. Einige Anwendungen benutzen das Active Directory als Datenbank. Hier ist als Beispiel der Exchange Server zu nennen, eine Mailinganwendung. Aber auch andere Programme, wie Personalverwaltungsprogramme haben die Möglichkeit, die Informationen, die in Active Directory gespeichert sind, zu benutzen, oder sogar eigene Informationen hinzuzufügen. Dadurch wird eine doppelte Verwaltung der Benutzer vermieden, und die Verwaltung äußerst effizient gestaltet.

Die Registerkarte „Adresse"

Abbildung 13.13: Registerkarte „Adresse"

Dies ist auch der Grund, warum in der Registerkarte „Adresse" weitere Informationen gespeichert werden können.

Die Registerkarte „Konto“

Die Registerkarte „Konto“ hat dagegen große Bedeutung für die Kontenverwaltung. Hier wird der Benutzeranmeldename verwaltet, und hier kann er gegebenenfalls geändert werden.

Der „Benutzeranmeldename (Prä-Windows 2000)“ hat inzwischen keine Bedeutung mehr.

Abbildung 13.14: Registerkarte „Konto“

Die Schaltfläche „Kontosperrung aufheben“ ist aktiv, kann also von Ihnen ausgewählt werden. Ein Konto wird nur dann gesperrt, wenn derjenige, der sich mit dem Konto anmelden möchte, mehrere Male ein falsches Kennwort eingibt. Die Sperrung erfolgt dann automatisch durch das System. Dies ist eine Sicherheitsvorkehrung, um Angriffsversuchen entgegenwirken zu können.

ACHTUNG!

Kontosperrung erfolgt ausschließlich durch das System, eine Deaktivierung dagegen wird vom Administrator vorgenommen.

Die Kontooptionen sind zum größten Teil bereits bekannt:

Benutzer muss Kennwort bei der nächsten Anmeldung ändern

Die Standardeinstellung. Der Benutzer muss bei der ersten Anmeldung sein Kennwort ändern.

Benutzer kann das Kennwort nicht ändern

Einstellung, wenn das Kennwort auf keinen Fall vom Benutzer geändert werden soll.

Kennwort läuft nie ab

Das Kennwort muss nicht regelmäßig geändert werden, beispielsweise für Dienstkonten.

Kennwort mit umkehrbarer Verschlüsselung speichern

Dies ist keine Steigerung der Sicherheit, sondern bewirkt eher das Gegenteil. In diesem Fall wird das Kennwort im Klartext im Active Directory gespeichert. Diese Option ist ausschließlich für die Fälle gedacht, in denen Anwendungen das Kennwort des Benutzers kennen müssen. Ein Einsatzgebiet für diese Option sind Anwendungen, die über das AppleTalk Protokoll kommunizieren. Vermeiden Sie diese Einstellung, wenn es geht!

Im unteren Teil der Registerkarte ist noch die Funktion „Konto läuft ab“ zu finden. Hier können Sie für ein Konto bereits einen bestimmten Termin festlegen, an dem das Konto deaktiviert wird. Dies ist sinnvoll, wenn beispielsweise in den Ferien Schüler als Aushilfen benötigt werden. Bei diesen Personen steht von Anfang an fest, an welchem Tag sie die Firma wieder verlassen werden. Deswegen können Sie das Konto zu diesem Tag automatisch ablaufen lassen. Danach ist das Konto deaktiviert, und kann von niemandem mehr benutzt werden. Missbrauch des Kontos ist damit ausgeschlossen.

Im oberen Teil der Karte befinden sich zwei Schaltflächen:

„Anmeldezeiten“ und „Anmelden“.

Wenn Sie auf „Anmeldezeiten“ klicken, bekommen Sie eine Tafel, die nach Uhrzeit und Wochentagen gegliedert ist.

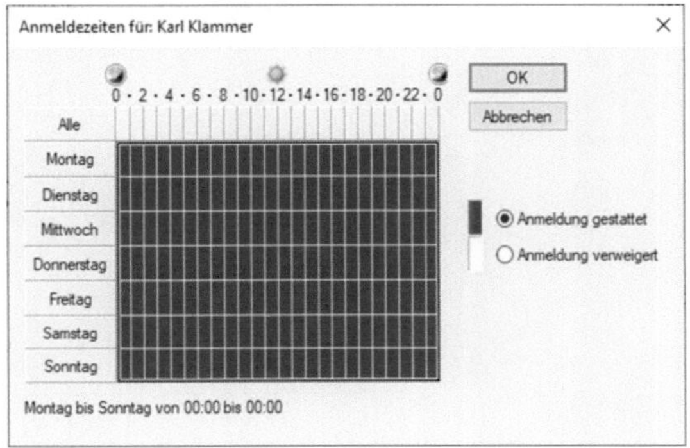

Abbildung 13.15: Anmeldezeiten

Hier können Sie einstellen, zu welchen Tageszeiten eine Anmeldung mit diesem Konto erlaubt sein soll, und zu welchen Zeiten eine Anmeldung abgelehnt wird.

Die Standardeinstellung ist „Immer zugelassen“. Passen Sie hier die Werte ganz genau an die Bedürfnisse Ihres Unternehmens an.

ACHTUNG!

Wenn es eine Zeitbeschränkung gibt, die besagt, dass eine Anmeldung ab 18 Uhr verboten ist, werden die Benutzer, die bereits angemeldet sind, nicht um 18 Uhr getrennt. Sie können weiterarbeiten, aber wenn sie sich abmelden, ist eine neue Anmeldung nicht mehr möglich.

Die Schaltfläche „Anmelden an…“ beinhaltet ein Fenster, in dem festgelegt werden kann, ob sich der Benutzer von allen Computern aus anmelden kann, oder ob er sich nur von bestimmten Computern aus anmelden kann.

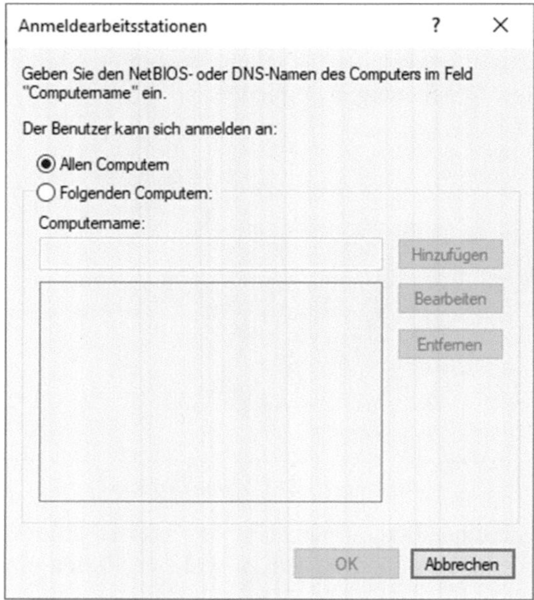

Abbildung 13.16: Anmeldecomputer

Leider gibt es hier nur die Möglichkeit einer Positivliste. Oft wäre allerdings eine Negativliste einfacher zu verwalten, denn wenn sich der Benutzer von allen Computern, außer von denen der Geschäftsleitung aus anmelden soll, ist dies nur sehr schwer zu definieren.

Die Registerkarte „Profil“

In der Registerkarte Profil werden zwei Dinge festgelegt: der Speicherort des Benutzerprofils und der Basisordner.

Abbildung 13.17: Registerkarte „Profil“

Um zu verstehen, was es mit dem Speicherort des Benutzerprofils auf sich hat, müssen wir zunächst einmal die Hintergründe des Profils betrachten.

Bei der ersten Anmeldung eines Benutzers wird ein neues Profil für ihn geschaffen. Das Profil beinhaltet die Desktopeinstellungen, wie z.B. Icons, installierte Programme, und das Hintergrundbild.

Das lokale Profil

Das Profil, genauer gesagt das Benutzerprofil, ist eine Ansammlung benutzerspezifischer Einstellungen, die auf dem Computer gespeichert werden, damit der Benutzer immer auf seine persönlichen Einstellungen zurückgreifen kann.

Profile werden standardmäßig auf der lokalen Festplatte im Ordner „Benutzer“ gespeichert.

Das ist natürlich ein Problem, wenn die Benutzer häufig den Arbeitsplatz wechseln. In diesem Fall wäre es besser, das Profil nicht lokal auf jedem

Computer, sondern zentral an einer Stelle zu speichern, auf die jederzeit zugegriffen werden kann.

Servergespeicherte Profile

Aus diesem Grund gibt es die Möglichkeit, servergespeicherte Profile zu erstellen. Es wird der Speicherort der Profile verändert, anstelle der lokalen Speicherung wird ein Server definiert, auf dem die Profile gespeichert werden. Dies hat den Vorteil, dass der Benutzer bei der Anmeldung sein eigenes Profil erhält, gleichgültig, an welchem Computer er sich anmeldet, da er sich dieses Profil einfach über das Netzwerk holen kann.

Dies kann natürlich nur dann erreicht werden, wenn bei den Anmeldeinformationen bereits die Information enthalten ist, wo sich das Profil befindet. Deswegen muss diese Zuordnung im Benutzerkonto festgelegt werden.

Zunächst einmal muss auf einem Server eine Freigabe geschaffen werden, in der die Profile gespeichert werden können. Beispielsweise kann auf einem Server eine Freigabe mit dem Namen „Profile" erstellt werden.

Nun kann das Benutzerkonto bearbeitet werden. Auf der Registerkarte „Profile" wird der Profilpfad eingetragen.

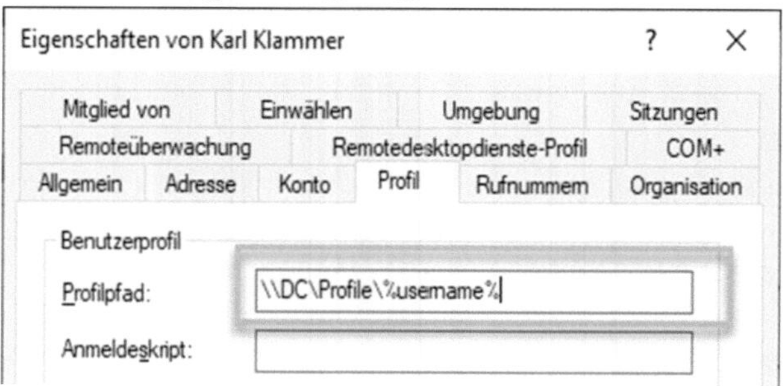

Abbildung 13.18: Profildaten

Der Profilpfad wird immer in der UNC-Schreibweise eingetragen, also \\SERVERNAME\FREIGABENAME

Damit jeder Benutzer einen eigenen Unterordner erhält, wird weiterhin die Variable %username% benutzt. Hierbei wird erreicht, dass jeder Benutzer seinen eigenen Profilpfad erhält, der sich im freigegebenen Ordner befindet.

ACHTUNG!

Das „Servergespeicherte Profil“ hat natürlich auch einen Nachteil. Bei jeder Anmeldung wird das komplette Profil über das Netzwerk übertragen. Dies kann erheblichen Netzwerkverkehr hervorrufen.

Das Profil wird bei der Anmeldung auf den lokalen Rechner kopiert. Das bedeutet, dass der Benutzer, während er angemeldet ist, mit der lokalen Kopie des Profils arbeitet. Natürlich kann er das Profil auch verändern, erst bei der Abmeldung wird es wieder zum Profilserver übertragen, und die Änderungen werden gespeichert.

Einige Firmen möchten aber nicht, dass der Benutzer sein Profil in grundsätzlichen Dingen verändern kann. So wird manchmal ein Hintergrundbild für den Desktop vorgegeben, das nicht verändert werden soll. Dies ist mit dem uns bisher bekannten servergespeicherten Profil nicht möglich.

Servergespeichertes verbindliches Profil

Um das Profil zwingend vorzuschreiben, gibt es eine einfache Möglichkeit. In jedem Profil ist eine Datei zu finden, die alle diese Einstellungen enthält. Diese Datei ist die **NTUSER.DAT**.

Um dem Benutzer eine Änderung seines Profils zu verbieten, muss nun dafür gesorgt werden, dass diese Datei nicht verändert werden kann. Dies ist durch einfaches Umbenennen der Datei zu erreichen: Geben Sie ihr den Namen **NTUSER.MAN**.

Die Dateiendung .MAN steht für „mandatory“, was soviel wie „vorgeschrieben“ heißt. Damit kann das Profil nicht mehr verändert werden.

ACHTUNG!

Solange der Benutzer nach der Anmeldung mit der lokalen Kopie des Profils arbeitet, kann er sein Profil natürlich sehr wohl verändern! Es wird aber bei der Abmeldung nicht auf dem Profilserver gespeichert, da die Datei NTUSER.MAN ja nun schreibgeschützt ist.

Basisordner

Im Basisordner wird angegeben, welches Laufwerk mit welchem Buchstaben der Standard ist, wenn die Eingabeaufforderung geöffnet wird. Manche Programme greifen beim Speichern auf den Basisordner zu.

Die Registerkarte „Mitglied von"

Eine Registerkarte ist an dieser Stelle noch von Bedeutung, nämlich die Karte „Mitglied von". Hier werden Mitgliedschaften in Gruppen festgelegt. Genaueres über Gruppen erfahren Sie später in diesem Kapitel. An dieser Stelle sei nur gesagt, dass die Gruppenmitgliedschaft eine große Bedeutung auf die Rechte hat, die ein Benutzer in der Domäne hat.

Abbildung 13.19: Registerkarte „Mitglied von"

Wichtig ist die Standardeinstellung:

Ohne Eingriff des Administrators befinden sich alle neu angelegten Benutzer in der Gruppe „Domänen-Benutzer".

13.2.2 Alltägliche Verwaltungsarbeiten

Die meisten administrativen Tätigkeiten können erledigt werden, indem man auf das entsprechende Konto mit der rechten Maustaste klickt.

Es öffnet sich ein Objektmenü. Hier sind die wichtigsten Aufgaben auf einmal zugänglich.

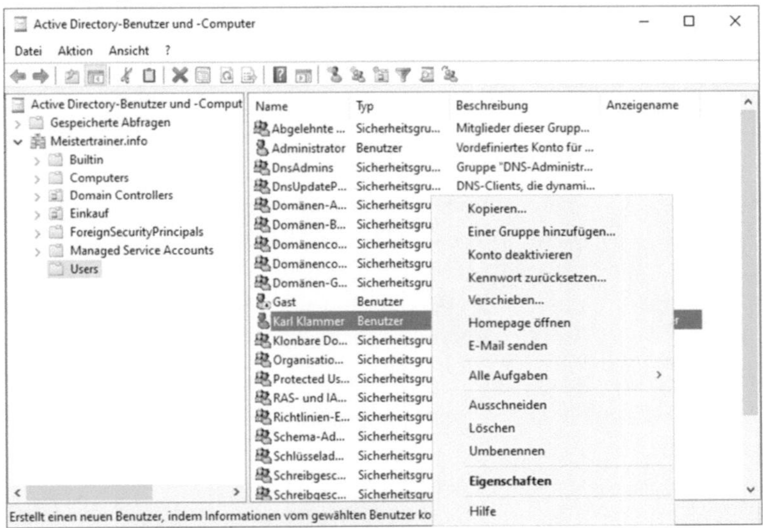

Abbildung 13.20: Das Objektmenü eines Kontos

Erstellen einer Vorlage für Benutzerkonten

Der erste Task ist das „Kopieren". Mit dieser Funktion können Sie ein Konto kopieren, wobei einige Einstellungen auch übernommen werden, einige dagegen nicht.

Wenn Sie ein Konto kopieren, werden die Werte auf den einzelnen Registerkarten des Kontos folgendermaßen behandelt:

Allgemein:

Kein Eintrag wird übernommen.

Adresse:

Alle Einträge werden übernommen, bis auf den Eintrag im Feld Straße.

Konto:

Alle Einträge werden übernommen, bis auf den Benutzeranmeldenamen.

Profile:

Alle Einträge werden übernommen, Variablen werden angepasst.

Rufnummern:

Kein Eintrag wird übernommen.

Organisation:

Alle Einträge werden übernommen, bis auf den Eintrag im Feld „Position“.

Mitglied von:

Alle Einträge werden übernommen.

ACHTUNG!

Alle anderen Eintragungen auf allen anderen Seiten werden nicht übernommen! So müssen Sie zum Beispiel alle RAS Einträge manuell in ein neues Konto eintragen, da diese Informationen nicht aus der Vorlage übernommen werden!

Wenn Sie das Kopieren eines Kontos wählen, müssen Sie die benutzerspezifischen Daten ausfüllen, genau wie bei der Neuerstellung eines Kontos.

Das Kopieren von Konten ist wirklich sehr praktisch.

Dies kann noch optimiert werden, indem man mit Kontenvorlagen arbeitet, die nur noch kopiert und um die individuellen Angaben ergänzt werden müssen.

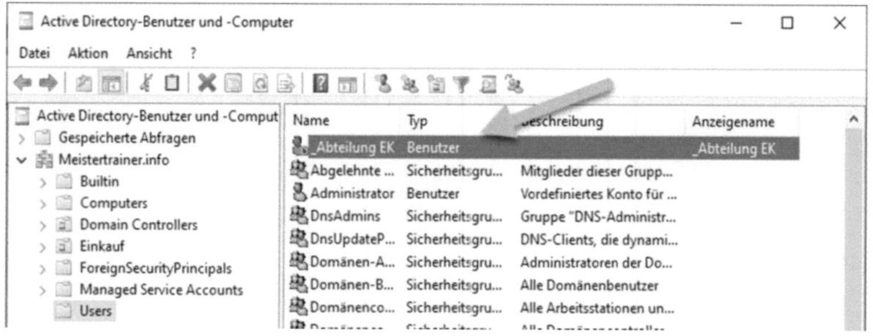

Abbildung 13.21: Vorlagen

ACHTUNG!

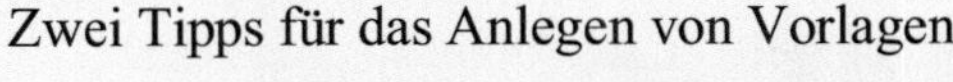

Zwei Tipps für das Anlegen von Vorlagen:

- Beginnen Sie den Namen für die Vorlagen immer mit einem _. Dadurch sind die Vorlagen immer am Anfang der Liste zu finden, und Sie müssen sie nicht suchen.
- Deaktivieren Sie die Konten. Mit einem deaktivierten Konto kann sich niemand anmelden, damit ist das Netzwerk wieder etwas sicherer. Nach dem Kopieren müssen Sie das kopierte Konto natürlich aktivieren!

Einer Gruppe hinzufügen

Mit dieser Option können Sie sehr einfach und schnell das Benutzerkonto einer Gruppe hinzufügen.

Namenszuordnungen

Hier können Sie dem Konto X.509-Zertifikate und Kerberos-Namen zuordnen.

Konto deaktivieren

Die Schaltfläche Konto deaktivieren ist nur bei aktivierten Konten verfügbar. Wenn Sie diese Option wählen, erscheint eine Meldung, dass das Konto deaktiviert ist.

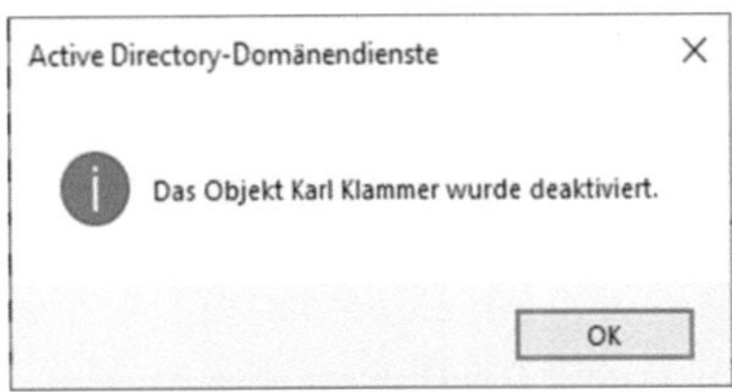

Abbildung 13.22: Deaktivieren

Außerdem wird das Konto als „deaktiviert“ gekennzeichnet.

Wenn Sie ein deaktiviertes Konto wieder aktivieren möchten, ist die Vorgehensweise genauso. Sie klicken mit der rechten Maustaste auf das deaktivierte Konto. Nun hat sich das Menü verändert, Sie können jetzt „Konto aktivieren“ wählen.

Kennwort zurücksetzen

Manchmal kommt es vor, dass Benutzer ihr Kennwort vergessen. Sie können sich nicht mehr an der Domäne anmelden.

Für diesen Fall haben Sie als Administrator die Möglichkeit, dem Konto ein neues Kennwort zu geben. Diese Vorgehensweise nennt sich „Kennwort zurücksetzen“, denn Sie müssen das alte Kennwort nicht wissen.

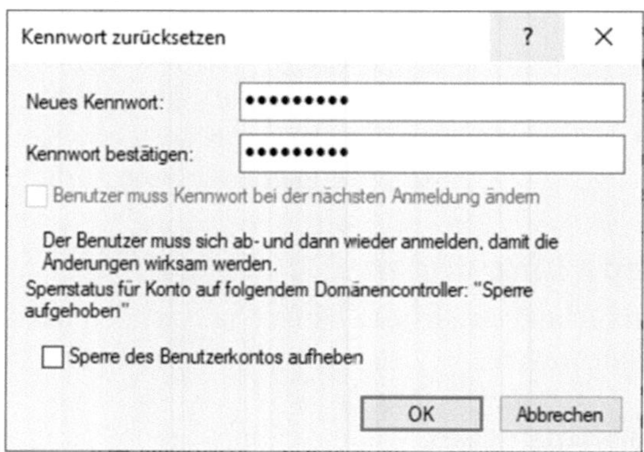

Abbildung 13.23: Kennwort zurücksetzen

ACHTUNG!

Wählen Sie nach dem Rücksetzen immer die Schaltfläche „Benutzer muss Kennwort bei der nächsten Anmeldung ändern“ und teilen Sie dem Benutzer das neue Kennwort mit.

Verschieben

Auch ein Verschieben von Objekten ist im Active Directory möglich. Dies kann nötig sein, falls ein Mitarbeiter die Abteilung gewechselt hat, und damit in einer anderen OU verwaltet werden muss.

Abbildung 13.24: Verschieben

Homepage öffnen / E-Mail senden

Die Funktionen „Homepage öffnen" und „E-Mail senden" sind nur dann auswählbar, wenn diese Daten im Konto eingetragen worden sind.

13.2.3 Abfragen speichern

Oft ist es nötig, dass Sie nach bestimmten Konten im Active Directory suchen. Gerade, wenn Sie eine größere Firma administrieren, wissen Sie oft nicht mehr so genau, wo Sie die einzelnen Konten gespeichert haben.

Für diesen Zweck bietet Windows Server 2022 die Funktion der Abfragen. Diese Abfragen funktionieren im Prinzip genauso wie die meisten Abfragen in Datenbanken.

Aus der Erfahrung weiß man, dass die meisten Abfragen nicht nur einmal erstellt werden, sondern dass man nach den meisten Dingen immer wieder sucht. Deswegen ist es sinnvoll, dass man Abfragen speichern kann.

In einem Beispiel wollen wir versuchen, eine Abfrage zu erstellen, die alle Benutzerkonten anzeigt, die mit den Buchstaben „Ad" beginnen. Mit diesen Buchstaben beginnen alle Konten der Administratoren, also ist es eine Abfrage, die uns alle Administratoren anzeigt.

- Active Directory-Benutzer und -Computer
- Rechte Maustaste auf „Gespeicherte Abfragen“
- Neu
- Abfrage

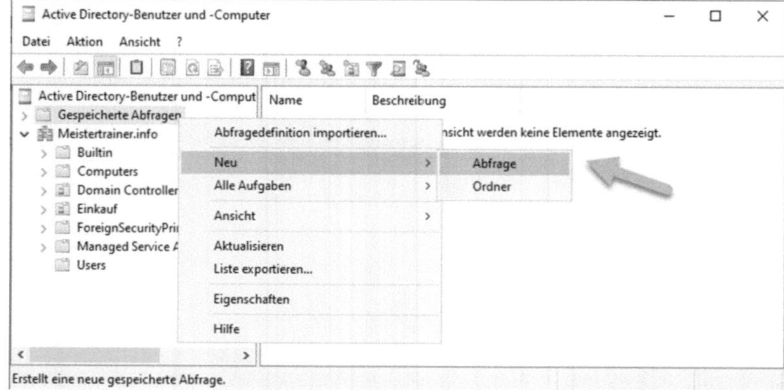

Abbildung 13.25: Abfrage im Active Directory

Wir müssen nun der Abfrage einen Namen geben.

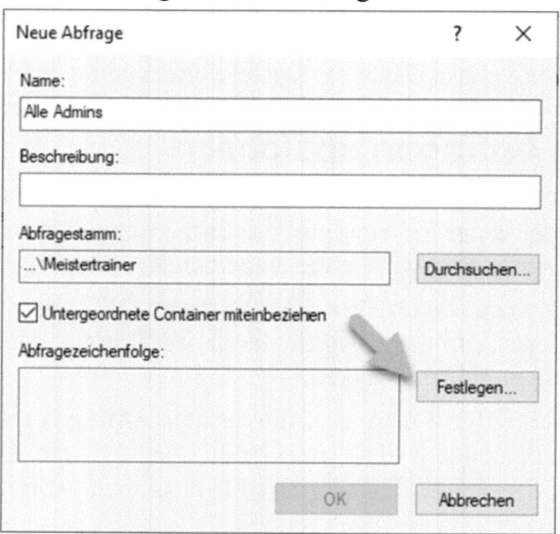

Abbildung 13.26: Erstellen einer Abfrage

Abfragestamm

Nun müssen wir festlegen, wo im Active Directory gesucht werden soll.

Wir können in der gesamten Domäne suchen lassen, oder auch in einzelnen OUs. Die Festlegung erfolgt durch einfaches Klicken.

Abfragezeichenfolge

Die Abfragezeichenfolge ist die Festlegung der Abfrageparameter. Hier kann gewählt werden, wie nach dem gewünschten Objekt gesucht wird. Zum Beispiel kann als Parameter festgelegt werden, dass der Name mit den Buchstaben „Ad“ beginnen soll.

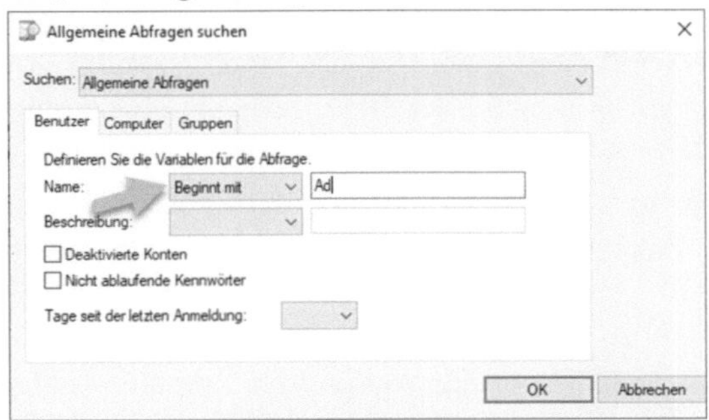

Abbildung 13.27: Abfrageparameter

Nun sind alle Parameter ausgefüllt.

Die Abfragezeichenfolge, die eingetragen wird, ist in einer Abfragesprache verfasst.

Wenn Sie nun auf „OK“ klicken, wird die Abfrage erstellt.

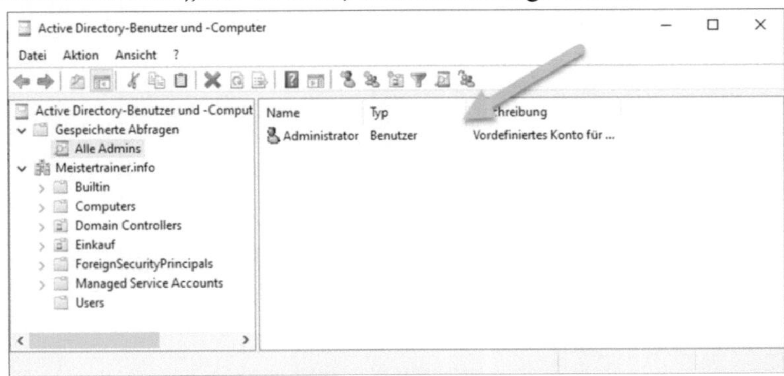

Abbildung 13.28: Erstellte Abfrage

ACHTUNG!

Die Abfrage ist zwar gespeichert, Sie sollten aber auf „Aktualisieren“ klicken, falls Sie die Daten erneut betrachten wollen. Die Aktualisierung erfolgt nicht dynamisch.

13.2.4 Konten nach einer Rücksicherung von Active Directory

Eine Besonderheit gibt es zu beachten, falls Sie eine Rücksicherung von Active Directory machen müssen.

Im Active Directory besitzen alle Computerkonten ein Kennwort, das für uns nicht zugänglich ist. Es dient dazu, einen sicheren Kommunikationskanal zwischen Client und Server einzurichten. Dieses Kennwort wird alle 30 Tage vom System verändert.

Sollten Sie nun eine Sicherung vom Active Directory eingespielt haben, und gerade in dem Zeitraum zwischen Erstellung der Sicherung und der Rücksicherung wurden vom System die Kennwörter der Computerkonten geändert, gibt es eine Inkonsistenz und die Benutzer können sich nicht anmelden.

In diesem Fall ist die einfachste Lösung, die Computerkonten im Active Directory zurückzusetzen, damit die Kennwörter neu vergeben werden. Die Benutzer müssen nun ihre Rechner neu starten, damit das alte Kennwort aus dem Cache gelöscht wird. Danach klappt die Anmeldung wieder einwandfrei.

Übung 13.2

- Bearbeiten Sie das Konto von „Hans Test“
  - Fügen Sie Anmeldezeiten hinzu. Er soll sich Montag bis Freitag von 8 bis 18 Uhr anmelden können
- Fügen Sie ihn als Mitglied der Gruppe „Domänen-Admins“ hinzu
- Deaktivieren Sie das Konto von „Hans Test“ mit einem Klick und aktivieren Sie es danach genauso wieder

- Erstellen Sie eine Active Directory Abfrage mit dem Namen „Deaktivierte Konten“, in der Sie alle deaktivierten Konten anzeigen lassen

13.3 Active Directory Gruppen und OUs

Gruppen sind eine wichtige Einrichtung in Windows Server 2022. Gruppen dienen dazu, Benutzer zusammen zu fassen. Wenn Sie zum Beispiel 20 Angestellte haben, die alle in der gleichen Abteilung arbeiten, werden sie wahrscheinlich auch die gleichen Dinge tun, und die gleichen Zugriffe auf Ressourcen benötigen.

Nun ist es in einer größeren Firma nicht verwaltbar, jedem Benutzer einzeln Rechte zu geben, auf welche Ressource er zugreifen darf. Deswegen existieren Gruppen, in denen Benutzer zusammengefasst werden können.

13.3.1 Arten von Gruppen

Bei den Arten von Gruppen muss unterschieden werden, wo der Speicherplatz der Gruppen ist.

Wenn die Gruppen lokal auf dem einzelnen Rechner im Security Account Manager (SAM) angelegt werden, sind dies lokale Gruppen.

Wenn dagegen die Gruppen für die Benutzung in der gesamten Domäne zur Verfügung stehen sollen, müssen sie im Active Directory gespeichert sein.

Eine Domäne ist für die Verwaltung von vielen Benutzern und Konten gedacht. Deswegen muss in einer Domäne auch die Gruppenstrategie detaillierter betrachtet werden.

In einer Domäne gibt es zwei, beziehungsweise drei verschiedene Arten von Gruppen. Zunächst einmal betrachten wir die einfachere Variante, nämlich die Variante, in der es nur zwei Gruppen gibt:

- Globale Gruppen
- Domänenlokale Gruppen

Es gibt noch eine zweite Unterscheidung bei Gruppen:

- Verteilergruppen
- Sicherheitsgruppen

Verteilergruppen benötigen Sie für E-Mailprogramme, dort werden sie eingesetzt, um eine Nachricht an mehrere Personen zu schicken.

Sicherheitsgruppen dagegen sind die Gruppen, die Sie für die Rechtevergabe wählen müssen.

ACHTUNG!

Sie können einer Verteilergruppe keine Zugriffsberechtigungen geben! Dazu benötigen Sie auf jeden Fall eine Sicherheitsgruppe!

Eine Domäne wird meistens von einer größeren Firma eingesetzt, in der viele Benutzer sind. Aus diesem Grund gibt es in einer Domäne eine Gruppenstrategie, die in mehreren Schritten aufgebaut wird.

1. Schritt: Globale Gruppen dienen als Sammelcontainer für Benutzerkonten

Ein Beispiel:

Alle Benutzer einer Abteilung benötigen die gleichen Zugriffsrechte auf die gleichen Ressourcen. Es liegt nahe, für diese Benutzer einen Sammelcontainer zu schaffen. Diese Sammelcontainer werden „**Globale Gruppen**“ genannt.

In großen Firmen werden Benutzerkonten häufig im Personalbüro angelegt. Die Personalsachbearbeiter wissen genau, in welcher Abteilung dieser Benutzer arbeiten wird, und können auch gleich das Konto in die jeweilige globale Gruppe setzen.

Konten werden bei Microsoft als „Identities“ bezeichnet.

Also ist dies der Schritt

„**I**dentities in **g**lobale Gruppen“.(I-G)

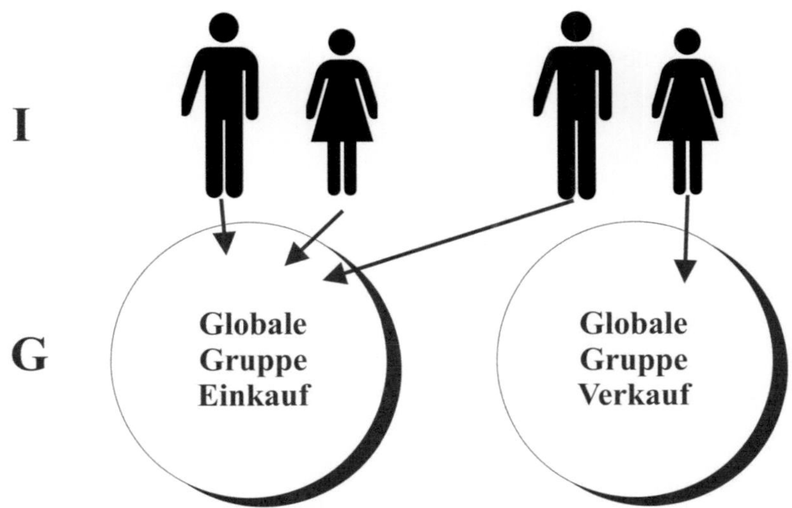

Abbildung 13.29: Gruppenstrategie „I G“

2. Schritt: Domänenlokale Gruppen bekommen die Berechtigung

Administratoren haben die Pflicht, die Ressourcen vor unberechtigtem Zugriff zu schützen. Aus diesem Grund müssen sie sich immer Gedanken machen, welche Art von Zugriff auf bestimmte Ressourcen benötigt wird.

Nehmen wir als Beispiel einen Ordner, in dem der gesamte Schriftverkehr mit Kunden gespeichert ist.

Der Administrator stellt nun folgende Überlegungen an:

In der Firma gibt es mehrere Personengruppen, die auf verschiedene Art Zugriff auf diesen Ordner benötigen.

- Eine Personengruppe muss in diesem Ordner nicht nur lesen, sondern auch schreiben können
- Eine Personengruppe muss in diesem Ordner nur lesen dürfen, aber keine Veränderungen vornehmen
- Eine Personengruppe darf keinen Zugriff auf diesen Ordner haben.

Anhand dieser Erkenntnisse erstellt der Administrator einige domänenlokale Gruppen, denen er die Berechtigungen gibt.

Microsoft bezeichnet die Vergabe der Berechtigungen als „Access“.

Damit ist dieser Schritt
„**D**omänen**l**okale Gruppen erhalten Zugriff (**A**ccess)“
DL-A.

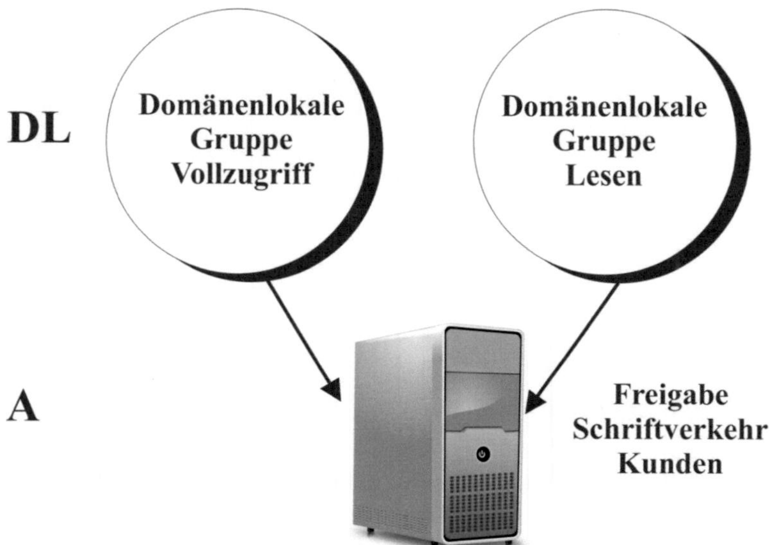

Abbildung 13.30: Domänenlokale Gruppen und Berechtigungen

3. Schritt: Globale Gruppen werden in Domänenlokale Gruppen eingefügt

Der letzte Schritt in dieser Gruppenstrategie ist die Zusammenführung der ersten beiden Schritte. Im ersten Schritt wurden die Personengruppen festgelegt, im zweiten Schritt wurden die möglichen Berechtigungen für jede mögliche Personengruppe festgelegt, im dritten Schritt müssen die entsprechenden globalen Gruppen in die domänenlokalen Gruppen eingefügt werden.

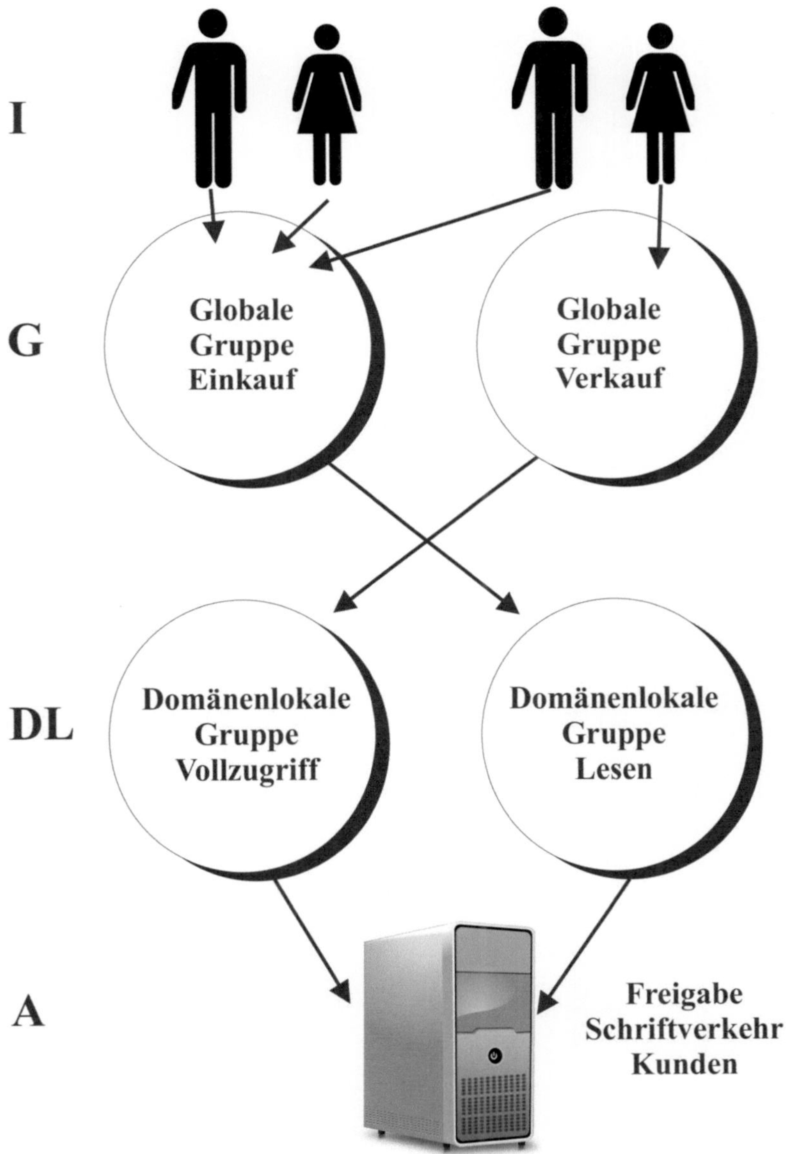

Abbildung 13.31: Das komplette IGDLA-Prinzip

Nun entsteht ein Gesamtbild, mit dem eine domänenweite Gruppenstrategie erklärt werden kann:

I Identities

G in global groups

DL in domainlocal groups

A which get access.

Dieses Prinzip ist das Kernstück einer sinnvollen Gruppenstrategie in einer Domäne.

Es gibt noch eine weitere Gruppenart, die universalen Gruppen.

Universale Gruppen können Benutzer aller Domänen beinhalten, dies ist möglich durch eine Abfrage des „Globalen Katalogs“ beim Anmeldevorgang. Alle Mitglieder aller universalen Gruppen werden in den „Globalen Katalog“ repliziert.

Universale Gruppen sollten aus diesem Grund vorsichtig eingesetzt werden!

13.3.2 Erstellen von Gruppen

Das Anlegen von Gruppen erfolgt ebenfalls in der Konsole „Active Directory-Benutzer und –Computer“.

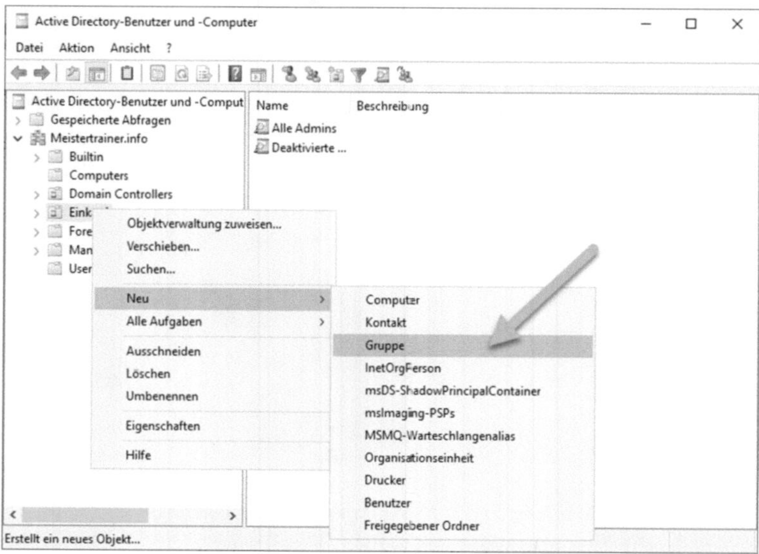

Abbildung 13.32: Anlegen neue Gruppe

Wählen Sie die Stelle aus, an der Sie die Gruppe verwalten möchten, also beispielsweise in der OU „Einkauf".

Nun geben Sie der Gruppe einen Namen und wählen Gruppenbereich und Gruppentyp.

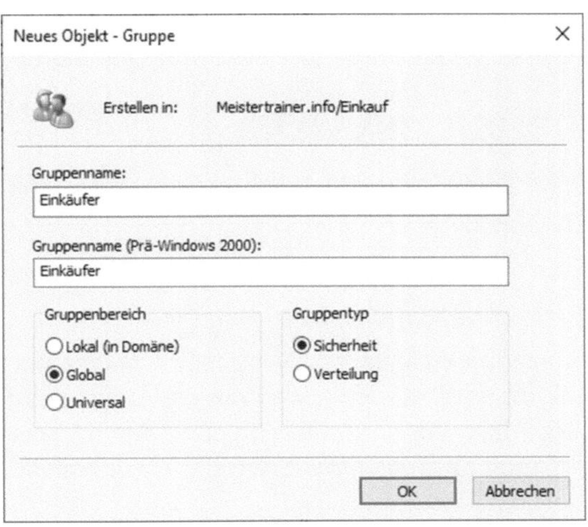

Abbildung 13.33: Name, Bereich und Typ

Nun können Sie die Gruppen mit Benutzern füllen und für die Berechtigungsvergabe verwenden.

Übung 13.3

- Erstellen Sie in der OU „Einkauf" eine globale Sicherheitsgruppe mit Namen „Einkaeufer"
- Setzen Sie in diese Gruppe die Konten der Benutzer
  - Hans Test
  - Peter Pan
- Erstellen Sie in der OU „Einkauf" eine domänenlokale Sicherheitsgruppe mit Namen „Vollzugriff Daten"
- Fügen Sie diese in diese Gruppe die globale Sicherheitsgruppe mit Namen „Einkaeufer" ein

- Geben Sie nun Freigaberechte ausschließlich den Gruppen „Vollzugriff Daten“ und „Domänen-Admins“ die Zugriffberechtigung „Vollzugriff“ auf den Ordner „Dokumente“
- Bearbeiten Sie die NTFS-Rechte nicht

13.4 Arbeiten mit OUs

OUs können Sie erstellen, um drei verschiedene Ziele zu erreichen:

- Ordnen der Objekte
- Zuweisen der „Delegierung von Verwaltungsfunktionalität“
- Zuweisen von Gruppenrichtlinien

Das Ordnen von Objekten ist ein Vorgang, welcher der Ordnung der Daten im Explorer gleicht. Hier werden die Benutzer, Gruppen oder andere Objekte einfach nur so in OUs abgelegt, damit sie einer gewissen Logik folgen können, und man weiß, wo die entsprechenden Objekte zu suchen sind.

Das Zuweisen der „Delegierung von Verwaltungsfunktionalität“ ist eine Möglichkeit, die administrative Kontrolle zumindest teilweise an andere Personen weiterzugeben. Dadurch kann die Arbeit effizienter erledigt werden.

13.4.1 Berechtigungen für Objekte im Active Directory

Active Directory ist eine Datenbank. Diese Datenbank beinhaltet alle wichtigen personellen Daten der Firma und dient zur Rechteverwaltung der Angestellten.

Aus diesem Grund ist es von großer Bedeutung, dass nicht jeder Benutzer im Active Directory Änderungen vornehmen kann.

Im Normalfall sollte es in jeder Firma eine eingeschränkte Personengruppe geben, die vollen Zugriff auf die Datenbank Active Directory hat, und eine sehr große Gruppe, die maximal lesend zugreifen darf.

Diese Einschränkungen werden mit Berechtigungen geregelt, wie wir es bereits aus den NTFS-Rechten kennen.

Jede OU, jeder Benutzer, jede Gruppe, sind Objekte in Active Directory.

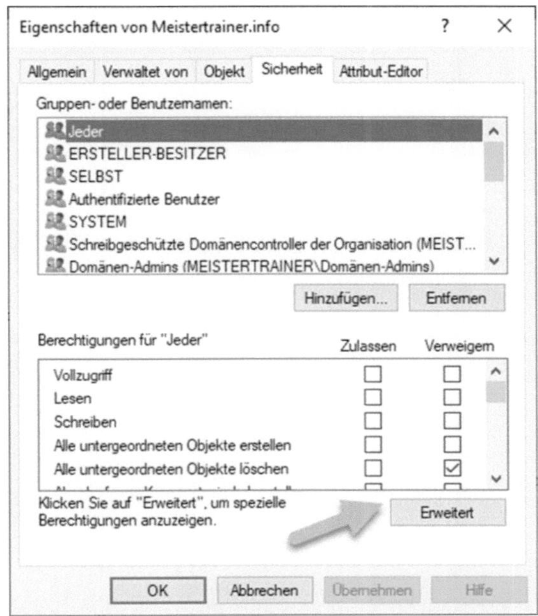

Abbildung 13.34: Standardberechtigungen der Stammdomäne

Active Directory ist eine moderne Datenbank, die uns die Möglichkeit gibt, auf alle Objekte in Active Directory individuelle Zugriffsberechtigungen zu geben. Die Vorgehensweise ist ähnlich der Vergabe der NTFS-Rechte, zumal das Active Directory auch optisch dem Explorer ähnlich aufgebaut ist.

Betrachten wir einmal die Berechtigungen der Domäne „Meistertrainer.info“ im Active Directory.

In der Standardinstallation können wir leider keine Registerkarte erkennen, die uns Berechtigungen anzeigt. Aus diesem Grund müssen wir die Ansicht verändern, und die erweiterten Optionen einschalten.

Wenn Sie den Haken vor „Erweiterte Funktionen“ gesetzt haben, können Sie einige Container erkennen, die Sie zuvor nicht gesehen haben.

Um Detailinformationen über die jeweiligen Berechtigungen zu erhalten, klicken Sie (wie bei den NTFS-Rechten) auf die Schaltfläche „Erweitert“.

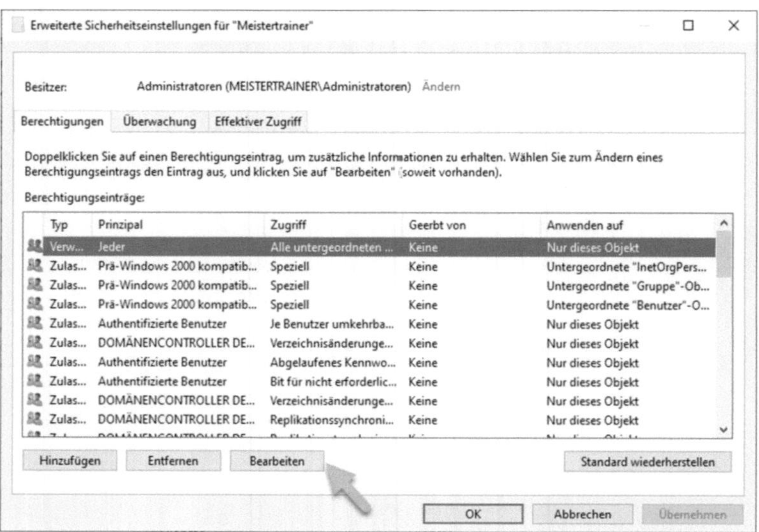

Abbildung 13.35: Erweiterte Informationen

Die Zugriffsrechte setzen sich aus Einzelrechten zusammen, die kombiniert eine Berechtigungsstufe, wie „Vollzugriff", „Lesen" etc. ergeben.

Diese Einzelrechte erkennen Sie mit einem Klick auf die Schaltfläche „Bearbeiten".

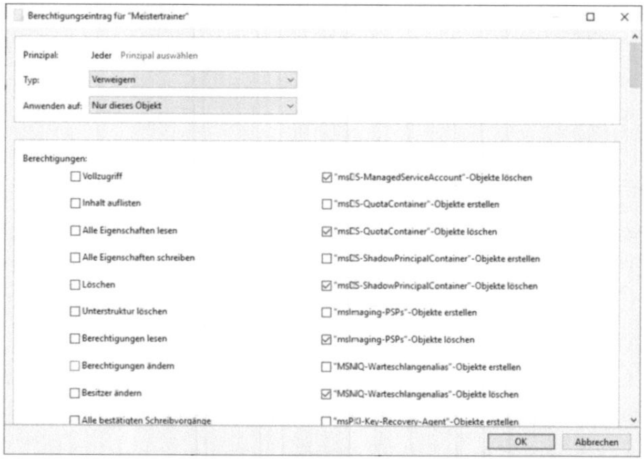

Abbildung 13.36: Einzelrechte in Active Directory

Der Schalter „Besitzer" erinnert stark an die NTFS-Rechte. Der Besitzer eines Objekts ist immer derjenige, der dieses Objekt erstellt.

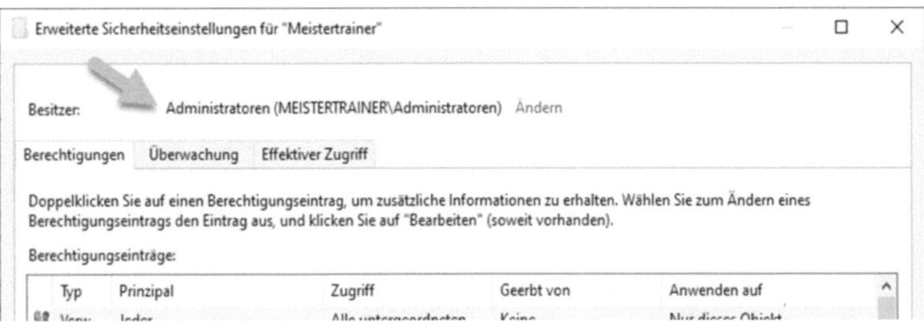

Abbildung 13.37: Die Registerkarte „Besitzer“

Wie bei NTFS ist auch hier eine Übernahme des Besitzes möglich, und ebenfalls eine Rückgabe.

ACHTUNG!

Der Besitzer eines Objekts hat besondere Rechte. Er kann in jedem Fall Berechtigungen ändern. Normalerweise erstellen die Administratoren oder das System Objekte im Active Directory, deswegen ist diese Regelung sinnvoll.

Effektive Berechtigungen

Eine weitere Parallele zu den NTFS-Rechten sind die effektiven Berechtigungen.

Auch hier ähneln die Regeln den Regeln, die von den NTFS-Rechten bekannt sind. Ein Benutzer kann Mitglied in mehreren Gruppen sein. Um seine effektiven Berechtigungen auf ein bestimmtes Objekt im Active Directory zu erkennen, gelten folgende Regeln

1.) Berechtigungen sind kumulativ

Berechtigungen aus den verschiedenen Gruppen addieren sich zu einem Gesamtrecht.

2.) Verweigern setzt alle positiven Rechte außer Kraft

Wenn der Zugriff auf ein Objekt explizit verweigert ist, ist die Verweigerung das effektive Recht. Keine positive Zugriffsberechtigung, die aus einer anderen Gruppe kommt, kann diese Verweigerung außer Kraft setzen.

Windows Server 2022 erspart Ihnen die komplizierte Ermittlung der effektiven Rechte. Sie haben die Möglichkeit, in der Registerkarte

„Effektive Berechtigungen“ einen Benutzer oder eine Gruppe zu wählen, und können sich die effektive Berechtigung auf das Objekt betrachten.

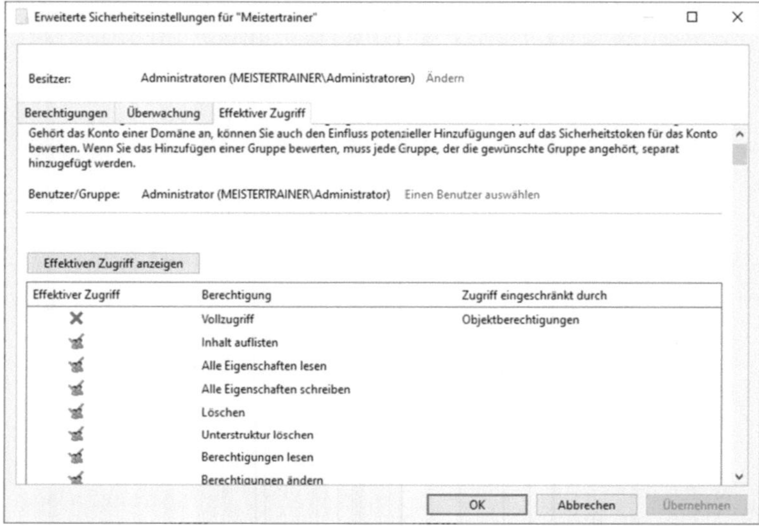

Abbildung 13.38: Die effektiven Rechte

Die Vererbung

Auch die Vererbung ist uns bereits von den NTFS-Rechten bekannt. Es wird eine Standardberechtigung in der Domäne gesetzt, und alle untergeordneten Container und OUs erben diese Standardberechtigungen.

Betrachten wir die Berechtigungen der OU „Einkauf“.

Hier ist zu erkennen, dass die meisten Berechtigungen grau unterlegt sind, und nicht geändert werden können. Dies sind die ererbten Berechtigungen der übergeordneten Instanz.

ACHTUNG!

Wie bei NTFS können hier zusätzliche Berechtigungen gegeben werden, denn nur die grau hinterlegten Kästchen sind von oben ererbt.

Abbildung 13.39: Berechtigungen der OU „Einkauf“

Die Vererbung kann auch ausgeschaltet werden, indem Sie auf die Schaltfläche „Erweitert“ klicken.

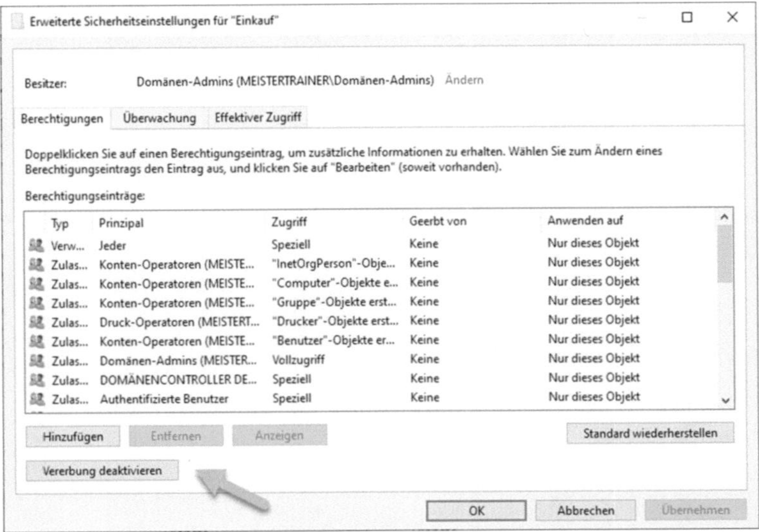

Abbildung 13.40: Vererbung aktiv

Klicken Sie auf „Vererbung deaktivieren“.

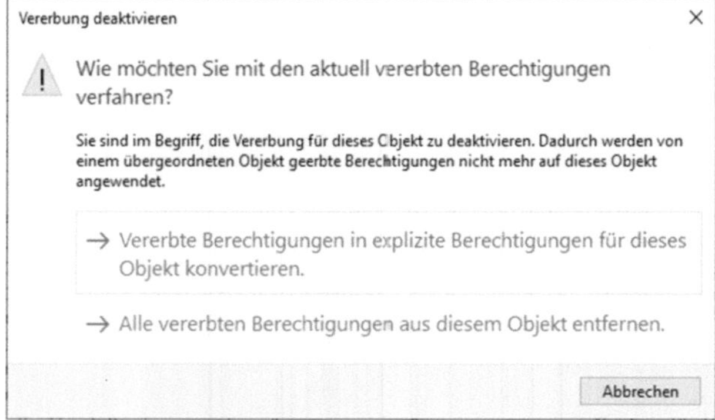

Abbildung 13.41: Abfrage

Sie können sich entscheiden zwischen

Vererbte Berechtigungen in explizite Berechtigungen für dieses Objekt konvertieren

Beim Kopieren übernehmen Sie die ursprünglich ererbten Berechtigungen, können sie aber danach verändern.

Alle vererbten Berechtigungen aus diesem Objekt entfernen

Beim Entfernen werden alle ursprünglich ererbten Berechtigungen entfernt.

13.4.2 Delegieren der Verwaltungskontrolle

Nun haben Sie einen Einblick in die Berechtigungsstruktur des Active Directory erhalten. Diese ausgeklügelte Datenbankkontrolle kann natürlich auch für die tägliche Administration eingesetzt werden.

Was ist Administrieren?

Eine wichtige Frage muss an dieser Stelle geklärt werden:

Was ist eigentlich Administrieren?

Lassen wir die zusätzlichen Aufgaben, wie Papier in Drucker nachfüllen, oder neue Computer installieren einmal außen vor, und betrachten wir ausschließlich die Kernfunktionen der Administration:

- Anlegen, Bearbeiten und Löschen von Benutzerkonten
- Anlegen, Bearbeiten und Löschen von Computerkonten
- Anlegen, Bearbeiten und Löschen von Gruppen
- und vieles mehr

All diese Dinge sind Tätigkeiten, die im Active Directory vorgenommen werden, und in den meisten Fällen von den Administratoren oder dem System.

Aus dieser Tatsache kann folgende Erkenntnis gezogen werden:

Administration ist das Anlegen, Bearbeiten und Löschen von Objekten im Active Directory.

Warum darf nur eine administrative Gruppe oder das System administrative Tätigkeiten ausführen? Auch diese Antwort ist einfach:

Administrative Tätigkeiten setzen die entsprechenden Zugriffsrechte auf das jeweilige Objekt voraus.

Somit haben wir die Zusammenhänge zwischen Zugriffsrechten auf das Active Directory und den administrativen Tätigkeiten geklärt.

Verwalten von einzelnen OU

In beinahe jedem Unternehmen haben die Administratoren mehr zu tun, als sie bewältigen können. Aus diesem Grund wünschen sich viele Administratoren

Abbildung 13.42: Das Prinzip der Delegierung der Verwaltungsfunktionalität

- Die Möglichkeit, einige administrative Tätigkeiten an bestimmte vertrauenswürdige Personen auszulagern
- Genau bestimmen zu können, welche Tätigkeiten diese Personen ausführen dürfen, und welche nicht
- Die Auslagerungen abteilungsbezogen machen zu können

Active Directory bietet für alle diese Wünsche eine sehr einfache und praktikable Möglichkeit. So können Sie für jede OU Benutzer oder Gruppen definieren, die genau die administrativen Tätigkeiten wahrnehmen, die Sie auslagern möchten.

Ein Bespiel:

Hans Test ist ein sehr vertrauenswürdiger Mitarbeiter. Er arbeitet in der Abteilung „Einkauf“, die in der gleichnamigen OU dargestellt wird.

Ihm würden Sie gerne einen Teil der alltäglichen administrativen Arbeit überlassen.

Lösung:

- Im Active Directory ist die Abteilung „Einkauf“ durch eine eigene OU dargestellt
- Wenn Sie dem Benutzer „Hans Test“ in dieser OU die entsprechenden Berechtigungen geben, kann er alle administrativen Arbeiten, die Sie ihm delegieren möchten, erledigen

Das klingt sehr einfach. Wenn Sie aber versuchen, die Berechtigungen manuell zu vergeben, werden Sie sehr schnell an Ihre Grenzen stoßen. Die Berechtigungsstruktur ist zu komplex, um manuell verwaltet zu werden.

Aus diesem Grund hat Microsoft einen Assistenten mitgeliefert, der die Delegierungen für Sie durchführt.

Um also dem Benutzer „Hans Test“ administrative Rechte in der OU „Einkauf“ zu geben, öffnen Sie die „Active Directory-Benutzer und -Computer“ Verwaltungskonsole

- Rechte Maustaste auf die entsprechende OU (hier: Einkauf)
- Objektverwaltung zuweisen

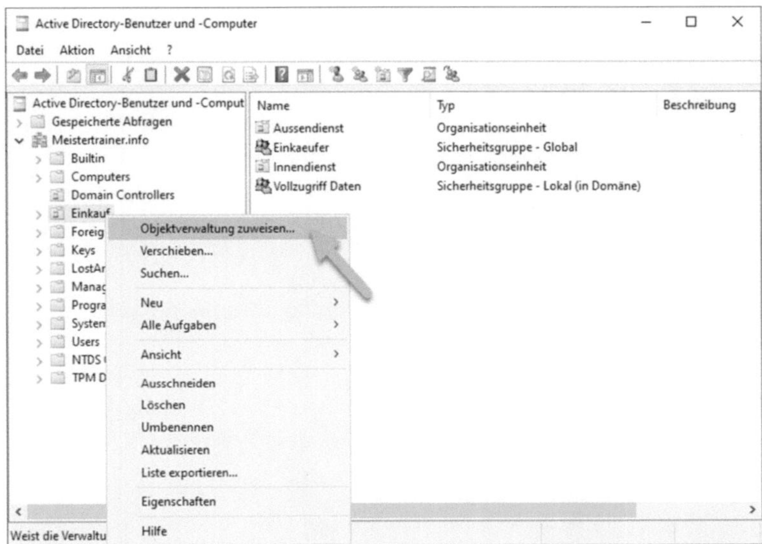

Abbildung 13.43: Delegieren von administrativen Rechten

Nun startet ein Assistent, der Ihnen hilft, Hans Test zu einem Administrator der OU „Einkauf" zu machen.

Auf der nächsten Karte wählen Sie, welchen Benutzern oder welchen Gruppen Sie die administrativen Berechtigungen zuweisen möchten. Für unser Beispiel wählen wir hier den Benutzer Hans Test.

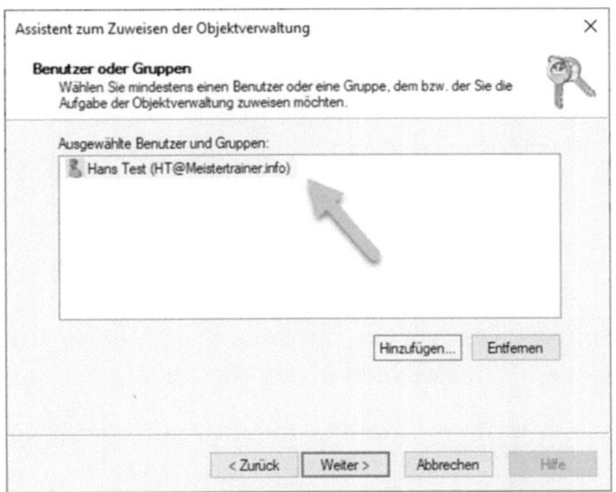

Abbildung 13.44: Auswahl der Benutzer oder Gruppen

ACHTUNG!

Es ist eine gute Idee, in größeren Firmen eine eigene Gruppe anzulegen, der Sie die Verwaltung delegieren. In diesem Fall delegieren Sie einmal an die Gruppe, und können dann Benutzer in die Gruppe aufnehmen, oder unzuverlässige Benutzer entfernen.

Nun können Sie genau spezifizieren, welche administrativen Rechte Sie Hans Test zuweisen möchten.

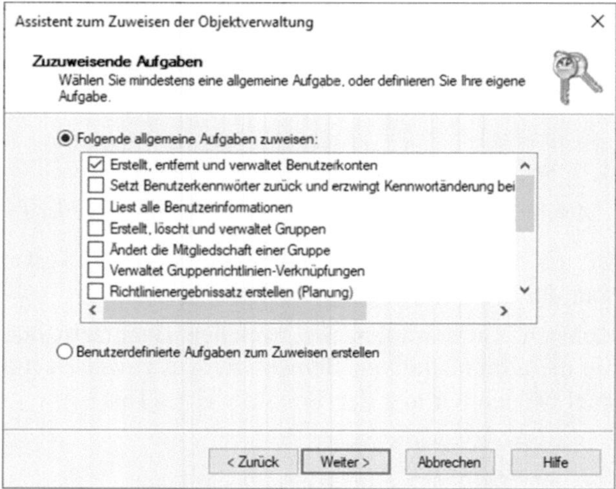

Abbildung 13.45: Auswahl der Rechte

Normalerweise können Sie „Folgende allgemeine Tasks zuweisen“ wählen, und aus der Liste komfortabel die Rechte aussuchen.

Sofort danach ist der Assistent beendet.

Wenn Ihnen diese Abstufung nicht fein genug ist, wählen Sie „Benutzerdefinierte Tasks zum Zuweisen erstellen“. In diesem Fall können Sie aus den Einzelrechten genau die Rechte zusammensetzen, die Sie möchten.

Danach wählen Sie die Rechte aus.

Es wird Ihnen noch eine Zusammenfassung angezeigt, und dann ist der Assistent beendet.

Sie sollten in jedem Fall im Anschluss kontrollieren, was der Assistent eigentlich genau gemacht hat.

Dazu betrachten Sie die Sicherheitseinstellungen der OU „Einkauf“.

Klicken Sie auf „Erweitert“ und betrachten Sie zusätzlich die genauen Rechte.

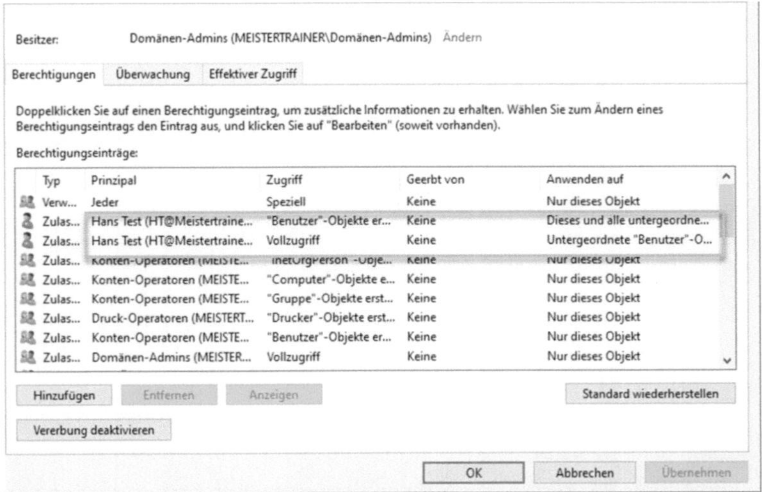

Abbildung 13.46: Genaue Rechtedefinition nach der Delegierung

ACHTUNG!

Der Assistent zeigt Ihnen nicht die bisher gemachten Delegierungen an, er ist nur zum Erstellen von neuen Delegierungen zu gebrauchen. Wenn Sie den Assistenten erneut laufen lassen, erscheint wieder ein leeres Fenster!

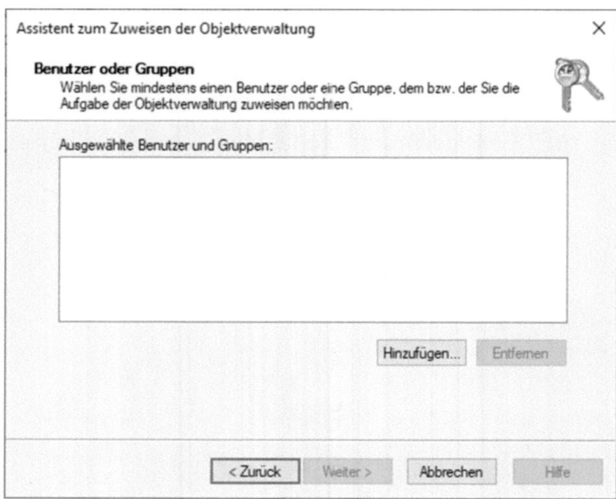

Abbildung 13.47: Leeres Fenster bei erneutem Delegieren

Anwendungsmöglichkeiten für Delegierungen

Die Delegierung können Sie benutzen, um die verschiedenen Verwaltungstasks an Personen Ihres Vertrauens zu delegieren.

Folgende Tasks stehen zur Verfügung:

- Erstellt, entfernt und verwaltet Benutzerkonten
- Setzt Benutzerkennwörter zurück und erzwingt Kennwortänderung
- Liest Benutzerinformationen
- Erstellt, löscht und verwaltet Gruppen
- Ändert Mitgliedschaft einer Gruppe
- Verwaltet Gruppenrichtlinien-Verknüpfungen
- Richtlinienergebnissatz erstellen (Planung)
- Richtlinienergebnissatz erstellen (Protokollierung)
- Erstellt, löscht und verwaltet Konten für inetOrgPerson
- Setzt Kennwörter für inetOrgPerson zurück und erzwingt Kennwortänderung
- Liest alle Informationen für inetOrgPerson

Übung 13.4.

- Delegieren Sie die Verwaltungskontrolle der OU „Einkauf“ an die Person „Hans Test“
- Hans Test soll in Zukunft bei allen Benutzern dieser OU Kennwörter zurücksetzen können und zusätzliche Konten erstellen
- Überprüfen Sie danach die Zugriffsrechte von Hans Test in der OU „Einkauf“
- Setzen Sie alle virtuellen Maschinen auf den Prüfpunkt „Basis“ zurück

14 Homeoffice – wie kann ich mich mit der Firma verbinden?

Der Zugriff auf ein Firmennetzwerk war schon immer ein großes Thema und ist noch viel bedeutsamer geworden, seitdem viele Arbeitnehmer teilweise oder sogar ganz im Homeoffice arbeiten.

Auch Schulungen und ähnliche Veranstaltungen, die früher häufig in Präsenz durchgeführt wurden, sind nun oft Remote-Veranstaltungen, bei denen man zuhause am eigenen PC teilnimmt.

Für diese Personen muss ein sicherer und einfacher Zugriff auf das Firmennetzwerk verfügbar sein, damit sie keine Probleme haben, denn ein Helpdesk ist im Homeoffice natürlich nur schwer verfügbar.

Ein zweiter Aspekt, der hier nicht außer Acht gelassen werden darf, ist das Routing.

Nicht immer ist es möglich, eine ganze Firma innerhalb eines einzigen Subnetzes einzurichten.

Die Grundlagen dieser Themen sollten Ihnen bekannt sein.

14.1 VPN und Routing

Routing und RAS ist ein sehr komplexer Dienst, den Windows Server 2022 zur Verfügung stellt. Diesen Dienst kann man als zentrale Verwaltungsmöglichkeit für alle Arten des Zugriffs zwischen mehreren Netzwerken sehen.

Mit diesem Dienst kann sowohl das Routing zwischen den Netzwerken, als auch der Remotezugriff und die Internetanbindung geregelt werden.

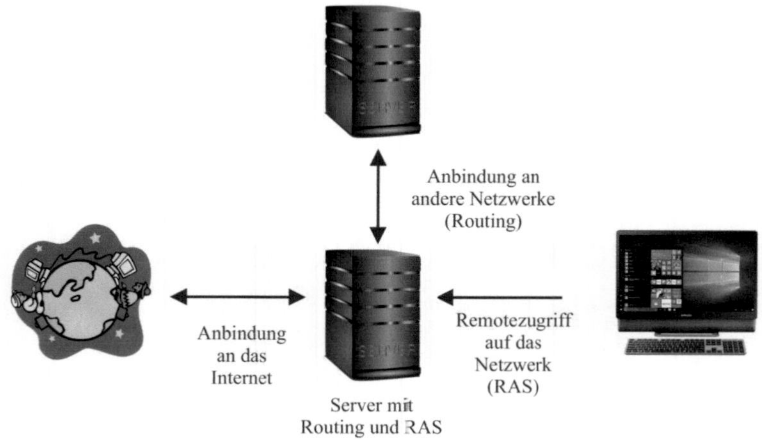

Abbildung 14.1: Routing und RAS

14.1.1 IP-Routing

Beginnen wir mit dem Routing.

Routing ist das Weiterleiten von Datenpaketen aus einem Netzwerk hinaus in ein anderes Netzwerk. Das Gerät, das diese Aufgaben erfüllt, nennt sich „Router“.

Im Unternehmen können Sie zwei verschiedene Arten von Routern einsetzen:

Hardwarerouter

Ein Hardwarerouter ist ein Gerät, das nur die Aufgabe des Routings erfüllt. Hardwarerouter sind meistens sehr schnell und haben viele zusätzliche Funktionen.

Softwarerouter

Ein Softwarerouter ist in den meisten Fällen ein Server, der zusätzlich zu seinen normalen Aufgaben auch noch die Funktion des Routings übernimmt.

Softwarerouter sind meistens nicht so schnell wie Hardwarerouter, da sie noch andere Funktionen zu erfüllen haben.

Der Vorteil von Softwareroutern ist der relativ günstige Preis, da sie einen beliebigen Server benutzen können, der bereits andere Aufgaben erfüllt.

Windows Server 2022 bietet die Möglichkeit, einen Server als Router einzurichten.

Funktionsweise des Routings

Routing wird benötigt, wenn eine Kommunikation über mehrere Netzwerke gewünscht wird.

Das Protokoll IP vergleicht mithilfe der eigenen IP-Adresse und Subnetzmaske und der Ziel-IP-Adresse und der Ziel-Subnetzmaske die beiden Netzwerk-IDs.

Sind sie identisch, wird das Datenpaket zugestellt. Sind sie unterschiedlich, wird das Datenpaket im einfachsten Fall an den Router geschickt.

Routing zwischen zwei Netzwerken

Der einfachste Fall des Routings ist die Kommunikation zwischen genau zwei Netzwerken.

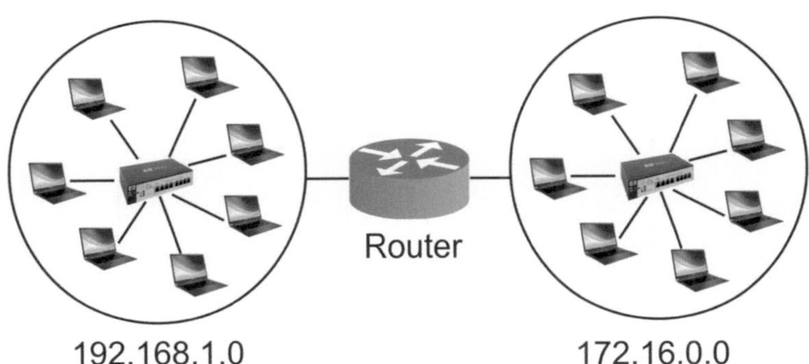

Abbildung 14.2: Routing zwischen zwei Netzwerken

Ein Beispiel:

Der Computer 192.168.1.11/24 möchte mit dem Computer 172.16.0.12/16 kommunizieren.

Diese beiden Rechner haben unterschiedliche Netzwerk-IDs. Also sendet das Protokoll IP das Datenpaket an den Router.

Der Router besitzt zwei Schnittstellen, die in jeweils ein Netzwerk reichen, und hat deswegen auch zwei IP-Adressen: 192.168.1.1 und 172.16.0.1.

Auf dem Router muss nun die Entscheidung getroffen werden, ob das Datenpaket weitergeleitet werden kann oder nicht. Dazu untersucht der Router seine Routingtabelle.

Diese können Sie betrachten, indem Sie an der Befehlszeile den Befehl

route print

eingeben.

```
Administrator: Eingabeaufforderung

C:\Users\administrator.MEISTERTRAINER>route print
===========================================================================
Schnittstellenliste
  6...00 15 5d 02 05 42 ......Microsoft Hyper-V Network Adapter
  5...00 15 5d 02 05 16 ......Microsoft Hyper-V Network Adapter #2
  1...........................Software Loopback Interface 1
===========================================================================

IPv4-Routentabelle
===========================================================================
Aktive Routen:
     Netzwerkziel    Netzwerkmaske          Gateway    Schnittstelle Metrik
        127.0.0.0        255.0.0.0   Auf Verbindung         127.0.0.1    331
        127.0.0.1  255.255.255.255   Auf Verbindung         127.0.0.1    331
  127.255.255.255  255.255.255.255   Auf Verbindung         127.0.0.1    331
       172.16.0.0      255.255.0.0   Auf Verbindung        172.16.0.1    281
       172.16.0.1  255.255.255.255   Auf Verbindung        172.16.0.1    281
   172.16.255.255  255.255.255.255   Auf Verbindung        172.16.0.1    281
      192.168.1.0    255.255.255.0   Auf Verbindung       192.168.1.2    271
      192.168.1.2  255.255.255.255   Auf Verbindung       192.168.1.2    271
    192.168.1.255  255.255.255.255   Auf Verbindung       192.168.1.2    271
        224.0.0.0        240.0.0.0   Auf Verbindung         127.0.0.1    331
        224.0.0.0        240.0.0.0   Auf Verbindung        172.16.0.1    281
        224.0.0.0        240.0.0.0   Auf Verbindung       192.168.1.2    271
  255.255.255.255  255.255.255.255   Auf Verbindung         127.0.0.1    331
  255.255.255.255  255.255.255.255   Auf Verbindung        172.16.0.1    281
  255.255.255.255  255.255.255.255   Auf Verbindung       192.168.1.2    271
===========================================================================
Ständige Routen:
  Keine

IPv6-Routentabelle
===========================================================================
Aktive Routen:
```

Abbildung 14.3: route print

Dies ist die Routingtabelle. Die Routingtabelle ist die zentrale Informationsstelle, in der alle Informationen eingetragen sind, die dem Router für die Routenfindung zur Verfügung stehen.

ACHTUNG!

Automatisch sind in der Routingtabelle alle Informationen über alle Netzwerke eingetragen, mit denen der Router eine direkte Verbindung hat, also alle Netzwerke, zu denen der Router eine Netzwerkkarte besitzt.

Die Routingtabelle ist folgendermaßen zu interpretieren:

Es gibt fünf Spalten, in denen Informationen eingetragen sind:

Netzwerkziel:

Hier sehen Sie die Netzwerk-ID des Zielnetzes.

Netzwerkmaske:

Dies ist die Subnetzmaske des Zielnetzes.

Gateway:

Der Gateway ist die Schnittstelle, an die das Datenpaket weitergeschickt wird. Dies kann entweder die eigene Schnittstelle sein, wenn das Zielnetzwerk direkt angeschlossen ist, oder es ist die Schnittstelle des nächsten Routers.

Schnittstelle:

Die Schnittstelle ist die eigene Netzwerkkarte, über die das Datenpaket herausgeschickt wird.

Da ein Router mehrere Schnittstellen haben kann, muss die richtige Schnittstelle angegeben sein.

Metrik:

Die Metrik ist die Anzahl der Kosten, die eine bestimmte Route benötigt, um an das Ziel zu gelangen. Wenn es mehrere Routen gibt, die an das gleiche Ziel führen, wird die Route mit den niedrigsten Kosten benutzt.

Die Kosten können mit der Anzahl der Router gleichgesetzt werden, oder willkürlich festgelegt werden.

In unserem Beispiel ergibt sich für den Router folgende Zuordnung:

Netzwerkziel	Netzwerkmaske	Gateway	Schnittstelle	Metrik
172.16.0.0	255.255.0.0	Auf Verbindung	172.16.0.1	Beliebige Zahl

Dies bedeutet, dass der Router das Zielnetz 172.16.0.0/16 erreichen kann, wenn er das Datenpaket an den Gateway der Verbindung schickt, und dafür seine Schnittstelle 172.16.0.1 benutzt.

Der Gateway ist in diesem einfachen Fall die eigene Schnittstelle, da er direkt mit dem Zielnetz verbunden ist.

Dieser Eintrag ist auch in der Routingtabelle zu finden. Die Routingtabelle beinhaltet aber noch viele andere Einträge, die ebenfalls interpretiert werden sollten.

Netzwerkziel	Netzwerkmaske	Gateway	Schnittstelle	Metrik
127.0.0.0	255.0.0.0	Auf Verbindung	127.0.0.1	Beliebige Zahl

Dies ist die Loopbackadresse. Sollte jemand versuchen, die Funktionalität des IP-Stacks mit

ping 127.0.0.1

zu testen, kann durch diesen Eintrag eine Antwort gegeben werden.

Netzwerkziel	Netzwerkmaske	Gateway	Schnittstelle	Metrik
172.16.0.1	255.255.0.0	Auf Verbindung	172.16.0.1	Beliebige Zahl

In diesem Fall ist das Netzwerkziel eine einzelne IP-Adresse, und zwar die Schnittstelle des Routers in das Netz 172.16.0.0/16.

Netzwerkziel	Netzwerkmaske	Gateway	Schnittstelle	Metrik
172.16.255.255	255.255.255.255	Auf Verbindung	172.16.0.1	Beliebige Zahl

Dies ist die Broadcastadresse des Netzwerks 172.16.0.0/16. Wenn also ein Broadcast an das Netzwerk 172.16.0.0/16 geschickt werden soll, dann wird dies über den Gateway 172.16.0.1 und die Schnittstelle 172.16.0.1 geschickt.

ACHTUNG!

Dies sind nur mögliche Routen! Nach wie vor gilt, dass der normale Broadcast nicht über einen Router gelangen kann, wenn dies nicht explizit zugelassen ist!

Netzwerkziel	Netzwerkmaske	Gateway	Schnittstelle	Metrik
224.0.0.0	240.0.0.0	Auf Verbindung	127.0.0.1	Beliebige Zahl
224.0.0.0	240.0.0.0	Auf Verbindung	172.16.0.1	Beliebige Zahl

224.0.0.0	240.0.0.	Auf Verbindung	192.168.1.2	Beliebige Zahl

Dies sind die Einträge für Multicastsendungen. Wenn eine Multicastsendung an eines der beiden Netzwerke geschickt wird, ist der Router durch diese Einträge fähig, diese zuzustellen.

Netzwerkziel	Netzwerk-maske	Gateway	Schnittstelle	Metrik
255.255.255.255	255.255.255.255	Auf Verbindung	127.0.0.1	Beliebige Zahl
255.255.255.255	255.255.255.255	Auf Verbindung	172.16.0.1	Beliebige Zahl
255.255.255.255	255.255.255.255	Auf Verbindung	192.168.0.1	Beliebige Zahl

Als letzte Einträge sind hier noch die Broadcastadressen. Auch hier ist ein Eintrag für jedes Netzwerk vorhanden, das der Router erreichen kann.

Wie Sie sehen, ist die Zustellung eines Datenpakets über einen Router in ein direkt angeschlossenes Netzwerk sehr einfach.

Routing unter Windows Server 2022

Nachdem nun die Hintergründe des Routings geklärt sind, können wir betrachten, wie das Routing unter Windows Server 2022 gelöst ist.

Windows Server 2022 bietet einen Dienst an: „Remotezugriff". Dieser Dienst ist standardmäßig nicht installiert.

ACHTUNG!

Wir betrachten hier die Serverseite nur rudimentär, die komplette Einrichtung erfolgt zu einem späteren Zeitpunkt, zu dem wir auch auf alle Details eingehen werden.

Um einen Windows Server 2022 Rechner zum Router zu machen, sind einige Anforderungen zu erfüllen:

- Der entsprechende Rechner muss mindestens 2 Netzwerkkarten haben, um mindestens zwei Netzwerke zu verbinden

- Diese Netzwerkkarten müssen mit statischen IP-Adressen konfiguriert sein, die den Netzwerk-IDs der entsprechenden Netzwerke entsprechen
- Die Rolle „Remotezugriff“ muss konfiguriert sein

Das Installieren und Konfigurieren der Netzwerkkarte sollte kein Problem sein. Das Hinzufügen der Rolle erfolgt, wie immer, im Server-Manager.

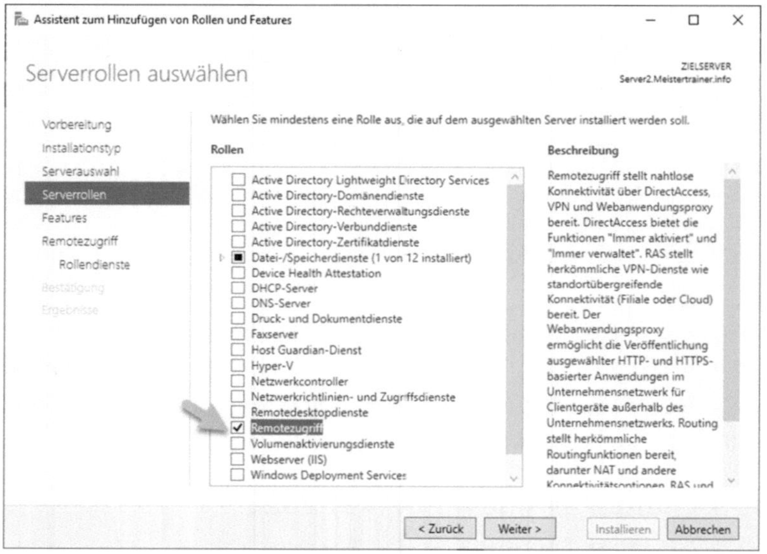

Abbildung 14.4: Server-Manager

Hier wählen Sie „Remotezugriff“.

Wählen Sie den Rollendienst

- Routing

Der Rollendienst „Direct Access und VPN (RAS)“ wird automatisch mitinstalliert.

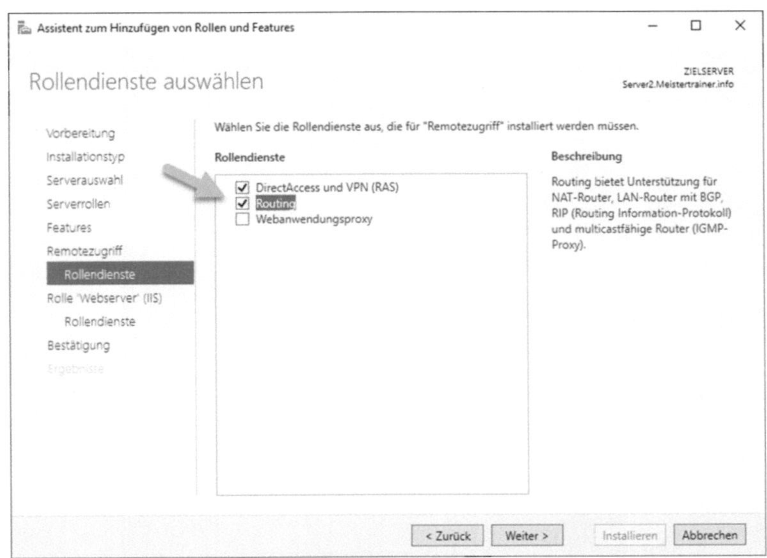

Abbildung 14.5: Rollendienste

Damit ist die Rolle installiert, und in der Verwaltungskonsole steht nun das Snap-In „Routing und RAS“ zur Verfügung.

Zunächst verlangt die Installation der Rolle eine weitere Konfiguration.

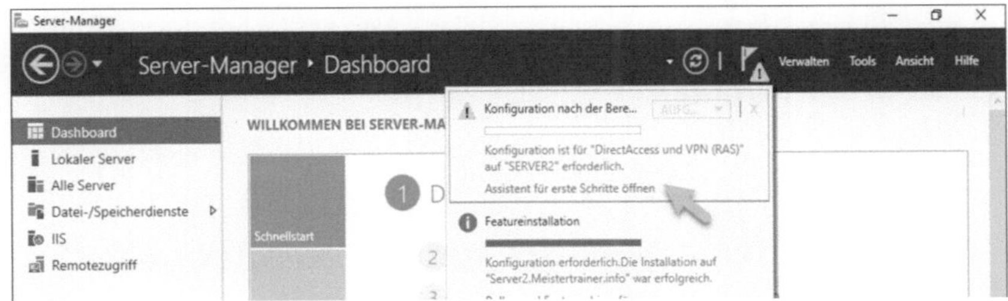

Abbildung 14.6: Weitere Konfiguration

Sie erhalten eine Abfrage, in der gewählt werden muss, ob Sie

- DirectAccess und VPN
- Nur DirectAccess
- Nur VPN

bereitstellen möchten.

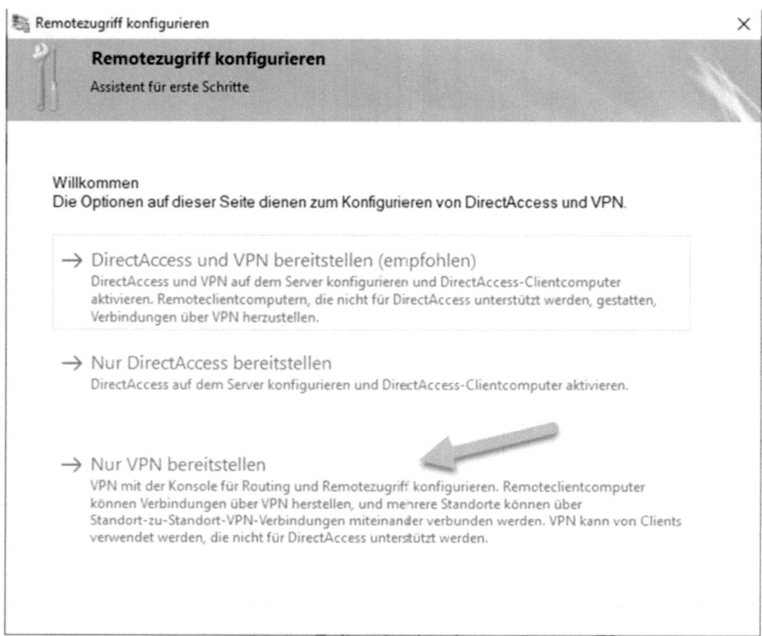

Abbildung 14.7: Auswahl „Nur VPN"

Hier wählen wir „Nur VPN bereitstellen".

Nun wird der Dienst eingerichtet und es erscheint die Konsole „Routing und RAS".

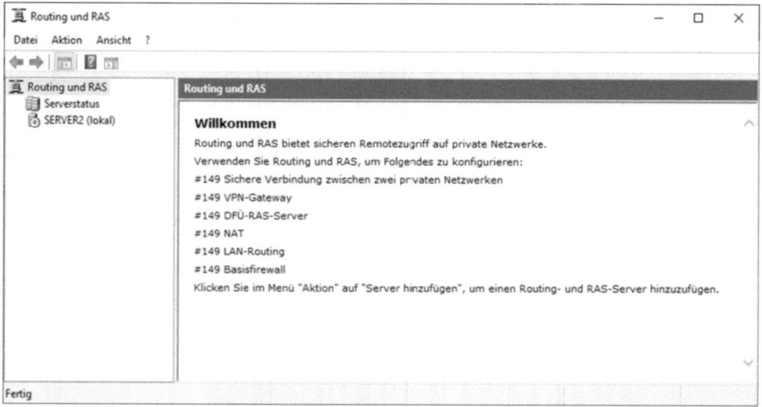

Abbildung 14.8: Konsole ist erstellt

Aktivieren des Routers

In der Konsole „Routing und RAS“ erkennen Sie, dass der Dienst zwar installiert, aber nicht konfiguriert und nicht aktiviert ist.

Um einen Netzwerkrouter zu installieren, klicken Sie mit der rechten Maustaste auf den Namen des zukünftigen Routers, und wählen „Routing und RAS konfigurieren und aktivieren“.

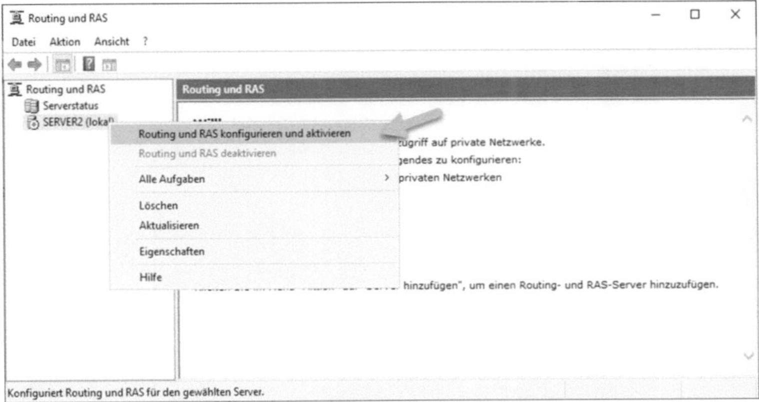

Abbildung 14.9: Routing und RAS konfigurieren

Ein Assistent, der Ihnen bei der Konfiguration hilft, startet.

Im ersten Fenster müssen Sie entscheiden, welchen Teil des Dienstes „Routing und RAS“ Sie konfigurieren möchten.

RAS (DFÜ oder VPN)

Hier konfigurieren Sie den Remotezugriff (RAS). Mehr dazu weiter unten in diesem Kapitel.

Netzwerkadressübersetzung (NAT)

Mit dieser Konfiguration können Sie den Internetzugriff für die Mitarbeiter einer Firma über eine öffentliche IP-Adresse herstellen. Auch das ist Routing, und wird weiter unten besprochen.

VPN-Zugriff und NAT

Dies ist eine Kombination zwischen einem RAS-Server, auf den von außen zugegriffen werden kann, und einem Internetverbindungsserver mit NAT.

Sicheres Verbinden zwischen zwei privaten Netzwerken

Hier wird ein Netzwerkrouter konfiguriert. Dies ist die Auswahl für dieses Beispiel.

Benutzerdefinierte Konfiguration

Mit dieser Option können Sie eine individuelle Konfiguration vornehmen. Hier müssen Sie alle Einstellungen manuell eingeben.

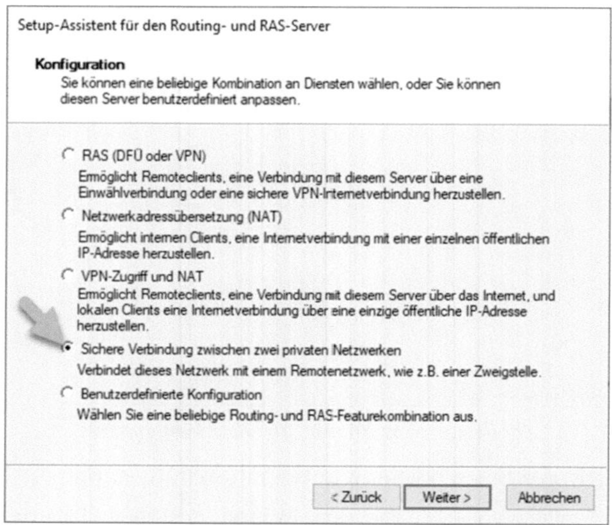

Abbildung 14.10: Auswahl der Konfiguration

Im nächsten Fenster können Sie entscheiden, ob Sie eine Schnittstelle für „Wählen bei Bedarf“ konfigurieren möchten. Dies kommt zum Einsatz, wenn Sie den Router benutzen, um eine Verbindung über das Internet zu einem anderen Netzwerk herzustellen. Ein Beispiel dafür ist, wenn Sie eine Geschäftsstelle über eine VPN-Verbindung anschließen möchten, und die Verbindung nicht permanent verfügbar sein soll.

Wenn Sie kein „Wählen bei Bedarf“ konfigurieren, ist die Einrichtung nun beendet. Andernfalls müssen Sie natürlich noch die Wahlparameter konfigurieren.

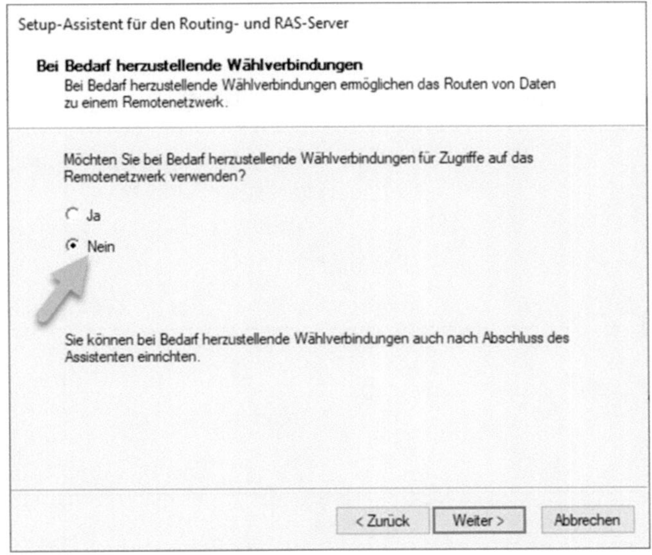

Abbildung 14.11: „Wählen bei Bedarf“

Nun ist der Computer als Router konfiguriert. Sie können die Konsole betrachten, in der Sie nun die Einstellungen vornehmen können.

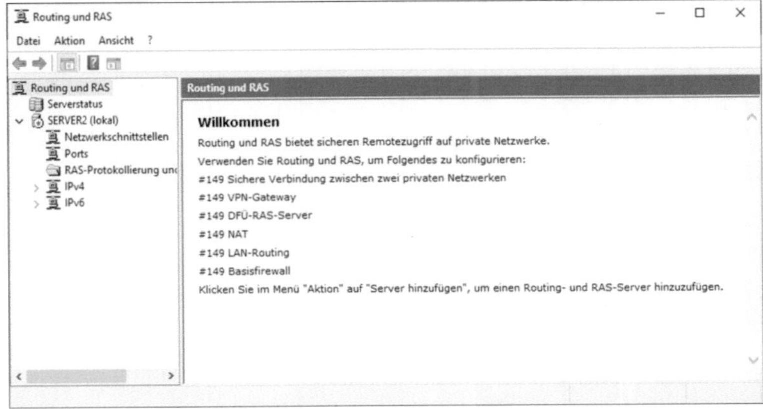

Abbildung 14.12: Routing-Konsole

Übung 14.1.

- Erstellen Sie einen neuen privaten virtuellen Switch mit Namen „Routing“
- Richten Sie auf „Server2“ eine zweite Netzwerkkarte ein
- Benutzen Sie den neuen virtuellen Switch „Routing“
- Konfigurieren Sie diese zweite Netzwerkkarte
  - IP-Adresse: 172.16.0.1
  - Subnetzmaske: 255.255.0.0
  - DNS-Server: 192.168.1.200
- Richten Sie auf „Server2“ die Rolle „Routing und RAS“ für einen internen Router ein
- Aktivieren Sie einen internen Router
- Betrachten Sie die Routingtabelle des eben erstellten Routers

14.2 RAS und VPN

Der zweite Teil, den wir betrachten müssen, ist der Remotezugriff auf ein Netzwerk.

Hier sollten wir zunächst einige Begriffe klären.

RAS bedeutet „Remote Access Service“.

Sie benötigen einen RAS-Server, damit von außen auf ein Firmennetz zugegriffen werden kann.

Es gibt mehrere Möglichkeiten, warum Sie auf ein Firmennetz von außen zugreifen müssen:

- Ein einzelner Benutzer wählt sich über das Internet ein
- Ein einzelner Benutzer wählt sich direkt ins Firmennetz ein
- Eine Verbindung eines externen Netzes zum Firmennetz über das Internet
- Eine direkte Verbindung eines externen Netzes zum Firmennetz

14.2.1 Der Zugriff auf ein Netzwerk

Aufgrund der zwei verschiedenen Möglichkeiten, auf den RAS-Server zugreifen zu können, gibt es zwei verschiedene Möglichkeiten, eine Verbindung aufzubauen

- DFÜ
- VPN

DFÜ-Verbindung

Eine DFÜ-Verbindung ist eine direkte Anwahl an das Firmennetz mithilfe einer Telefonnummer.

Diese Verbindungsart kann recht teuer sein, hat aber den Vorteil, dass eine dedizierte Leitung für die Kommunikation benutzt wird, und die Daten somit nicht so gefährdet sind, wie bei einer Übertragung über das Internet.

Leider ist die Telefonleitung nicht direkt für die Übertragung von Daten geeignet, der eigentliche Einsatzbereich einer Telefonleitung ist die Übertragung von Sprache.

Aus diesem Grund wird ein Protokoll benötigt, das die Übertragung von Daten über die Telefonleitung ermöglicht.

Für diese Aufgabe stehen zwei verschiedene Protokolle zur Verfügung

- SLIP (Serial Line Interface)
- PPP (Point to Point Protocol)

SLIP

SLIP ist das ältere Protokoll. Für eine Verbindung wird eine TCP/IP Verbindung und eine statische IP-Adresse benötigt.

SLIP wird von Windows Server 2022 nicht unterstützt, die Microsoft Clients dagegen können mit SLIP eine Verbindung aufbauen.

PPP

PPP ist das neuere Protokoll. PPP kann mit allen Arten von Netzwerken kommunizieren, NetBEUI, TCP/IP oder IPX/SPX.

PPP wird von Microsoft sowohl auf der Clientseite als auch auf der Serverseite unterstützt.

DFÜ hat in Europa seit der Abschaffung von ISDN keine Bedeutung mehr.

ACHTUNG!

Microsoft unterstützt auf der Clientseite sowohl das ältere Protokoll SLIP, als auch das neuere Protokoll PPP, auf der Serverseite dagegen wird nur das Protokoll PPP unterstützt!

VPN-Verbindung

Nun wollen wir uns mit dem Einrichten und der Konfiguration einer VPN-Verbindung beschäftigen.

Ein VPN benutzt das Internet als Kommunikationsweg. Sie stellen über Ihren Internet Service Provider (ISP) eine Verbindung zum Internet her und Ihre Daten werden dann durch das Internet bis zum VPN-Server der Firma geschickt.

Eine VPN-Verbindung stellen Sie bei den „Netzwerkverbindungen" her.

Abbildung 14.13: Öffnen der Netzwerkverbindungen

Hier wählen Sie zunächst „VPN“ und danach „VPN hinzufügen“.

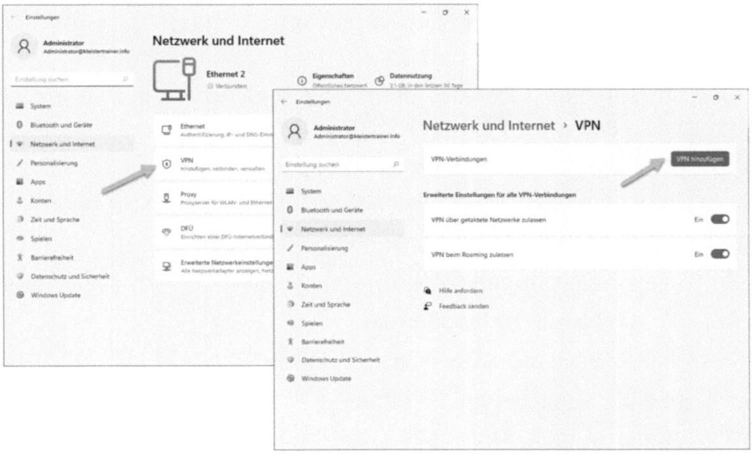

Abbildung 14.14: Einrichten einer VPN-Verbindung

Nun geben Sie noch die benötigten Anmeldedaten ein, und die VPN-Verbindung ist erstellt.

Abbildung 14.15: VPN-Verbindung ist erstellt

VPN-Protokolle

Gerade in einem VPN müssen wir Sorge tragen, dass die Daten unversehrt ankommen.

Die Datenübertragung über das Internet erfolgt natürlich über ein DFÜ-Protokoll, also entweder PPP oder PPPoE.

Damit das Internet benutzt werden kann, muss aber noch eine zweite Protokollschicht darüber gelegt werden, nämlich ein VPN-Protokoll.

Momentan gibt es drei verschiedene VPN-Protokolle:

PPTP: Das ältere Protokoll

L2TP: Neuer und moderner

SSTP: vorhanden ab Windows Vista SP1

Aber bleiben wir zunächst bei PPTP und L2TP.

L2TP erscheint in allen Belangen besser, bis auf den wichtigsten: L2TP kann nicht verschlüsseln.

Das ist aber kein Problem, denn L2TP erlaubt eine Verschlüsselung, die viel besser ist, als die eigene Verschlüsselung von PPTP.

Mit L2TP ist es möglich, eine Verschlüsselung über IPSec zu machen.

IPSec ist ein Industriestandard und momentan wohl eine der sichersten Verschlüsselungen. Bei IPSec werden die Daten von der sendenden Netzwerkkarte bis zur empfangenden Netzwerkkarte verschlüsselt.

Versuchen Sie, wenn möglich, bei einem VPN immer L2TP zusammen mit IPSec zu benutzen.

Funktion	**PPTP**	**L2TP**
Header Komprimierung	Nein	Ja
Tunnel Authentifizierung	Nein	Ja
Eigene Verschlüsselung	Ja	Nein
Kann mit IP-basierten Netzwerken benutzt werden	Ja	Ja
Kann mit Netzwerken benutzt werden, die auf Frame Relay, X25 oder ATM basieren	Nein	Ja

SSTP (Secure Socket Tunneling Protocol)

SSTP verfolgt einen völlig anderen Weg: Es ermöglicht einen Transport der Daten über HTTPS.

Damit haben Sie die Möglichkeit, eine VPN-Verbindung durch eine Firewall einzurichten, ohne weitere Ports öffnen zu müssen.

SSTP benutzt standardmäßig Port 443, dies ist der SSL-Port. Dadurch ergibt sich zwangsläufig, dass auf dem VPN-Server ein Computerzertifikat installiert sein muss.

ACHTUNG!

SSTP ist ein wirklich gutes VPN-Protokoll, da die Konfiguration der Firewall sehr einfach ist.

Anpassungen

Wenn Sie getaktete Netzwerke haben oder Sie möchten VPN beim Roaming benutzen, können Sie dies sehr einfach einstellen.

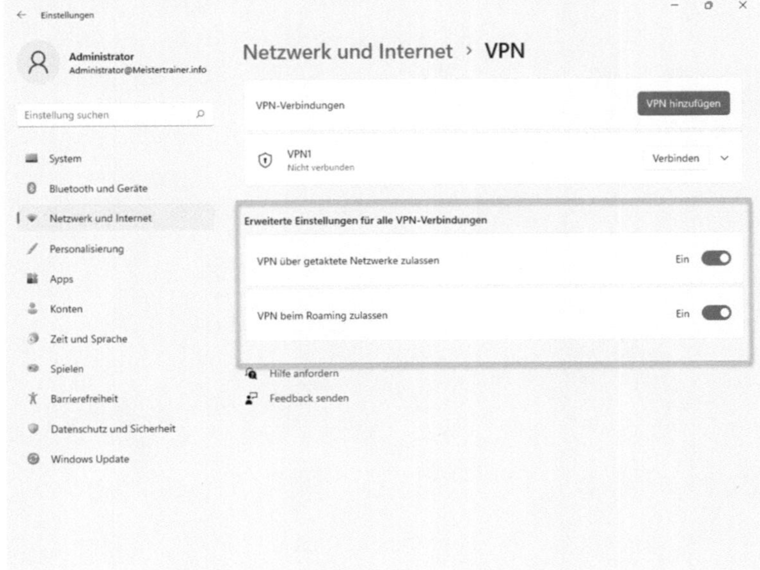

Abbildung 14.16: Taktung und Roaming

Ein getaktetes Netzwerk bedeutet, dass Sie ein begrenztes Datenvolumen zur Verfügung haben. Normalerweise ist eine VPN-Verbindung hier nicht sinnvoll, da Sie das Datenvolumen sehr stark belasten.

Roaming bedeutet, dass Sie mit Ihrer VPN-Verbindung ohne Unterbrechung in ein anderes Netz wechseln können, beispielsweise von einem Access Point zu einem anderen.

Auch einen Proxy, den Sie für die Herstellung einer Verbindung benötigen, können Sie definieren.

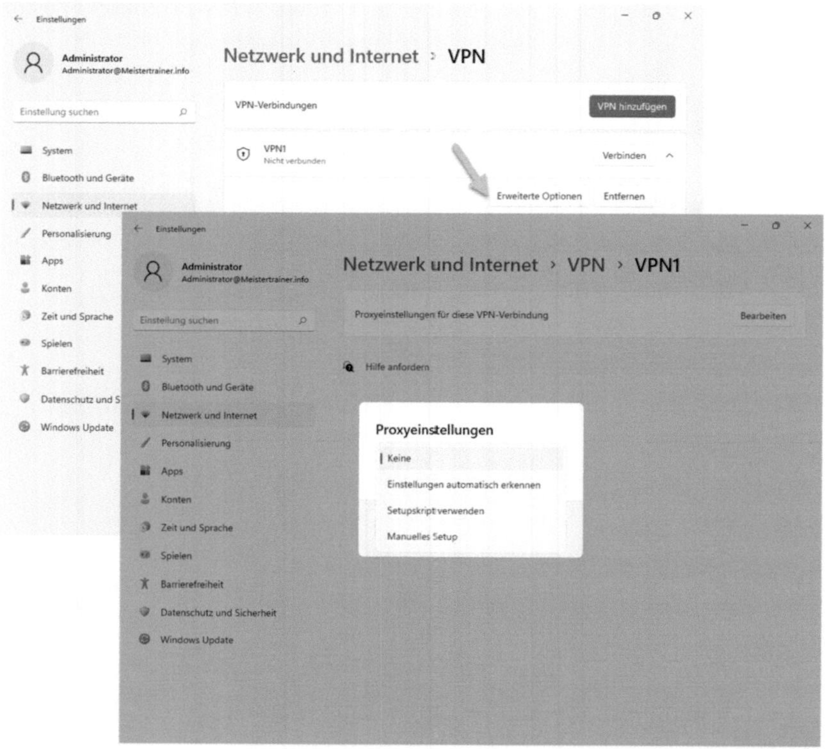

Abbildung 14.17: Proxy

14.2.2 IPSec konfigurieren

IPSec ist eine Möglichkeit, Kommunikation über ein ungeschütztes Netzwerk zu verschlüsseln.

Wir haben ja schon gehört, dass eine VPN-Verbindung über L2TP aufgebaut werden kann, diese aber nicht von alleine verschlüsselt ist. Wir sollten diese Verbindung immer mit IPSec verschlüsseln.

Um eine bestehende VPN-Verbindung für IPSec zu konfigurieren, öffnen Sie die Eigenschaften der entsprechenden Verbindung.

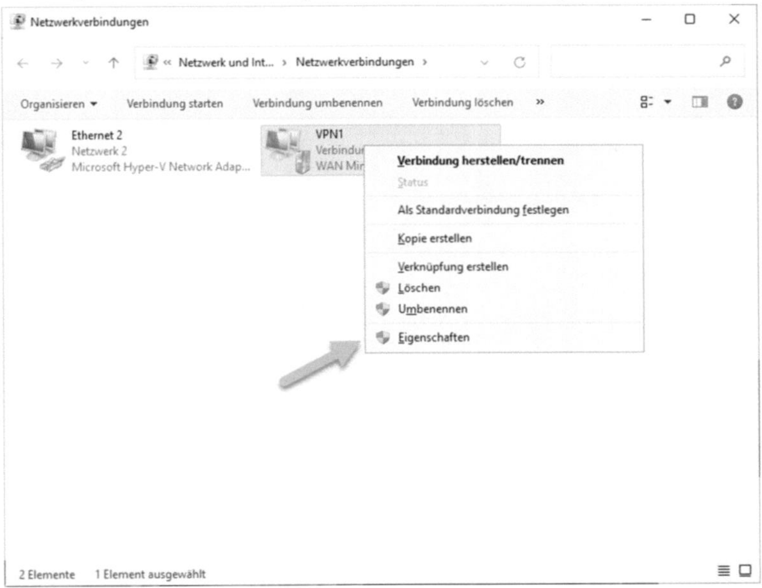

Abbildung 14.18: Eigenschaften der VPN-Verbindung

Hier wechseln Sie auf den Reiter „Sicherheit“.

Bei „VPN-Typ“ können Sie nun „L2TP/IPsec“ auswählen.

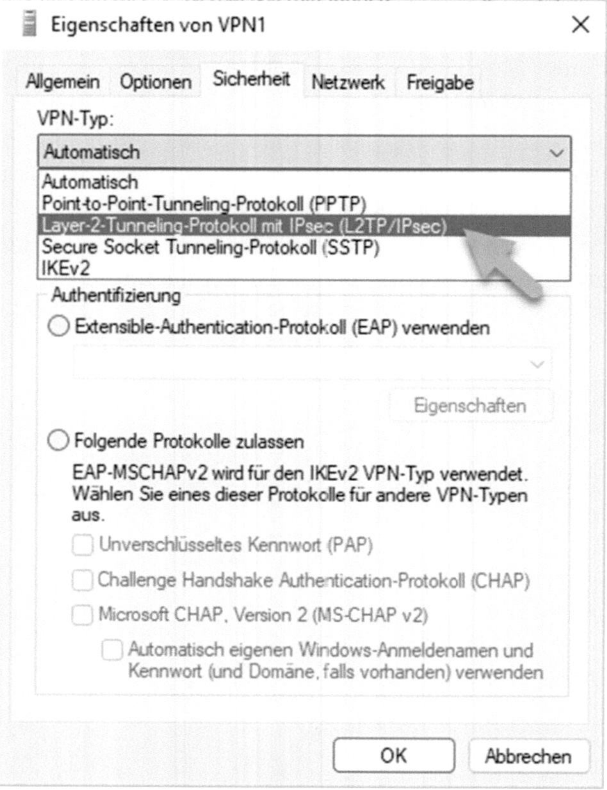

Abbildung 14.19: Sicherheit

Im Bereich „Datenverschlüsselung“ haben Sie die Auswahl, wie sicher die Verbindung sein soll, was also passieren soll, wenn die Sicherheitsanforderungen des Servers nicht erfüllt werden.

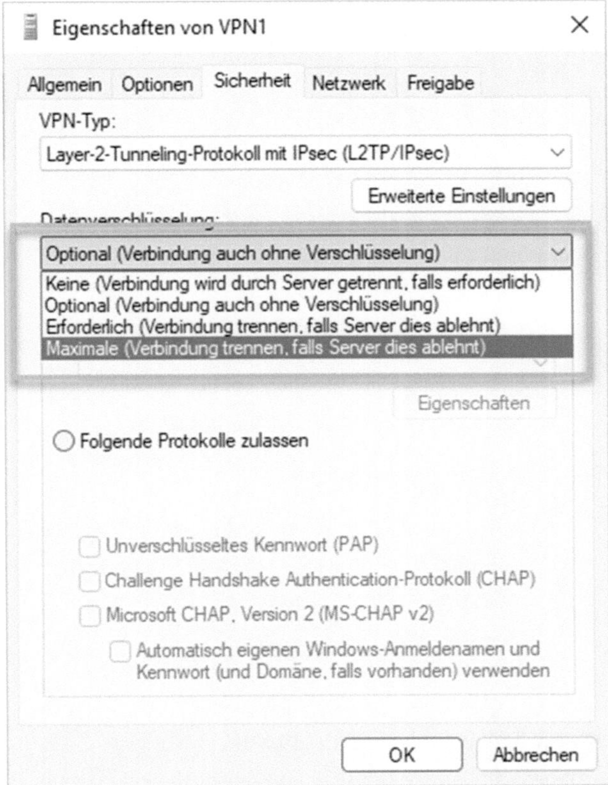

Abbildung 14.20: Datenverschlüsselung

Und wie erfolgt überhaupt die Verschlüsselung?

Das erfahren wir hinter der Schaltfläche „Erweiterte Einstellungen".

Hier wird festgelegt, ob die Verschlüsselung durch ein Zertifikat oder einen gemeinsamen Schlüssel erfolgen soll.

Zertifikate werden häufig in einer Domänenumgebung benutzt, ein gemeinsamer vorinstallierter Schlüssel ist auch ohne Domäne möglich und gebräuchlich.

Wichtig ist an dieser Stelle, dass die Verschlüsselung mit einem Algorithmus vorgenommen wird, der auf beiden Seiten (Client und Server) bekannt ist.

Im unteren Teil können Sie die Authentifizierungsprotokolle festlegen.

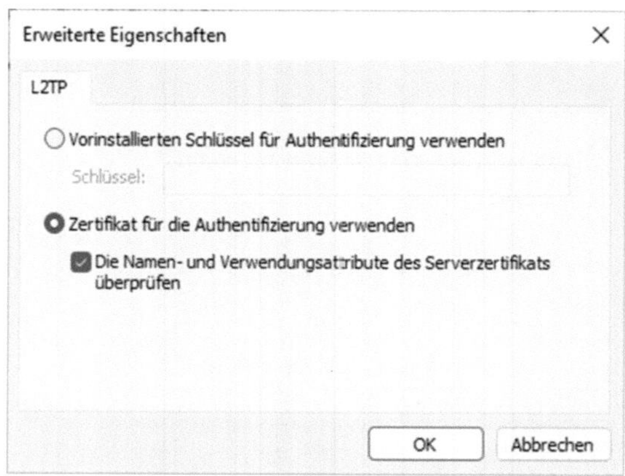

Abbildung 14.21: Verschlüsselung

ACHTUNG!

Dieser Teil betrifft nicht die Datenverschlüsselung sondern nur die Verschlüsselung der Anmeldeinformationen!

PAP (Password Authentication Protocol)

Sendet Benutzername und Kennwort unverschlüsselt, und ist aus diesem Grund möglichst nicht zu wählen.

CHAP (Challange Authentication Protocol)

Auch CHAP verschlüsselt zwar Benutzername und Kennwort, sendet aber Daten unverschlüsselt.

Für eine VPN-Verbindung über PPTP muss mindestens CHAP benutzt werden.

MS-CHAP v2 (Microsoft Challange Authentication Protocol Version 2)

Dies ist die modernste und beste Version des Protokolls CHAP.

Übung 14.2.

- Erstellen Sie auf „W11“ eine VPN-Verbindung mit Namen „vpn01“, die als Zielserver die externe Schnittstelle des VPN-Server hat (172.16.0.1)

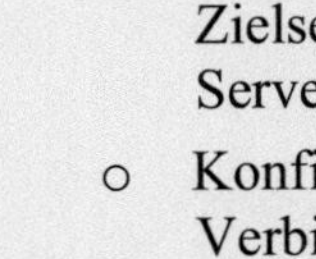

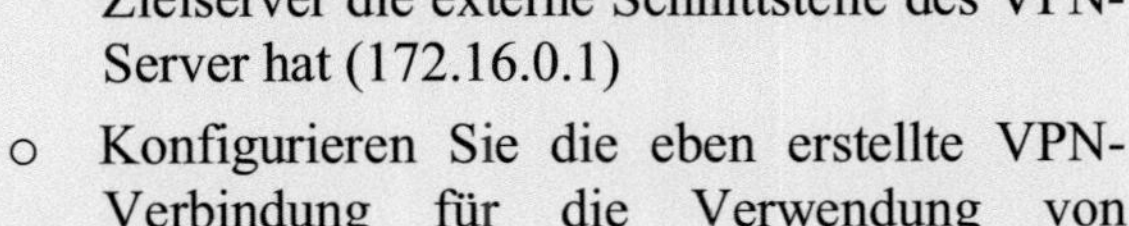

- Konfigurieren Sie die eben erstellte VPN-Verbindung für die Verwendung von L2TP/IPsec

- Sorgen Sie dafür, dass die Verbindung maximale Sicherheit bietet, und getrennt wird, falls der Server L2TP/IPsec nicht unterstützt
- Es soll ein Zertifikat für die Verbindung verwendet werden, die Authentifizierung soll mit MS-CHAP v2 stattfinden
- Setzen Sie alle virtuellen Maschinen auf den Prüfpunkt „Basis“ zurück

15 Verteilen von Windows

Oft muss Windows nicht nur auf einer einzelnen Maschine installiert werden, sondern auf vielen. Dies betrifft natürlich besonders die Client-Variante. In diesem Fall ist es nicht sinnvoll, die normale Einzelplatzinstallation auf jedem einzelnen Rechner auszuführen, diese Vorgehensweise wäre viel zu langsam und auch zu fehleranfällig.

Wir benötigen hierfür Möglichkeiten, so genannte Massenrollouts zu generieren, dies sind Installationen, bei denen automatisiert eine große Anzahl an Computern mit dem Betriebssystem versorgt wird.

Das Verteilen einer Installation ist die Grundvoraussetzung für Massenrollouts. Immer wenn viele Rechner mit ein und demselben Betriebssystem ausgestattet werden müssen, ist es nicht mehr möglich, eine Installation über eine DVD zu starten, wie wir es bisher gemacht haben.

Massenrollouts setzen Vorbereitung voraus, unter anderem darf es nicht mehr nötig sein, die Informationen, wie Seriennummer oder Sprachversion manuell an jedem Computer eingeben zu müssen.

In vielen früheren Versionen war ein Massenrollout relativ schwierig, da jeder Computer einzeln installiert werden musste. Dies konnte zwar mit einigen Dateien vereinfacht werden, aber das Prinzip der Einzelinstallation blieb. Selbst mit Tools, die ein Image eines installierten Systems weiterverbreitet haben, stieß man schnell an die Grenzen des machbaren, da für eine solche Verteilung gleiche, oder zumindest ähnliche Hardware nötig war.

Windows Server 2022 / Windows 11 ist imagebasiert

Windows Server 2022 / Windows 11 wird bereits als Image ausgeliefert!

Dies wirft einige Fragen auf. Wie ist es möglich, dass ein Image auf den verschiedensten Hardwarekonfigurationen installiert werden kann?

Microsoft hat es geschafft, ein Imageformat zu kreieren, das völlig hardwareunabhängig ist. Dieses Format arbeitet auch mit einer hohen Kompressionsrate, deswegen ist es möglich, dass auf einem Windows Installationsmedium mehrere Versionen von Windows vorhanden sind! Das Format nennt sich „.WIM“ (Windows Imaging Microsoft).

Die relevanten Daten befinden sich in zwei Dateien:

- Install.WIM
- Boot.WIM

Das eröffnet natürlich für das Massenrollout neue Möglichkeiten.

Windows ist sprachneutral

Alle Sprachpakete (inklusive Englisch) sind optionale Komponenten und können einzeln zum Betriebssystem hinzugefügt werden.

Das kann man erkennen, wenn man in der Registry einige Einträge mit den Einträgen vergleicht, die in früheren Windows Versionen zu finden waren.

Windows startet die Installation nicht mehr im DOS-Modus

Viele ältere Windows Versionen haben die Installation immer im DOS-Modus gestartet.

Windows Server 2022 / Windows 11 dagegen startet die Installation mit Windows PE .

Windows PE basiert auf dem Windows Kernel und ist ein eigenes, kleines Betriebssystem, das aber nur eingeschränkte Funktion hat. Mit diesem System wird die Installation gestartet. Windows PE findet sich in der Datei „Boot.WIM“.

15.1 Der Windows Imaging and Configuration Designer (ICD)

In vielen Fällen werden Sie Clients für den Massenrollout vorbereiten müssen, bei Servern ist das eher seltener der Fall.

Für diesen Fall gibt Microsoft Ihnen ein sehr gutes Tool zur Hand, den „Windows Imaging and Configuration Designer (ICD) für Windows 11“.

Hiermit können Sie Images verändern und neue Images erstellen. Sogar Programme und Treiber können Sie auf einfache Art in das Image einbinden.

15.1.1 Installation

Der ICD ist Bestandteil des Windows Assessment and Deployment Kit. Hier sind auch noch andere nützliche Tools vorhanden.

Laden Sie zunächst das Windows Assessment and Deployment Kit herunter und installieren Sie es.

Folgende Features müssen Sie installieren, damit Sie ICD benutzen können:

- Bereitstellungstools
- Imageerstellungs - und Konfigurations-Designer (ICD)
- Konfigurations- Designer
- Migrationstools für den Benutzerstatus (USMT)

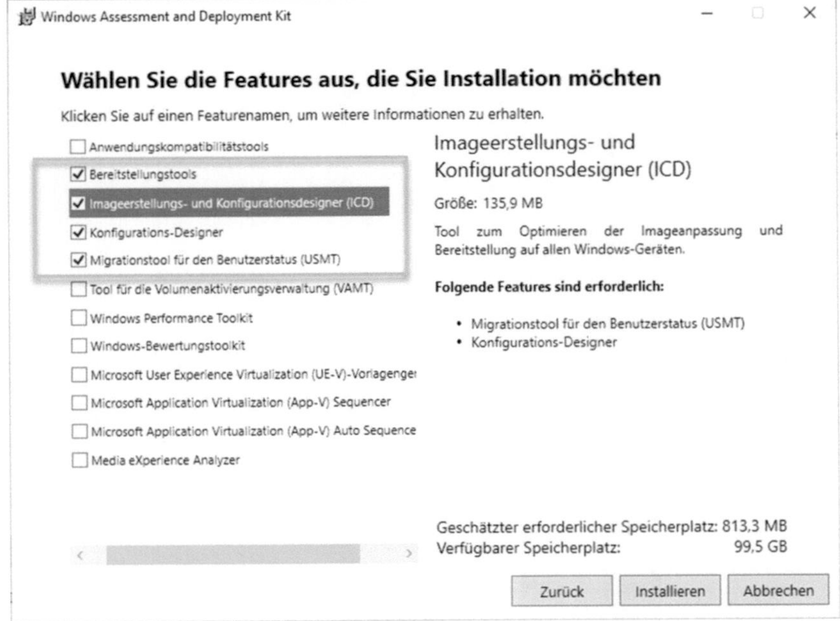

Abbildung 15.1: Windows ADK Installation

Nun können wir beginnen, Images zu erstellen.

Übung 15.1.1

- Installieren Sie auf der Maschine „W11“ den Windows Assessment and Deployment Kit für Windows 11 für die Benutzung des Imageerstellungs - und Konfigurations-Designers

15.1.2 Erstellen eines Images für die Bereitstellung

Nach der Installation des Windows Assessment and Deployment Kits können wir das Erstellen von Bereitstellungspaketen starten.

Wir starten den „Windows Designer für die Imageerstellung und –konfiguration“.

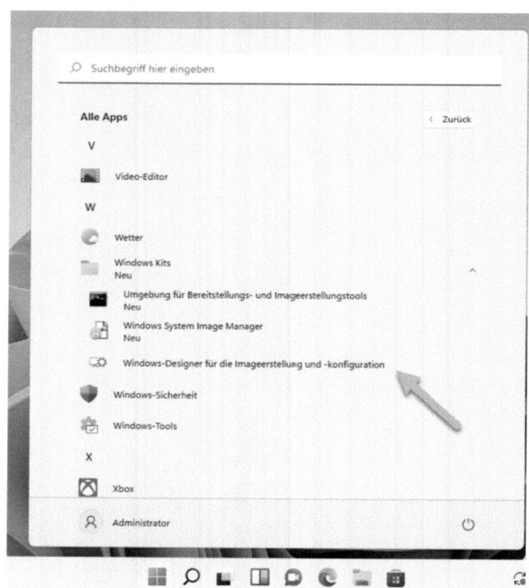

Abbildung 15.2: Windows Designer für die Imageerstellung und -konfiguration

Sie sehen eine Auswahl, Sie können Desktopgeräte, Geräte mit anderer Hardware bereitstellen und eine erweiterte Bereitstellung machen.

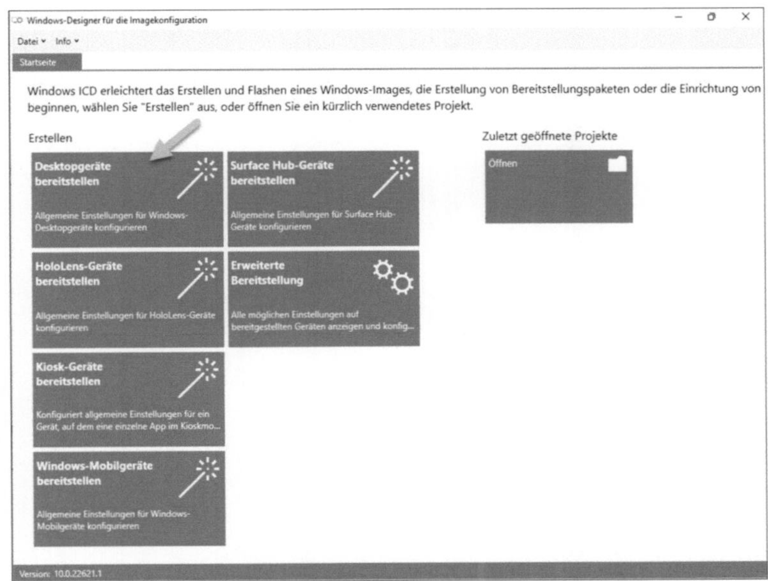

Abbildung 15.3: Auswahl

Die Auswahlen für eine bestimmte Hardware enthalten nur eingeschränkte Möglichkeiten der Konfiguration, haben dafür aber einen angenehmen Assistenten.

Wir klicken auf „Desktopgeräte bereitstellen“.

Neues Projekt
Projektdetails eingeben
Name:
Project_1
Projektordner:
C:\icd
Durchsuchen...
Beschreibung:
Fertig stellen

Abbildung 15.4: Neues Projekt

Wir geben dem neuen Projekt einen Namen und bestätigen den Speicherort.

Dann startet ein Assistent.

Dieser Assistent erlaubt uns, bestimmte Einstellungen zu machen.

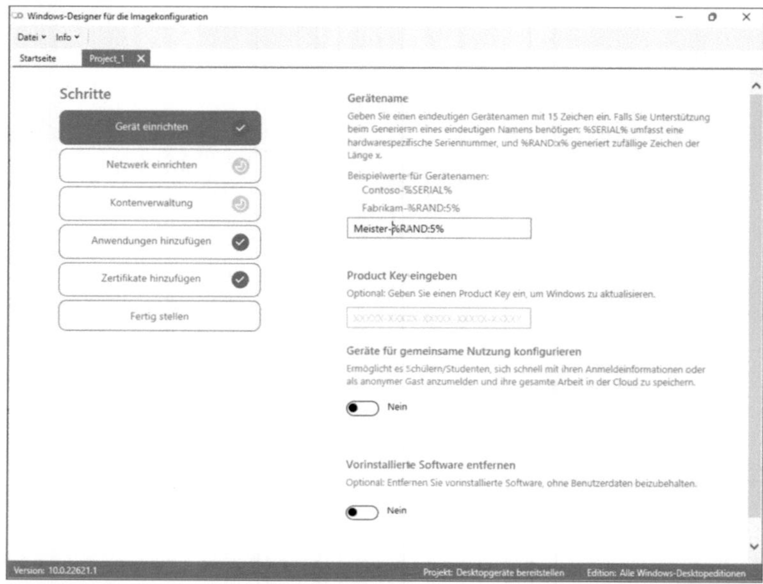

Abbildung 15.5: Einstellungen

Zum Schluss sehen wir noch eine Zusammenfassung, und danach können wir das Paket erstellen.

Betrachten wir den Speicherort des Pakets.

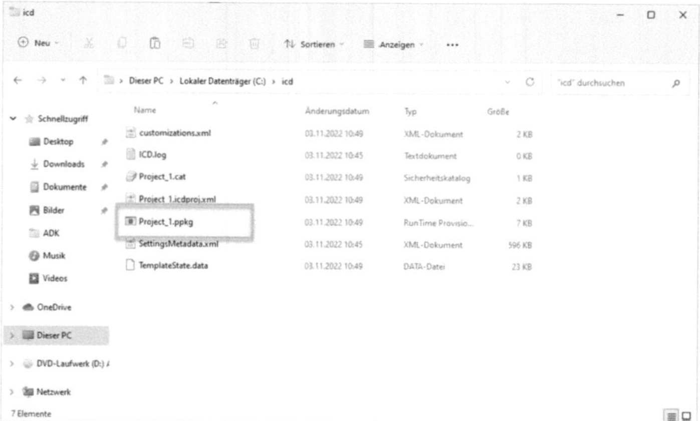

Abbildung 15.6: ppkg-Paket

Wir sehen, es gibt ein Bereitstellungspaket mit der Endung .ppkg und diverse andere Dateien. Alle Dateien zusammen werden später benötigt.

Kehren wir zurück zur Startseite. Wir haben gesehen, der Assistent führt uns durch die Erstellung des Pakets, gibt uns aber wenig Freiraum.

Wenn wir das Bereitstellungspaket mehr anpassen möchten, müssen wir „Erweiterte Bereitstellung“ wählen.

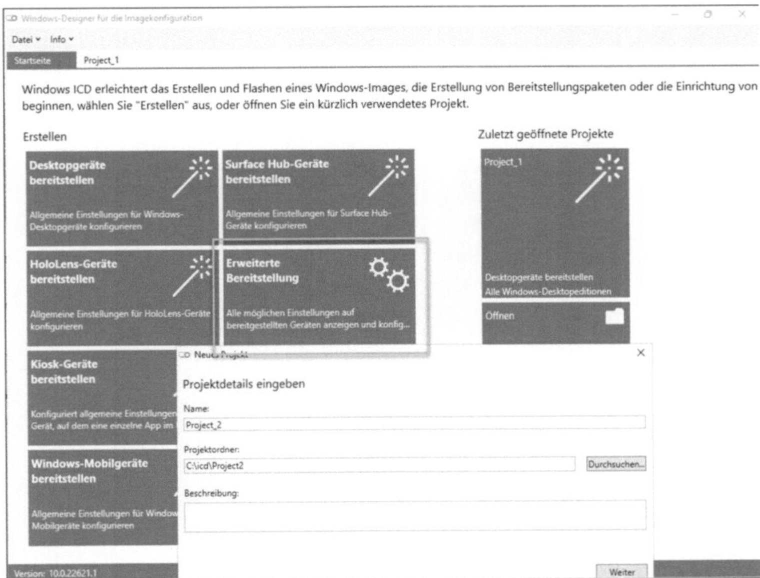

Abbildung 15.7: Erweiterte Bereitstellung

Auch hier können wir einen Namen und einen Speicherort wählen.

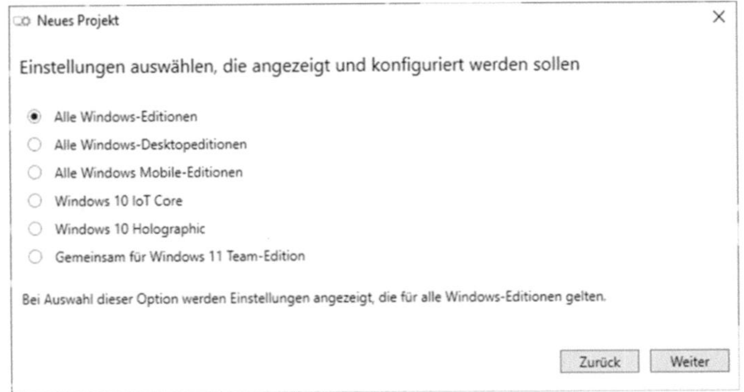

Abbildung 15.8: Auswahl Windows Version

Dann müssen wir uns entscheiden, ob eine bestimmte Version von Windows bereitgestellt werden soll oder ob die Bereitstellung für alle

Windows Versionen gelten soll.

Im nächsten Schritt können Sie ein bereits vorhandenes Bereitstellungspaket importieren.

Das würde bedeuten, dass wir zuvor bereits ein Bereitstellungspaket erstellt haben, und dieses nun zusätzlich benutzen wollen.

Es erscheint das Fenster „Verfügbare Anpassungen".

Hier können wir nun nach Herzenslust alle gewünschten Einstellungen machen.

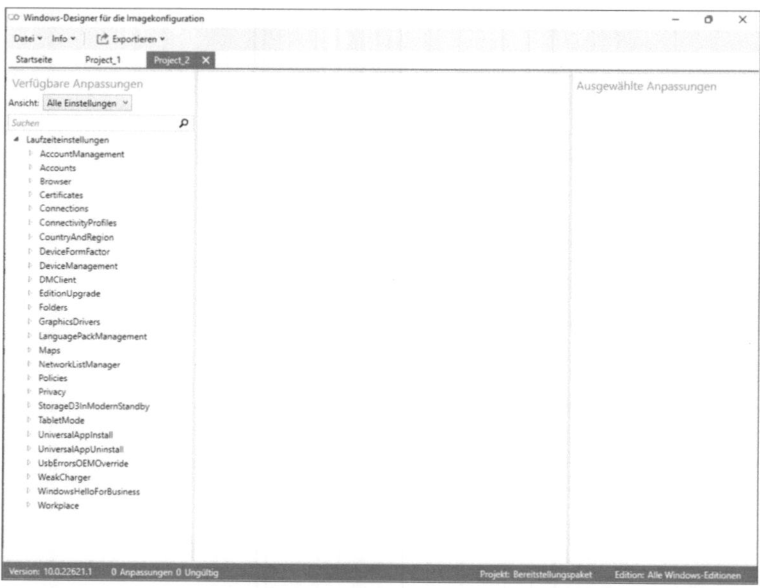

Abbildung 15.9: Anpassungen

Dieses Projekt können wir jederzeit speichern unter „Datei-Speichern". Dann können Sie an diesem Projekt weiterarbeiten.

Wenn wir alle gewünschten Einstellungen gemacht haben, und das Bereitstellungspaket generieren möchten, klicken wir auf „Exportieren – Bereitstellungspaket".

Abbildung 15.10: Bereitstellungspaket

Nun geben wir dem Paket einen Namen und wählen alle gewünschten Parameter aus.

Dann wird das Paket erstellt.

Was können wir nun mit diesem Bereitstellungspaket anfangen?

Nun, wir können diese ppkg-Datei auf ein USB-Laufwerk kopieren und das USB-Gerät bei der Installation aktiv am Gerät haben. Dann wird diese Datei ausgelesen und die darauf enthaltenen Daten werden angewendet. Damit wird die Installation angepasst.

Das Paket kann aber auch nachträglich angewendet werden, indem man es mit einem Doppelklick öffnet. Dazu werden natürlich administrative Rechte benötigt.

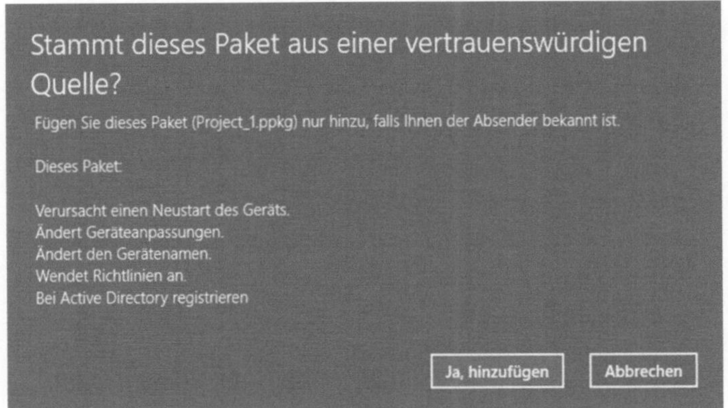

Abbildung 15.11: Paket wird angewendet

Übung 15.1.2.

- Erstellen Sie mit dem „Windows-Designer für die Imagekonfiguration“ ein neues Projekt für Desktopgeräte mit dem Namen „Project_1“
    - Das Projekt soll im Ordner C:\ICD\Projekt1 gespeichert werden
    - Alle Geräte sollen einen Namen erhalten, der mit „Meister-“ beginnt und danach eine 5-stellige Zufallszahl enthält
    - WLAN soll nicht eingerichtet werden
    - Alle mit diesem Projekt installierten Rechner sollen in die Domäne „Meistertrainer.info“ aufgenommen werden

- Erstellen Sie mit dem „Windows-Designer für die Imagekonfiguration“ ein weiteres Projekt für eine erweiterte Bereitstellung mit dem Namen „Project_2“
    - Das Projekt soll im Ordner C:\ICD\Projekt2 gespeichert werden
    - Es soll für alle Windows-Editionen gelten
    - Es soll kein zusätzliches Bereitstellungspaket importiert werden
- Betrachten Sie alle Einstellungsmöglichkeiten
- Speichern Sie dieses Projekt mit den Standardeinstellungen

15.2 Microsoft Deployment Toolkit

Das Microsoft Deployment Toolkit ist eine weitere Möglichkeit, Massenrollouts zu organisieren.

Als kostenloser Allrounder bietet es die breite Palette von Betriebssystem- und Anwendungsinstallation mit extrem flexiblen Anpassungsmöglichkeiten zu eigenen Images, die Sie auch ohne weitere Interaktion erstellen können.

15.2.1 Active Directory Anpassungen

Es empfiehlt sich, für den automatischen Domänenbeitritt und den Server ein eigenes Benutzerkonto mit minimalen Rechten im Active Directory anzulegen. Damit schützt man sich auch davor, ein oder DAS Domänen-Administratorenkonto zu verwenden (Stichwort: „principle of least privileges").

Auch einige andere Anpassungen im Active Directory sind in einer produktiven Umgebung sinnvoll, dies alles würde allerdings den Rahmen dieses Kurses bei Weitem sprengen.

15.2.2 Installation des MDT

Die Voraussetzungen für ein einsatzbereites Microsoft Deployment Toolkit sind relativ leicht zu erfüllen. Es empfiehlt sich ein Server mit mindestens Windows 2012 R2, der zwei Festplatten hat, eine Platte für das Betriebssystem und eine Platte für das MDT, den oder die Deployment Shares und temporär auch die Quelldateien, wie Anwendungen, Treiber und Betriebssysteme. Wenn Sie den Server virtuell aufsetzen, dann kann man später problemlos den Plattenplatz erweitern. Für den Moment sind zweimal 60 GB genug.

Wir werden in unserer Umgebung Server 2 mit einer zweiten Platte von 60 GB konfigurieren und diesen Server als MDT-Server verwenden.

Installation des Assessment und Deployment Kits (ADK)

Vor der Installation des Microsoft Deployment Kits, muss das ADK für Windows 11 als essentieller Bestandteil für das MDT vorhanden sein, denn es bringt etliche Programme mit, die für das MDT wichtig sind, zum Beispiel WinPE und die Deployment Tools, wie dism (Deployment Image Servicing and Management). Seit Windows 10 1809 ist das ADK zweigeteilt, es besteht nun aus dem „Windows ADK für Windows 11" und dem „Windows PE-Add-On für das ADK". Beides kann auf der gleichen Seite heruntergeladen werden.[4]

Beachten Sie bitte, dass Sie zuerst jeweils nur einen knapp 2 MB großen Web-Installer herunterladen. Beim Start der adksetup.exe (Windows ADK für Windows 11) haben Sie die Wahl, ob Sie das ADK auf der verwendeten Maschine installieren wollen oder zum späteren Gebrauch komplett in einen angegebenen (Netzwerk-)Ordner herunterladen möchten. Analog verfahren Sie mit dem adkwinpesetup.exe (Windows PE-Add-On für das ADK). Beide Teile sind zusammen zwischen sechs und sieben GB groß.

Die Installation des ADK läuft genauso, wie wir es bei Windows 11 gesehen haben.

Hier werden die Tools im Standard installiert, es sind keine Änderungen nötig.

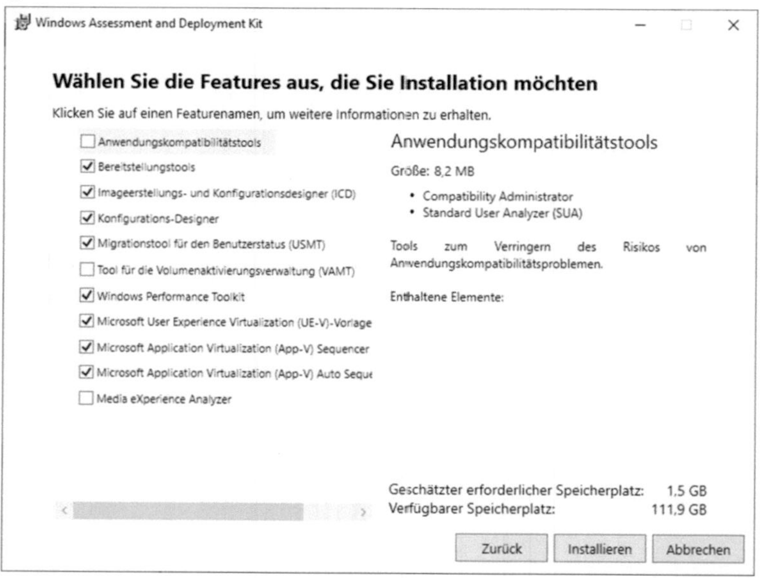

Abbildung 15.12: Feature-Auswahl

[4] https://docs.microsoft.com/de-de/windows-hardware/get-started/adk-install

Installation des Windows PE Add-Ons

Auch bei dieser Installation gibt es die Möglichkeit die Dateien in einem separaten Ordner für später oder einem Server ohne Internet-Zugang herunterzuladen.

Wie zuvor beim ADK, folgt die Auswahl, ob man an der Datenübermittlung teilnehmen möchte und der Lizenzzustimmung.

Hier gibt es nur ein Feature. Da man ohne dieses keine Boot-Abbilder erstellen kann, ist dieses Pflicht.

Abbildung 15.13: Feature-Auswahl

Installation des Microsoft Deployment Toolkits

Die Installation des MDT ist ziemlich geradlinig und zügig erledigt. Aktuell ist Version 6.3.8456.1000 (Stand Dezember 2022)[5].

[5] https://www.microsoft.com/en-us/download/details.aspx?id=54259, aufgerufen am 2022-03-02, 19:15 Uhr

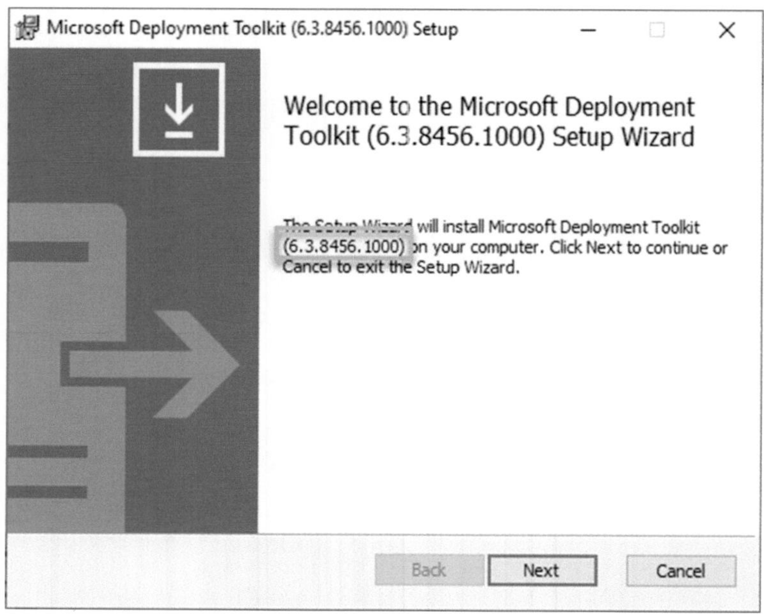

Abbildung 15.14: Splashscreen der aktuellen MDT-Version

Übung 15.2.2.

- Konfigurieren Sie auf „Server 2“ eine zweite Festplatte mit 60 GB
- Installieren Sie ADK, Win PE-Add-On und MDT auf „Server 2“

15.2.3 Grundkonfiguration

In diesem Abschnitt wird das installierte Microsoft Deployment Toolkit grundlegend konfiguriert. Sie legen dafür einen Deployment Share an.

Ein Deployment Share ist die Freigabe, in der alle zu installierenden Betriebssysteme, Treiber, Programme und sonstige Informationen gespeichert werden.

Starten Sie die Deployment Workbench über „Start – Alle Programme – Microsoft Deployment Toolkit – Deployment Bench“ mit der rechten Maustaste als Administrator.

Erstellen eines Deployment Shares

Klicken Sie mit der rechten Maustaste auf „Deployment Shares“ und wählen Sie die Option „New Deployment Share“. Dadurch startet der Assistent, der Sie durch die Erstellung Ihres ersten Deployment Shares führt.

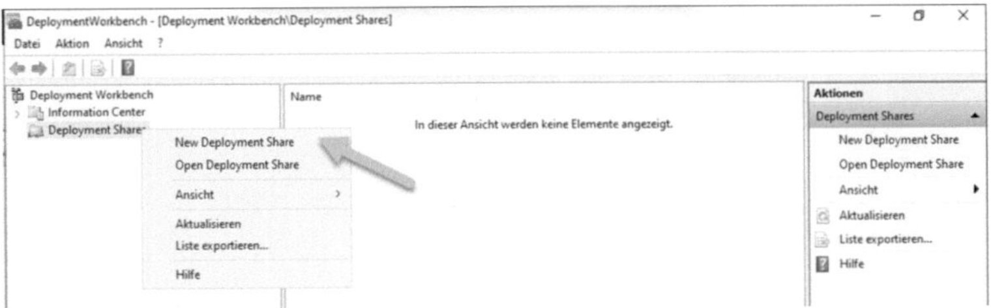

Abbildung 15.15: Erstellen eines Deployment Shares

Legen Sie den Installationspfad fest. Da Sie bei der Serverkonfiguration eine zweite Festplatte hinzugefügt haben, wählen Sie diese aus.

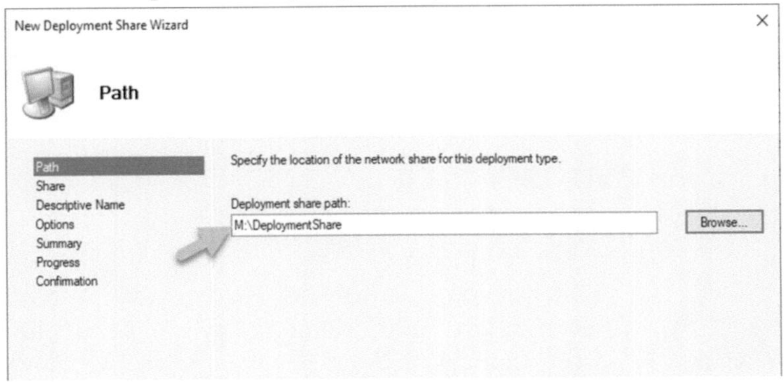

Abbildung 15.16: Auswahl des Installationspfads

In der restlichen Installationsroutine können noch weitere Einstellungen vorgenommen werden, auf die wir an dieser Stelle nicht weiter eingehen.

Nach Abschluss des Assistenten ist der Deployment Share angelegt.

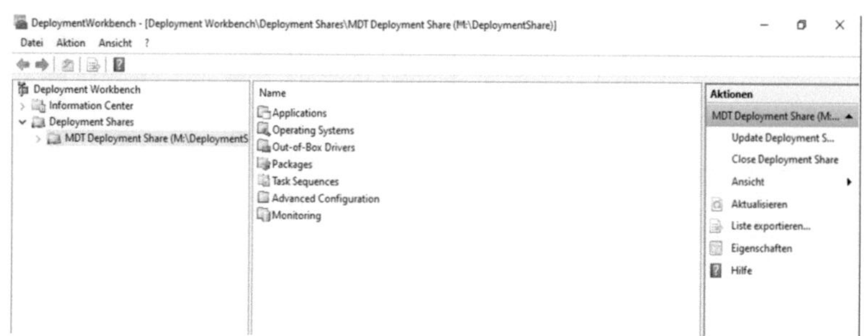

Abbildung 15.17: Fertiger Deployment Share

Übung 15.2.3.

- o Formatieren Sie die hinzugefügte Festplatte auf „Server2" und geben Sie ihr den Laufwerksbuchstaben „M" (wie MDT)
- o Erstellen Sie auf Laufwerk M:\ einen Deployment Share mit den Standardeinstellungen

15.2.4 Import eines Betriebssystems

Nach der Installation und den Vorbereitungen des Microsoft Deployment Toolkits, können Sie ein Betriebssystem importieren, das Sie bereitstellen möchten. Sie sind nicht auf die WIM-Dateien der DVD (oder der ISO-Datei) beschränkt, Sie können auch ein Referenz-Image importieren.

Import von DVD/ ISO

PRAXIS-TIPP:

Erstellen Sie unterhalb des Betriebssystemknotens je einen Ordner pro Betriebssystem. Das erhöht die Übersichtlichkeit. Wenn Sie zum Beispiel Windows 11 ausrollen möchten, dann erstellen Sie einen Ordner „Windows 11". Erstellen Sie darunter eigene Ordner für die einzelnen Windows 11 Versionen. Importieren Sie in diesen die gewünschten Images. Wenn Sie noch 32 Bit und 64 Bit Betriebssysteme bereitstellen müssen, kann auch eine weitere Untergliederung sinnvoll sein.

Erweitern Sie den Knoten des Deployment Shares und klicken Sie mit der rechten Maustaste auf „Operating Systems“. Erstellen Sie mit „New Folder“ einen neuen Ordner und benennen Sie ihn eindeutig.

Hier im Beispiel sollen Quelldateien für Windows 11 importiert werden. Somit erhält der Ordner den eindeutigen Namen „W11“.

Abbildung 15.18: Ordner nach Betriebssystem

Markieren Sie jetzt einen neu erstellten Ordner und rufen Sie über die rechte Maustaste den Import-Assistenten auf.

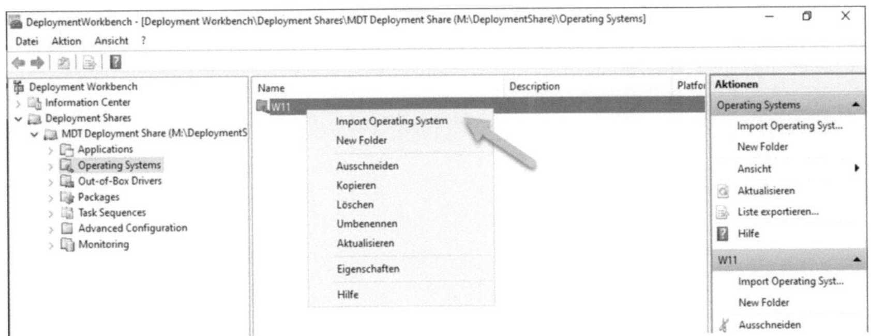

Abbildung 15.19: Start des Import Assistenten

Wählen Sie aus, ob Sie mit Quelldateien von einer DVD oder einem anderen Verzeichnis importieren wollen (Hier: „Full set of Source files“).

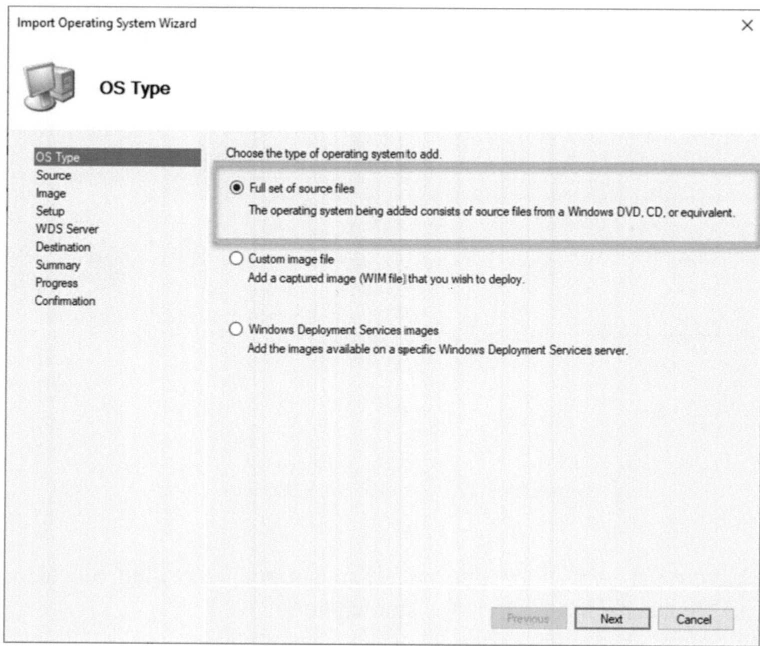

Abbildung 15.20: Import mit Sourcen

Navigieren Sie nun zum Pfad des Verzeichnisses mit der entpackten Windows-ISO-Datei oder zum DVD-Laufwerk.

Vergeben Sie einen neuen Verzeichnisnamen, wenn Ihnen der vorausgewählte nicht zusagt.

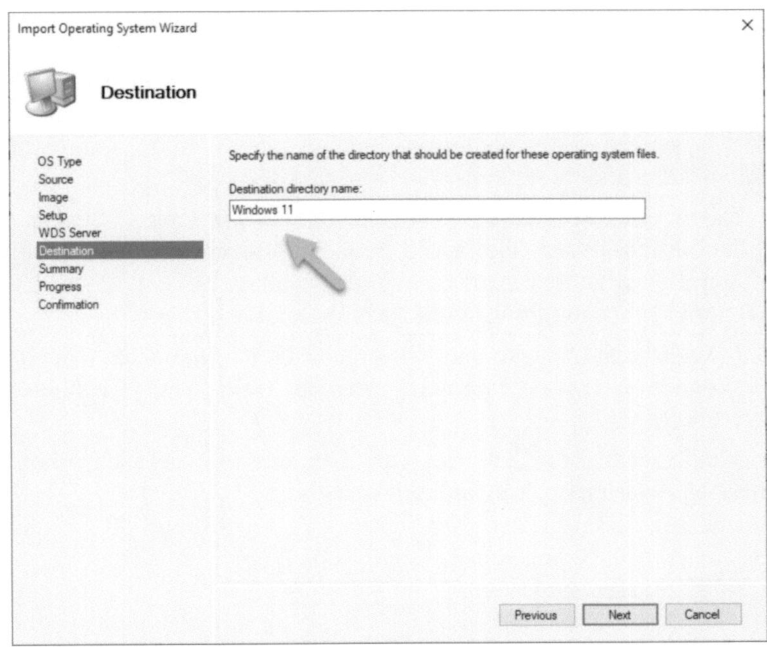

Abbildung 15.21: Verzeichnisnamen für das Dateisystem auswählen

Kontrollieren Sie die Zusammenfassung und lassen Sie den Import durchlaufen. Das dauert einige Minuten.

Nun sehen Sie Ihr importiertes Betriebssystem im entsprechenden Ordner im Knoten „Operation Systems“.

Übung 15.2.4.

- Importieren Sie Windows 11 von der Iso-Datei in den Deployment Share
- Der Betriebssystemshare soll „W11“ heißen

15.2.5 Import von Anwendungen und Treibern

Der MDT gibt ebenfalls die Möglichkeit, Anwendungen und Treiber zu importieren, die später zusammen mit dem Betriebssystem ausgerollt werden können.

Die Vorgehensweise ist ähnlich dem Import der Betriebssysteme.

15.2.6 Task Sequenzen

Mit Task Sequenzen (TS) haben Sie das effektive Werkzeug des Microsoft Deployment Toolkits an der Hand, um die Installation von Betriebssystemen, Anwendungen und Updates fein granular zu automatisieren und zu steuern.

Sie haben die Möglichkeit, Skripte an gewünschten Stellen der Installationsabfolge in die Task Sequenz einzuhängen, um weitere Konfigurationen zu automatisieren. Dabei können Sie auf Batch, Visual Basic Script (vbs) und PowerShell zurückgreifen.

Bereits vorhandene Skripte und Wissen aus älteren Standards (Batch und vbs) können genauso eingesetzt werden, wie neue Technologien (PowerShell).

Die grundlegende Erstellung der Task Sequenz ist, wie auch schon die vorherigen Assistenten, kurz und schmerzlos.

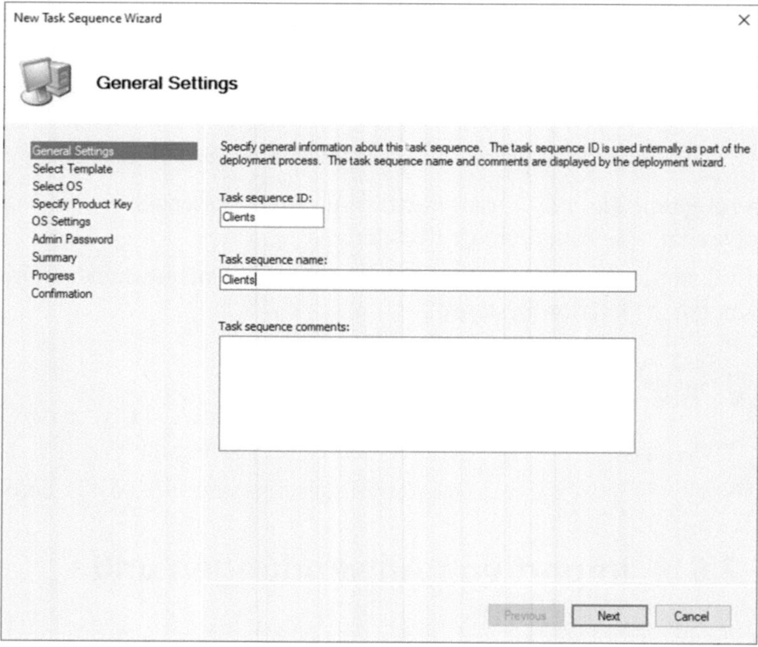

Abbildung 15.22: Allgemeine Einstellungen

Vergeben Sie eine eindeutige „Task Sequence ID“. Sie können hier mit Buchstaben und Zahlen arbeiten. Es bleibt Ihnen überlassen, ob Sie mit diesen IDs eine Namenskonvention abbilden möchten oder nur einfach eindeutig sein wollen. Benennen Sie die Task Sequenz und schreiben Sie optional einen Kommentar dazu.

Im nächsten Assistentenfenster „Select Template“ legt man fest, welche Vorlage Sie in der Task Sequenz verwenden möchten. Sie haben eine breite Auswahl für Clients und Server. Die wohl am häufigsten verwendete ist „Standard Client Task Sequence“. Hinter jeder Vorlage stehen verschiedene vorbereitete Sequenzen für die Installation.

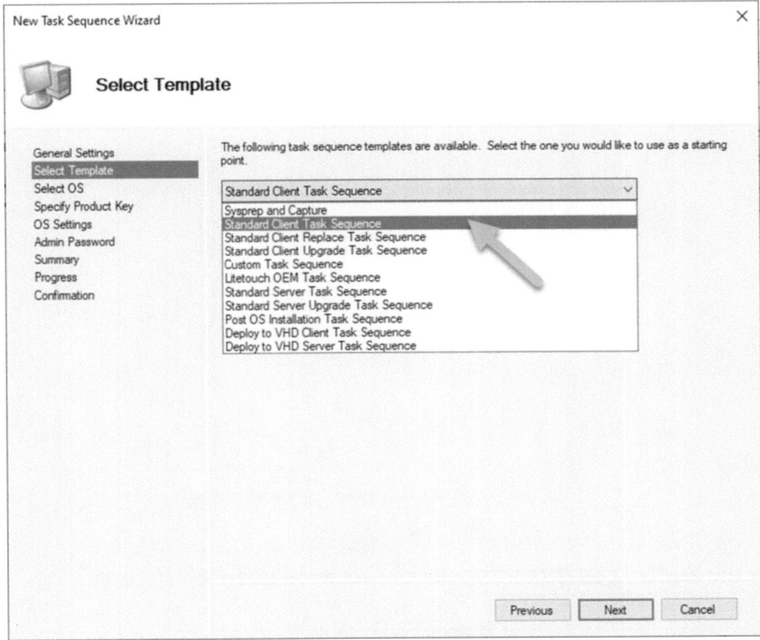

Abbildung 15.23: Verschiedene Vorlagen

Hinterlegen Sie im nächsten Fenster das auszurollende Betriebssystem. Sie können nur bereits importierte Betriebssysteme aus der Liste auswählen.

Sie müssen an dieser Stelle keinen Produktschlüssel angeben, das können Sie später noch tun.

Füllen Sie die Angaben zu Namen und Organisation aus. Sie können hier die Startseite für den Internet Explorer festlegen. Natürlich kann das nachträglich über Gruppenrichtlinien angepasst werden.

Setzen Sie ein Administrator-Passwort, auch wenn der Rechner der Domäne beitreten soll.

Entscheiden Sie sich hier kein Passwort anzugeben, werden Sie bei jedem späteren Deployment danach gefragt.

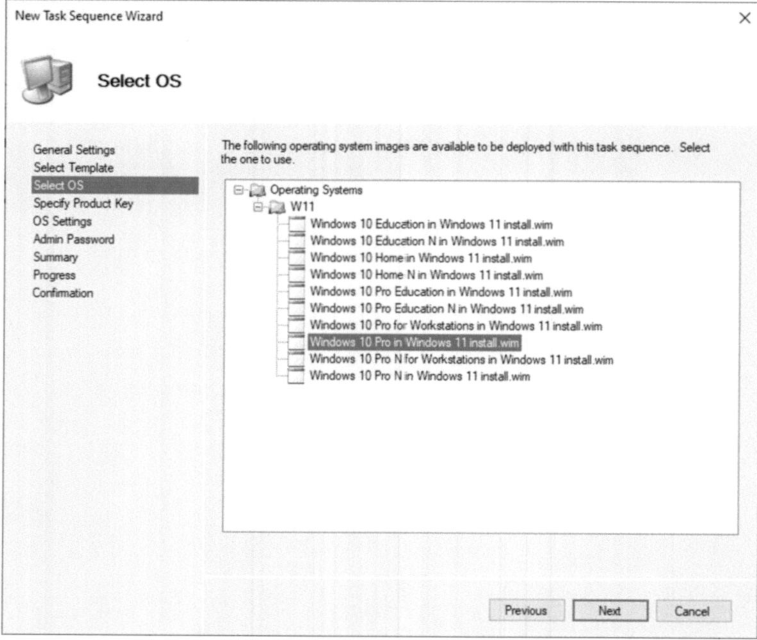

Abbildung 15.24: Auswahl Betriebssysteme

Beenden Sie die Erstellung der Task Sequenz mit „Next, Next, Finish“ über die Seiten Zusammenfassung, Fortschritt und Bestätigung.

Übung 15.2.6.

- Erstellen Sie eine Tasksequenz mit dem Namen „Clients“, die auf der „Standard Client Task Sequence“ basiert
- Es soll Windows 11 Pro ausgerollt werden

15.2.7 Die Konfigurationsdateien

Neben den Task Sequenzen sind die beiden INI-Dateien, „Bootstrap.ini“ und „CustomSettings.ini“, zentrale Steuerungselemente und wichtige Dateien. Mit den Dateien steuern Sie beim Boot-Vorgang die Verbindung zum Server und Deployment Share, sowie alle Parameter für den

Installations-Assistenten. Die beiden nächsten Abschnitte gehen etwas näher auf die einzelnen Dateien und interessante Parameter ein. Beide Dateien können Sie entweder über die Eigenschaften des Deployment Shares oder direkt im Filesystem mit einem Editor Ihrer Wahl bearbeiten. Im Dateisystem finden Sie die Dateien im Deployment Share innerhalb des Ordners „Control“.

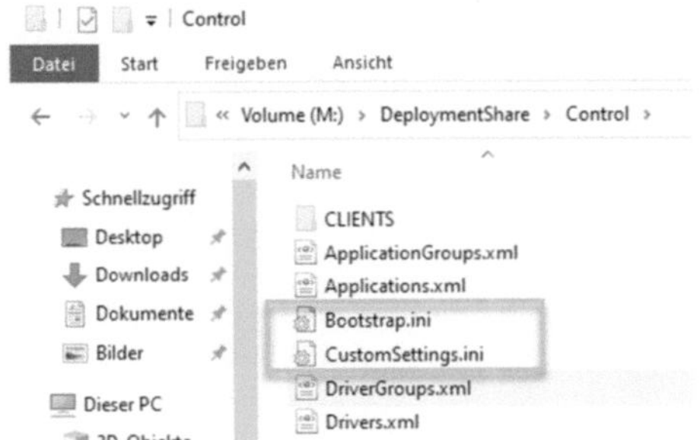

Abbildung 15.25: Die Dateien im Dateisystem

Über die Eigenschaften des jeweiligen Deployment Shares kommen Sie zu den beiden Dateien unter dem Reiter „Rules“.

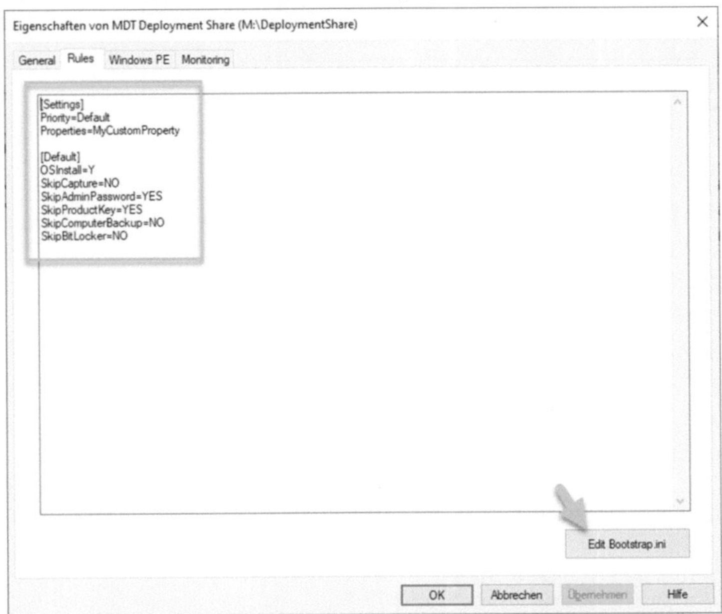

Abbildung 15.26: Die Dateien über den Deployment Share

Die Einträge, die Sie gleich beim Aufruf des Reiters sehen, entsprechen dem Inhalt der CustomSettings.ini. Die „Bootstrap.ini“ rufen Sie über die zusätzliche Schaltfläche „Edit Bootstrap.ini“ unten rechts auf.

Bootstrap.ini

Die „Bootstrap.ini“ enthält alle notwendigen Einstellungen und Informationen damit der Client bei einer Neuinstallation über das Boot-Image von einem USB-Stick oder per PXE-Boot den MDT-Server und den richtigen Deployment Share findet. Wichtige Parameter sind:

- SkipBDDWelcome=YES/ NO
- DeployRoot=<UNC-Pfad zum Deployment Share>
- KeyboardLocalePE= <Tastatur-Layout>
- UserID= <Benutzer der Zugriff auf den Deployment Share hat>
- UserDomain= <Deine Domäne>

Wenn Sie den Startbildschirm abschalten möchten, dann setzen Sie „SkipBDDWelcome=YES“.

ACHTUNG!

Schreiben Sie alle Steuerungsparameter „YES“ oder „NO“ stets in Großbuchstaben. Achten Sie ebenfalls auf die korrekte Schreibweise. Falsch geschriebene Parameter werden nicht verarbeitet!

In der „Bootstrap.ini“ können Sie Pfade nur als UNC-Pfade angeben. D.h. für die Option „DeployRoot“ ist der Wert Deines Deployment Shares in dieser Form anzugeben: „DeployRoot=\\<MDT-SERVER>\Deployment-BuildLab$“.

Das Standard-Tastatur-Layout ist die amerikanische Tastatur „en-US“. Für das deutsche Tastaturlayout fügen Sie im Abschnitt „[Default]“ den Eintrag „KeyboardLocalePE=0407:00000407“ hinzu. Sollten weitere Tastaturlayouts benötigt werden, dann finden Sie eine hervorragende Liste bei Microsoft.[6] Hätte Ihre Firma also einen Standort in Grönland, so könnten Sie die Kollegen dort auch mit einem Layout für „Inuktitut (Latein)“ beglücken.

---

6 https://docs.microsoft.com/en-us/previous-versions/windows/it-pro/windows-vista/cc766503(v=ws.10) (aufgerufen 2021-11-16, 08:51 Uhr)

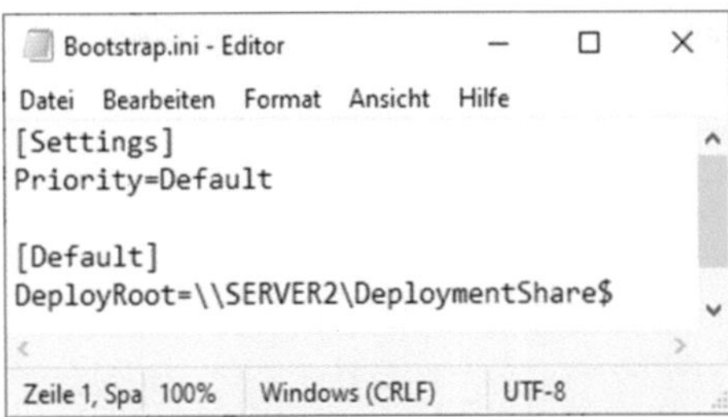

Bootstrap.ini - Editor
Datei Bearbeiten Format Ansicht Hilfe

```
[Settings]
Priority=Default

[Default]
DeployRoot=\\SERVER2\DeploymentShare$
```

Zeile 1, Spa 100% Windows (CRLF) UTF-8

Abbildung 15.27: Einfache Bootstrap.ini

Mit UserID und UserDomain legen Sie fest, welches Domänen-Benutzerkonto für den Zugriff auf den Deployment Share verwendet werden soll. Durch die Verwendung von „UserPassword" könnten Sie sich automatisch auf den angegebenen Deployment Share verbinden. Allerdings steht das Passwort dann im Klartext in der INI-Datei.

Praxis-Tipp:

Durch das Weglassen der Variablen UserPassword bleibt die Installation an dieser Stelle stehen, bis das entsprechende Passwort eingegeben wird. Damit verhindert man ebenso, dass Anwender sich versehentlich/ absichtlich den Rechner neu installieren.

ACHTUNG!

Wenn Sie Änderungen an der „Bootstrap.ini" vornehmen, dann ist es zwingend notwendig, jedes Mal auch die Boot-Images neu zu erzeugen. Mehr zum Update des Deployment Shares später.

CustomSettings.ini

In der „CustomSettings.ini" werden die Regeln eingetragen, die das MDT verarbeiten soll. Deshalb ist der Reiter auch „Rules" benannt. Die Werte dieser Regeln heißen Eigenschaften (Properties) und sind die Variablen für das MDT.

Das Microsoft Deployment Toolkit stellt zwei Arten von Eigenschaften zur Verfügung. Die Standardeigenschaften, die bereits innerhalb des

MDT definiert sind und die benutzerdefinierten Eigenschaften, die Sie später einmal selbst festlegen können.

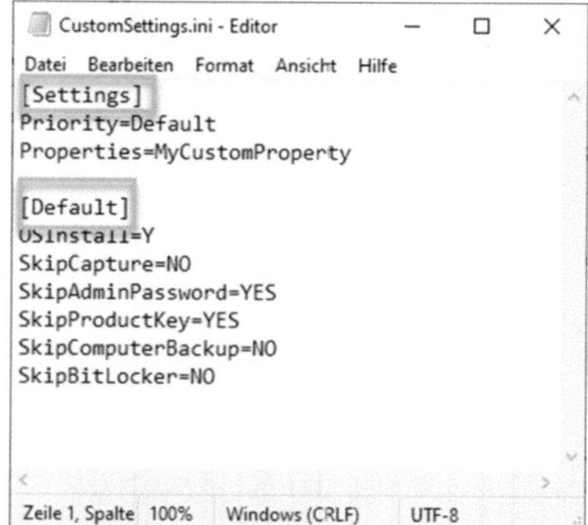
CustomSettings.ini - Editor

Datei Bearbeiten Format Ansicht Hilfe

```
[Settings]
Priority=Default
Properties=MyCustomProperty

[Default]
OSInstall=Y
SkipCapture=NO
SkipAdminPassword=YES
SkipProductKey=YES
SkipComputerBackup=NO
SkipBitLocker=NO
```

Zeile 1, Spalte 100% Windows (CRLF) UTF-8

Abbildung 15.28: Eine CustomSettings.ini mit einigen Basiseinträgen

Eine „CustomSettings.ini“ hat zwei Abschnitte in der Grundkonfiguration: „Settings" und „Default".

Die Einträge im Abschnitt „[Settings]" beinhaltet die Einträge

„Priority" mit dem Standardwert „Default" und

„Properties" mit dem Standardwert „MyCustomProperty".

Grundsätzlich sollten Sie an dieser Stelle erstmal keine weiteren Einträge machen müssen. Wenn Sie später einmal mit der MDT-Datenbank arbeiten wollen, dann trägt der Assistent die notwendigen Werte an dieser Stelle ein.

Die Priorität (Priority) legt fest, in welcher Reihenfolge die einzelnen Sektionen der CustomSettings.ini abgearbeitet werden sollen. Hier ist nur der Eintrag „Default“ vorhanden. Deshalb werden die Regeln der Sektion „[Default]“ für das Deployment verarbeitet und übergeben.

In Abschnitt unterhalb von „[Default]" stehen alle Variablen, die das MDT mitbringt. In diesem Abschnitt haben Sie bisher alle Einträge gemacht, wie z.B. SkipBitlocker=NO oder OSInstall=YES. Diese Einträge kamen über den Assistenten bei der Einrichtung des Deployment Shares.

Grundsätzlich können Sie mit den Regeln jede einzelne Seite des Assistenten ausblenden und jeden Wert an der dafür vorgesehenen Stelle über Eigenschaften (Property) in der CustomSettings.ini vorab eintragen.

„SkipBitlocker“, *„SkipApplications*“ und *„SkipAdminPasswort*“ sind drei Beispiele für Regeln über die Sie Assistentenseiten ein- oder ausschalten können. Die Werte, die Sie den „Skip“-Parametern mitgeben können sind „YES“ oder „NO“ (beachten Sie die Groß-Schreibweise!).

„SkipApplications=YES“ blendet bei einem Deployment die Assistentenseite mit der Auswahl für die Anwendungen aus. *„SkipApplications=NO*“ hingegen zeigt Ihnen die Assistentenseite.

Je mehr Sie bereits durch Regeln und Werte vorgeben, desto automatisierter wird Ihre Installation. Bei manchen „Skip“-Parametern sind weitere Eigenschaften konfigurierbar und manchmal auch notwendig.

Nehmen wir an, Sie möchten den Rechner immer der Domäne beitreten lassen. Warum sollten Sie sich deshalb durch die Assistentenseite mit dem Domänenbeitritt klicken und jedes Mal die Angaben dazu machen? Die Eigenschaft, die das Verhalten steuert ist: *„SkipDomainMembership*“. Tragen Sie also in die CustomSettings.ini *„SkipDomainMembership=YES*“ ein.

Damit Sie dennoch die notwendigen Einträge bereitstellen können, sind die weiteren Eigenschaften *„JoinDomain*“, *„DomainAdmin*“, *„DomainAdminDomain*“ und *„DomainAdminPassword*“ samt Werten in die CustomSettings.ini einzutragen. Somit benötigt die Datei hier noch folgende Zeilen.

- JoinDomain=Meistertrainer.info
- DomainAdmin=Administrator
- DomainAdminDomain= Meistertrainer.info
- DomainAdminPassword=Kennw0rt!

Nun haben Sie mit diesen fünf Zeilen die Assistentenseite für den Domänenbeitritt ausgeblendet und die fehlenden Eigenschaften mit konkreten Werten vorbelegt. Es wird nur nach dem Rechnernamen gefragt.

Einige der Eigenschaften benötigen andere Werte als „YES/ NO.

Natürlich können Sie auch den anderen Weg gehen. Sie blenden die jeweilige Assistentenseite nicht aus, belegen aber die einzelnen Eigenschaften schon mit Werten. So haben Sie ein annehmbares Gleichgewicht zwischen Automatisierung und Flexibilität.

- SkipDomainMembership=NO
- JoinDomain= Meistertrainer.info

- DomainAdmin= Administrator
- DomainAdminDomain= Meistertrainer.info
- DomainAdminPassword=Kennw0rt!

Praxis-Tipp:

Probieren Sie gleich während des Tests mit den verschiedenen Anwendungen auch die einzelnen Möglichkeiten aus, um ein vernünftiges Gleichgewicht zwischen Automatisierung und Flexibilität zu finden.

Einige interessante Eigenschaften sehen Sie in der kleinen Übersicht:

Eigenschaft	Werte
_SMSTSOrgName=	Hier können Sie Ihren Firmennamen eintragen. Z.B. Meistertrainer. Beachten Sie, dass hier keine Umlaute möglich sind
Home_Page=	Sie können an dieser Stelle dem Internet Explorer die Firmen-Startseite mitgeben. Natürlich geht das später auch über eine Gruppenrichtlinie
WSUSServer=	http://<Pfad zu Ihrem WSUS>. Das WSUSServer=http(s):// ist notwendig. Fehlt es, bricht die Installation ab
Applications00x=	Sie können Anwendungen durch einen Eintrag in der CustomSettings.ini verpflichtend machen. In den Eigenschaften jeder importierten Anwendung findet man die dazugehörige GUID. Kopieren Sie diese in die CustomSettings.ini und diese Anwendung wird ab dem nächsten Deployment automatisch mitinstalliert. Hier das Beispiel: Applications001={b29c6358-8ee3-0815-90fa-d4517da6feff}

SLShareDynamicLogging=	Wenn Sie gern einen zentralen Ort für die Deployment-Logdateien hätten, dann erstellen Sie einen Ordner „Logs“ in Ihrem Deployment Share und geben den UNC-Pfad dazu an. Die Log-Dateien werden danach zentral auf dem Server abgelegt. \\<MDT-Server>\DS$\Logs Um für jeden Rechner eine eigene Log-Datei zu erzeugen erweitern Sie die Variable zu: `SLShareDynamicLogging=\\<MDT-Server>\DS$\Logs\%ODSComputername%`

ACHTUNG!

Beim deutschsprachigen Tastaturlayout in der Boot.ini heißt die Variable „KeyboardLocal**e**PE“, während sie in der Customsettings.ini lediglich „KeyboardLocalPE“ lautet. Hier fehlt das „e“ vor „PE“!

Übung 15.2.7.

- Bearbeiten Sie die Datei „Bootstrap.ini“ auf dem MDT-Server
  - Schalten Sie den Startbildschirm bei der Installation ab
  - Setzen Sie die Tastatur auf „Deutsch“
  - Legen Sie fest, dass der Benutzer „Administrator“ der Domäne „Meistertrainer.info“ Zugriff auf das Installationsverzeichnis hat
- Bearbeiten Sie die Datei „CustomSettings.ini“ auf dem MDT-Server
- Setzen Sie auch hier die Tastatur auf „Deutsch“

15.2.8 Boot-Images erzeugen

Die Erzeugung der Boot-Images ist kurz, bündig konfiguriert und annähernd vollautomatisiert. Die Erstellung dauert dann eine Weile.

Erstellung der Images

Für Windows 11 benötigen wir nur das 64-Bit Boot-Image.

Deswegen deaktivieren wir die 32-Bit-Version.

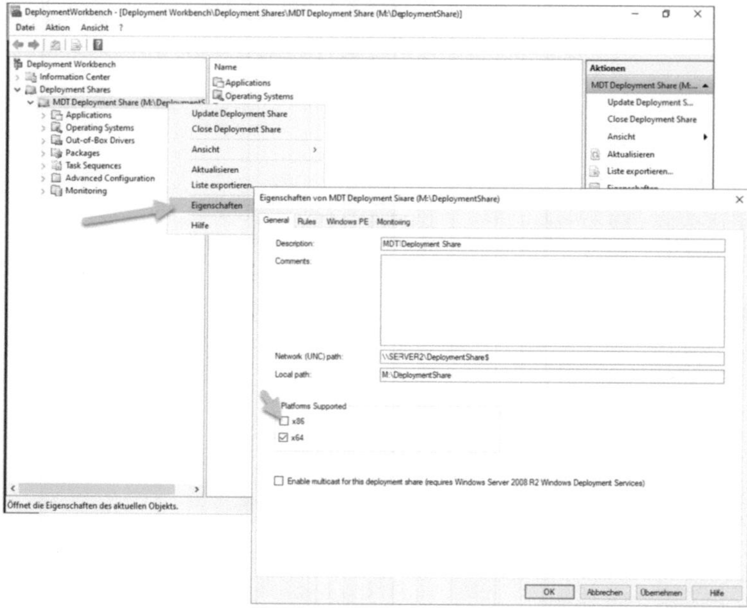

Abbildung 15.29: Deaktivieren der 32-Bit Version

Danach klicken Sie erneut mit der rechten Maustaste auf den Deployment Share und wählen die Option „Update Deployment Share". Es geht weiter in guter, alter „Next, Next, Finish"-Manier durch den Assistenten. Die Erzeugung kann eine Weile dauern. Es ist Zeit für eine Kaffeepause, wenn der Assistent im „Progress"-Abschnitt ist.

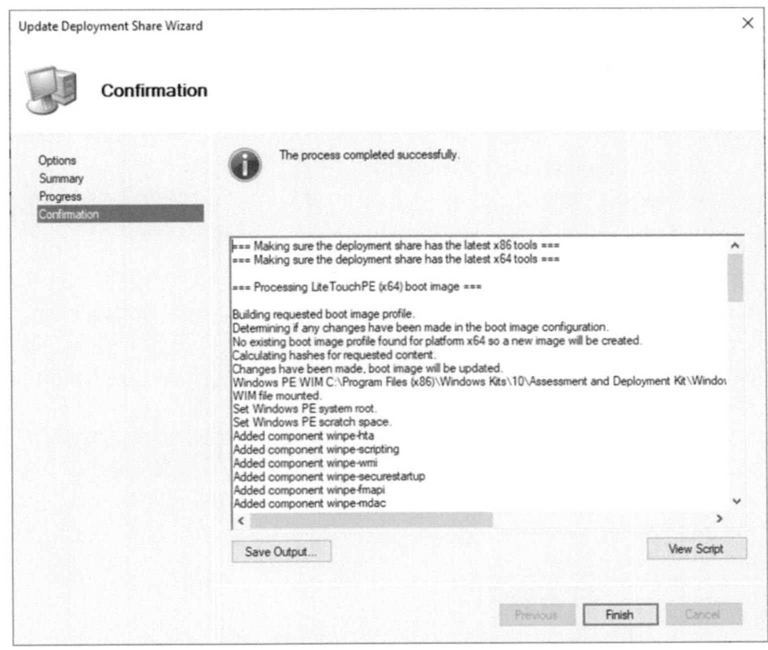

Abbildung 15.30: Boot-Images sind erstellt

Nun wurde im Ordner „Deployment Share“ ein Ordner „Boot“ angelegt, in dem sich angepasste .wim und auch .iso-.Dateien befinden, die nun für die Installation der Clients benutzt werden können.

Übung 15.2.8.

- Erstellen Sie auf „Server2“ 64-Bit Boot-Images
- Setzen Sie alle virtuellen Maschinen auf den Prüfpunkt „Basis“ zurück

15.2.9 Bootbaren USB-Stick erzeugen

Sie haben nun die Boot-Images als ISO- und WIM-Datei für x86 und x64 vorliegen. Wenn Sie die Installationen über USB-Stick initialisieren möchten, dann benötigen Sie einen bootfähigen USB-Stick.

Der einfachste Weg zur Erzeugung des USB-Sticks ist über das Tool

„Ventoy".[7] Alternativ funktioniert ebenfalls Yumi[8]. Als ISO-Option wäre hier dann „Single WindowsPE" zu wählen.

Der große Vorteil von Ventoy gegenüber Yumi ist, dass man später eine neue Version der ISO-Boot-Datei einfach auf den USB-Stick kopieren kann, statt den USB neu zu formatieren.

Stecken Sie Ihren USB-Stick an Ihrem Rechner an und warten Sie, bis er vom Betriebssystem erkannt wurde.

Starten Sie dann Ventoy und installieren es auf den Stick, der dabei formatiert wird. Da Sie vermutlich nicht direkt am Server arbeiten, sondern an Ihrem PC sitzen, kopieren Sie das LiteTouchPE_x64.iso von der Deployment Freigabe vorab auf Ihren Rechner. Natürlich können Sie den Deployment Share auch als Netzlaufwerk verbinden.

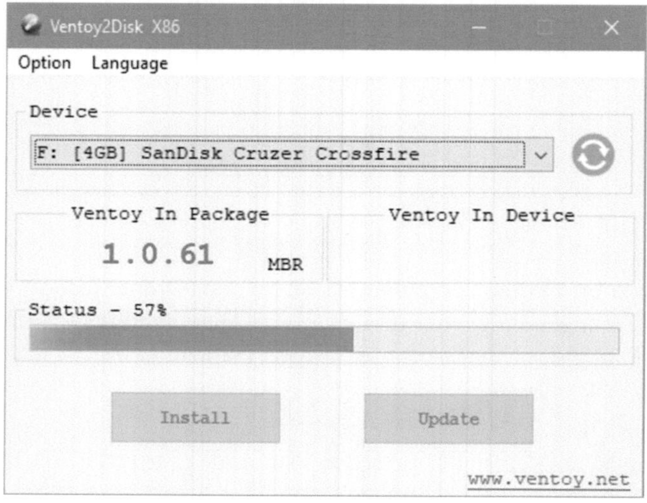

Abbildung 15.31: Installation von Ventoy auf den USB-Stick

Ein weiterer Vorteil gegenüber Yumi: Ventoy erkennt automatisch neue Versionen und kann das Update auf dem Stick durchführen, ohne die Notwendigkeit die ISO-Dateien neu kopieren zu müssen.

Entfernen Sie jetzt den USB-Stick und Sie sind bereit für erste Versuche.

Alternativ binden Sie das Abbild „Boot.iso" direkt in Hyper-V in einer Testmaschine ein.

[7] https://www.ventoy.net/en/download.html

[8] https://www.pendrivelinux.com/yumi-multiboot-usb-creator/

PRAXIS-TIPP:

Beschriften Sie die erstellten USB-Sticks sorgfältig (welches Boot-Image, Version, Datum, …) und aktualisieren Sie diese nach jedem Update des Deployment Shares. Das spart im Ernstfall Zeit und vermeidet eventuell mehrfache Installationsversuche.

ACHTUNG!

Falls Sie das x64-ISO verwenden, dann sehen Sie im MDT-Assistenten auch nur die hinterlegten x64-Images der Betriebssysteme. Ab Windows 11 gibt es nur noch 64 Bit Betriebssysteme.

Wenn Sie mehr über das interessante Thema „Deployment“ wissen möchten, empfehle ich Ihnen das Buch „Freies Deployment“ von Thomas Steinberger, das ebenfalls in unserem Verlag erschienen ist.

Übung 15.2.9.

- Setzen Sie alle virtuellen Maschinen auf den Prüfpunkt „Basis“ zurück

Index